煤炭职业教育“十四五”规划教材
高等职业教育“新形态”一体化教材

办公自动化操作与应用

(Office 2016)

主　编　刘春艳　宋　雪
副主编　王东旭　罗智丹　姜苗苗

中国矿业大学出版社
·徐州·

内 容 提 要

本书以学生为中心，采用项目-任务模式，将知识进行了解构和重构，共设计了 8 个项目，分别是初识计算机，网络的应用，制作个人求职简历，电子小报设计，毕业论文编排，学生成绩统计分析，职工工资管理以及制作论文答辩、企业销售情况演示文稿。通过学习本教材，学生可以掌握计算机的基础技能，为今后的工作及生活服务。

本书可作为应用型本科院校、高等职业院校、高等专科院校及成人高校相关专业的教材，也可供相关培训使用，同时还可作为自学者的学习资料。

图书在版编目(CIP)数据

办公自动化操作与应用/刘春艳，宋雪主编. —徐州：中国矿业大学出版社，2023.9

ISBN 978-7-5646-5841-0

Ⅰ. ①办… Ⅱ. ①刘… ②宋… Ⅲ. ①办公自动化—教材 Ⅳ. ①C931.4

中国国家版本馆 CIP 数据核字(2023)第 095794 号

书　　名 办公自动化操作与应用

主　　编 刘春艳　宋　雪

责任编辑 何晓明　何　戈

出版发行 中国矿业大学出版社有限责任公司

（江苏省徐州市解放南路　邮编 221008）

营销热线 (0516)83885370　83884103

出版服务 (0516)83995789　83884920

网　　址 http://www.cumtp.com　**E-mail**:cumtpvip@cumtp.com

印　　刷 江苏淮阴新华印务有限公司

开　　本 787 mm×1092 mm　1/16　**印张** 19.25　**字数** 492 千字

版次印次 2023 年 9 月第 1 版　2023 年 9 月第 1 次印刷

定　　价 48.00 元

（图书出现印装质量问题，本社负责调换）

前　言

随着计算机技术的飞速发展，计算机已经成为我们生活、工作所必需的工具，掌握计算机基础操作及办公自动化操作与应用技能是现代从业人员必备的素质之一。

计算机应用基础是一门基础课程，通过学习学生可以掌握计算机的基础技能，为今后的就业、工作及生活服务。但以往的教材都按章节进行编排，缺少系统性及针对性。针对这一情况，我们经过大量调研，编写了《办公自动化操作与应用》一书。本教材的特点是打破原有的知识体系，将知识进行了解构和重构，以8个项目33个学习任务的形式重构了知识点和技能点，使知识体系更系统、更有针对性。内容主要涵盖了计算机基础知识，操作系统Windows 7的使用，因特网的应用，Office 2016版的Word、Excel和PPT的知识。每节课都精心设计了学生需要完成的任务，针对难点和重点又配备了相关教学视频，读者可通过扫描二维码学习。

本教材共分为8个项目，分别是项目1初识计算机，项目2网络的应用，项目3制作个人求职简历，项目4电子小报设计，项目5毕业论文编排，项目6学生成绩统计分析，项目7职工工资管理以及项目8制作论文答辩、企业销售情况演示文稿。

本教材由黑龙江能源职业学院刘春艳、宋雪、王东旭、罗智丹、姜苗苗共同撰写完成。具体分工如下：刘春艳负责项目6和项目7，宋雪负责项目4和项目5，罗智丹负责项目3，王东旭负责项目2和项目8，姜苗苗负责项目1。全书由刘春艳、宋雪统稿及定稿。

由于水平有限，书中难免存在疏漏与不妥之处，恳请广大读者不吝赐教。

编　者

2023年1月

目　录

项目1 初识计算机

目前计算机的应用已经渗透到社会的各个领域,它不仅改变了社会面貌,而且正改变着人们的生活方式,掌握和使用计算机成为人们必不可少的技能之一。通过本项目的学习,学生将了解计算机的基本知识,熟悉微型计算机的硬件组成,并能够使用Windows 7系统进行基本的计算机操作。

任务1 认识硬件、软件安装

知识目标

1. 了解计算机的发展历史、特点及应用领域。
2. 熟练掌握计算机系统的组成。
3. 熟悉键盘、鼠标及其他常用设备的基本操作。
4. 熟悉软件的安装及使用。

技能目标

能够对计算机的基本知识有一定的了解,并能进行日常的计算机基本操作。

素质目标

了解计算机的发展历史、应用领域等有助于学生学习中国计算机发展及成就,激起学生对我国科技发展的信心以及爱国主义精神和创新意识。

任务描述

1. 用自己的话阐述什么是计算机。
2. 计算机硬件系统包括哪几大部分?各部分的主要功能是什么?
3. 计算机软件分为哪两类?请举例说明。
4. 熟悉键盘布局,在Windows"写字板"中进行英文盲打练习,练习内容参考下文:

As is well known, books teach us to learn life, truth, science and many other useful things. They increase our knowledge, broaden our minds and strengthen our character.

In other words, they are our good teachers and wise friends. This is the reason why our parents always encourage us to read more books. Reading is a good thing.

5. 说出你所知道的计算机的应用领域，并举例说明。

相关知识

一、计算机的初识

计算机是一种能按照事先存储的程序，自动、高速地进行大量数值计算和各种信息处理的现代化电子设备。

二、计算机的发展历程

世界上第一台计算机"ENIAC"于1946年2月诞生于美国宾夕法尼亚大学，发明人是莫克利和艾克特。这台计算机占地170平方米，重30吨，每小时功耗150千瓦，它的诞生具有划时代的意义，标志着电子计算机时代的到来。

根据电子计算机采用的物理器件，一般把电子计算机的发展划分为以下四个阶段。

1. 电子管计算机(1946—1958年)

第一代计算机采用电子管作为逻辑元件，它的内存容量仅有几千字节，运算速度为每秒几千次，体积庞大且造价很高。

在这个时期，没有系统软件，使用机器语言和汇编语言编程，计算机只在少数尖端领域中得到应用，一般用于科学、军事和财务等方面的计算。

2. 晶体管计算机(1958—1964年)

第二代电子计算机采用晶体管作为逻辑元件，内存容量扩大到几十千字节。运算速度达到每秒几十万次，外存开始使用磁带、磁盘，体积大大缩小，稳定性提高。

在这个时期，计算机软件也有了较大发展，提出了操作系统概念，出现了高级语言，如FORTRAN、ALGOL 60等，除科学计算外，还用于数据处理和事务处理。

3. 中小规模集成电路计算机(1964—1971年)

第三代计算机采用中小规模集成电路作为逻辑元件，这种器件把几十个至几百个电子元件集中在一块几平方毫米的硅片上，使计算机的体积和耗电大大减小，运算速度却大为提高，达到每秒钟几十万次到几百万次。内存开始使用半导体存储器，容量增大，性能和稳定性进一步提高。

在这个时期，系统软件有了很大发展，出现了操作系统和会话式语言，采用结构化程序设计方法，计算机同时向标准化、多样化、通用化、系列化方向发展，开始广泛应用于各个领域。

4. 大规模或超大规模集成电路计算机(1971年至今)

第四代计算机采用大规模或超大规模集成电路作为逻辑元件。这种工艺可在硅半导体上集成几千个至几百万个电子元器件，计算机的性能大幅度提高，价格大幅度下降，运算速度达到每秒几百万次每秒至几千万次。

在这个时期，操作系统不断完善，应用软件已成为现代工业的一部分，计算机的发展进入了网络时代。

第五代计算机实际上就是人工智能机器，研究的目标是能够打破以往计算机固有的体系结构，使计算机能够具有像人一样的思维、推理和判断能力，向智能化方向发展，实现接近人的思考方式。

中国计算机成就

2004年，中国科学院研制的“曙光4000A”通过鉴定验收，实现了每秒十万亿次运算速度的技术和应用双跨越，进入世界“超算500强”前十。2008年，中国科学院又成功研制“曙光5000”百亿次计算机，同样进入世界“超算500强”前十。2009年，国防科技大学成功研制“天河一号”千万亿次计算机，同时我国也成了第二个可以成功研制千万亿次计算机的国家。2010年11月17日，“天河一号”以峰值速度每秒4 700万亿次、持续速度每秒2 566万亿次的优越性能，跃居世界超级计算机榜首，古老的“算盘王国”一举进入世界超级计算机先进国家行列。自2013年6月开始，国防科技大学研制的“天河二号”连续6次位居世界“超算500强”第一名。2016年年底，第一次由全国产CPU制造的“神威太湖之光”取得第一的位置，并连续四年位居世界“超算500强”榜首。

三、计算机的应用

1. 科学计算

科学计算也称数值计算，是计算机最初的应用领域。目前，科学计算仍然是计算机应用的一个重要领域，如用于高能物理、工程设计、地震预测、气象预报、航天技术等。由于计算机具有高运算速度和精度以及逻辑判断能力，因此出现了计算力学、计算物理、计算化学等新的学科。

2. 信息管理(数据处理)

信息管理是目前计算机应用最广泛的一个领域。利用计算机可以加工、管理与操作任何形式的数据资料，如企业管理、物资管理、报表统计、账目计算、信息情报检索等。近年来，国内许多机构纷纷建立自己的管理信息系统(MIS)，生产企业也开始采用制造资源规划软件(MRP)，商业流通领域则逐步使用电子信息交换系统(EDI)。

3. 计算机辅助设计与制造

计算机辅助设计(CAD)是利用计算机系统辅助设计人员进行工程或产品设计，以实现最佳设计效果的一种技术。在现阶段，人工智能的应用主要是以专家系统的方式来体现的，即把专家系统与原CAD系统有机地结合在一起。专家系统是一种使计算机能够运用专家的专门知识和推理、判断能力进行设计工作的计算机软件系统。在智能型CAD系统中，专家系统承担需要依靠知识和经验做出推理和判断的工作，主要有设计过程决策(解决设计思路问题)、设计技术决策(解决设计中遇到的具体技术问题的决策)和各种结果评价等。而一些可以用数学模型来描述的问题则由通常的CAD辅助设计系统来解决。

计算机辅助制造(CAM)是利用计算机系统进行生产设备的管理、控制和操作的过程。例如，在产品的制造过程中，用计算机控制机器的运行，处理生产过程中所需的数据，以及对产品进行检测等。使用CAM技术可以提高产品质量，降低成本，缩短生产周期，提高生产率和改善劳动条件。

将CAD和CAM技术集成可实现设计生产自动化，这种技术集成被称为计算机集成制造系统(CIMS)。它的实现将真正做到工厂(或车间)无人化。

4. 过程检测与控制

利用计算机对工业生产过程中的某些信号自动进行检测，并把检测到的数据存入计算机，再根据需要对这些数据进行处理，这样的系统称为计算机检测系统。仪器仪表引进计算机技术后所构成的智能化仪器仪表，将工业自动化推向了一个更高的水平。

5. 人工智能

人工智能是一个新的计算机技术科学，是计算机科学的一个分支，主要用于开发模拟、延伸和扩展人的智能。简单来说，人们就是要靠人工智能去完成人类完成不了的工作。其中的研究领域主要包括深度学习、自然语言处理、计算机视觉、智能机器人、自动程序设计、数据挖掘等方面。

6. 网络应用

计算机在网络方面的应用非常广泛，通过与Internet相连，计算机之间可以实现资源共享，并且可以利用网络传输文字、图像、视频和声音等。

四、计算机的特点

1. 运算速度快

这是计算机的重要特点之一，现代计算机运算速度一般为每秒几百万次、几千万次，甚至上百亿次，随着计算机技术的发展，计算机的运算速度仍在提高。

2. 计算精度高

计算机具有其他计算工具无法比拟的计算精度，一般可达十几位、几十位、几百位的有效数字。

3. 具有记忆能力和逻辑判断能力

计算机内部有存储器，具有存储和“记忆”大量信息的能力。现在的计算机不仅具有运算能力，还具有逻辑判断能力，可以进行诸如资料分类、情报检索等具有逻辑加工性质的工作。

4. 能进行自动控制

计算机能自动协调完成各种运算和处理，在工作过程中不需人工干预，能自动执行存储在存储器中的程序。

五、计算机系统的组成

计算机系统包括硬件系统和软件系统。计算机硬件系统是指构成计算机的所有实体部件的集合，通常这些部件由电子器件、机械装置等物理部件组成。整个计算机系统的组成如图1-1所示。

1. 计算机的硬件系统

计算机硬件系统由运算器、控制器、存储器、输入设备和输出设备五部分组成。

(1) 运算器

运算器也称为算术逻辑单元，是执行算术运算和逻辑运算的功能部件。

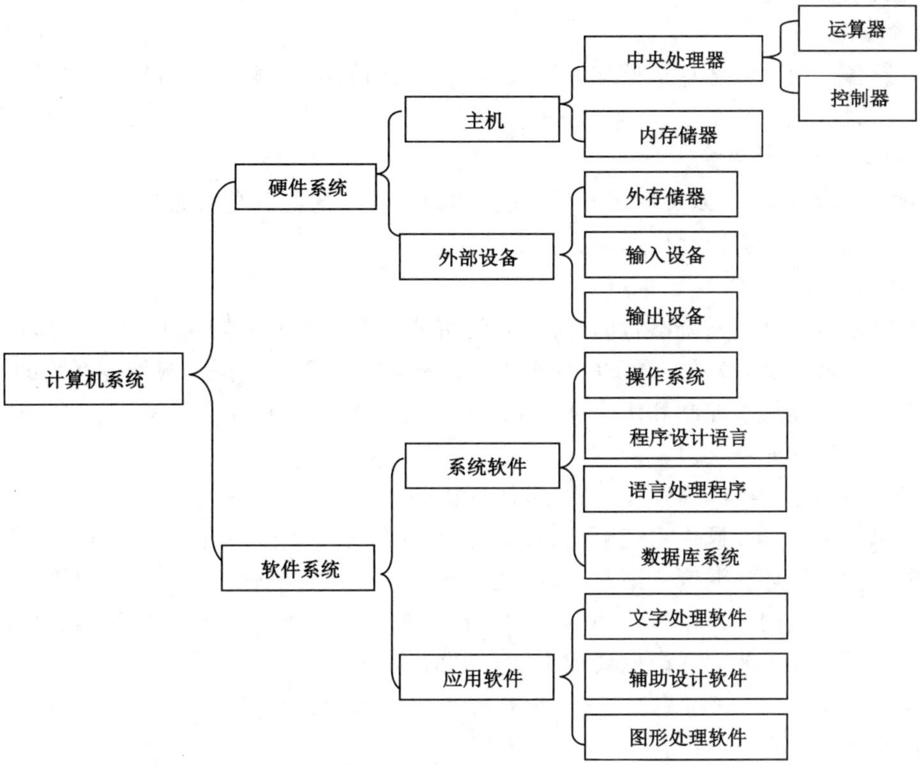

图 1-1　计算机系统的组成

(2) 控制器

控制器是计算机的指挥中心，它的主要功能是按照人们预先规定的步骤，控制微机各部件协调一致地工作。

运算器和控制器合起来称为中央处理器，即我们通常说的 CPU 芯片，它是计算机的核心部件。

(3) 存储器

存储器是计算机系统中的记忆设备，用来存放程序和数据。一般来说，存储器分为两级：

① 内存储器（主存储器）。其存储速度快，容量相对较小，CPU 可直接访问。内存储器可分为两类：一类是只读存储器（ROM），其内容由厂家在生产时用专门设备写入，用户只能读不能修改，一般在 ROM 中装有磁盘引导程序、自检程序等常驻程序；另一类是随机存储器（RAM），其内容既可读又可写，RAM 中的信息在断电后会消失，通常所说的内存大小就是指 RAM 的大小。

CPU 与内存储器一起称为计算机的主机。

② 外存储器（辅助存储器）。外存储器有磁盘、光盘、磁带等，其存储容量大、价格较低，所存储的数据断电后不会丢失，但将它的数据送到主存储器后才能由 CPU 进行处理。

(4) 输入设备

输入设备是向计算机输入原始数据和程序的设备。常见的输入设备有键盘、鼠标、光笔、扫描仪、数码摄像机等。

(5) 输出设备

输出设备是用于将计算机处理的结果转变为人们能接受的形式的设备。常用的输出设备有显示器、打印机、绘图仪、音箱等。

2. 计算机的软件系统

所谓软件,是指程序以及用于开发、使用和维护程序的所有文档的集合。计算机软件系统可分为系统软件和应用软件两大类。

(1) 系统软件

系统软件是计算机系统必备的软件,它的主要功能是管理、监控和维护计算机资源(包括硬件资源和软件资源)以及开发应用软件。系统软件可以看作用户与硬件系统的接口,为用户和应用软件提供了控制和访问硬件的手段。系统软件包括操作系统、程序设计语言、语言处理程序和数据库系统。

① 操作系统。操作系统是用户使用计算机的界面,是位于底层的系统软件,其他系统软件和应用软件都是在操作系统上运行的。操作系统主要用来对计算机系统中的各种软硬件资源进行统一管理和调度。因此,可以说操作系统是计算机软件系统中最重要、最基本的系统软件。计算机的操作系统在 20 世纪 80 年代是字符界面的 MS-DOS(微软磁盘操作系统),从 20 世纪 90 年代起逐渐发展成为图形界面的 Windows。

② 程序设计语言。程序设计语言是软件系统的重要组成部分,一般可分为机器语言、汇编语言和高级语言。

机器语言:计算机能直接识别的语言,它是由“1”和“0”组成的一组代码指令。例如 01001001,作为机器语言指令,可能表示将某两个数相加。由于机器语言比较难记,所以基本上不能用来编写程序。

汇编语言:由一组与机器语言指令一一对应的符号指令和简单语法组成。例如,“ADD A,B”可能表示将 A 与 B 相加后存入 B 中,它可能与上例机器语言指令 01001001 直接对应。汇编语言适用于编写直接控制机器操作的底层程序,它与机器密切相关,一般人也很难使用。

高级语言:比较接近日常用语,对机器依赖性低,是适用于各种机器的计算机语言。目前,高级语言已发明出数十种,如 BASIC 语言、FORTRAN 语言、Pascal 语言、C 语言、Java 语言等。

③ 语言处理程序。语言处理程序一般由汇编程序、编译程序、解释程序和相应的操作程序等组成,其作用是将高级语言源程序翻译成计算机能识别的目标程序。

④ 数据库系统。数据库系统主要解决数据处理的非数值计算问题,目前主要用于档案管理、财务管理、图书资料管理等方面的数据处理。这类数据的特点是数据量大,数据处理的主要内容为数据的存储、查询、修改、排序、分类、统计等。数据库技术是针对这类数据的处理而产生发展起来的,至今仍在不断地发展和完善。

(2) 应用软件

应用软件是指用户为解决各种实际问题而编写的计算机程序。常见的各种信息管理软件(如 ERP)、办公自动化软件(如 Microsoft Office)、计算机辅助设计软件(如 AutoCAD)、图像处理(Photoshop)和计算机辅助教学软件等都属于应用软件。

六、微型机的结构

对一般用户来说，应用最广泛的当属微型机(即微机，又称个人计算机)。前面从逻辑功能的角度介绍了计算机的主要组成，然而对于用户来说，更重要的是微机的实际物理结构，即组成微机的各个部件。

图 1-2 所示为从外部看到的典型微机系统，它由主机、显示器、键盘、鼠标等组成。

图 1-2 从外部看到的典型微机系统

1. 主机

主机是微机的核心部件，主机箱从外观上分为卧式和立式两种，里面有 CPU、主板、内存、显卡、声卡、电源等。

(1) 主板

主板是计算机硬件中最重要的部件之一，它是计算机中最大的集成电路板，上面集成了上百万电子芯片及线路。计算机的其他所有设备都必须和主板直接或间接连接在一起，这样计算机系统才能正常运行。

无论哪种类型的主板，上面都有许多插槽和连接端口，以便于各种硬件和数据线与之连接，如 ISA 插槽、PCI 插槽、BIOS、软盘(硬盘)数据线接口。主板结构如图 1-3 所示。

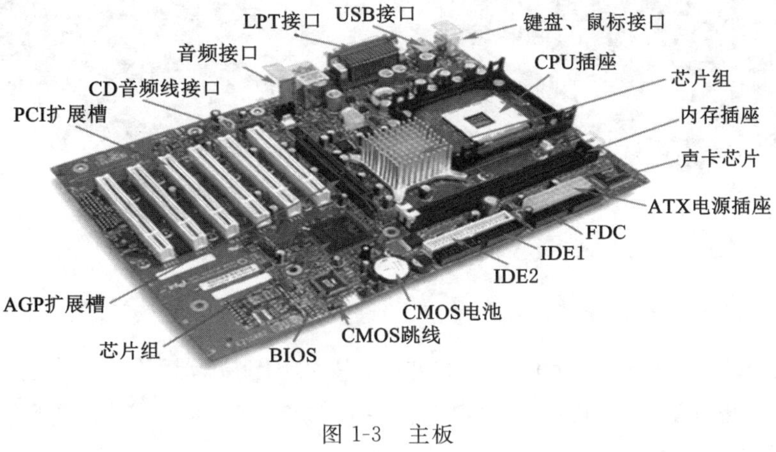

图 1-3 主板

(2) 微处理器

微处理器(Micro Process Unit,MPU),由运算器和控制器组成(图 1-4),是计算机的核心部件。MPU 是一个体积不大而元件的集成度非常高、功能强大的芯片。计算机的所有操作都要受到 MPU 的控制,所以它的品质直接影响整个计算机系统的性能。

(3) 内存条

图 1-5 所示为我们平时所说的内存条,常见的内存条有 SDR 和 DDR 两种,容量一般有 1 GB、2 GB、4 GB 等。内存条安装在主板上的内存插槽上。

图 1-4 微处理器

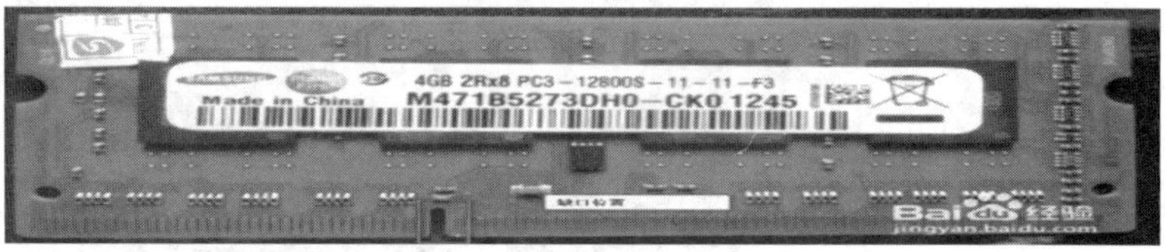

图 1-5 内存条

(4) 显卡

显卡是计算机的重要组成部分,如图 1-6 所示,它负责将 CPU 送来的影像数据处理成显示器认识的格式,再送到显示器形成图像。随着图形软件的不断增多,单依靠 CPU 去处理所有的数据会极大地影响处理速度,显卡的作用就是对图形软件进行加速处理,空闲出的 CPU 则可以处理更多的数据。

按接口类型的不同,显卡分为 ISA 显卡、PCI 显卡、AGP 显卡、PCI-E 显卡等类型。ISA 显卡、PCI 显卡、AGP 显卡现已淘汰,PCI-E 显卡是当下应用较多的显卡。

(5) 声卡

声卡也叫音频卡,如图 1-7 所示,是多媒体个人电脑的必要部件,它是计算机进行声音处理的适配器。声卡的作用包括声音和音乐的回放、声音特效处理、语音识别和合成等。

图 1-6 显卡

图 1-7 声卡

(6) 电源

电源是安装在一个金属壳体内的独立部件,它的作用是为系统装置的各种部件和键盘提供工作所需的电能。机箱中的电源有两种:老式的 AT 电源和新型的 ATX 电源。

2. 存储设备

微机中外部存储设备有软盘、硬盘、光盘、U 盘、移动硬盘等。软盘由于功能、存储空间及安全性的不足已经被市场淘汰。

(1) 硬盘

硬盘是将盘片组固定安装在驱动器中的磁盘存储器,这些盘片组由若干个硬盘片组成。其主要特点是将盘片、磁头、电机驱动部件乃至读/写电路等做成一个不可随意拆卸的整体并密封起来,所以防尘性好、可靠性高,对环境要求不高。与软盘相比,硬盘的容量要大得多,存取信息的速度也快得多,而且硬盘不易损坏,安全性较高。硬盘外形如图 1-8所示。

图 1-8　硬盘

(2) 光盘

光盘存储器简称光盘,通过激光信号读/写信息,具有存储容量大、存取速度快、性价比高等突出优点。光盘按性能不同可分为三种类型:只读型光盘(CD-ROM)、一次性写入型光盘(CD-WO)和可擦写型光盘(CD-RM)。

(3) U 盘

U 盘(也称优盘、闪盘)是一种可移动的数据存储工具,如图 1-9 所示,具有容量大、读写速度快、体积小、携带方便等特点。插入任何计算机的 USB 接口都可以使用。它还具备了防磁、防振、防潮等诸多特性,明显增强了数据的安全性,而且价格适中,容量和速度也远胜于软盘,已成为软盘的替代品。

(4) 移动硬盘

移动硬盘(图 1-10)顾名思义是以硬盘为存储介质,强调便携性的存储产品。移动硬盘能在用户可以接受的价格范围内提供给用户较大的存储容量和不错的便携性,单位容量价格比 U 盘便宜得多,是一种性价比较高的移动存储产品。

图 1-9　U 盘

图 1-10　移动硬盘

3. 常用外设

(1) 键盘

键盘是计算机的基本输入设备，常见的键盘有 101 键、104 键和 107 键键盘。

① 键盘分区：键盘上键位的排列有一定的规律。按用途可分为主键盘区、功能键区、编辑键区、状态指示区和辅助键区，如图 1-11 所示。

图 1-11 键盘

a. 主键盘区：在键盘的左下部，是使用键盘的主要区域，其主要功能是输入文字和符号。主要包括：

26 个英文字母 A～Z，10 个数字键 0～9。

特殊符号!、@、#、$、%等及标点符号。

[Space]——空格键，位于标准字符键区的最下方，是一个空白的长条键。当输入的位置需要是空白时，可用空白字符代替，每击一下该键，便产生一个空格。另外，在输入中文时，如果提示行中出现了多个字或词组，击一下空格键，就表示要选择提示行的第一个字或词。

[Back Space]——退格键，删除光标前一个字符。

[Enter]——换行键/执行键，将光标移至下一行行首；确认输入的执行命令。

[Shift]——上档键，用于输入上档字符，中英文输入法的临时转换，有时也用于组合键。

[Ctrl]——控制键，必须与其他键一起使用，起到某种控制作用。例如，在 Windows 工作环境中，缺省情况下可以使用 Ctrl＋Space(空格键)进行中英文输入状态的切换，使用 Ctrl＋Shift 键在不同的输入法之间进行切换。

[Alt]——转换键，该键的操作与 Shift 键、Ctrl 键类似，必须与其他键组合使用，单独使用没有意义。

[Caps Lock]——大小写字母转换键。

[Tab]——跳格键，将光标右移到下一个制表位。

b. 功能键区：用它来完成某些特殊的功能操作。主要包括：

操作功能键——操作功能键为 F1～F12，具体每一个键位表示什么操作根据具体的操作系统或应用程序而定，不同的程序可以对它们有不同的操作功能定义。

[Esc]——常表示退出、停止、返回等。

[PrintScreen]——在 Windows 下，按 PrintScreen 键将整个屏幕内容复制到剪贴板，按 Alt+PrintScreen 键将活动窗口内容复制到剪贴板。

c. 编辑键区：主要用来在整个屏幕范围内进行光标的移动操作和有关的编辑操作等。主要包括：

[↑↓←→]——光标移动键，可上下、左右移动光标。

[Insert]——插入/改写状态转换键。

[Del]——删除当前选中的字符。

[Home]——将光标移至行首。

[End]——将光标移至行尾。

[Page Up]——向前翻页。

[Page Down]——向后翻页。

d. 辅助键区：又称数字键区，主要用于快速输入数字。NumLock 键是数字锁定键，按下该键，指示灯亮，输入锁定在数字状态，输入为 0～9 和小数点等。再按下该键，指示灯灭，此时输入为全屏幕操作键。

② 键盘指法：在进行键盘操作时，指法是熟练使用计算机的基础。所谓键盘指法，就是将打字键区所有键位合理地分配给双手各手指，使每个手指分工明确。正确的操作指法不但能提高输入速度，而且可以提高输入质量。

键盘上的基准键位与手指的对应关系如图 1-12 所示。键盘上第 3 排的 8 个键位（ASDFJKL;）是基准键位，在不击键的情况下，手指都停在基准键位上；击键时，手指从基准键位上伸出；击键完毕，手指必须返回到相应的基准键位上。其中，F、J 键称为定位键，它们上有一小横杠凸起，其作用是将左、右手食指分别准确定位在 F 和 J 键上。

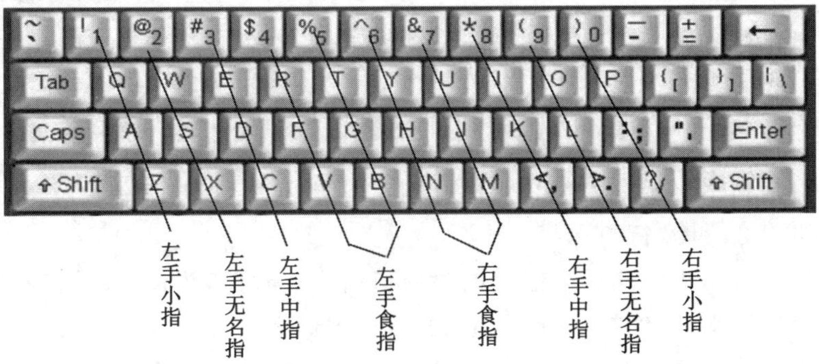

图 1-12 键盘指法

在键盘输入时，要注意以下几点：

a. 击键时，手腕要平直，手臂要保持静止，全部动作仅限于手指部分，上身其他部位不要接触工作台或键盘。

b. 身体保持笔直、放松，稍偏于键盘右，腰背不要弯曲。

c. 臀部尽量靠在坐椅后部，双膝平行，两脚平放在地面上，使全身的重心都落在椅子上。

（2）鼠标

鼠标也是计算机最常用的输入设备之一，是一种手持式屏幕定位装置，因大多拖着一根长线与主板上的接口相连，样子像老鼠而得名。其分类的方法有如下几种：

① 按照按键的数目可分为两键、三键及滚轮鼠标等。

② 按照鼠标的接口类型可分为 PS/2 接口、串行接口、USB 接口的鼠标。

③ 按照工作原理可分为机械式、光电式、光学鼠标和无线遥控鼠标等。

（3）显示器

显示器是计算机重要的输出设备之一，其作用是将计算机处理的数据以图表、图形、字符或图像等方式直观地表示出来。

根据器件或工作原理，显示器主要分为 CRT（Cathode Ray Tube，阴极射线管）显示器和 LCD（Liquid Crystal Display，液晶）显示器两种类型。根据显示器的大小尺寸，可分为 14 英寸、15 英寸、17 英寸、21 英寸等。分辨率是显示器的一项重要技术指标，一般用“横向点数”×“纵向点数”表示，主要有 640×480、800×600、1 024×768、1 280×1 024、1 600×1 280等，分辨率越高，显示越清晰。

（4）打印机

打印机是微机系统中常用的设备之一，利用打印机可以打印出各种资料、图形、图像等。根据打印机的工作原理可以将打印机分为三类：针式打印机、喷墨打印机和激光打印机，如图 1-13 所示。

（a）针式打印机　（b）激光打印机　（c）喷墨打印机

图 1-13　打印机

针式打印机是利用打印头内的点阵撞针撞击打印色带，在打印纸上产生打印效果。常用的针式打印机为 24 针宽行打印机。

喷墨打印机的打印头由几百个细小的喷墨口组成，当打印头横向移动时，喷墨口可以按一定的方式喷射出墨水，喷到打印纸上，形成字符、图形等。

激光打印机是一种高速度、高精度、低噪声的非击打式打印机，它是激光扫描技术与电子照相技术相结合的产物。激光打印机具有最高的打印质量和最快的打印速度，可以输出漂亮的文稿，也可以输出直接用于印刷制版的透明胶片。

打印机的使用很简单，在打印机上装上打印纸，从主机上执行打印命令，即可打印。

七、软件安装

Windows 系统中可以安装使用的应用软件很多，有的需要从网上下载，有的则需要从磁盘中安装。一般应用软件都需要运行安装程序来进行安装。而有的软件只有一个运行程序,该运行程序同时又是安装程序,直接运行“安装”即可,如从网上下载的 QQ、FlashGet 等。

有的安装程序是压缩软件,比如 rar、zip 等格式,这里就需要先用解压缩软件如 WinRAR、WinZIP 等解压缩后,再运行安装程序进行安装。有的软件需要存放在光盘或软盘中,用户购买光盘或软盘后才能安装,如 Microsoft Office、WPS 等,这类软件一般都有一个主安装程序如 Setup. exe、Install. exe 等,运行该程序即可进行安装。

运行安装程序时,大多数软件都有安装向导,一般需要以下几个步骤:

① 首先运行安装程序。大多数软件都有“许可协议”,用户接受或同意许可协议才能继续安装,如果有要求用户选择是否同意或接受许可协议的选项,需要选择同意或接受该选项。

② 在安装时需要由用户自行设置安装路径。一般在接受许可协议后就会出现设置安装路径的对话框,可以使用默认安装路径,也可以更改为其他路径。

③ 有些软件需要输入序列号,序列号一般在安装光盘的盘盒背面或附带的说明文件中。如果是网上下载的软件,一般带有说明文件如 Readme. txt 等,序列号大多保存在该文件中,照此序列号输入即可进行安装。

④ 有时软件安装完成后重新启动电脑才能使用,在完成安装对话框中单击“确定”后电脑可能会重新启动,这时应关闭其他正在运行的程序,重新启动电脑即可。

以上介绍了安装软件的一般流程,下面以金山打字通软件为例介绍一下软件安装的一般过程。

首先,在网上下载一个金山打字通 2016 的安装软件 typeeasy. 22055. 12012. 0。

双击下载的安装软件(图 1-14)进入安装界面,单击“下一步”,如图 1-15 所示。

然后按照安装提示进行安装。

图 1-14　安装软件

图 1-15　安装向导

软件安装完成后，在桌面上会出现快捷图标，双击快捷图标就可以打开所安装的应用程序进行打字练习。

任务2　Windows 7 基本操作

知识目标

1. 掌握 Windows 7 的基本概念和基本操作。
2. 掌握 Windows 7 文件管理的方法。

技能目标

能够熟练进行 Windows 7 的基本操作，并能够使用“资源管理器”和“计算机”进行文件和文件夹的管理。

素质目标

通过 Windows 7 的基本操作，学生可以了解操作规范的重要性，做人也要遵守规范、恪守法度，培养学生有条不紊的工作态度。

任务描述

1. 开机，进入 Windows，把桌面上的图标按类型进行排列。
2. 在桌面上新建文件、文件夹或快捷方式并做删除操作。
3. 将上面删除的文件或快捷方式还原，然后清空回收站。
4. 利用“计算机”或“资源管理器”，在 D 盘中创建一个文件夹(用自己的姓名命名)。
5. 在用自己的姓名命名的文件夹中建立一个新的文件夹，命名为 LX，在 LX 文件夹中新建两个文件，分别命名为 A. docx 和 B. xls。
6. 将 LX 文件夹下的 A. docx 和 B. xls 文件复制到用自己的姓名命名的文件夹中，将A. docx 改名为 LX1. docx，将 B. xls 改名为 LX2. xls，然后删除 LX 文件夹中的 A. docx 和 B. xls 文件。
7. 将用自己的姓名命名的文件夹中的 LX2. xls 文件属性改为只读和隐藏。
8. 在 C 盘搜索所有扩展名为 txt 的文件。
9. 设置文件夹选项，使系统显示隐藏的文件和文件夹。

相关知识

一、Windows 7 简介

Windows 7 是微软公司推出的 Windows 操作系统的主流版本。相比之前版本的操作系统，Windows 7 让使用计算机变得更加简单，其个性化的新功能、丰富的个性化选项以及多个可选版本带给用户全新的体验。

Windows 7 设计主要围绕五个重点：① 针对便携式计算机的特有设计；② 基于应用服务的设计；③ 用户的个性化；④ 视听娱乐的优化；⑤ 用户易用的新引擎。

Windows 7 主要的新特性：① 简洁易用。Windows 7 操作系统所使用的界面让用户感到更简洁，同时 Windows 7 操作系统为用户提供了更加简单有效的各类计算机数据服务。② 快速高效。Windows 7 缩短了系统启动的时间，高效的搜索引擎使用户更容易得到需要的信息，包括本地、网络搜索功能，使用户有更直观的体验，还可通过整合自动化应用程序提高交叉程序数据的透明性。③ 安全可靠。在防范计算机病毒方面，Windows 7 为用户提供了更加完善的安全措施，能更加可靠地保护计算机的数据安全。

Windows 7 系统的运行环境：

① CPU：主频最低 1 GHz 以上的 32 位或 64 位处理器。

② 内存：1 GB 及以上。

③ 硬盘：至少拥有 16 GB 可用空间的 NTFS 分区。

④ 显卡：64 MB 以上。

⑤ 其他配置：鼠标、键盘、U 盘、DVD-ROM 等。

上述配置只是 Windows 7 运行的最保守要求，在实际过程中建议 CPU 主频至少 2 GHz，内存 1 GB 以上，硬盘 40 G 以上可用空间，显存大于 128 MB。

国产操作系统

操作系统是硬件的扩充，为其他软件提供运行环境，在计算机系统中处于承上启下的地位。而国产操作系统顾名思义就是我国自主研发的操作系统，比较常见的国产操作系统有鸿蒙(HarmonyOS)、深度(Deepin)、银河麒麟等。

操作系统是计算机的灵魂，目前国外操作系统品牌几乎垄断了巨大的中国市场，但在开源操作系统生态不断成熟的背景下，中国的国产操作系统依托开源生态和国家支持的东风正快速崛起。

在国产操作系统厂商中，目前中标麒麟、银河麒麟、深度(Deepin)、华为鸿蒙各有所长，在竞合中不断加大国产厂商的市场话语权和占有率，其中华为鸿蒙在 5G 时代的 IoT(物联网)领域具有巨大先发优势。随着我国越来越重视国产替代，国产操作系统有广阔的发展前景。

二、Windows 7 启动和退出

1. *启动* Windows 7

具体的操作步骤如下：

① 首先打开外设电源开关，然后打开主机电源开关。

② 接通电源后，计算机进行自检，检测硬盘、内存、显示器等硬件设备，这时可以看见屏幕上显示的检测信息。

③ 进入 Windows 7 操作系统，显示选择用户界面，如图 1-16 所示。

④ 单击用户名，如果没有设置系统管理员密码，可以直接登录系统；如果设置了管理员密码，输入密码，按回车键后即可登录系统。

2. *退出* Windows 7

当完成所有的工作后，用户一定要先退出 Windows 7 系统，再切断电源。否则可能会

图 1-16　Windows 7 登录界面

破坏一些没有保存的文件和正在运行的程序。

具体的操作步骤如下：

① 关闭所有正在运行的应用程序。

② 单击“开始”→“关机”按钮。

③ 退出 Windows 7 操作系统，且关闭计算机电源。

三、Windows 7 的桌面

桌面是用户启动计算机登录系统后看到的整个屏幕界面，如图 1-17 所示，是用户和计算机进行交流的窗口。

图 1-17　Windows 7 桌面

1. 桌面图标

桌面上各种图形及文字说明构成了图标。它代表某一个工具、文件或程序。双击这些图标,可以快速启动相应程序。

Windows 7 操作系统常用桌面图标通常有以下四个。

(1) Administrator 文件夹

"Admin"的中文意思就是"系统管理员",即"超级用户"。Administrator 是电脑里权限不受控的人。该用户的文件夹就是超级用户文件夹,是 Administrator 用户的根文件夹。里边包含该用户的软件、配置信息、临时文件夹等。

(2) 计算机

"计算机"是 Windows 7 预先设置的一个系统文件,用来管理磁盘、文件和文件夹等。

(3) 网络

在"网络"中,用户可以查看网络上的资源,进行网络设置等。双击此图标可以查看本地网络中共享的文件夹和局域网中的计算机。

(4) 回收站

"回收站"用于暂时存放工作过程中删除的文件和文件夹,对于已经"扔进""回收站"的文件,如果用户需要,可以选定相应文件单击鼠标右键,在弹出的快捷菜单中选择"还原"命令,则文件就会被从"回收站"中"捡回来"。

2. 任务栏

任务栏位于桌面最下方,用于显示系统正在运行的程序、打开的窗口和当前时间等内容,如图 1-18 所示。

图 1-18 任务栏

"开始"按钮:处于任务栏的最左端,是使用 Windows 进行工作的起点,控制着通往计算机内程序、文件和设置的通道。

快速启动栏:位于"开始"按钮的右侧,由一些常用程序按钮组成,单击这些按钮可以快速启动相应的程序。

任务栏主体:任务栏的中间区域属于主体部分,当用户打开一个窗口或运行一个程序时,Windows 7 就在主体部分为该程序设立一个按钮。单击这个按钮,就可以在多个窗口或程序之间切换,还可以完成窗口或程序的最大化、最小化及关闭。

时间及常驻内存的应用程序:任务栏最右侧区域显示系统当前时间和后台运行的某些程序。

四、Windows 7 鼠标和键盘的操作

1. 鼠标操作

① 单击:将鼠标的左键快速按下,立即释放。通常用于选中对象。

② 双击:将鼠标的左键连续按下两次。通常用于打开对象。

③ 指向:将鼠标指针移动到某对象上,如快捷图标、文件或文件夹、图片等。

④ 拖动：将鼠标指向对象，按下左键不放，移动鼠标到新的位置后放开。通常用于移动或复制对象。

⑤ 右键单击（右击）：将鼠标的右键快速按下后放开。通常右击某对象后会弹出一个关于该对象常用操作命令的“快捷菜单”，也称为“右键菜单”，其中包含了可用于该项的常规命令。

在进行鼠标操作时，屏幕上会出现鼠标指针，鼠标指针随鼠标的移动而移动，鼠标指针在不同的位置（或状态）会出现不同的形状。鼠标指针及其含义如图 1-19 所示。

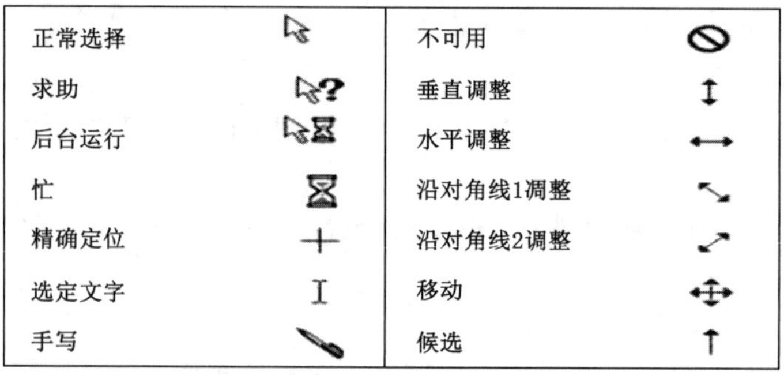

图 1-19　鼠标指针及其含义

2. 键盘操作

键盘不仅可以用来输入文字或字符，也可以完成鼠标在 Windows 中的大部分操作。鼠标在 Windows 图形界面中操作非常方便，但对于某些操作，用键盘组合键则更方便、快捷。

五、Windows 7 窗口的操作

应用程序启动后的矩形区域称为窗口。Windows 7 操作系统是一个多窗口系统，可同时打开多个窗口，但任何时刻处于活动的窗口只有一个。

1. 窗口的分类

Windows 7 的窗口有以下三种类型：

① 应用程序窗口：表示一个正在运行的应用程序，可以放在桌面上的任意位置。

② 文档窗口：在应用程序窗口中出现的窗口，用来显示文档或数据文件。文档窗口的顶部有自己的名字，但没有自己的菜单栏，它共享应用程序窗口的菜单栏。文档窗口只能在它的应用程序窗口内任意放置。

③ 对话框窗口：供人机对话时使用的窗口。

2. 窗口的组成

对于不同的程序和文件，虽然每个窗口的内容各不相同，但所有窗口都具有相同的部分，下面以“计算机”窗口为例介绍窗口的组成，如图 1-20 所示。

控制菜单按钮：位于窗口的顶部左侧，可以通过鼠标单击打开菜单来还原窗口、移动窗口、改变窗口的大小和关闭窗口。

标题栏：位于窗口顶部，显示当前文档或窗口的名称，可以通过标题栏中的控制按钮来移动窗口、改变窗口的大小和关闭窗口。

控制按钮：位于标题栏的右侧，可以通过控制按钮来移动窗口、改变窗口的大小和关闭

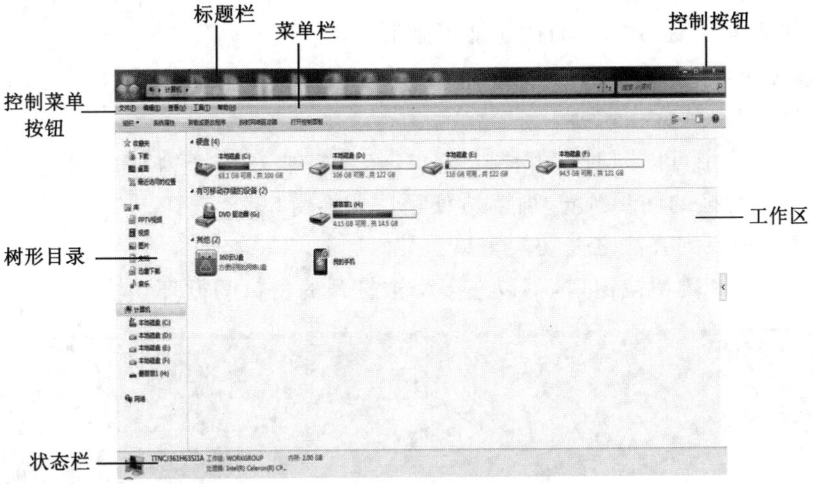

图 1-20　窗口的组成

窗口。

菜单栏：位于标题栏之下，列出了所有可用的菜单项。

树形目录：位于左侧窗口，显示一些计算机内部的资源，为用户的快速操作提供便利。

工作区：窗口内部的区域，是用来进行工作的地方。对不同的应用程序，工作区中显示的内容也是有较大差别的。

状态栏：许多窗口都有状态栏，位于窗口底端，显示与当前操作、当前系统状态有关的信息。

3. 窗口的操作

窗口的操作在 Windows 7 系统中是很重要的，用户可以通过以下方式来完成打开、缩放和移动窗口等基本操作。

(1) 打开窗口

当需要打开一个窗口时，可以通过下面两种方法来实现：

① 双击要打开窗口的图标。

② 选中要打开的窗口的图标，单击鼠标右键，在弹出的快捷菜单中选择“打开”命令。

(2) 移动窗口

移动窗口时只需要在标题栏按住鼠标左键进行拖动，移动到合适的位置后再松开鼠标，即可完成移动操作。

注意：不能移动最大化或最小化的窗口。

(3) 改变窗口尺寸

将鼠标指针指向窗口的边界，鼠标指针变成双向箭头，然后按住鼠标左键拖动直至需要的窗口大小，再释放鼠标按钮。

(4) 最大化、最小化、关闭窗口

单击按钮：窗口将会充满整个屏幕。

单击按钮：使屏幕恢复至原来窗口的大小。

单击按钮：窗口将缩小成为按钮显示在任务栏上，此窗口仍在运行，但它不是当前工作窗口，需要时单击任务栏上的按钮即可激活。

单击按钮：停止窗口操作，关闭窗口。

(5) 窗口的同步预览和切换

在 Windows 7 中可以同时打开多个窗口，经常需要在各个窗口之间进行切换。Windows 7 提供窗口切换的同步预览功能，方便用户切换窗口。

用户可以使用下列方法之一切换窗口：

① 用 Alt＋Tab 键切换窗口，可以在多个被打开的窗口间循环切换，如图 1-21 所示。

图 1-21　窗口的切换

② 用 Win＋Tab 键的 3D 切换效果，如图 1-22 所示。

③ 单击“任务栏”上代表该窗口的图标按钮。

图 1-22　窗口的 3D 切换效果

(6) 关闭窗口

完成对窗口的操作，需要关闭窗口时，用户可以直接单击标题栏上的关闭按钮，也可以双击控制菜单。

(7) 窗口的排列

当用户打开了多个窗口，并且想要同时浏览其中的内容时，就需要对窗口进行适当的排列。对窗口进行排列，首先要在任务栏的空白区域单击鼠标右键，弹出如图 1-23 所示的快捷菜单。用户通过选择“层叠窗口”“堆叠显示窗口”“并排显示窗口”“显示桌面”等菜单项以自己喜欢的方式显示所有已经打开的窗口，如图1-24～图1-26所示。

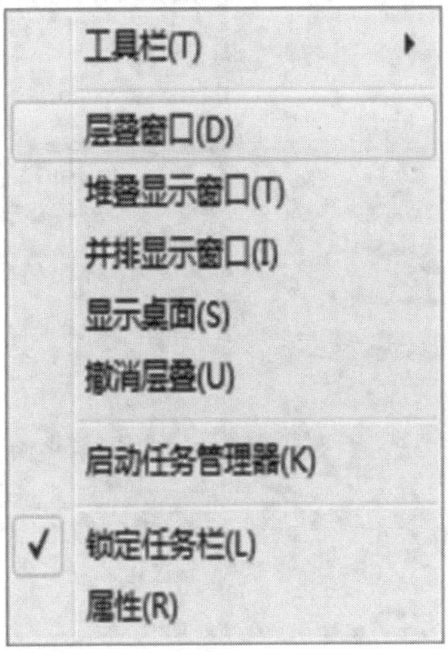

图1-23　窗口排列方式快捷菜单

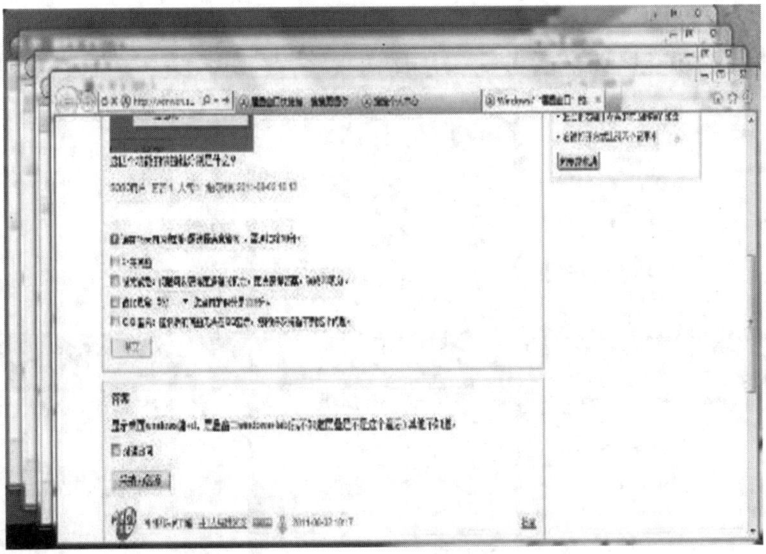

图1-24　层叠窗口

六、Windows 7 菜单的操作

Windows 7 的菜单包含了所有操作命令，学会使用菜单是掌握 Windows 7 操作的基础。

1. 打开菜单

单击菜单栏上的菜单名，或者利用 Alt＋菜单名后的字母键，都可以打开相应的菜单。例如，打开“文件”菜单，可以同时按 Alt＋F 键；打开“编辑”菜单可同时按 Alt＋E 键。

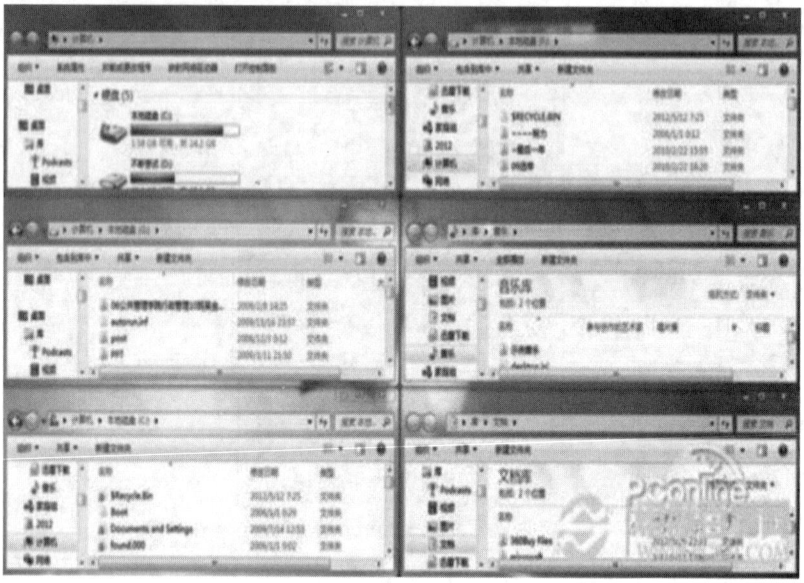

图 1-25　堆叠显示窗口

图 1-26　并排显示窗口

2. 菜单中的命令

菜单由一系列命令组成，这些命令随着操作对象的不同而呈现不同的状态。菜单中完成相关任务的一些命令归为一组，不同命令组用一条凹线分开。菜单中的菜单命令包括下列几种情况。

(1) 可用命令与暂时不可用命令

菜单有可用命令与暂时不可用命令之分,如图 1-27 所示。菜单中的命令为黑色,表示其为可用命令,单击这些命令后会立即执行相应操作。不可选用的命令呈灰色,命令不可选用是因为暂时不需要或无法执行这些命令,单击这些灰色字符显示的命令没有任何反应。

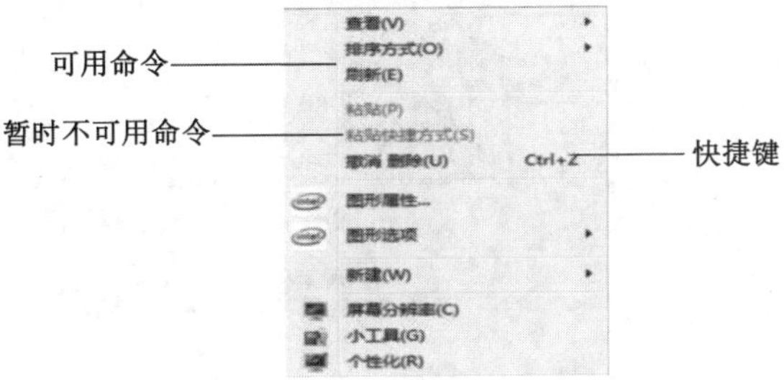

图 1-27 可用命令和暂时不可用命令

(2) 快捷键

有些菜单命令的右侧有快捷键,用户可通过使用这些快捷键快速地执行相应的菜单命令。例如,“撤销”命令的快捷键为 Ctrl+Z,如图 1-28 所示。

(3) 带字母的命令

在菜单命令中,许多命令后面都有一个括号,括号中有一个字母,如图 1-29 所示。当菜单处于激活状态时,在键盘上键入该字母,即可执行该命令。

(4) 带省略号的命令

如果菜单后面有省略号“...”,表示选择此命令后将打开一个对话框或者一个设置向导。如图 1-29 所示的带省略号的命令,表示可以完成一些设置或者更多的操作。

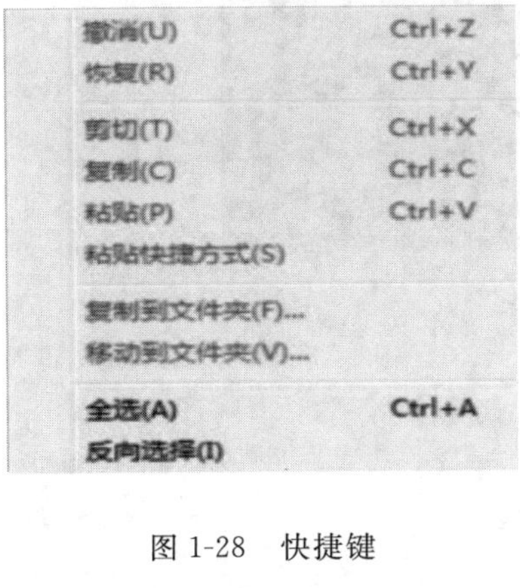

图 1-28 快捷键

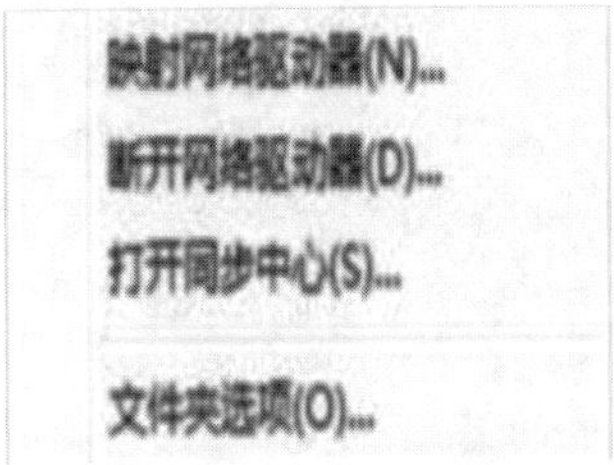

图 1-29 带省略号的命令

(5) 复选命令和单选命令

当选择某个命令后,该命令的左边出现一个复选标记“√”,表示此命令正在发挥作用;再次选择该命令,命令左边的标记“√”消失,表示该命令不起作用。这类命令被称为复选命令。图 1-30 所示的即为复选命令与单选命令。

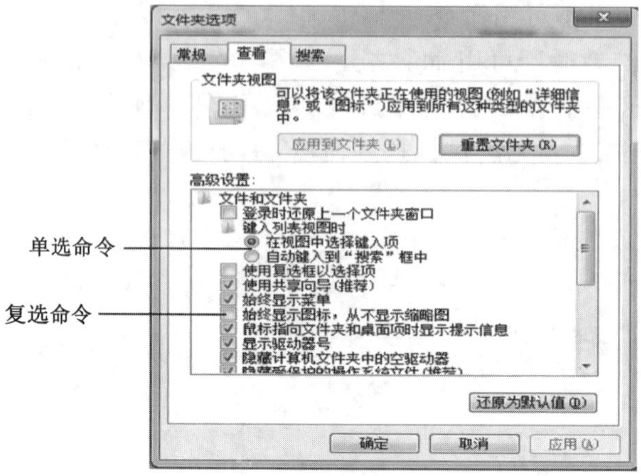

图 1-30　复选命令和单选命令

(6) 快捷菜单和级联菜单

选中某些应用程序单击鼠标右键，系统将会弹出一个快捷菜单，该菜单被称为右键快捷菜单。它主要提供对相应对象的各种操作功能。使用右键快捷菜单可对某些功能进行快速操作。图 1-31 所示的即为桌面快捷菜单与级联菜单。

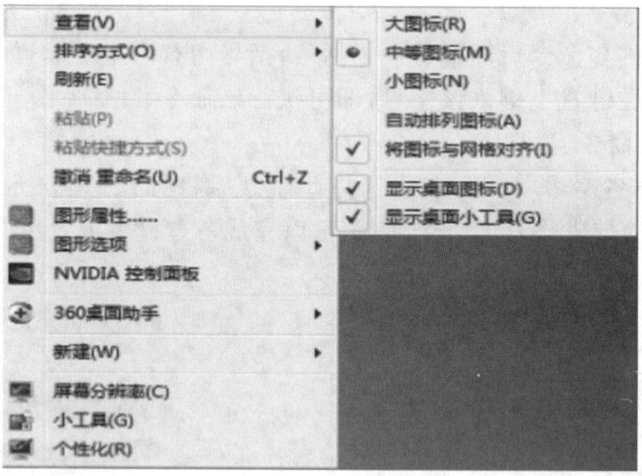

图 1-31　快捷菜单与级联菜单

3. 菜单的基本操作

对菜单的操作主要包括选择、打开和撤销等。

(1) 选择和打开菜单

使用鼠标选择 Windows 窗口的菜单时，只需单击菜单栏上的菜单名称，即可打开该菜单。将光标移动至所需的命令处单击，即可执行所选命令。

(2) 撤销菜单

打开 Windows 窗口的菜单之后，如果不进行菜单命令的操作，可选择撤销菜单。单击菜单外的任何地方，即可撤销菜单。

七、对话框的操作

对话框是 Windows 和用户进行信息交流的一个界面。在执行一个命令需要用户提供进一步的信息时,就会出现对话框。在对话框中通过对选项的选择,用户可以进行对象属性的修改或设置,如图 1-32 所示。

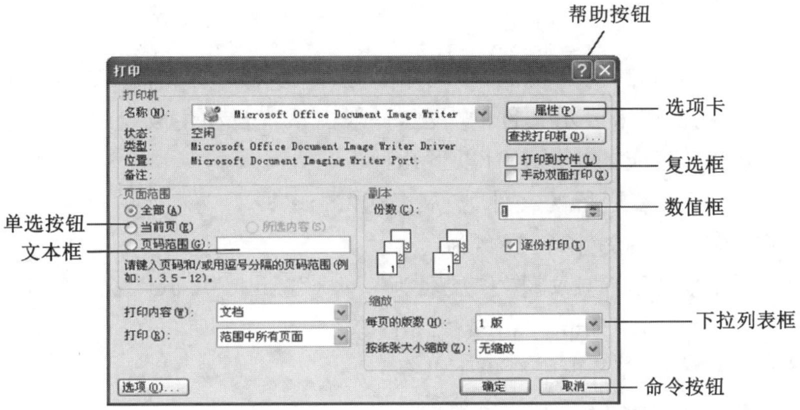

图 1-32 对话框

(1) 命令按钮

命令按钮指的是在对话框中形状类似矩形的按钮,如图 1-32 所示。在该按钮上会显示按钮的名称。

(2) 选项卡

当对话框包括多项内容时,对话框通常会将内容分类归入不同的选项卡,这些选项卡按照一定的顺序排列,如图 1-32 所示。用户可以通过各个选项卡之间的切换来查看不同的内容。

(3) 数值框

数值框用于输入或选中一个数值,它由文本框和微调按钮组成,如图 1-32 所示。单击上三角状的微调按钮可增加数量,单击下三角状的微调按钮可减少数量。

(4) 下拉列表框

下拉列表框是一个在右边有向下箭头按钮的矩形框,如图 1-32 所示。只要单击此按钮,就会弹出一个下拉列表,用户可以选择其中的选项。

(5) 复选框

复选框有多个选项,同一时间可以选择其中多项,如图 1-32 所示。它通常是一个正方形,在其后有相关的文字说明,当选择该复选框后,在正方形中间会出现一个"√"标志。

(6) 单选按钮

单选按钮有多个选项,同一时间只能选择其中一项。它通常是一个小圆圈,如果选中了某个项目,该项目前的小圆圈中就会有一个小圆点。

(7) 滑标

滑标由一个滑动块与滑动导轨组成。滑动块可以在导轨上来回移动。在不需要精确数值输入的场合，用户可以使用滑标进行操作。通过滑块的位置来估计数值的大小。

八、文件组织与管理

在 Windows 7 系统中，文件管理主要通过“计算机”窗口、“资源管理器”窗口和用户文件夹窗口来完成。

1. 文件和文件夹

（1）文件

文件名：由主文件名和扩展名组成，中间用点号“.”分隔。主文件名是文件的标识，可以由用户拟定；扩展名主要用来表示文件的类型，一般由系统自动生成。

常见的文件类型及相应的扩展名有以下几种：

① 可执行文件：可直接运行的文件，扩展名为“.exe”。

② 系统文件：系统配置文件，扩展名为“.sys”。

③ 多媒体文件：视频和音频文件，扩展名为“.wav”“.mid”“.avi”“.swf”等。

④ 图像文件：扩展名为“.bmp”“.jpg”“.gif”等。

Windows 操作系统的命名规则有以下几条：

① 文件名的长度不能超过 255 个字符。

② 文件名可以用英文字母、汉字、数字、空格和一些特殊符号，但不能出现：* ？ | ＜＞" /\等字符。

③ 文件名不区分英文字母大小写。

④ 若文件名有多个点号，以最后一个点号后的字符作为扩展名。

（2）文件夹

文件夹是计算机中用于分类存储资料的一种工具，引入文件夹这个概念来对各种资料进行分类和汇总，方便用户进行管理。文件夹由文件夹图标和文件夹名组成，没有扩展名。

（3）文件和文件夹的属性

文件或文件夹大小、位置、占用空间以及创建、修改、访问时间等，这些信息称为属性信息。用户除了可以查看这些属性信息外，还可以设置以下三种类型的文件属性：

① 只读属性：设置为只读属性的文件只能读，不能修改或删除。

② 隐藏属性：具有隐藏属性的文件一般不显示出来。

③ 存档属性：任何一个新创建或修改的文件都有存档属性。

2. “计算机”窗口

“计算机”窗口是管理文件和文件夹的主要场所，它的功能与 Windows 7 系统中的“我的电脑”窗口相似。如图 1-33 所示，打开“计算机”窗口的方法有以下三种：

① 双击桌面上的“计算机”图标。

② 选中桌面上的“计算机”图标，单击鼠标右键选择“打开”命令。

③ 单击“开始”按钮，选择“计算机”命令。

“计算机”窗口主要由导航和工作区两部分组成。

① 导航窗格：以树形目录的形式列出了当前磁盘包含文件的类型，其默认选中“计算机”选项，并显示该选项下的所有磁盘。单击磁盘左侧的三角形图标，可展开该磁盘，并显示其中的文件夹。单击文件夹左侧的三角形图标，可展开该文件夹的所有文件列表。

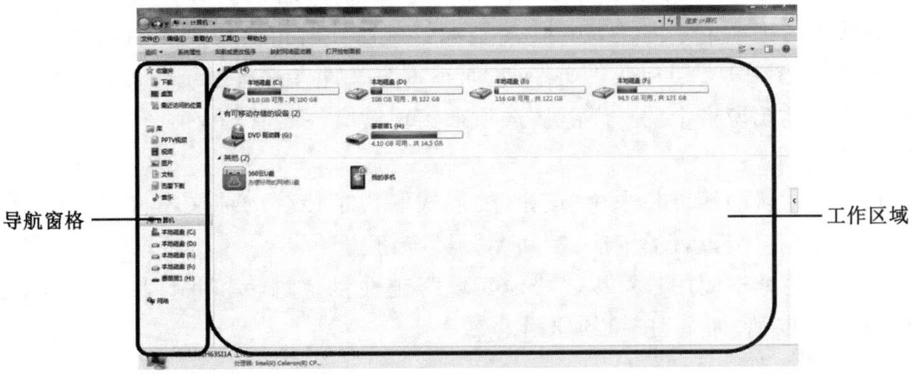

图 1-33　“计算机”窗口

② 工作区域：一般分为硬盘、有可移动存储设备和网络位置三栏。工作区域显示该磁盘分区下包含的文件和文件夹。双击文件或文件夹图标，可打开文件对应的应用程序窗口或者查看该文件夹下的文件或子文件夹。

九、资源管理器

“资源管理器”是 Windows 7 中最常用的管理文件和文件夹的工具，它的功能非常强大，与以往的 Windows 操作系统相比，在界面和功能上有了很大改进，增加了“预览窗格”以及内容更加丰富的“详细信息栏”等。

打开“资源管理器”的方法很多，用户可以用下列方法之一来实现：

① 在“开始”按钮上单击鼠标右键，在弹出的快捷菜单中选择“打开 Windows 资源管理器”命令，如图 1-34 所示。

② 可以直接按下 Win＋E 键开启 Windows 资源管理器。

图 1-34　资源管理器窗口

单击 Windows 资源管理器窗口右上角的“显示预览窗格”按钮，可打开“预览窗格”。

Windows 资源管理器窗口与“计算机”窗口类似，但两者的打开方式不同，且打开后在导航窗格中默认的选项也不同。Windows 资源管理器导航窗格中默认的选项是“库”选项，其中包含了视频、图片、文档和音乐文件夹，而且每个文件夹都有系统自带的文件。另外，用户可以通过单击导航窗格中的“计算机”选项来实现对文件的管理。

1. 别致的地址栏

Windows 7 默认的地址栏采用“按钮”的形式取代了传统的纯文本方式，并且在地址栏的周围取消了“向上”按钮，仅有“前进”和“后退”按钮。

这样形式的地址栏使用户可以轻松地实现跨越性目录跳转和并行目录快速切换，这也是 Windows 7 中取消“向上”按钮的原因。

2. 便捷的搜索框

在 Windows 7 中，搜索框遍布 Windows 资源管理器各种视图的右上角，当用户需要查找某个文件时，无须像在 Windows XP 中那样要先打开“搜索”面板，而是直接在搜索框中输入要查找的内容即可。

3. 变化的工具栏

工具栏位于地址栏的下方，当用户打开不同的窗口或选择不同类型的文件时，工具栏中的按钮会有所变化，但是其中三项始终不变，分别是“组织”按钮、“更改您的视图”按钮和“显示预览窗格”按钮。

4. 强大的导航窗格

Windows 7 资源管理器中的导航窗格特别强大和实用，新增加了“收藏夹”“库”“家庭组”“网络”等节点，用户可以通过这些节点快速地切换到需要跳转的目录。其中，值得一提的是“收藏夹”节点，用户可以将常用的文件夹以链接的形式加入此节点中，通过它能快速访问常用的文件夹。

5. 详细的信息栏

Windows 7 为用户提供了丰富的文件信息。通过详细的信息栏，用户可以直接修改文件的各种附加信息并添加标记。

十、文件和文件夹的基本操作

用户可以使用“计算机”和资源管理器程序管理文件和文件夹。

1. 创建文件或文件夹

在使用应用程序编辑文件时，通常需要新建文件。例如用户要编辑文本文件，可以在要创建的窗口中单击鼠标右键，在弹出的快捷菜单中选择“新建”，即可新建一个新文件。

要创建文件夹，用户要先进入文件夹要创建的位置，在窗口内的空白处单击鼠标右键，在弹出的快捷菜单中选择“新建”→“文件夹”命令，就会出现一个新建文件夹，名称默认为“新建文件夹”。

2. 选定文件或文件夹

在对文件进行操作之前，必须先选定它，有以下几种选定文件的方法：

(1) 选定一个文件或文件夹

在“计算机”和资源管理器窗口中，用鼠标单击该文件或文件夹。

(2) 选定多个连续文件或文件夹

在选中第一个对象文件或文件夹后，按下 Shift 键不放，再用鼠标单击最后一个要选定的文件或文件夹。

(3) 选定多个非连续文件或文件夹

在选中第一个对象文件或文件夹后，按下 Ctrl 键不放，单击不连续的各个对象或文件夹。

(4) 选定区域内的文件或文件夹

用鼠标“拖”出一个矩形区域，可以选择区域内的所有文件或文件夹。

(5) 选择所有文件或文件夹

选择“组织”→“全选”命令，或按下 Ctrl＋A 键，可以选择窗口内的所有对象。

3. 复制文件或文件夹

复制文件或文件夹，就是为复制的对象建立一个副本，将原文件或文件夹加以备份。复制文件或文件夹主要有以下几种方法：

(1) 利用快捷键菜单或快捷键进行复制

① 选定要复制的文件或文件夹；② 单击右键，在弹出的快捷菜单中选择“复制”命令或按 Ctrl＋C 键；③ 打开目标盘或目标文件夹；④ 右键打开快捷菜单选择“粘贴”命令或按 Ctrl＋V 键。

(2) 利用鼠标拖放进行复制

在不同驱动器之间，直接拖动选定的对象到目标位置即可实现对象的复制；在同一驱动器中，拖动的同时按住 Ctrl 键才能实现对象的复制。

4. 移动文件或文件夹

移动文件或文件夹的方法与复制操作类似，主要有以下几种方法：

(1) 利用快捷菜单或快捷键进行复制

① 选定要移动的文件或文件夹；② 单击鼠标右键，在弹出的快捷菜单中选择“剪切”命令或按 Ctrl＋X 键；③ 打开目标盘或目标文件夹；④ 单击鼠标右键，在弹出的快捷菜单中选择“粘贴”命令或按 Ctrl＋V 键。

(2) 利用鼠标拖放进行移动

在不同驱动器之间，拖动选定的对象到目标位置的同时需要按住 Shift 键，即可实现对象的移动；在同一驱动器中，直接拖动选定的对象到目标位置即可实现对象的移动。

5. 删除文件或文件夹

当某些文件或文件夹不需要时，可以将其删除。删除文件的操作步骤如下：

① 选中要删除的文件。单击“文件”→“删除”命令，或单击右键选择快捷菜单中的“删除”命令。

② 单击鼠标右键，在弹出的快捷菜单中选择“删除”命令，或选中文件后直接按 Delete 键。

③ 系统将会弹出“确认文件删除”对话框。

④ 若确认要删除该文件或文件夹，则单击“是”按钮；若不删除文件或文件夹，则单击“否”按钮。

直接用鼠标将选定的文件或文件夹拖到“回收站”，也可实现删除操作。如希望文件或文件夹直接从计算机中删除而不保存到回收站中，则在以上操作时同时按住 Shift 键。

6. 文件或文件夹的重命名

用户可以通过以下两种方法修改文件或文件夹名字：

① 选中需要重命名的文件或文件夹，单击要重命名的文件或文件夹名字，当名字位置变成深蓝色时，输入新的文件名，按回车键。

② 选中需要重命名的文件或文件夹，单击鼠标右键，在弹出的快捷菜单中选择“重命名”命令，然后输入新的文件名，按回车键。

③ 执行“两次单击”操作(间隔一段时间的单击操作)。输入新的文件或文件夹名称后，按回车键或单击该名字方框外任意地方即可。

7. 查看文件或文件夹

通过 Windows 7 操作系统的资源管理器来查看计算机中的文件和文件夹，在查看的过程中可以更改文件和文件夹的显示方式，以满足用户的不同需要。

在资源管理器窗口中查看文件或文件夹时，系统提供了多种文件和文件夹的显示方式。用户可单击工具栏中的“更改您的视图”按钮，在弹出的快捷菜单中有 8 种排列方式可供选择。下面对常用的几种进行简单介绍。

(1) 超大图标、大图标和中等图标

“超大图标”“大图标”“中等图标”这三种方式类似于 Windows XP 的“缩略图”方式。它们将文件夹中包含的图像文件显示在文件夹图标上，方便用户快速识别文件。这三种显示方式的区别只在于图标的大小不同。图 1-35 所示为“大图标”显示方式。

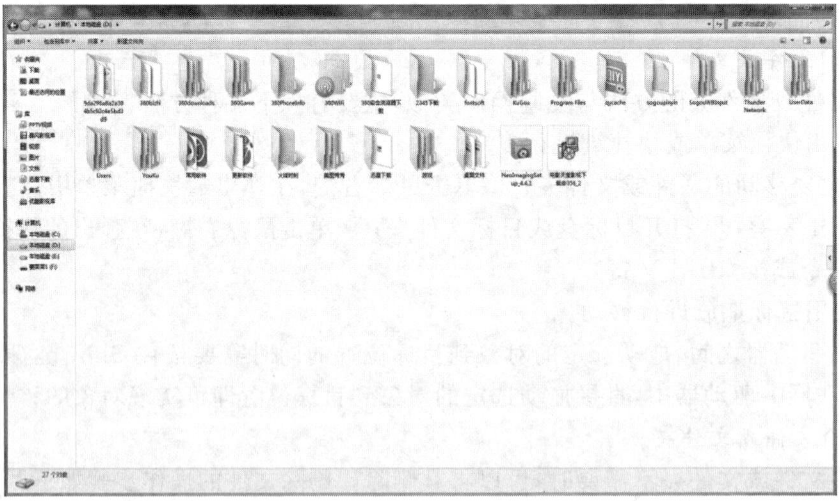

图 1-35 “大图标”显示方式

(2) 小图标

“小图标”方式类似于 Windows XP 的“图标”方式，以图标形式显示文件和文件夹，并在图标的右侧显示文件或文件夹的名称、类型和大小等信息。图 1-36 所示为“小图标”显示方式。

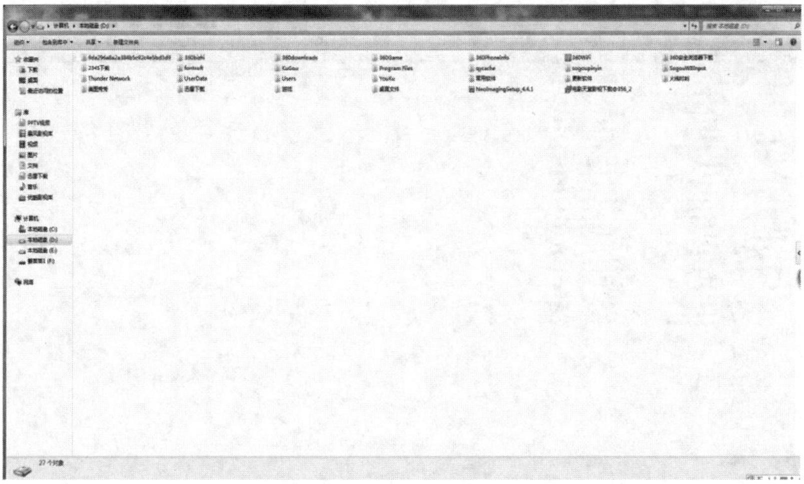

图 1-36 “小图标”显示方式

(3) 列表

“列表”方式下,文件或文件夹以列表的方式显示,文件夹按纵向方式排列,文件或文件夹的名称显示在图标的右侧,如图 1-37 所示。

图 1-37 “列表”显示方式

(4) 详细信息

“详细信息”方式下,文件或文件夹整体以列表方式显示,除了显示文件图标和名称外,还显示文件的类型、修改日期等相关信息,如图 1-38 所示。

(5) 平铺

“平铺”方式类似于“中等图标”显示方式,只是比“中等图标”显示更多的文件信息。文件和文件夹的名称在图标的右侧,如图 1-39 所示。

(6) 内容

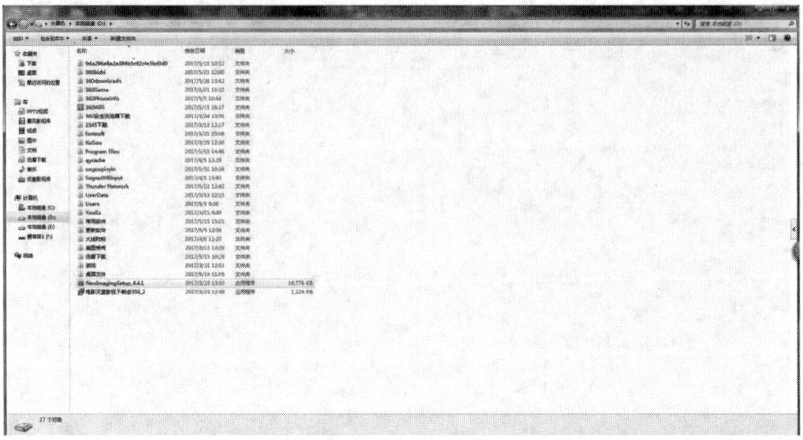

图 1-38 “详细信息”显示方式

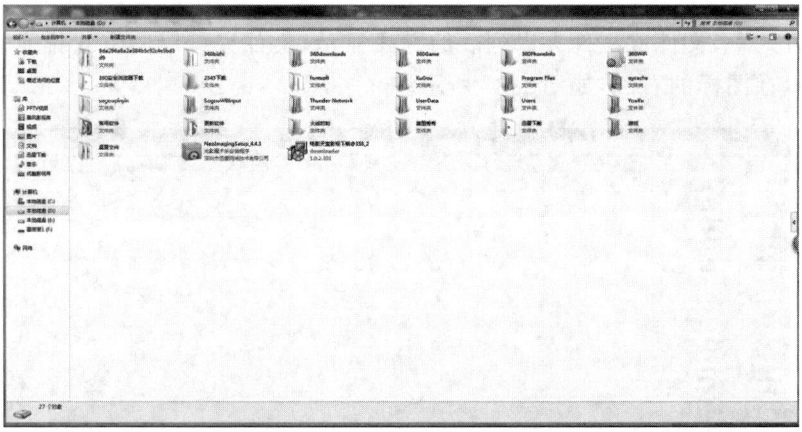

图 1-39 “平铺”显示方式

“内容”方式是“详细信息”显示方式的增强版，文件和文件夹将以缩略图的方式显示，如图 1-40 所示。

8. 文件和文件夹的安全

对于计算机中比较重要的文件，如系统文件、用户自己的密码文件或用户的个人资料等，如果用户不想让别人看到并更改这些文件，那么可以将它们隐藏起来，等到需要时再显示出来。

（1）隐藏文件和文件夹

Windows 7 为文件和文件夹提供了两种属性：只读和隐藏。

① 只读：用户只能对文件或文件夹的内容进行查看而不能进行修改和删除。

② 隐藏：在默认设置下，设置为隐藏属性的文件和文件夹将不可见。

（2）显示隐藏文件和文件夹

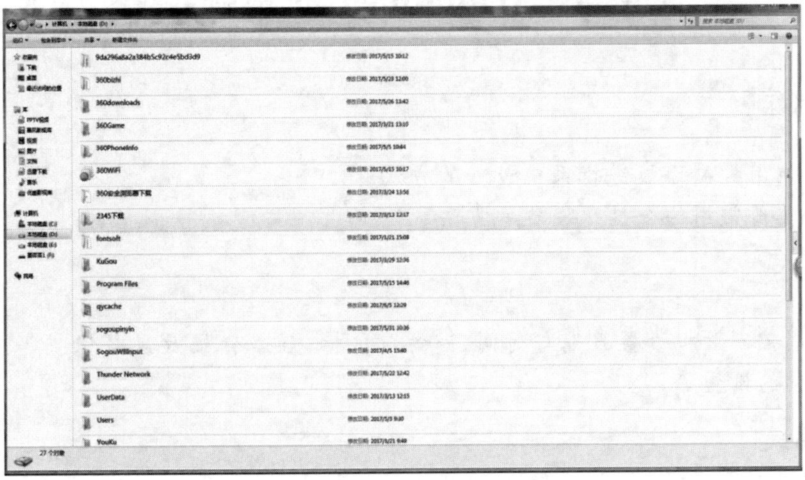

图 1-40　“内容”显示方式

文件和文件夹被隐藏后，如果想再次访问它们，那么可以在 Windows 7 系统中开启想看隐藏文件功能。具体操作步骤如下：

① 打开 Windows 资源管理器，选择“组织”→“文件夹和搜索选项”命令，弹出“文件夹选项”对话框，如图 1-41 所示。

② 切换至“查看”选项卡，在“高级设置”列表中选中“显示隐藏的文件、文件夹和驱动器”单选按钮。

③ 单击“确定”按钮，完成显示文件和文件夹设置。

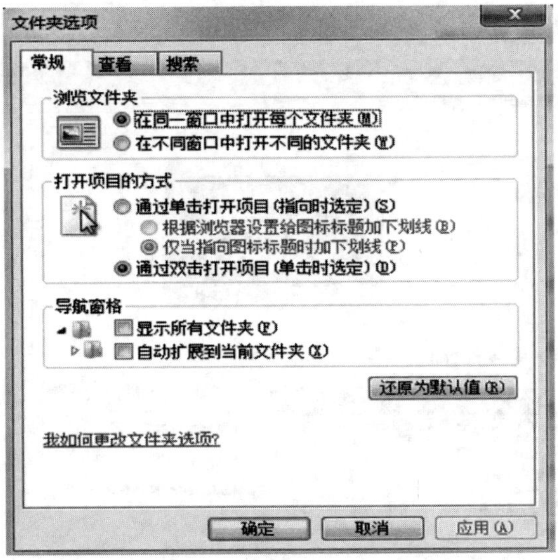

图 1-41　“文件夹选项”对话框

任务3 Windows 7 的系统设置

知识目标

1. 掌握使用控制面板进行系统设置的方法。
2. 掌握其他常用的个性化设置的方法。

技能目标

能够使用控制面板设置日期与时间、键盘与鼠标、屏幕背景及屏幕保护等；能进行任务栏及开始菜单的设置等。

素质目标

通过学习系统设置充分促进学生个性化的发展，培养学生独立自主和创新的精神。

任务描述

1. 打开“任务栏和开始菜单属性”对话框，将任务栏设置为“自动隐藏”。
2. 打开“任务栏和开始菜单属性”对话框，将任务栏设置为“取消锁定任务栏”。
3. 更改 Windows 7 的主题，将主题变为“Windows 经典”。
4. 打开“个性化”对话框，在“桌面”选项卡中选择“我的文档”→“图片收藏”中的图片为背景。
5. 打开“个性化”对话框，选择“屏幕保护程序”选项卡，选择屏幕保护程序，设置等待时间为5分钟，效果如图1-42所示。
6. 将计算机的屏幕分辨率设置为1 366×768。

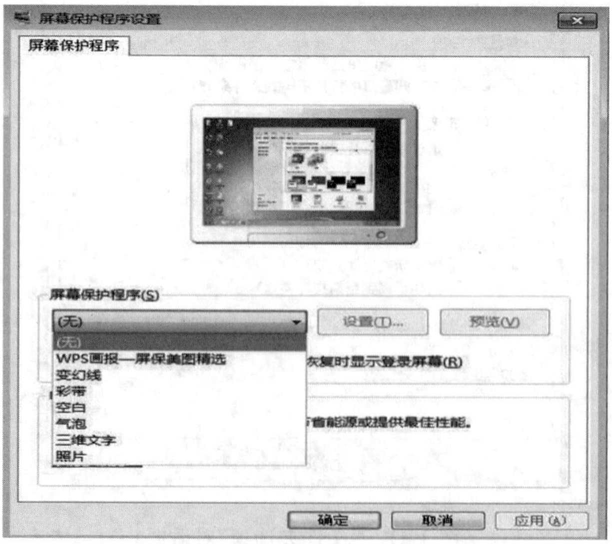

图1-42　屏幕保护程序

相关知识

一、设置外观和主题

Windows 7 系统自带了很多精美的桌面背景和主题，用户可以通过“个性化”对话框对 Windows 7 系统的外观和主题进行设置。

1. 更换 Windows 7 的主题

Windows 7 系统自带多个精美主题，用户通过在桌面空白处单击鼠标右键，在弹出的快捷菜单中选择“个性化”命令（也可通过“控制面板”找），打开“个性化”窗口（图 1-43），在“Aero 主题”区域中选择准备使用的主题。

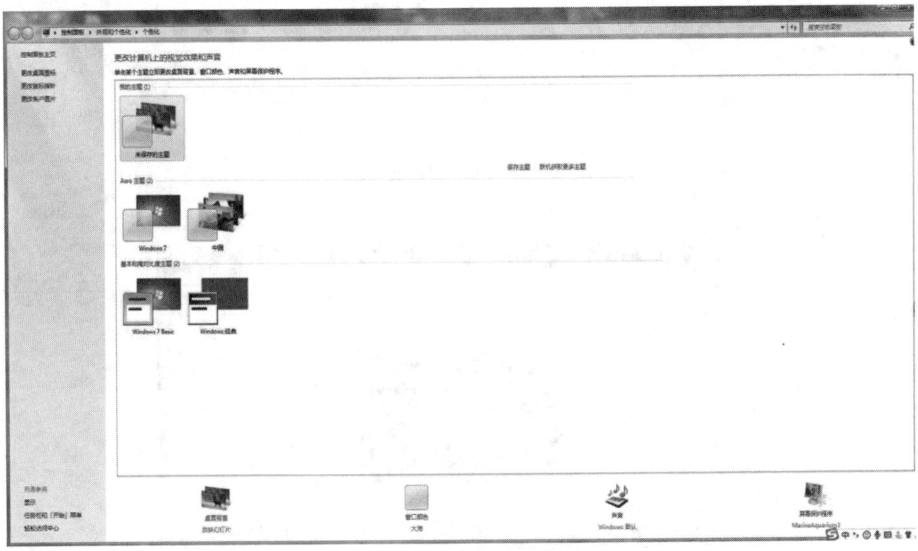

图 1-43 “个性化”窗口

2. 改变桌面背景

在 Windows 7 系统中，可将自己喜欢的图片设置成桌面背景。在“个性化”窗口中，单击窗口下方的“桌面背景”，打开“桌面背景”窗口，如图 1-44 所示。在“桌面背景”窗口中选择准备使用的图片，单击“保存更改”按钮。

3. 设置屏幕保护程序

屏幕保护程序是指当用户暂时不对计算机操作时，为防止显示器长时间显示同一画面而设定的程序。Windows 7 系统的屏幕保护程序能大幅度降低屏幕亮度，可起到节能省电的作用。

在桌面空白处单击鼠标右键，从弹出的快捷菜单中选择“个性化”命令，在打开的“个性化”窗口中，单击窗口右下方的“屏幕保护程序”，弹出如图 1-45 所示的“屏幕保护程序设置”对话框。在“屏幕保护程序”下拉列表中选择准备使用的屏幕保护效果，如“气泡”，在“等待”数值框中设置屏保需要的时间，如“1 分钟”，单击“确定”按钮完成设置。

图 1-44 “桌面背景”窗口

图 1-45 “屏幕保护程序设置”对话框

4. 设置显示器的分辨率和刷新率

分辨率是指单位面积显示像素的数量，刷新率是指电子束对屏幕上的图像重复扫描的次数，用户要根据不同的显示器调节适合显示器的分辨率和刷新率。具体操作步骤如下：

设置屏幕分辨率

① 在计算机桌面空白处单击鼠标右键，在弹出的快捷菜单中选择“屏幕分辨率”命令，打开“屏幕分辨率”窗口，如图 1-46 所示。

② 在“分辨率”下拉列表框中选择要设定的分辨率，单击“确定”按钮。

图1-46　“屏幕分辨率”窗口

5. 设置颜色外观

在Windows 7系统中，通过设置主题可以改变颜色外观，用户也可以根据自己的需要对对话框边框、开始菜单和任务栏等外观的颜色进行更改，下面介绍设置颜色外观的方法。

① 用户在桌面空白处单击鼠标右键，在弹出的快捷菜单中选择“个性化”命令，打开“个性化”窗口，单击界面下方的“窗口颜色”，打开“窗口颜色和外观”窗口，如图1-47所示。

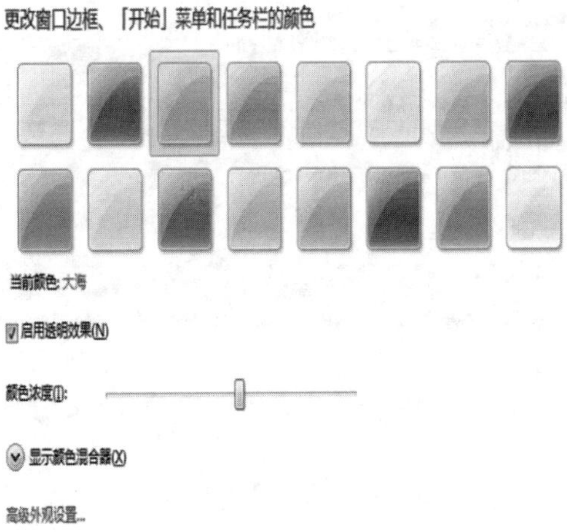

图1-47　“窗口颜色和外观”窗口

② 在“窗口颜色和外观”窗口中，选择准备使用的色块，根据需要选中或不选中“启用透明效果”复选框。

③ 在“窗口颜色和外观”窗口下方，可拖动“颜色浓度”水平滑块，选择需要的颜色浓度；单击“显示颜色混合器”按钮，可调节色调、饱和度和亮度。

④ 单击“保存修改”按钮，完成窗口颜色和外观的设置。

二、自定义任务栏和“开始”菜单

1. 任务栏的操作

① 移动任务栏：屏幕的上、下、左、右四个位置都可以放置任务栏。将鼠标放在任务栏的空白处，按住鼠标左键不放并拖动，拖到目标位置释放按钮，即可将任务栏移到指定的位置。

② 改变任务栏大小：将鼠标指针移到任务栏的边缘，此时鼠标指针变为垂直双向箭头，按住鼠标左键向上或向下拖动，拖到指定的大小释放按钮，即可改变任务栏的大小。

2. 自动隐藏任务栏

具体操作步骤如下：

① 右键单击“开始”，弹出快捷菜单选择“属性”命令，显示“任务栏和「开始」菜单属性”对话框，如图 1-48 所示。

② 选中“自动隐藏任务栏”复选框，单击“确定”按钮。

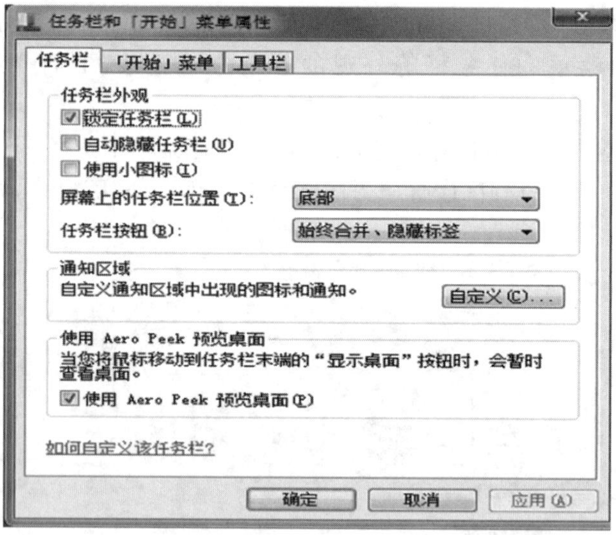

图 1-48 “任务栏和「开始」菜单属性”对话框

3. 自定义“开始”菜单

具体操作步骤如下：

① 右键单击“开始”，选择“属性”命令，打开“任务栏和「开始」菜单属性”对话框。

② 在“「开始」菜单”选项卡中选择“自定义”选项。

③ 用户要进行设置时，可以根据需要进行自定义操作，如图 1-49 所示。

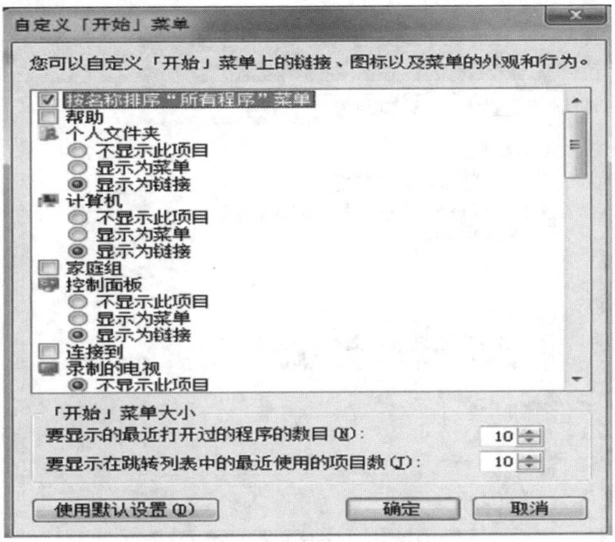

图 1-49　自定义「开始」菜单

三、鼠标的设置

鼠标是一种使用频度极高、非常重要的输入设备，鼠标性能的好坏关系到使用是否方便、灵活，也直接影响到工作的效率。在控制面板窗口中，单击“硬件和声音”选项，在打开的“硬件和声音”窗口中选择“鼠标”命令，弹出“鼠标属性”对话框。

在“鼠标键”选项卡中，通过选定“鼠标键配置”选项组中的“切换主要和次要的按钮”复选框，可以设置鼠标的主、次要键，显示蓝色的是主要键；“双击速度”选项区中“速度”滑块可调整打开文件夹所需的时间间隔，“速度”越快，打开文件夹所需的两次按键之间的时间间隔也就越短；选定“单击锁定”选项区中的“启用单击锁定”复选框后，在拖动过程中就不必按住鼠标左键了，如图 1-50 所示。

四、设置区域和语言

在“控制面板”窗口中单击“时钟、语言和区域”命令，在弹出的“时钟、语言和区域”窗口中单击“区域和语言”项，弹出“区域和语言”对话框，如图 1-51 所示。

在这里用户选中“键盘和语言”选项卡，单击“更改键盘”按钮，弹出“文本服务和输入语言”对话框，如图 1-52 所示。在这里用户可以添加、设置和删除输入法。

五、日期和时间的设置

在“控制面板”窗口中单击“时钟、语言和区域”命令，打开如图 1-53 所示的“时钟、语言和区域”窗口。

单击该窗口中“日期和时间”项，弹出如图 1-54 所示的“日期和时间”对话框，在这里用户可以更改系统的日期和时间。

在“Internet 时间”选项卡中，用户可以进行设置以保持用户的计算机与 Internet 上的

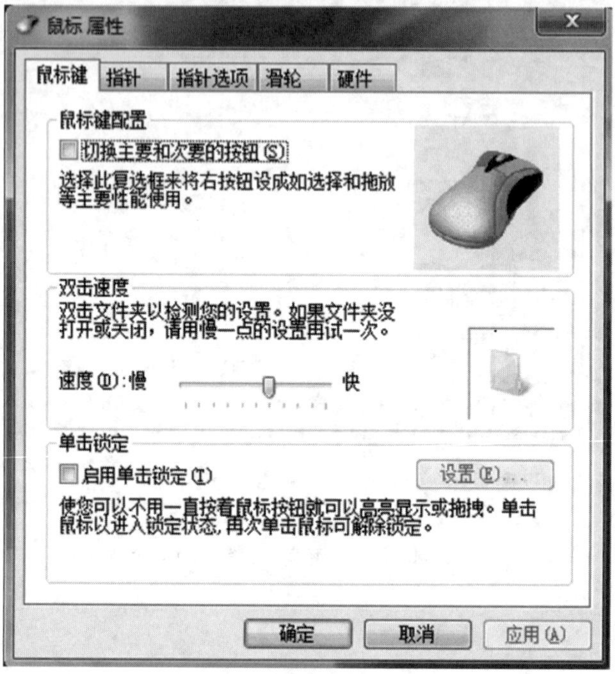

图 1-50 “鼠标属性”对话框

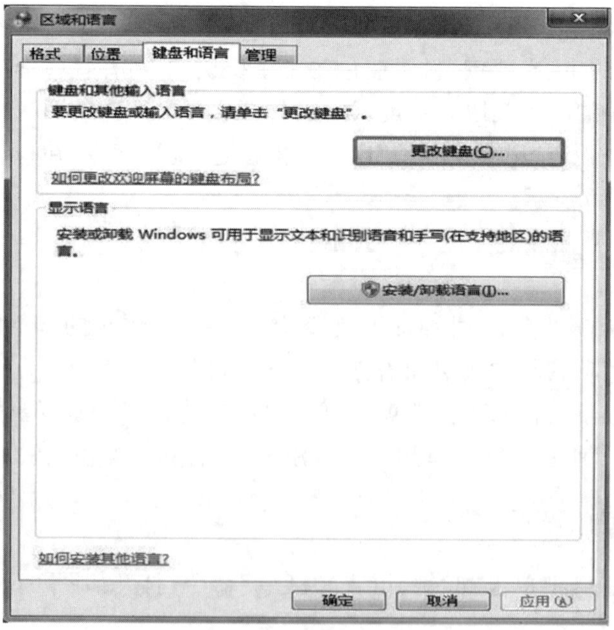

图 1-51 “区域和语言”对话框

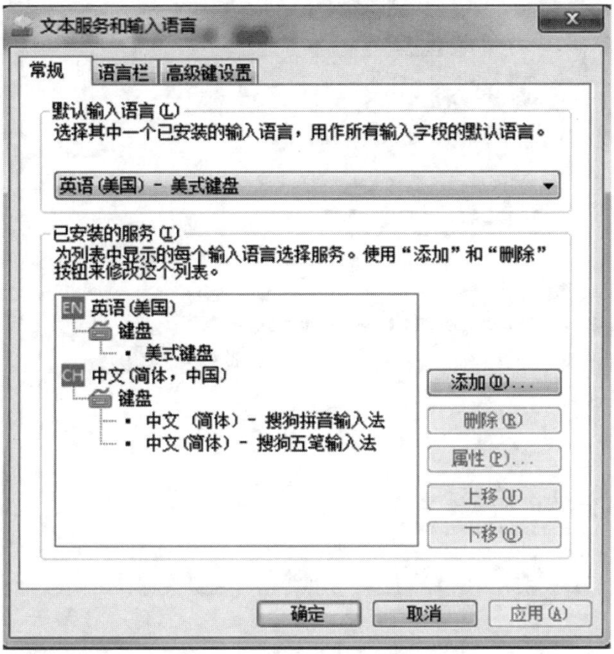

图1-52　“文本服务和输入语言”对话框

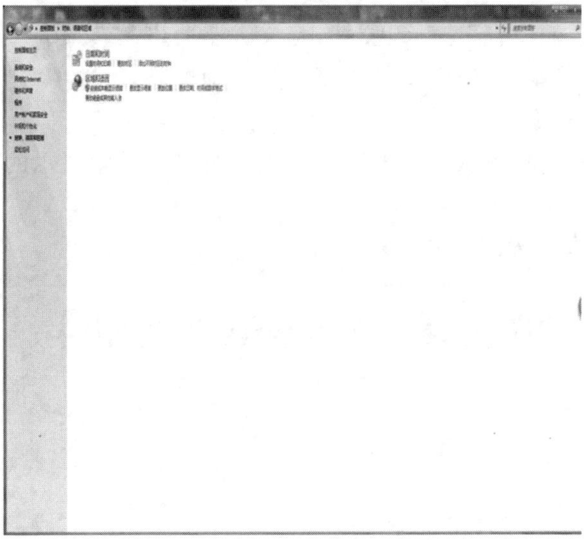

图1-53　“时钟、语言和区域”窗口

时间服务器同步，但必须是在计算机与Internet连接时进行。

六、回收站的设置

用户可以设置个性化的回收站。具体操作步骤如下：

① 在桌面上用鼠标右键单击“回收站”图标，在弹出的快捷菜单中选择“属性”命令，弹

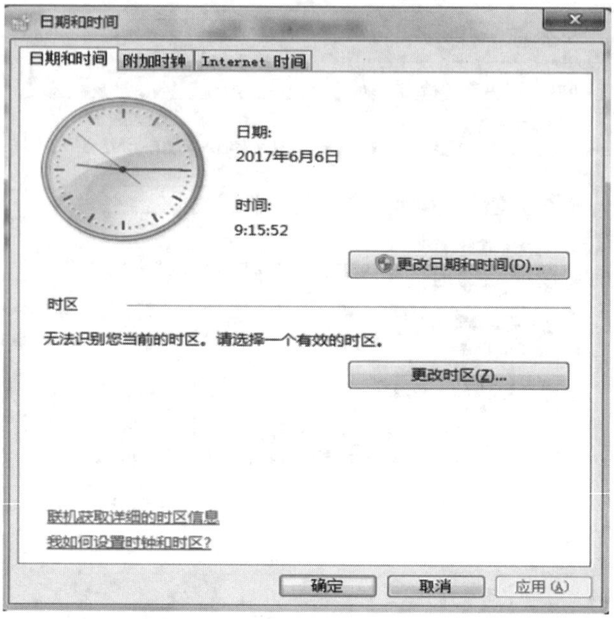

图 1-54 “日期和时间”对话框

出“回收站属性”对话框。

② 可通过“常规”查看回收的位置及可用空间。

③ 可在“选定位置的设置”选项设置“自定义大小”,可调整最大值。

④ 如果要停用回收站,使所有文件立刻被永久地删除,可选中“删除时不将文件移入回收站,而是彻底删除”选项。

⑤ 取消选择“显示删除确认对话框”选项,则不再显示通常提示的“确实要删除××吗”的对话框。

⑥ 设置完毕后,单击“确定”按钮。

任务 4 Windows 7 的附件

知识目标

1. 了解 Windows 7 的常用附件及其功能。
2. 掌握 Windows 7 常用附件的使用方法。

技能目标

能够使用 Windows 7 的记事本、写字板及画图程序等进行文字编辑及图形绘制。

素质目标

通过附件的使用,培养学生独立思考及发现、解决问题的能力。

任务描述

1. 打开 Windows 记事本，在插入点处插入系统当前的日期和时间。

2. 新建一个记事本文件，选择一种输入法，在编辑区输入“床前明月光，疑是地上霜。举头望明月，低头思故乡。”将此文件保存在 D 盘根目录下，并命名为“静夜思”。

3. 将 Windows 7 中的标准计算器转换成科学型计算器，将十六进制数 ABD 转换为二进制数。

4. 使用画图程序画向日葵，并体会向日葵积极向上、向阳的品质。效果如图 1-55 所示。

5. 将上面绘制的向日葵设置为桌面背景，并选择“居中”效果。

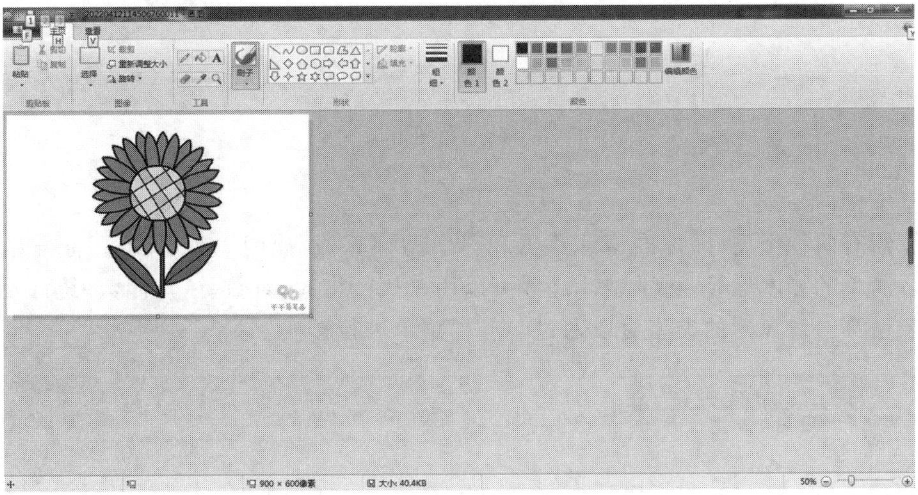

图 1-55　使用画图程序绘制向日葵

相关知识

“附件”是一套 Windows 7 自带的实用工具程序，包含了一些常用的应用程序，如计算器、写字板、画图等。

一、画图

画图程序是 Windows 7 操作系统自带的小画板，主要用于创建简单的图形、图案等图形文件。

通过画图程序制作的图形，其格式可以为 24 位位图文件（扩展名为. bmp）、“. jpg”格式文件或“. gif”格式文件。启动画图程序后，弹出如图 1-56 所示的应用程序窗口。

画图窗口由标题栏、快速访问工具栏、选项卡、功能区、画布、状态栏等六部分组成。

二、计算器

计算器程序提供了一个进行算术、统计及科学计算的工具，其作用和使用方法与常用计

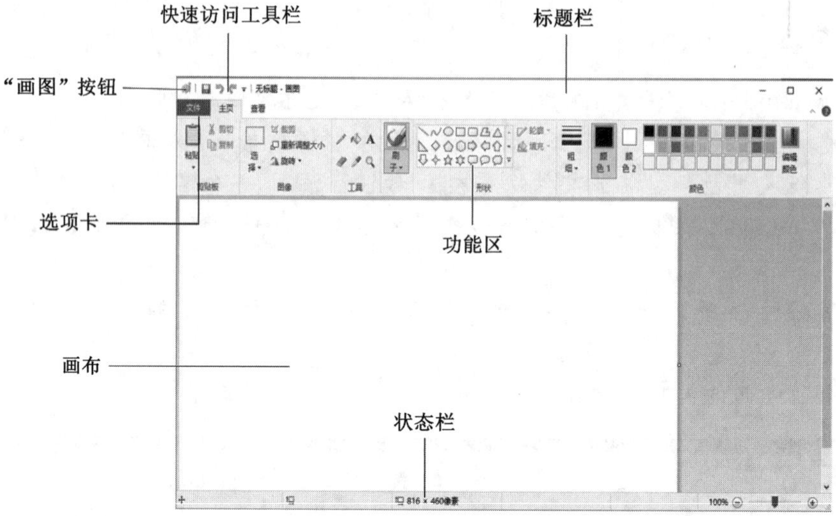

图 1-56　画图窗口

算机器基本相同。

计算器有两种类型，即标准型计算器和科学型计算器，如图 1-57 所示。标准型计算器用于执行简单的算术运算；科学型计算器可以用来执行指数、对数、三角函数、统计及数制转换等复杂运算。计算器的类型可以通过“查看”菜单进行转换。

（a）标准型计算器

（b）科学型计算器

图 1-57　计算器窗口

三、写字板

写字板是包含在 Windows 7 系统中一个基本的文字处理程序，使用写字板可以编写信笺、读书报告和其他简单文档，还可以更改文本的外观、设置文本的段落、在段落以及文档内部和文档之间复制并粘贴文本等。写字板和以往 Windows 版本的写字板相比，其界面和功能都有了较大的改观。

四、记事本

记事本程序是 Windows 7 中的另一个文本编辑工具，常用来查看或编辑文本(.txt)文件，无法完成特殊格式的编辑。

一般来讲，源程序代码文件、某些系统配置文件都是用纯文本的方式存储的，所以编辑系统配置文件时，常用记事本程序而不用写字板程序或 Word 等较大型的文字处理软件。

五、娱乐

1. Windows Media Player

使用 Windows Media Player 可以播放和组织计算机及 Internet 上的数字媒体文件，还可以收听全世界电台的广播、播放和复制 CD、创建自己的 CD 以及将音乐或视频复制到便携设备中。

2. 音量控制

如果计算机系统配置了多媒体装置，那么就可以使用“音量控制”程序调节计算机或其他多媒体应用程序所播放声音的音量、平衡和高低音等设置。

思考与练习

实训一：

1. 如果显示器的指示灯不亮，按下显示器开关，然后按下主机开关，启动计算机。
2. 观察键盘的布局。
3. 选择一篇文章进行打字练习。

实训二：

1. 打开“计算机”进入 C 盘，分别选用缩略图、列表、详细信息等方式浏览 C 盘下的文件，观察各种显示方式之间的区别。
2. 在 D 盘下新建一个文件夹，命名为 TEST，然后在 TEST 文件夹下再新建两个文件夹 TEST1 和 TEST2，在 TEST1 文件夹中新建两个文本文件 T1.txt 和 T2.txt。
3. 把文本文件 T1.txt 和 T2.txt 复制到 TEST2 文件夹中。
4. 删除 D:\TEST\TEST1\T2.txt 文件。
5. 恢复刚刚删除的文件。
6. 把 D:\TEST\TEST2 中的 T1.txt 文件设置为只读属性。
7. 使用“堆叠显示窗口”的方式排列窗口。
8. 搜索最近一个月内修改过的所有.txt 文件。

实训三：

1. 取消任务栏锁定，将任务栏移动到桌面的顶端。
2. 将回收站设置为：在删除文件时不显示确认文件删除对话框。

3. 添加“智能 ABC”输入法，并将其设置为默认输入法。

4. 对任务栏进行设置（自动隐藏、移动任务栏、改变任务栏大小）。

5. 将在画图程序中画的向日葵设置为屏幕背景，选择“平铺”效果。

6. 将屏幕保护画面设置为慢速滚动的字幕，字幕内容为“好好学习，天天向上”。

7. 调整桌面上图标的位置、顺序，并添加快捷图标。

8. 把 D:\TEST\TEST2 中的 T1. txt 文件设置为隐藏属性。

实训四：

1. 在桌面上创建“记事本”的快捷图标。

2. 按下 PrintScreen 键把当前的桌面复制到剪贴板。

3. 打开“写字板”，把上题剪贴板中的图片粘贴到“写字板”的当前光标处，调整图片的大小；在图片下面输入任意一段文本；把上下、左右页边距分别设置为 3 厘米；然后将文件保存在 D 盘下，命名为“练习”。

4. 任意选择一张图片，利用画图程序将图片旋转 90°并调整图片的大小。

5. 利用“个性化”将窗口中的文字变成“红色”。

6. 将鼠标指针方案改成“反转（大）系统方案”。

7. 使用画图程序画一幅山水画，并将它设置为桌面背景。

项目 2　网络的应用

我们的生活和工作越来越离不开网络，搜索信息、收发邮件、传送文件、资源共享以及娱乐都需要用到网络。通过本项目的学习，学生将了解一些网络的基本概念、网络的功能和结构、网络的类型、通信协议、连接设备等相关知识，掌握网络常用到的操作技巧和方法，并灵活运用网络常用工具软件来处理我们的工作和生活事务。

任务 1　计算机网络基础知识

知识目标

1. 掌握计算机网络的基础知识。
2. 掌握 Internet 基础知识。
3. 能对计算机进行正确的网络安全防护。

技能目标

能快速准确地根据实际需要配置计算机 IP 地址，测试网络连通性。

素质目标

通过对计算机网络基础理论知识的学习，学生可以掌握网络理论基础知识及实践技能，适应互联网发展需要，培养具有网络安全意识、社会责任感强、专业竞争力强的高素质专业技术人才。

任务描述

一、配置计算机 IP 地址

IP 地址是计算机在网络中的身份识别码，只有为计算机配置了正确的 IP 地址，计算机才能接入网络。

1. 右击桌面上网络图标，在打开的快捷菜单中选择“属性”命令，打开“网络和共享中心”窗口。

2. 在“网络和共享中心”窗口左侧单击“更改适配器设置”按钮，如图 2-1 所示。打开

“本地连接”对话框，右键单击“属性”按钮。

3. 在打开的“以太网属性”对话框中，双击“Internet 协议版本 4(TCP/IPv4)”选项，如图 2-2 所示。

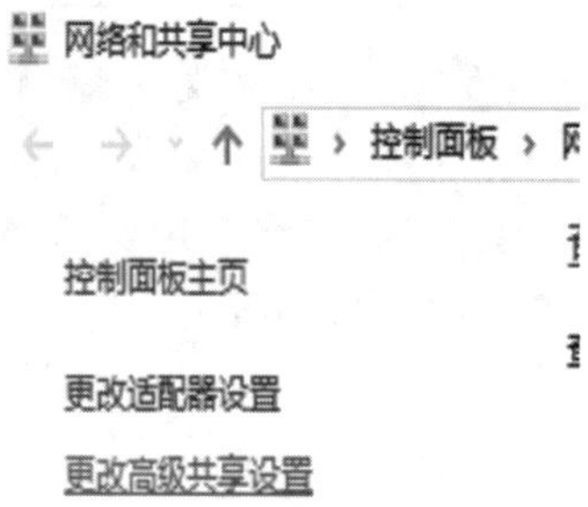

图 2-1 “更改适配器设置”按钮

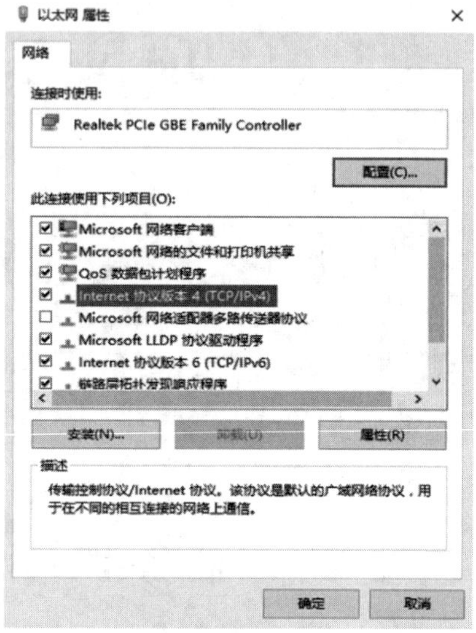

图 2-2 “以太网属性”对话框

4. 如果现在创建的是对等型局域网，没有专用的 DHCP 服务器为客户机分配动态，那么用户必须手动指定一个 IP 地址。例如，用户可以输入一个标准的局域网 IP 地址为 192.168.1.100，子网掩码为 255.255.255.0。

5. 在客户端、服务器局域网中，如果网络中的服务器配置有 DHCP 服务，则该服务可以自动为该计算机分配动态 IP 地址，用户只需选择“自动获得 IP 地址”单选按钮即可，如图 2-3 所示。

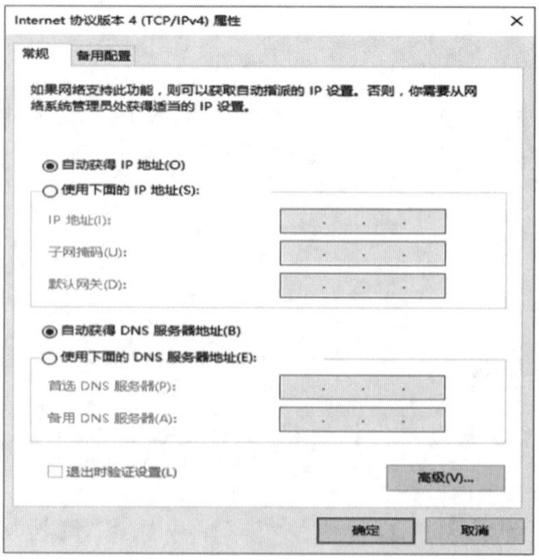

图 2-3 自动获得 IP 地址

可用同样的方法对网络中其他计算机进行 TCP/IP 协议的设置。需要注意的是，其他计算机的 IP 地址也应设置为 192.168.0.X，即所有的 IP 地址必须在一个网段中，X 的范围是 1～254，并且最后一位 IP 地址不能重复。

二、测试网络连通性

测试网络连通性

配置完网络协议后，还需要使用 Ping 命令来测试网络连通性，查看计算机是否已经成功接入局域网。

1. 单击“开始”按钮，在弹出的菜单中输入 cmd 命令，如图 2-4 所示。

2. 按下 Enter 键，打开命令提示符窗口。如果网络中有一台计算机(非本机)的 IP 地址是 192.168.0.101，那么可在该窗口中输入命令 ping192.168.0.101，然后按下 Enter 键，若显示如图 2-5 所示的测试结果，则说明网络已经正常连通。

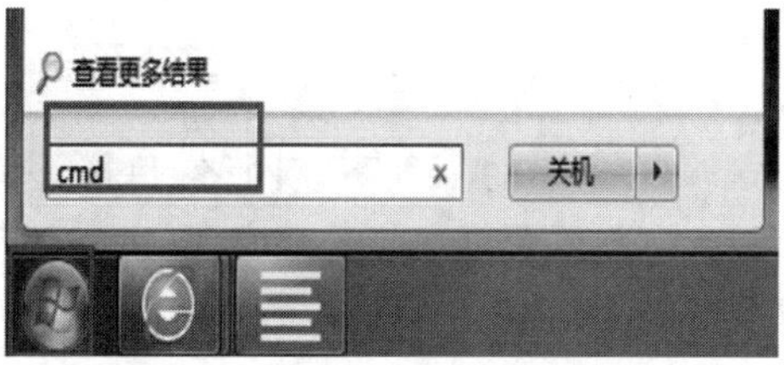

图 2-4　输入 cmd 命令

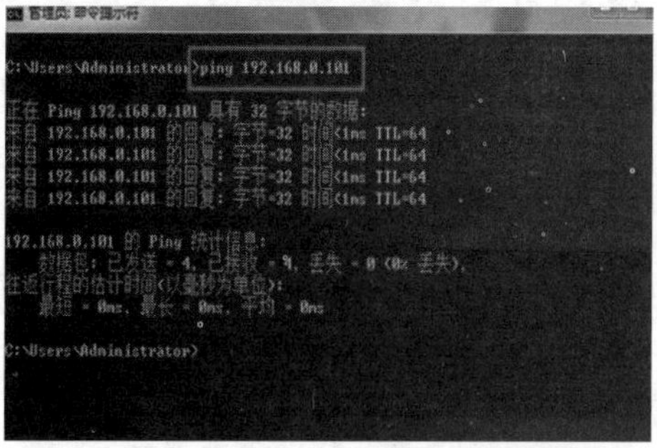

图 2-5　测试网络连通性

相关知识

一、计算机网络的概念

计算机网络是指将地理位置不同的具有独立功能的多台计算机及其外部设备，通过通信线路连接起来，在网络操作系统、网络管理软件及网络通信协议的管理和协调下，实现资源共享和信息传递的计算机系统。最简单定义是：一些相互连接的、以共享资源为目的的、自治的计算机的集合。

二、计算机网络的功能

数据通信是计算机网络的基本功能，资源共享是计算机网络的核心。

1. 数据通信

数据通信用以实现计算机与终端或计算机与计算机之间传送各种信息，利用这一功能将地理位置分散的数据终端或计算机通过计算机网络连接起来进行集中的控制和管理。

2. 资源共享

资源共享包括软件资源共享和硬件资源共享。共享的软件资源包括程序、文件和数据等；共享的硬件资源包括各种硬件设备以及存储空间等。利用计算机网络共享硬件设备可以避免重复购置，提高计算机硬件的利用率。

3. 分布式数据处理

分布式数据处理是将分散在各个计算机系统中的资源进行集中控制与管理，从而将复杂的问题交给多个计算机分别同时进行处理，以提高工作效率。这种协同工作、并行处理要比单独购置高性能的大型计算机成本低。对于综合性的大问题可以采用合适的算法，将任务分散到不同的计算机上进行分布处理。这样不仅可以充分利用网络资源，而且可以扩大计算机的处理范围。

三、计算机网络的分类

计算机网络的分类方式非常多，从不同的角度出发可以实现多种网络划分方式。

1. 按网络覆盖的地理范围分类

(1) 局域网(LAN)

局域网用于将有限范围内(如一个实验室、一幢大楼、一个校园)的各种计算机、终端与外部设备互连成网。局域网按照采用的技术、应用范围和协议标准的不同可以分为共享局域网与交换局域网。局域网技术发展迅速，应用日益广泛，是计算机网络中最活跃的领域之一。

(2) 城域网(MAN)

城市地区网络简称为城域网，是介于广域网与局域网之间的一种高速网络，目标是满足几十千米范围内的大量企业、机关、公司的多个局域网互连的需求，以实现大量用户之间的数据、语音、图形与视频等多种信息的传输功能，是城市通信的主干网，它充当不同局域网之间通信的桥梁，并向外连入广域网。

城域网地理范围可从几十千米到上百千米，可覆盖一个城市或地区，分布在一个城市内，是一种中等规模的网络。

(3) 广域网(WAN)

广域网也称为远程网，它所覆盖的地理范围从几十千米到几千千米甚至更广。广域网覆盖一个国家、地区，或横跨几个洲，形成国际性的远程网络。广域网的通信子网主要使用分组交换技术。广域网的通信子网可以利用公用分组交换网、卫星通信网和无线分组交换网，它将分布在不同地区的计算机系统互连起来，达到资源共享的目的。

2. 按网络拓扑结构分类

拓扑是指网络节点连接起来形成的几何模型，计算机网络的物理连接形式叫作网络的物理拓扑结构。连接在网络上的计算机、大容量的外存、高速打印机等设备均可看作网络上的一个节点，也称为工作站。

(1) 总线型

总线型拓扑结构采用一条公共总线作为传输介质，各个节点都通过相应的接口直接连到总线上，通过总线进行数据传输。其拓扑结构如图 2-6 所示。

总线型拓扑结构的优点是结构简单灵活、便于扩充、可靠性高、响应速度快、设备量少、价格低、安装使用方便、共享资源能力强、便于广播式传输；缺点是由于信道共享，连接的节点不宜过多，并且总线自身的故障可以导致系统的崩溃，总线长度有一定限制，一条总线也只能连接一定数量的节点，实时性较差。

(2) 星形

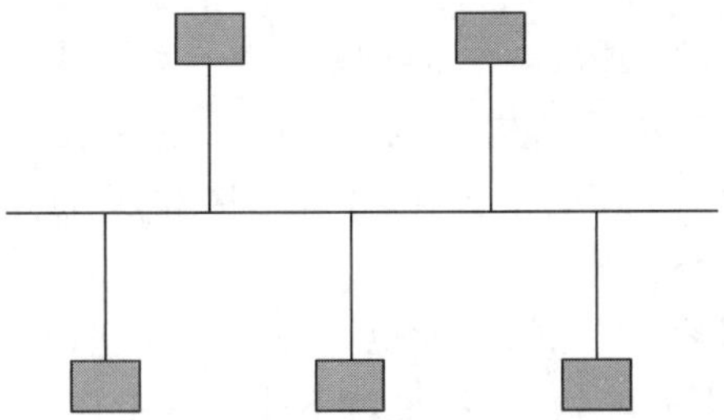

图 2-6　总线型拓扑结构图

星形拓扑结构也称为集中型结构，它是以中央节点为中心与各节点连接而组成的，各个节点间不能直接通信，而是经过中央节点控制进行通信。这种结构适用于局域网。这种连接方式以双绞线或同轴电缆作连接线路。其拓扑结构如图 2-7 所示。

星形拓扑结构的优点是结构简单，容易建网，便于管理，通信线路和设备消耗少，信息单向传递，节点故障容易排除、隔离，只要增加交换机就可增加新的节点；缺点是属于集中控制，对中心节点的依赖性很强，中心节点的故障可能造成全网瘫痪，并且延时长、传输效率低。

(3) 环形

环形网中各节点通过环路接口连在一条首尾相连的闭合环形通信线路中，环路上任何节点均可以请求发送信息。请求一旦被批准，便可以向环路发送信息。该网络拓扑结构中，各工作站的地位平等。其拓扑结构如图 2-8 所示。

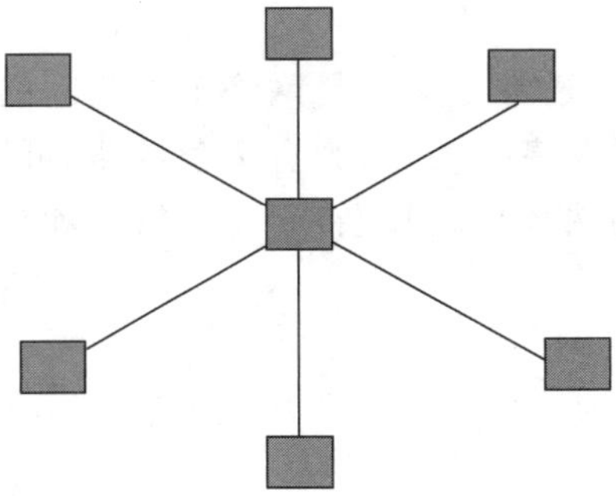

图 2-7　星形拓扑结构图

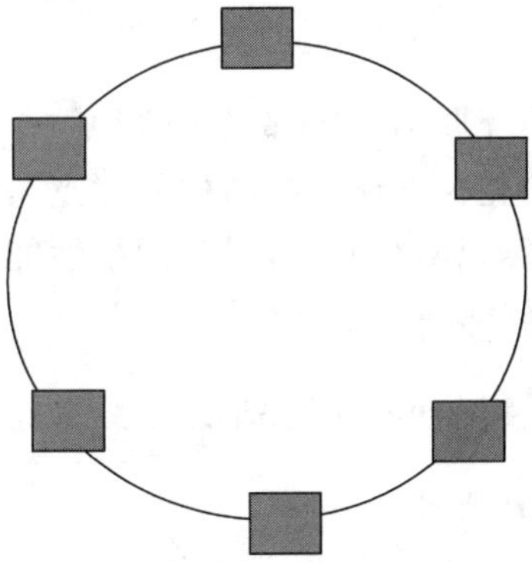

图 2-8　环形拓扑结构图

环形结构有两种类型，即单环结构和双环结构。令牌环是单环结构的典型代表，光纤分布式数据接口是双环结构的典型代表。在环形网络中，节点通过点对点通信线路连接成闭合环路，环中数据将沿一个方向逐站传送。环形网络结构简单，传输延时确定。

环形拓扑结构的优点是通信线路和设备消耗少、易安装、结构简单、信息单向传递、延时固定；缺点是当一个节点出故障时，整个网络就不能工作，对故障的诊断困难，环路的维护和管理都比较复杂。

(4) 树形

树形结构是总线型结构的扩展，它是在总线网上加上分支形成的，其传输介质可有多条分支，但不形成闭合回路。树形拓扑结构就像一棵“根”朝上的树，与总线型拓扑结构相比，主要区别在于总线型拓扑结构中没有“根”。这种拓扑结构的网络一般采用同轴电缆，用于军事单位、政府部门等上下界限相当严格和层次分明的部门。其拓扑结构如图 2-9 所示。

树形拓扑结构的优点是容易扩展，故障也容易分离处理；缺点是整个网络对“根”的依赖性很大，一旦网络的“根”发生故障，整个系统就不能正常工作。

(5) 网形

网形拓扑结构是将多个子网或多个网络连接起来构成的网际拓扑结构。在一个子网中，集线器、中继器将多个设备连接起来，而桥接器、路由器及网关则将子网连接起来。其拓扑结构如图 2-10 所示。

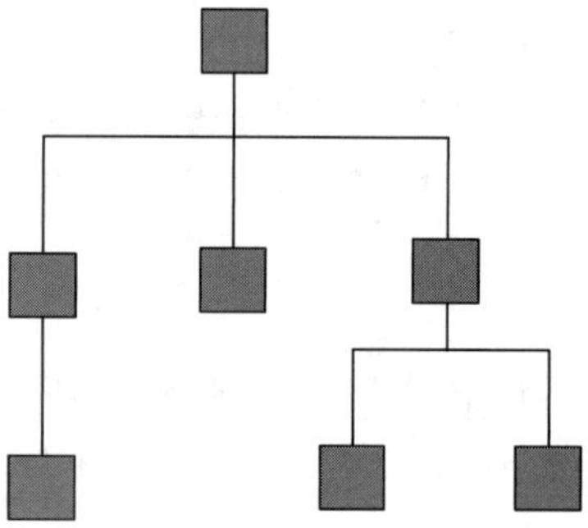

图 2-9　树形拓扑结构图

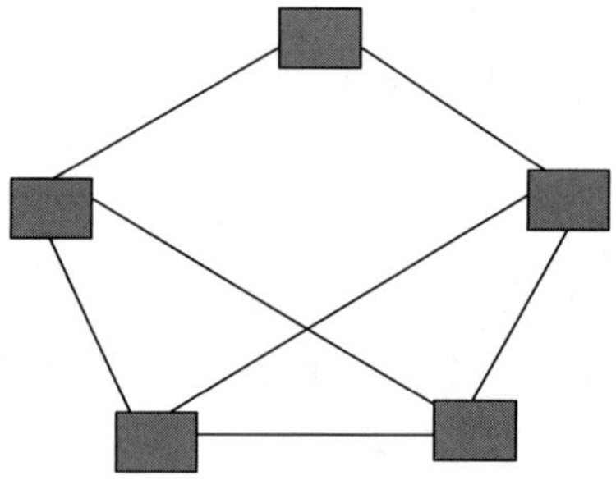

图 2-10　网形拓扑结构图

大型互联网一般都采用这种结构。在这种网络中通常考虑的是网络节点之间的关系，将主机简化。网形拓扑结构的优点是可靠性高，资源共享方便，因为有多条链路，可以选择最佳路径，以减少时延，提高网络性能；缺点是路径的选择比较复杂，不易于管理和维护，线路成本高。

四、Internet 基础知识

1. IP 地址

IP 地址是网上计算机的标识，Internet 上的每一个站点、每一台计算机都有一个 IP 地址，并且每个 IP 地址是全球唯一的。IP 协议就是使用这个地址在主机之间传递信息，这是 Internet 能够运行的基础。IP 地址的长度为 32 位，分为 4 段，每段 8 位，用十进制数字表示，每段数字范围为 0～255，段与段之间用句点隔开，如 159.226.1.1。IP 地址由网络地址和主机地址两部分组成，网络地址标识一个逻辑网络，主机地址标识网络中一台主机，其地址结构如图 2-11 所示。

IP 地址长度为 4 字节(32 位)，根据网络地址和主机地址的不同划分，编址方案将 IP 地址分为 A、B、C、D、E 五类，A、B、C 是基本分类，D、E 保留使用。IP 地址划分如图 2-12 所示。

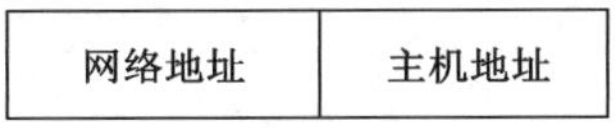

图 2-11　IP 地址结构

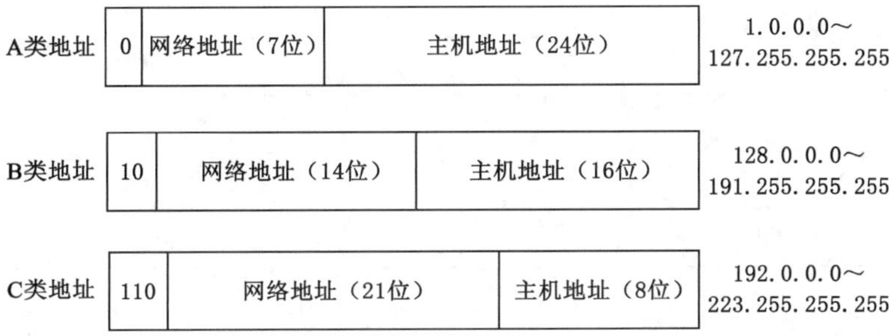

图 2-12　IP 地址的分类

(1) A 类 IP 地址

A 类地址中，最左边一位是“0”，网络地址的最高位必须是“0”，7 位表示网络地址，即用第一个字节标识网络地址，后三个字节标识主机。不难算出，A 类地址允许有 126 个网段，每个网络大约允许有 1 670 万台主机，通常分配给拥有大量主机的网络，如主干网。

(2) B 类 IP 地址

B 类地址中，最左边两位是“10”，表示网络地址的有 14 位，即用前两个字节标识网络地址，后两个字节标识主机地址。B 类地址允许有 16 384 个网段，每个网络允许有 65 533 台主机，适用于节点比较多的网络，如区域网。

(3) C 类 IP 地址

C 类地址中，最左边三位是“110”，表示网络地址的有 21 位，即前三个字节用来标识网络地址，最后一个字节标识主机地址。具有 C 类地址的网络允许有 254 台主机，适用于节点比较少的网络，如校园网。

2. 域名机制

域名是为用户提供的一种方便记忆的手段。IP 地址用十进制表示，如 202.108.37.37，用户很难记忆，如果告诉用户万维网服务器地址用字符表示为 www.sina.com，每个字符都有一定的意义，并且书写有一定的规律，这样的地址用户容易理解，又易于记忆，因此提出了域名的概念。

域名系统与 IP 地址一样，采用的是典型的层次结构：域名系统将整个 Internet 划分为多个顶级域，见表 2-1，并为每个顶级域规定了通用的顶级域名；网络信息中心将顶级域的管理权授予指定的管理机构；各个管理机构再为它们所管理的域分配二级域名，将二级域名的管理权授予其下属的管理机构，这样就形成了层次结构的域名体系。

表 2-1 顶级域名分配表

顶级域名分配表	域名类型
com	商业组织
edu	教育机构
gov	政府部门
int	国际组织
mil	军事部门
net	网络支持中心
con	各种非营利性组织
国家代码	各个国家

根据域名规则，"www. sina. com"域名显示了从特定主机 www 位置开始的 3 个独立 DNS 域等级。www，网络上的主机，或理解为 sina 公司的一个服务器。sina 域，商业单位名称为 sina，即 sina 公司。com 域，一个注册到顶级域的商业单位。

五、网络体系结构

1. 网络体系结构的基本概念

网络体系结构是计算机网络的分层、各层协议、功能和层间接口的集合。不同的计算机网络具有不同的体系结构，其层的数量，各层的名称、内容和功能以及各相邻层之间的接口不一样。然而，在任何网络中，每一层都是为了向它的邻接上层提供一定的服务而设置的，而且每一层都有对上层屏蔽如何实现协议的具体细节。这样，网络体系结构就能做到与具体的物理实现无关，即使连接到网络中的主机和终端的型号及性能各不相同，只要它们共同遵守相同的协议，就可以实现互通信和互操作。

2. OSI 参考模型

国际标准化组织，简称 ISO(International Standards Organization)，于 1978 年制定开放系统互连参考模型(Open System Interconnect，简称 OSI)。这是一个层次网络模型，它将网络通信按功能分为 7 个层次，并定义了各层的功能、层与层之间的关系以及位于相同层次的两端如何通信等，如图 2-13 所示。

在开放系统互连参考模型中，每一层使用下一层所提供的服务来实现本层功能，并直接对上一层提供服务。例如，TCP 是传输层服务，使用非可靠的 IP 服务(即网络层服务)，保证了对其上一层的可靠连接，而模型中的数据传输则是由上层向下层进行。每一层软件在传递数据前先为其加上相关信息，在产生新的数据包后才向下一层传递。重复这些步骤，直到将数据传到最底层(物理层)。

3. 网络协议

协议是用来描述两个进程之间信息交换规则的术语。在计算机网络中，相互通信的双方处在不同的地理位置，其上的两个进程相互通信，需要通过交换信息来协调它们的动作以达到同步。而信息的交换必须按照预先约定好的规则进行，在计算机网络中通信双方都遵

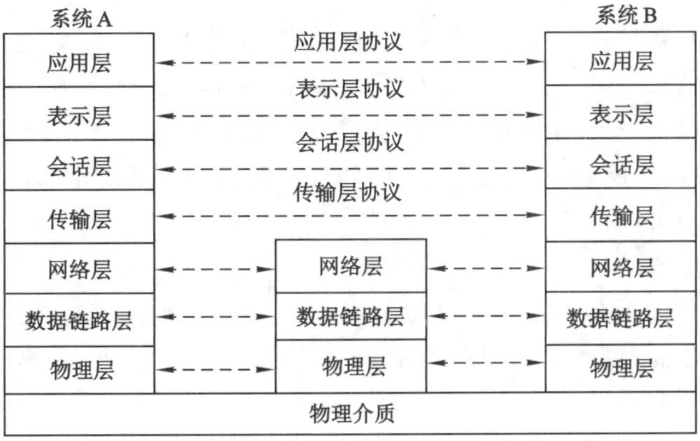

图 2-13　OSI 参考模型示意图

守的规则为网络协议。

4. TCP/IP 参考模型

TCP/IP 是一种异构网络互联的通信协议。其目的在于实现各种异构网络或异种机之间的互联通信。TCP/IP 同样适用在一个局域网中实现异种机的互联通信。TCP/IP 的体系结构分为应用层、网络层、传输层和网络接口层。

① 应用层：包含了使用广泛的协议，传统的协议有提供登录的 Telnet、提供文件传输的 FTP、提供域名服务的 DNS、提供邮件传输的 SMTP 等，后来又出现了网络新闻传输协议 NTTP、超文本传输协议 HTTP 等许多新协议。

② 网络层：负责将数据报独立地从信源传送到信宿，这一层主要解决路由选择、阻塞控制、网络互联等问题，在功能上类似于 OSI 体系结构中的网络层。网络互联层是 TCP/IP 体系结构的核心，这一层上的协议称为 IP(Internet Protocol)。TCP 和 IP 是非常重要的两个协议，TCP/IP 体系结构和 TCP/IP 协议族就以上两个协议的名称来命名。

③ 传输层：主要功能是负责端到端的对等实体之间进行通信。它与 OSI 参考模型的传输层功能类似，也对高层屏蔽了底层网络的实现细节，同时它真正实现了源主机到目的主机的端到端的通信。TPC/IP 参考模型的传输层完全是建立在包交换通信子网基础之上的。这一层主要定义了两个传输协议：一个是可靠的面向连接的协议，称为传输控制协议 TCP (Transport Control Protocol)；另一个是不可靠的无连接协议，称为用户数据报协议 UDP (User Datagram Protocol)。

④ 网络接口层：是 TCP/IP 体系结构的最底层，负责接收 IP 数据报，并通过网络发送出来，或者从网络上接收帧，抽出 IP 的数据报，交给 IP 层。

六、网络安全与防护

1. 计算机网络安全概述

网络安全从其本质来讲就是网络上信息安全，它涉及的领域相当广泛，这是因为目前的公用通信网络中存在着各式各样的安全漏洞和威胁。广义上讲，凡是涉及网络上信息的保密性、完整性、可用性和可控性的相关技术和理论，都是网络安全的研究领域。

2. 防火墙技术

随着网络安全问题日益严重，网络安全技术和产品也被人们逐渐重视起来，防火墙作为最早出现的网络安全技术和使用量最大的网络安全产品，受到用户和研发机构的青睐。

防火墙是指设置在不同网络或网络安全域之间的一系列部件的组合，它执行预先制定的访问控制策略，决定了网络外部与网络内部的访问方式。在网络中，防火墙实际是一种隔离技术。通常防火墙可以分为以下几种类型：

(1) 包过滤防火墙

这种防火墙是在路由器中建立一种称为访问控制列表的方法，让路由器识别哪些数据报是允许穿越路由器的，哪些是需要阻截的。

(2) 代理服务器

这种防火墙方案要求所有内网的主机使用代理服务器与外网的主机通信。代理服务器会像真墙一样挡在内部用户和外部主机之间，从外部只能看见代理服务器，而看不到内部主机。外界的渗透，要从代理服务器开始，因此增加了攻击内网主机的难度。

(3) 攻击探测防火墙

这种防火墙通过分析进入内网数据报中报头和报文中的攻击特征来识别需要拦截的数据报，以对付一些已知的网络攻击手段。攻击探测防火墙可以安装在代理服务器上，也可以做成独立的设备，串接在与外网连接的链路装中并在边界路由器的后面。

3. 病毒的预防措施

病毒的防范比病毒的治理更加重要，建立一套强大的防范机制可以大大提高系统的安全性。计算机病毒的预防分为管理方法上的预防和技术上的预防两种，在一定的程度上这两种方法是相辅相成的。

常用的预防措施如下：

① 使用比较强壮的密码。尽量选择难于猜测的密码，对不同的账号选用不同的密码。

② 经常备份重要数据。

③ 不要打开来历不明的电子邮件。

④ 正确配置系统，减少病毒入侵。充分利用系统提供的安全机制，提高系统防范病毒的能力。

⑤ 定期检查敏感文件。对系统的敏感文件定期进行检查，保证及时发现已感染的病毒和黑客程序。

⑥ 慎用移动硬盘、U 盘、光盘等移动存储介质。

⑦ 定义浏览器安全设置，浏览网页时要谨慎，不要轻易下载 ActiveX 控件或 Java 脚本。

⑧ 安装最新的操作系统、应用软件的安全补丁程序。

⑨ 选择安装优秀的防病毒软件和防火墙，定期对整个硬盘进行病毒检测、清除工作。

⑩ 当计算机不使用时，不要接入互联网，一定要断掉连接。

⑪ 重要的计算机系统和网络一定要严格与互联网物理隔离。这种隔离包括离线隔离，即在互联网中使用过的系统不能再用于内网。

任务 2　搜索信息浏览网页

知识目标

1. 掌握快速搜索信息、浏览网页的方法。
2. 掌握设置 IE 主页的操作方法。
3. 明确利用网页收藏夹来收藏网页的技巧。

技能目标

能快速准确地根据实际需要搜索信息、浏览网页，并对好的网页进行收藏。

素质目标

培养学生把计算机网络当作学习工具的良好习惯，具有熟练运用现代信息技术获取知识的能力，提高认知能力和对信息的分辨能力，合理、有效、正确地处理信息，自觉抵制网络不良信息。

任务描述

1. 启动 IE 浏览器。

2. 在 IE 浏览器的地址栏中输入“http://www.163.com”，回车打开网易首页，如图 2-14 所示。

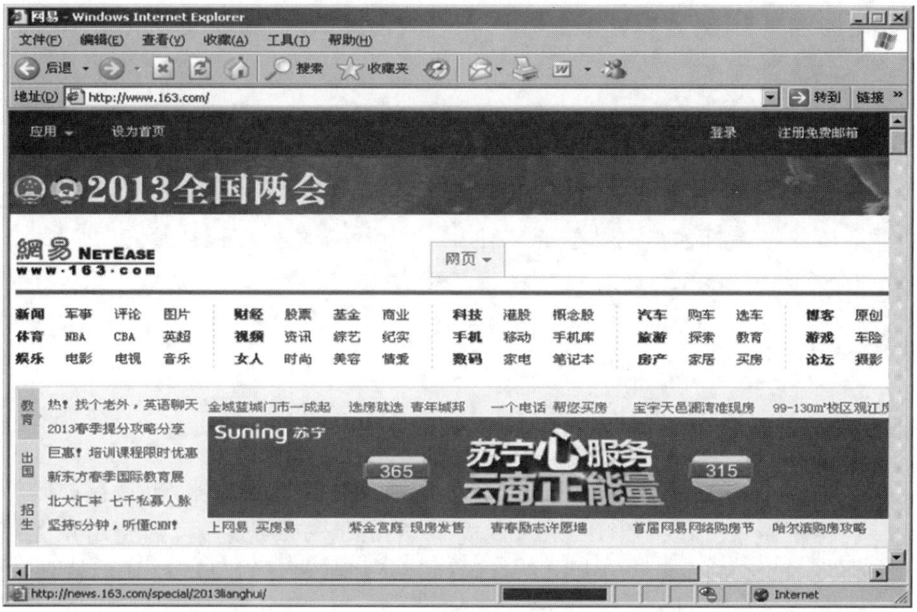

图 2-14　网易首页

3. 在打开的网页中，浏览自己感兴趣的消息，比如浏览"娱乐"项中的"电影"，打开关于电影的网页，浏览网页中的信息。

4. 在IE浏览器地址栏中输入百度搜索引擎的网址"http://www.baidu.com"，打开百度首页，如图2-15所示。

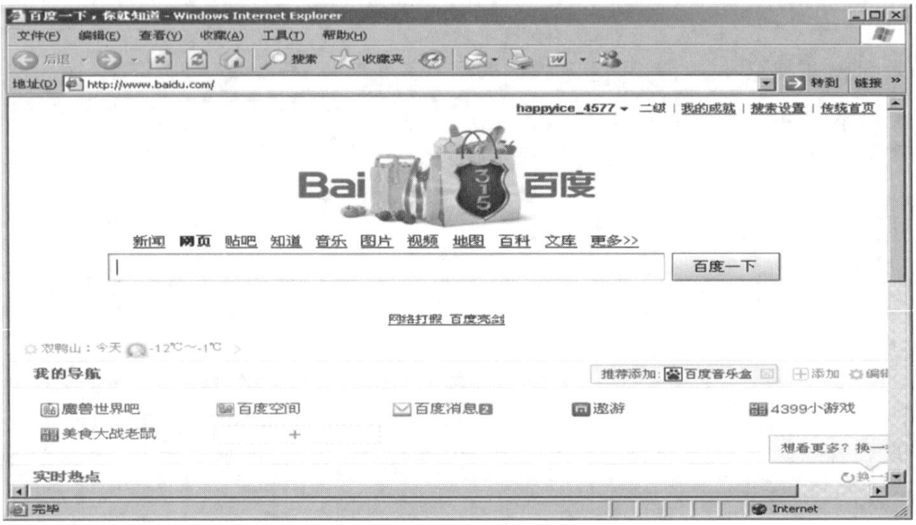

图2-15 百度首页

5. 将百度设为IE浏览器的主页。利用"工具"菜单→"Internet选项"菜单项→单击主页一栏中的"使用当前页"按钮来进行IE浏览器主页设置。

6. 利用百度来搜索关于"2022年北京冬季奥运会"的相关信息，将你认为很好的信息复制到Word文档中，并对该Word文档进行保存，文件名为"搜索信息"，保存到D盘用自己姓名所命名的文件夹中。

7. 利用百度搜索MP3歌曲，在百度首页输入关键字，找到歌曲资源，然后进行试听，并下载该歌曲到D盘用自己姓名所命名的文件夹中。

8. 用百度搜索关于"Excel的使用技巧"信息，浏览相关网页，并将你认为好的网页添加到收藏夹中。要求收藏时创建一个新的文件夹，文件夹命名为"Excel技巧"。

9. 用百度搜索Visual Foxpro 6.0软件，下载并安装。

相关知识

一、IE的基础知识

Internet Explorer简称IE，是Microsoft公司推出的网页浏览器，也是目前较为流行的浏览器之一。由于微软公司已将IE无缝集成于Windows系统之中，因此用户无须额外安装软件，就可以轻松浏览网页。国内用户常用的其他浏览器还有360极速浏览器、QQ浏览器等。

二、IE 浏览器的使用

如今的 IE 已经将电子邮件工具、新闻组管理、网页编辑、网络会议及多媒体组件集成于一体。

1. IE 的启动

方法一：双击桌面快捷图标。

方法二：单击“开始”→“程序”命令，选择“Internet Explorer”命令。

启动后，窗口结构如图 2-16 所示。

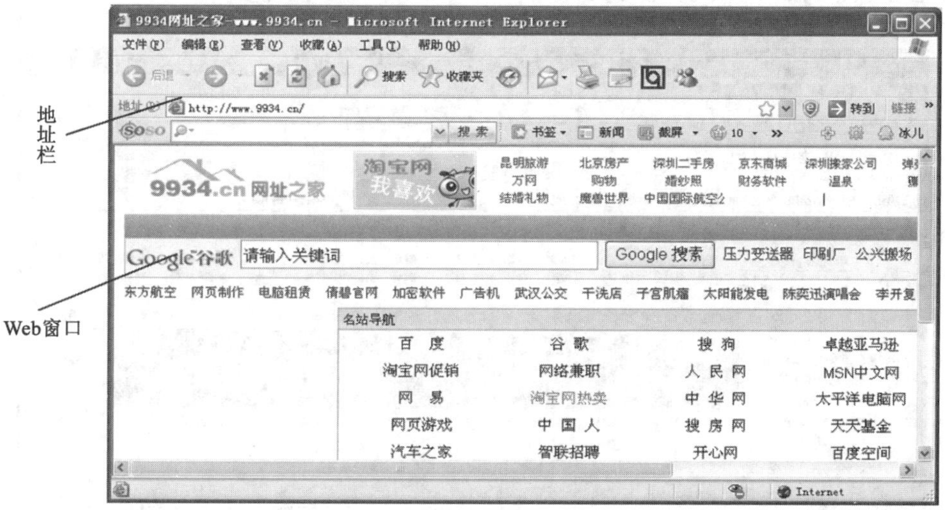

图 2-16　IE 窗口结构

2. IE 窗口组成

IE 窗口由标题栏、菜单栏、工具栏、地址栏、浏览窗口和状态栏等组成。

标题栏：显示当前页面的标题或名称。

菜单栏：排列有 Windows 规范的系列菜单，集中了常用的操作命令。

工具栏：集中了常用的操作命令，每个命令均以按钮的形式出现。

地址栏：是用户输入 URL 信息的地方，通常可以在此输入 Web 地址或 IP 地址。

Web 窗口：显示网页中的信息，通过单击链接对象可以实现网页间的跳转。对网页中看不到的信息，可以使用窗口中的水平和垂直滚动条，使之显示出来。

状态栏：显示当前任务进行的情况、正在执行什么任务、进度如何等信息。

3. 浏览网页

通过 IE 浏览器，可以很方便地浏览 Internet 上的资源。

使用 HTML（超文本标记语言）编写 Web 页，通常以“. htm ”或“. html”扩展名结尾。用户只有通过浏览器才能观察到各种信息。打开网页有三种方法，分别是输入网页地址、使用超链接和使用收藏夹。

（1）输入网址打开网页

当要访问某个网站时，最常规的方法就是在地址栏中输入网站的地址。IE 查找该地址,状态栏中不断显示 IE 的查找或下载状态。当网页下载完毕,显示"完成"信息。

① 在地址栏中输入网址。

② 输入完网址后,按回车键或单击地址右边的"转到"按钮。

在输入地址时,不必输入"http://"前缀。如图 2-17 所示为在地址栏中输入 www.163.com 并按回车键后打开的主页。

也可以执行 IE"文件"菜单中的"打开"菜单命令,在弹出的"打开"对话框中输入要打开的网页地址或在下拉列表中选择以前所访问的网址,然后单击"确定"按钮即可。

要打开曾经访问过的网页,可以单击地址栏右侧的向下箭头,在弹出的下拉式菜单中选择网页地址,然后按回车键打开网页。

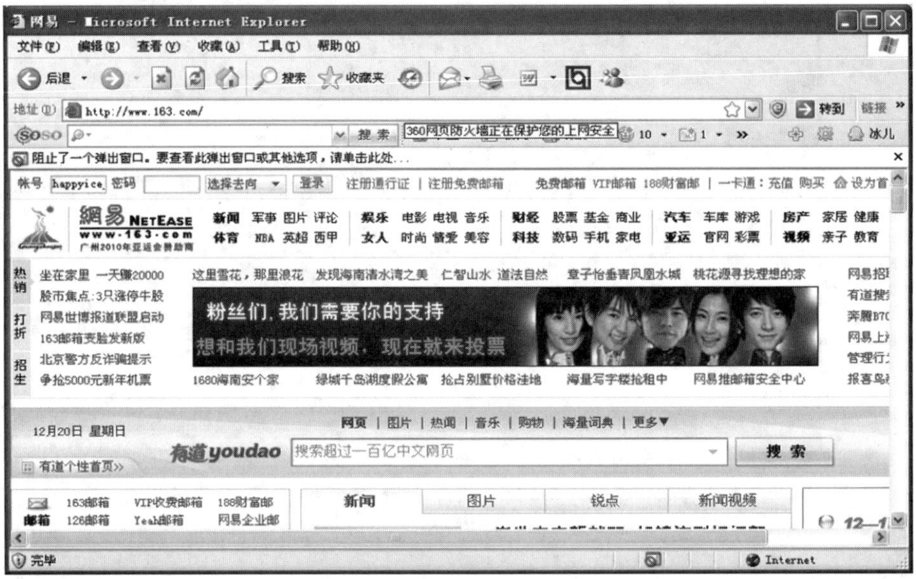

图 2-17　网易主页

(2) 使用超链接

网页中有许多超链接,当用户把鼠标移到这些超链接上时,鼠标指针会变为"小手"形状。通常超链接同一个网页相对应,用鼠标单击该超链接时,浏览器将自动连接其对应的网页。超链接可以是图片、三维图像或者彩色文字。超链接文本通常带下划线。

(3) 使用收藏夹

用户在上网时,时常会遇到一些内容和页面很精彩的网页,为了便于下次访问,又不必记录烦琐的地址,最好的办法就是使用 IE 浏览器所提供的收藏功能,将这些网页收藏起来。使用 IE 收藏夹有两种方法:

方法一:打开需要添加到收藏夹的网页,单击工具栏上的"收藏夹"按钮,在"收藏夹"对话框中单击"添加"按钮,然后单击"确定"按钮。

方法二:单击"收藏"菜单中的"添加到收藏夹"菜单命令,弹出"添加到收藏夹"对话框。在"名称"框中输入想要保存的名称,单击"新建文件夹"按钮,输入文件夹的名称,然后单击

“确定”按钮。

用户想打开已收藏好的网页，可以直接打开“收藏”菜单，在收藏夹中选择要打开的网页。

4. 使用工具栏上的按钮快速切换网页

IE 的工具栏上有多个方便用户操作的按钮。使用这些按钮可以比较快速、方便地浏览网页。

(1) “后退”按钮、“前进”按钮

单击工具栏上的“后退”按钮，返回到在此之前显示的网页，通常是最近打开的那一页。

单击工具栏上的“前进”按钮，则转到下一页。如果在此之前没有使用“后退”按钮，则“前进”按钮将处于非激活状态，当前状态不可使用。

(2) “刷新”按钮

保存在本地硬盘上的网页，如果长时间没有到该 Web 网站上访问，其内容可能已经过时，单击“刷新”按钮，可以显示最新网页信息。

(3) “主页”按钮

主页是某 Web 站点的起始页，单击“主页”按钮将返回到默认的起始页，起始页就是打开浏览器时开始浏览的第一页。

三、搜索信息

用搜索引擎可以帮助用户快速地筛选网址和内容，达到事半功倍的效果。

1. 搜索引擎

Internet 这个全球性互联网好像是一个知识的海洋，那么如何才能快速地找到需要的信息呢？这时就需要使用搜索引擎来搜索网上的信息。搜索引擎就是信息搜索工具，就是让用户以数据检索的方法输入想要搜索的某个特定数据，再在数据库中自动寻找符合用户所需要的相关信息。

国内常用的搜索引擎有：

http://www.baidu.com　　百度搜索引擎

http://www.sohu.com　　搜狐搜索引擎

http://www.sina.com　　新浪搜索引擎

2. 搜索引擎的使用

虽然互联网上的搜索引擎很多，但它们搜索信息的方法相似，目前使用较多的搜索引擎是“百度”。

(1) 全文搜索引擎的使用

以使用百度搜索引擎为例，全文搜索引擎的使用方法为：

① 在地址栏中输入搜索引擎的网址(www.baidu.com)，打开搜索引擎的主页。

② 在搜索框中输入希望查询的信息(如“清华大学”)，按回车键或者单击“百度一下”按钮，即可把搜索的结果显示出来。具体的操作如图 2-18 所示。

(2) 目录搜索引擎的使用

以搜狐(www.sohu.com)为例进行说明。

搜狐搜索引擎是一个典型的目录索引型的搜索引擎，它的首页如图 2-19 所示。可以看

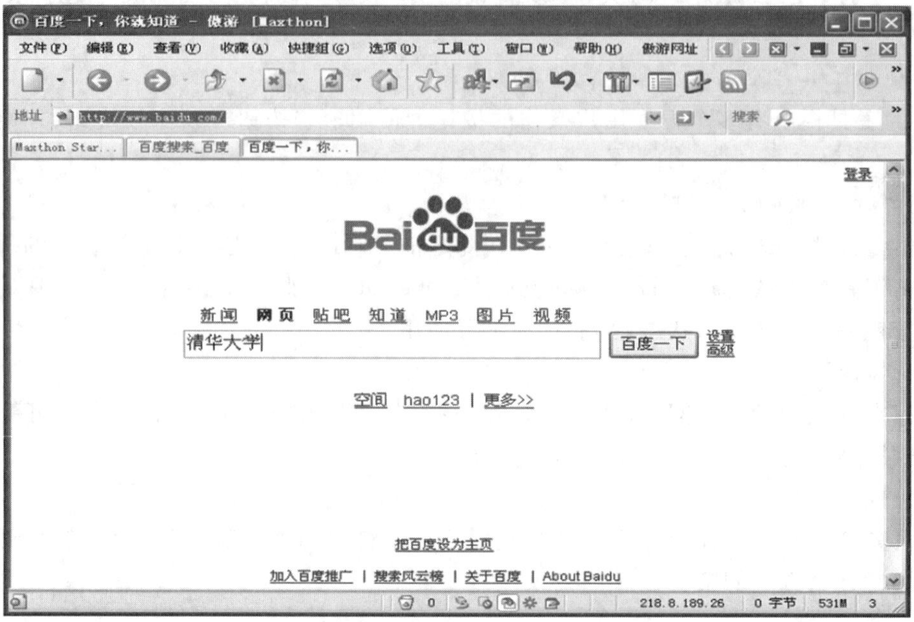

图 2-18　使用百度搜索引擎

出，该网页的上半部分提供了搜索功能，而下半部分左侧则提供了目录索引功能。

要搜索哪一类，就单击哪个目录列表项，比如单击“军事”项，就会打开有关军事的一页，在里面显示了很多军事信息。

图 2-19　搜狐首页

任务 3　常用网络工具软件、申请邮箱

知识目标

1. 掌握搜索网络常用软件、下载安装并使用的方法。
2. 明确电子邮箱的注册方法及技巧。

技能目标

能根据实际需要搜索所需的软件并进行正确安装和使用；快速准确申请电子邮箱并进行顺利登录。

素质目标

培养学生合理、高效地利用网络获取所需免费软件资源的意识。不断强化学生的网络安全法制意识，提高学生的自控能力和自我保护意识，自觉遵守信息社会的网络行为规范和道德准则。

任务描述

1. 启动 IE，进入百度首页，利用百度搜索引擎在搜索栏中输入“迅雷”，进行迅雷软件的搜索，搜索结果如图 2-20 所示。

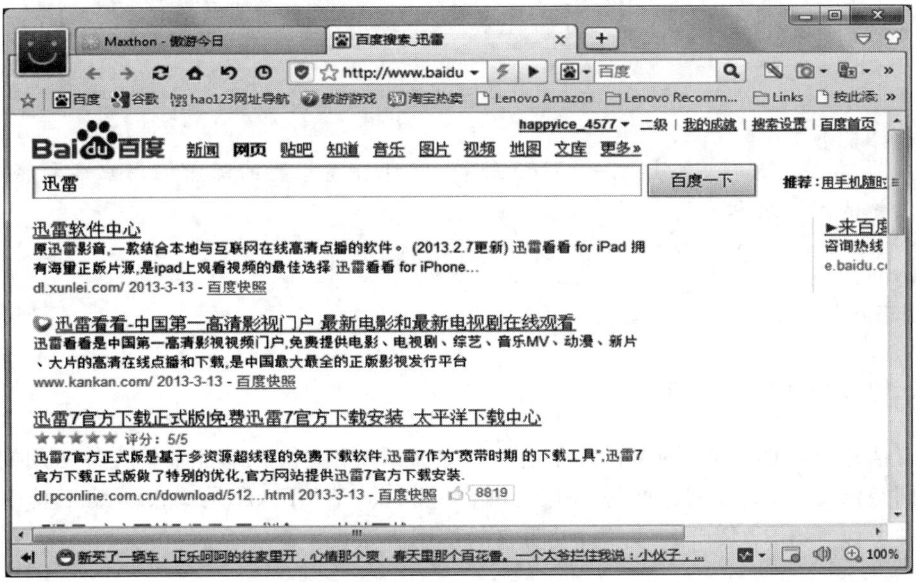

图 2-20　迅雷软件搜索结果

2. 单击迅雷 11 官方下载正式版进行下载，把迅雷下载文件保存到 D 盘用自己姓名命名的文件夹中。

3. 进入自己姓名命名的文件夹,进行迅雷软件的安装。

4. 用百度搜索压缩软件"WinRAR",找到 WinRAR 6.11 中文版,在下载链接处击右键,在快捷菜单中选择"使用迅雷下载",利用迅雷下载 WinRAR 软件,把 WinRAR 软件保存到 D 盘用自己姓名命名的文件夹中,并双击进行安装。

5. 利用 WinRAR 软件对 D 盘用自己姓名命名的文件夹进行压缩,生成一个压缩包。

6. 将上题的用自己姓名命名的文件夹所生成的压缩包复制到桌面上,利用 WinRAR 软件进行解压,解压到当前文件夹。

7. 启动 IE,在地址栏中输入网址"www.163.com",进入网易首页。

8. 在网易首页中,单击"免费邮箱"超链接,打开"登录 163 免费邮箱"界面,如图 2-21 所示。单击注册网易免费邮箱超链接,打开邮箱注册界面。

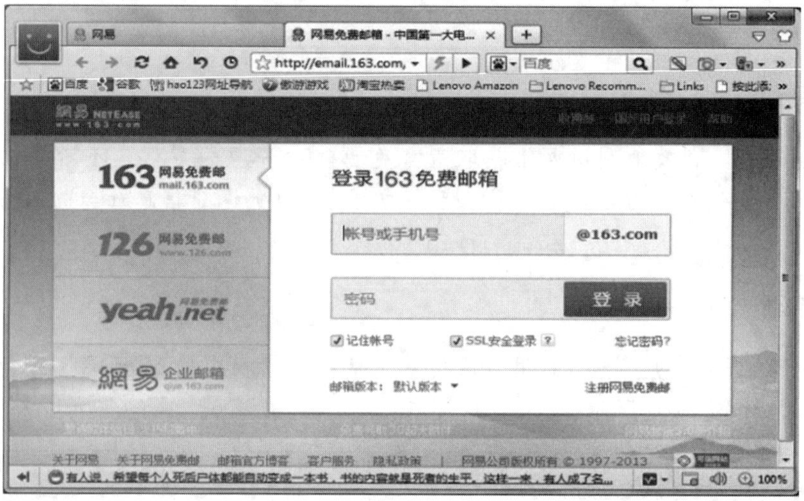

图 2-21　网易邮箱登录界面

9. 填写各种注册信息,注册一个 163 邮箱,确定自己想要的邮箱的用户名和密码,并牢记自己邮箱的用户名和密码。

10. 快速准确地登录刚才自己所申请的 163 邮箱。

相关知识

一、WinRAR 压缩工具

随着信息时代的到来,网上传递信息不断增加,采用文件压缩能节约文件占用网络服务器的存储空间,并减少在网上传输数据的时间。目前,WinRAR 是文件压缩工具中较为流行的一种。以 WinRAR 6.11 为例,说明它的使用方法。

1. 下载和安装

利用 IE 浏览器搜索找到 WinRAR 6.11 的网址,进行下载,双击这个文件则可以进行安装。

2. WinRAR 的界面

WinRAR 的界面与其他 Windows 窗口相似,如图 2-22 所示。不同之处主要有:

① 在工具栏按钮下面有一个“向上”按钮和驱动器列表，“向上”按钮会将当前文件夹转移到上一级，驱动器列表则用以选择当前的磁盘或者网络。

② 文件列表位于工具栏的下面。它可以显示未压缩的当前文件夹或者显示压缩文件时压缩过的文件等内容。

③ 状态栏左边有两个小图标：“驱动器”和“钥匙”。在图标上单击，可以更改当前的驱动器。要更改当前的密码，则可在图标上单击。状态栏的中间部分显示选定文件的总计大小或有关当前的操作信息。

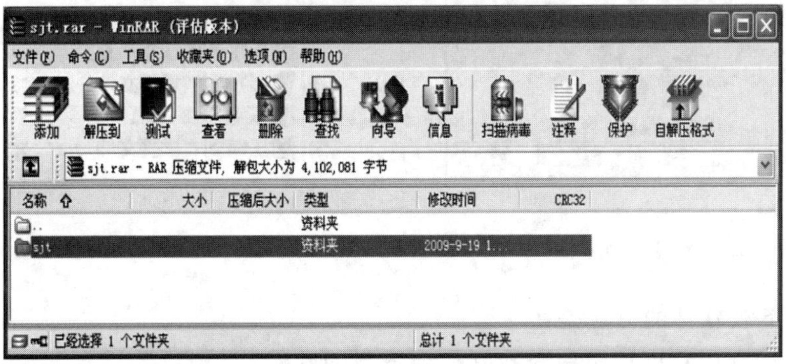

图 2-22 WinRAR 的界面

3. 制作压缩包

制作压缩包的具体步骤为：

① 运行 WinRAR：在“开始”菜单中的“程序”选项中，找到 WinRAR。

② 单击工具栏的驱动器列表更改当前的驱动器，选择要压缩的文件和文件夹。

③ 在 WinRAR 窗口顶端单击“添加”按钮，在出现的对话框中输入目标压缩文件名或是直接接受默认名，如图 2-23 所示。然后选择新建压缩文件的格式(rar 或 zip)、压缩方式等。

④ 单击“确定”按钮。

说明：如果不需要进行特别的设置，可以进行快速压缩。

快速压缩的方法是：对要进行压缩的文件夹击右键(如“重要文件”)，在快捷菜单中选择“添加到‘重要文件.rar’”命令，如图 2-24 所示。

4. 解压文件

把压缩文件进行解压的方法为：

① 选中要进行解压的文件，然后单击鼠标右键。

② 在快捷菜单中选择“解压到当前文件夹”命令。

二、迅雷下载工具

目前迅雷是应用较广泛的网络下载工具之一。迅雷使用的多资源超线程技术能够将网络上存在的服务器和计算机资源进行有效的整合，构成独特的迅雷网络，通过迅雷网络各种数据文件能够以最快的速度进行传递，可以满足下载文件时方便、快捷的要求。

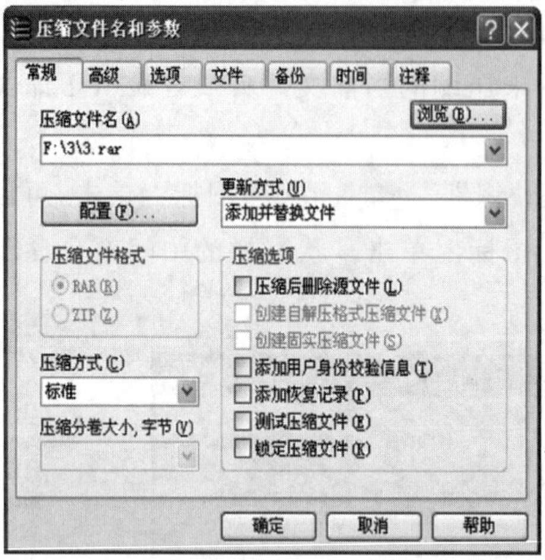

图 2-23　设置压缩属性

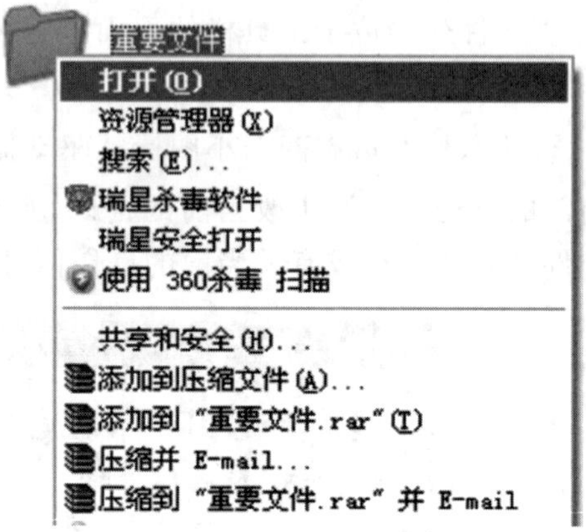

图 2-24　快速压缩

利用迅雷下载软件的方法是：

① 启动 IE，利用百度搜索引擎找到需要下载的软件。

② 用鼠标右键单击需要下载的目标超链接，在弹出的快捷菜单中选择“使用迅雷下载”，如图 2-25 所示。

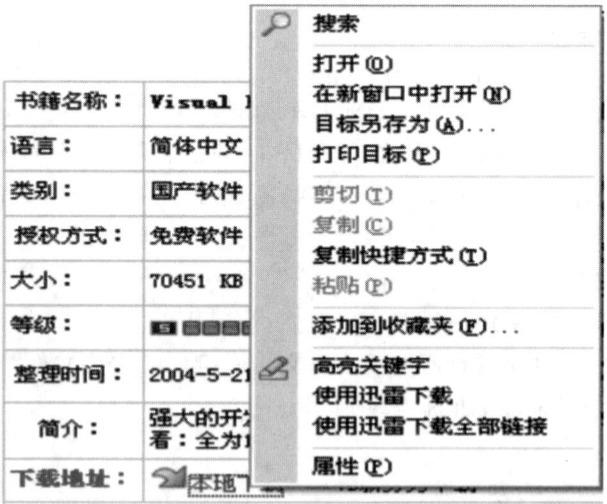

图 2-25　使用迅雷下载

③ 弹出“建立新的下载任务”对话框后，在对话框中可设置文件下载后存储的目录以及存储的文件名，如图 2-26 所示。单击“确定”按钮，开始文件的下载。

在下载过程中，将显示文件名、文件大小、下载的进度和速度以及下载所需的剩余时间等信息。

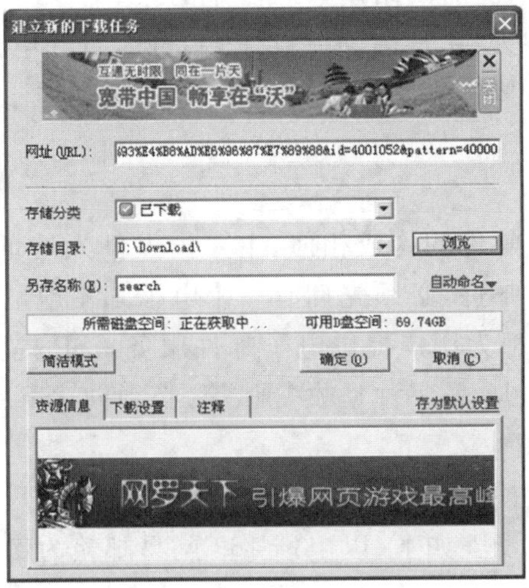

图 2-26　"建立新的下载任务"对话框

三、电子邮件的概念

电子邮件(E-mail)是利用计算机网络交换电子信件的通信手段，它是 Internet 上应用较广的服务之一，实现了信件的收、发、读、写的全部电子化。通过网络的电子邮件系统，用户可以用非常低廉的成本、非常快速的方式与世界上任何一个角落的网络用户联系。

电子邮件不仅可以收发文本，还可以收发声音、图像、动画等多媒体信息。

四、电子邮件服务器

在 Internet 上用于处理电子邮件的计算机，称为邮件服务器。邮件服务器包括接收邮件服务器和发送邮件服务器两种。

1. 接收邮件服务器

接收邮件服务器是将对方发给用户的电子邮件暂时寄存在服务器邮箱中，直到用户从服务器将邮件取到自己计算机的硬盘上(收件箱中)。

2. 发送邮件服务器

发送邮件服务器是让用户通过它们将用户写的电子邮件发送到收信人的接收邮件服务器中。

电子邮件服务器与用户计算机之间使用的协议是 POP3，而电子邮件服务器之间使用的协议是 SMTP。SMTP 协议主要完成的是邮件服务器对邮件的存储、转发操作。POP3 协议具有信息存储和信息下载功能，是一个离线协议。

五、E-mail 地址

日常通过邮局发信时，需要在信封上写上收信人和发信人的地址。"电子邮局"同样要求用户给出正确的地址，这样才能将邮件送到目的地。

E-mail 账号是用户在网上接收 E-mail 时所需的登录邮件服务器的账号，包括一个用户名和一个密码，是用户在申请注册网络用户时决定的。

E-mail 地址采用的结构为：用户名、@（读作 at）分隔符和电子邮件服务器三部分组成。例如 xiaohua@163. com，其中用户名是 xiaohua，163 指的是电子邮件服务器。

六、E-mail 电子邮箱

电子邮件的构成与普通邮件的构成相似，主要由发件人地址、收件人地址、正文和主题四个部分组成。要收发电子邮件，必须先拥有一个电子邮箱地址。

很多 ISP（服务提供商）都为用户提供电子邮件服务，ISP 提供的邮箱有两种：一种是免费邮箱，容量较小，服务也较少；另一种是收费邮箱，必须向 ISP 机构支付一定的费用，服务较多，安全性和方便性都很好。

目前常见的 ISP 机构有搜狐、新浪、163、126 等。

申请免费邮箱的方法与步骤如下（以申请 163 网易邮箱为例）：

① 在 IE 地址栏中输入“www. 163. com”，进入网易主页，单击“注册通行证”，如图 2-27 所示。

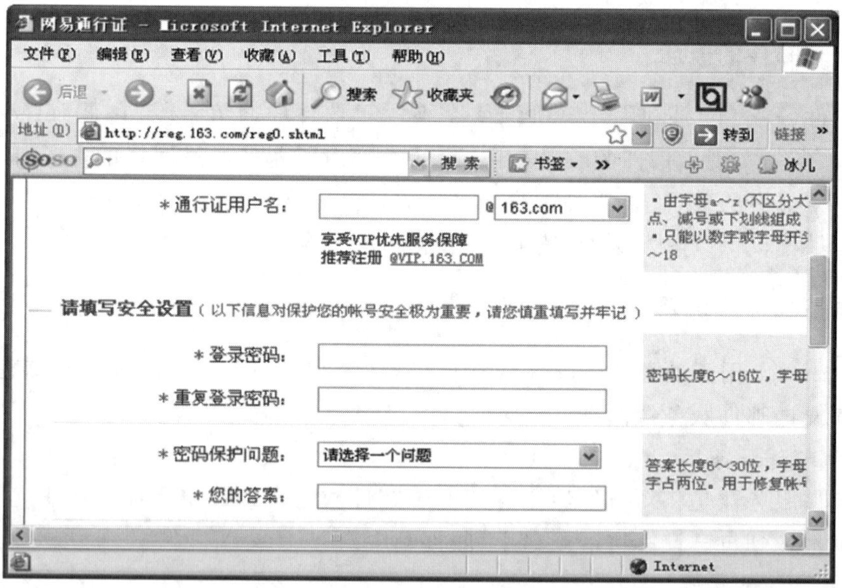

图 2-27　申请网易免费电子邮箱

② 进入“网易通行证”窗口，输入通行证用户名（如 zhanghua）、登录密码、密码保护等问题（注意：带 * 号的项必须填写）。如果用户名已存在，则重新输入一个新的用户名。

③ 通行证申请验证通过后，申请的 163 邮箱就可以使用了，如 zhanghua@163. com。要记住用户名和密码，以后登录时需要输入这些信息。

任务4　收 发 邮 件

知识目标

1. 掌握发送邮件的方法。
2. 明确接收邮件以及下载所接收的邮件的方法及技巧。
3. 掌握利用网易网盘来存储文件的操作方法。

技能目标

能够准确灵活地利用电子邮箱发送邮件;登录邮箱后能正确熟练地接收别人发送来的邮件;能利用网盘管理文件。

素质目标

通过收发电子邮件,培养学生网络安全意识,防范由电子邮件传播的病毒的侵害,增强学生网络道德法制观念,提高学生使用网络进行远距离获取信息、与他人沟通的能力,培养学生团队协作能力和基本的组织协调能力。

任务描述

1. 打开百度首页,在搜索栏中输入“163”,打开网易免费邮箱登录界面,如图 2-28 所示。

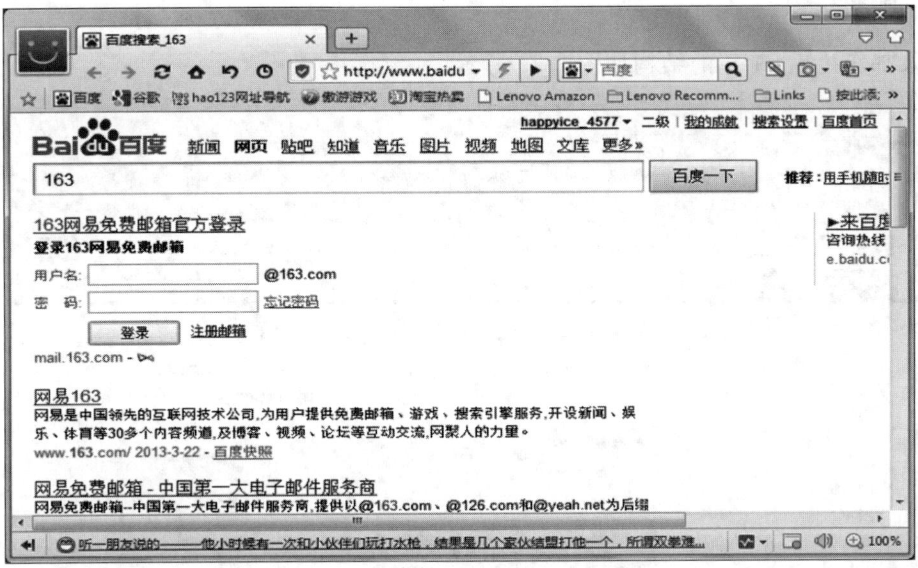

图 2-28　网易免费邮箱登录界面

2. 在登录界面中输入任务 3 中已经申请的 163 邮箱的用户名和密码,登录 163 邮箱。

3. 单击“写信”按钮，然后发送邮件。要求给自己的老师发一封邮件，主题为“问候”，信件内容如下：

老师： 　　您好，您为了我们一直在努力工作着，谢谢您，您辛苦了。 　　学生：＊＊＊

4. 新建一个 Word 文档，文档内容如下：

① 所有的输和赢都是人生经历的偶然和必然。只要勇敢地选择远方，你也就注定选择了胜利和失败的可能。人生的关键在于：只要你做了，输和赢都很精彩。 ② 幸福就是，坚持了应该坚持的，放弃了应该放弃的，珍惜现在拥有的，不后悔已经决定的。

将该文档保存到桌面上，文件名为“感悟”；然后添加该附件，将文件“感悟”发送给老师，主题为“人生感悟”。

5. 单击“已发送”，查看自己已成功发送了几个邮件，并将上面主题为“人生感悟”邮件的附件下载到D盘中。

6. 与同桌互发邮件，创建 Word 文档，输入内容为“同桌的你，希望你开心每一天”，保存的文件名为“祝福同桌”，以添加附件的形式发送邮件，主题为“送给同桌的你”，并进行查收邮件，最后下载同桌发送来的邮件附件到桌面上。

7. 将桌面上的文件“感悟”上传到163网盘上进行保存。

相关知识

一、邮箱结构

登录邮箱之后，邮箱的结构如图 2-29 所示。

图 2-29　邮箱总体结构

左边显示邮箱的所有功能,右边显示左边选择的项目的具体内容。

① 收信:在线收取邮件,结构显示在右边。

② 写信:在线编辑新邮件,邮件内容显示在右边。

③ 收件箱:显示邮箱里所有收取的信件的简单信息(主题、发件人、日期等),单击可查看信件的具体内容。

④ 已发送:显示用户在线发送的邮件的简单信息。

⑤ 草稿箱:存放写过的或未写完的信件(在“写邮件”页面中用户可以单击“保存草稿”,将其放到草稿箱),在以后有时间时可以直接使用已经完成的邮件或接着完成未写完的邮件。

二、收发电子邮件

收发电子邮件

1. 收发邮件

有了电子邮箱,就可以收发邮件了。方法如下:

① IE 地址栏中输入“www. 163. com”进入网易主页,单击“免费邮箱”。

② 输入用户名和密码,单击“登录”,进入网易电子邮箱,如图 2-30 所示。

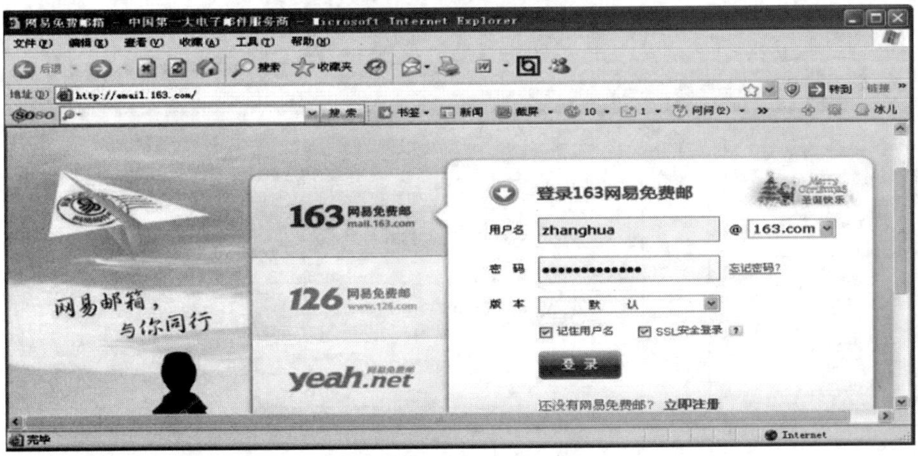

图 2-30　登录电子邮箱

③ 单击“收信”,接收邮件,如图 2-31 所示,在右边信件列表中点击要阅读的主题,即可打开信件进行阅读。

④ 单击“写信”,可以发邮件给对方。输入对方的电子邮箱地址、信件内容和主题,然后单击“发送”,如图 2-32 所示。

一封电子邮件顺利地发送到对方的邮箱中,至少具备四个要素才能完成:

① 收件人:明确这封信要发送给谁,在里面输入对方的电子邮箱地址(要注意书写格式,且要完整,如 wudigaofei@163. com),而不是对方的中文名字。如果一个邮件要发送给多人,就在不同收件人的邮件地址之间用“,”或“;”隔开。

图 2-31　收信

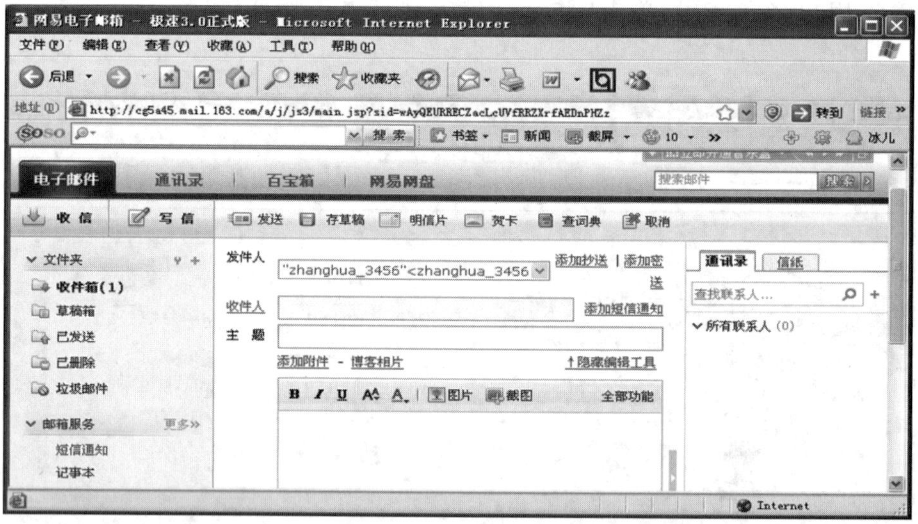

图 2-32　写信

② 主题：信件内容的简单说明，以便对方收到邮件后能一目了然地了解信件的基本情况。

③ 正文：即信件的内容，指在最底部大文本框中输入的邮件的内容。

④ 单击“发送”按钮，如果页面显示信件成功发送的信息，表示邮件已经发送成功。

2. 添加附件的形式发送邮件

如果要发送的邮件是本地计算机中的文件，如文档、视频或图片文件等，可以通过添加附件的方式来发送邮件，即把要发送的文件以附件的方式上传，具体的操作方法是：

① 单击“添加附件”链接，弹出“打开”对话框。

② 查找到要发送的文件，单击“打开”按钮，将该附件进行上传。如果要发送多个附件，

则可以再单击“添加附件”链接，然后继续上传文件。

③ 附件上传结束后，最后再单击“发送”按钮进行发送。

说明：如果要发送的是多个文件，可以先把这些文件放在一个文件夹中，然后对该文件夹进行压缩，生成压缩包后再进行附件上传，则此时只需上传一次压缩包即可。

3. 发送邮件的几个常用术语

① 抄送(CC)：用户给收件人发出邮件的同时把该邮件抄送给另外的人。在这种抄送方式中，“收件人”知道发件人把该邮件抄送给了另外哪些人。使用“抄送”服务时，抄送多人的电子邮件地址使用“;”分隔。

② 密送(BCC)：它与抄送的唯一区别就是能够让各个收件人无法查看到这封邮件同时还发送给了哪些人。

三、利用网盘保存文件

网易网盘是网易公司推出的在线存储服务，向用户提供文件的存储、访问、备份、共享等文件管理功能。你可以把它看成一个放在网络上的硬盘，利用网易网盘来保存文件，非常快捷、方便。

把文件保存到网易网盘，这个过程称为“上传文件”。方法如下：

① 登录 163 免费邮箱，点击左边树形菜单中的“网盘”，如图 2-33 所示。

② 点击页面中的“上传”按钮，将会打开“上传文件”对话框。

③ 在对话框中单击“上传文件”按钮，找到要上传的文件，单击“打开”按钮，将该文件进行上传，上传完毕后，单击“确定”按钮，完成文件的上传操作。

如果上传成功，则该文件图标显示在文件夹列表中。

图 2-33　网易网盘界面

思考与练习

一、填空题

1. 计算机网络的拓扑结构主要有__________、__________ 、__________、__________和__________。

2. 连接计算机网络的有线介质主要有__________、__________和__________三种，其中传输带宽最宽的是__________。

3. 根据域名代码规定，域名为 com 的网站代表__________；域名为 edu 的网站代表__________；域名为 org 的网站代表__________；域名为 gov 的网站代表__________。

4. 网络软件是实现网络功能所不可缺少的软环境。通常网络软件包括网络协议软件、__________和__________。

5. 计算机网络按覆盖的地理范围划分，可以分为__________、__________和__________。

二、选择题

1. 在有限地理范围(如一幢大楼)，将各种计算机、外设连接起来的网络是(　　)。

A. 广域网　　B. 城域网　　C. 局域网　　D. 计算机网络

2. 计算机网络最突出的优点是(　　)。

A. 运算速度快　　B. 运算精度高　　C. 存储容量大　　D. 资源共享

3. 局域网连接设备中的 Hub 称为(　　)。

A. 网卡　　B. 服务器　　C. 集线器　　D. 网关

4. 在 Internet 主机域名中，(　　)子域代表商业组织机构。

A. com　　B. edu　　C. gov　　D. org

5. 在局域网中，本质上与中继器相同的是(　　)。

A. 网络适配器　　B. 集线器　　C. 网卡　　D. 传输介质

6. 如果要将电子邮件发送给两个人，可在收件人处填写其中一人的邮件地址，在(　　)处填写另一个人的邮件地址。

A. 发件人　　B. 收件人　　C. 抄送　　D. 主题

7. IP 地址由两部分组成，一部分是(　　)地址，另一部分是主机地址。

A. 服务器　　B. 网络　　C. 路由器　　D. 终端

8. 最早出现的计算机网络是(　　)。

A. ARPANET　　B. NSFNET　　C. BITNET　　D. LNTERNET

三、简答题

1. 什么是计算机网络？

2. 什么是计算机病毒？计算机病毒的主要特征是什么？

3. 常见的计算机病毒有哪些种类？

4. 计算机网络的有线传输介质有哪些？无线传输介质有哪些？

5. 什么是防火墙？防火墙有什么作用？

四、实训题

实训一：

1. 用 IE 浏览器浏览网页，阅读国内新闻。

2. 使用百度搜索引擎查找“全国英语等级考试”的信息，并将认为重要的文字信息进行复制，复制到记事本中，进行保存，要求保存到桌面上，文件名为“英语等级考试”。

3. 将浏览器的首页设置为 http://www.163.com。

实训二：

1. 在桌面上用自己姓名新建一个文件夹。在网上搜索找到“下载迅雷 11”的网页，将迅雷 11 下载到该文件夹中，并进行安装。然后利用迅雷下载一个“Visual Basic 6.0”的安装包，并保存在该文件夹中。

2. 用迅雷下载软件下载一首 MP3 歌曲“怒放的生命”，并放到桌面上所新建的文件夹中。

3. 下载并安装一个压缩软件 WinRAR 最新版，并将桌面上自己所新建的文件夹压缩成压缩包。

4. 用迅雷下载软件下载软件“电脑管家”，安装后利用电脑管家对当前自己所用的计算机进行全盘杀毒和清理垃圾处理。

实训三：

1. 在桌面上新建一个文件夹，文件夹名为“123”。

2. 在文件夹 123 中新建一个记事本文件，输入文本内容为“好人自有好运！”，并保存文件名为“练习”。

3. 将该文件夹压缩成压缩包“123”。

4. 登录自己所申请的 163 邮箱。

5. 利用“写信”与同桌互发邮件，邮件内容为压缩包“123”，要求用添加附件形式发送邮件，主题是“致同桌”。

6. 利用“已发送”来查看自己的邮件是否成功发送出去，利用“收信”或“收件箱”来查看同桌的邮件是否成功到达邮箱。

实训四：

教师节马上就要到了，给自己的老师通过电子邮件发去一个美好的祝愿吧。

通过自己所申请的 163 邮箱给老师发送一个邮件，要求：

邮件主题：老师您辛苦了！

邮件内容是：

亲爱的老师：

您好！

为了我们您放弃了多少休息的时间，为了我们您操碎了心，为了我们您无怨无悔。在教师节来临之际，我在这里由衷祝愿您教师节快乐！希望您工作顺利、身体健康！

您的学生：＊＊＊

××年9月8日

项目 3　制作个人求职简历

个人求职简历在求职过程中发挥着重要作用，能更好地让用人单位对求职学生有一个简单的了解，优秀的求职简历可以使本人在众多的求职者中脱颖而出。怎样用 Word 制作一份完整的个人求职简历，是本项目要完成的任务。

任务 1　美化文本

知识目标

1. 熟悉 Word 2016 的界面组成。
2. 掌握文档的创建、关闭等基本操作。
3. 掌握设置字符格式的方法。
4. 掌握设置段落格式的方法。
5. 明确保存的几种方法。

技能目标

能快速准确录入文本，熟练新建、打开文档，按照要求设置文本格式，并将文档进行保存。

素质目标

通过严谨的教学和严密操作步骤的讲解，激发学生热爱计算机软件办公的求真情感，养成做事认真负责、条理清晰的习惯。

任务描述

1. 启动 Word 2016，输入下面文档内容：

音调、音强与音色

声音是模拟信号的一种，从人耳听觉的角度看，声音的质量特性主要体现在音调、音强和音色三个方面。

音调与声音的频率有关，频率快则声音尖高，频率慢则声音显得低沉。声音按频率可分为：次声（小于 20 HZ）、可听声（20～20 000 HZ）和超声（大于 20 000 HZ）。

音强即声音音量，它与声波的振动幅度有关，反映了声音的大小和强弱，振幅大则音量大。

振幅和周期都不变的声音称为纯音，但自然界中的大部分声音一般都不是纯音，而是由不同振幅的声波组合起来的一种复音。在复音中的最低频率称为该复音的基频。复音中其他频率称为谐音，音频和谐音组合起来决定了声音的音色，使人们有可能对不同的声音特征加以辨认。

2. 将所有 HZ 替换为 Hz。

3. 将标题段文字（“音调、音强与音色”）设置为三号红色宋体、加粗、居中并添加黄色底纹。

4. 正文文字设置为小四号宋体，各段落左、右各缩进 1.5 字符，首行缩进 2 字符，段前间距 1 行。

5. 将文档设置自动保存时间间隔 5 分钟。

6. 将文档进行保存，保存到 D 盘用自己姓名所命名的文件夹中，文件名命名为“项目31”。

7. 对文档进行加密，打开文件的密码设置为“123456”。

相关知识

Word 2016 是 Microsoft Office 2016 套装软件中的主要组件之一，具有 Windows 的图形操作界面，集文字、表格、图形、传真、电子邮件、HTML 和 Web 页面制作功能于一身，让用户能方便地处理文字、图形和数据。它可以帮助我们写信函、报告、论文，能满足各种文档编排、打印需求和“所见即所得”的排版功能。

一、Word 2016 的启动

启动 Word 2016 的常用方法是：

① 通过“开始”菜单启动。单击“开始”→“所有程序” →“Microsoft Office 2016”，然后找到“Microsoft Office Word 2016”命令。

② 快捷启动。双击桌面上创建 Word 2016 的快捷方式。

③ 利用文档启动。双击要打开的 Word 文档，也可以启动 Word，并同时打开文档。

二、Word 2016 的退出

退出 Word 2016 的方法有四种，分别是：

① 单击窗口标题栏右侧的“关闭”按钮。

② 单击窗口标题栏左侧的控制菜单图标，在弹出的窗口控制菜单中选择“关闭”命令关闭当前文档，重复这样的操作，直到关闭所有打开的 Word 文档，可退出 Word 2016 程序。

③ 在 Word 窗口中，切换到“文件”选项卡，选择“关闭”命令，可快速关闭所有打开的 Word 文档，从而退出 Word 2016 程序。

④ 按组合键 Alt＋F4。

如果在退出 Word 之前，没有保存已被修改的文档，则在退出 Word 时，Word 2016 将会显示一个对话框，询问用户是否要保存对文档的修改。

三、Word 2016 的窗口组成

启动 Word 2016 后，首先显示的是启动画面，接下来打开的窗口便是操作界面。Word 2016 的操作界面主要由标题栏、功能区、文档编辑区和状态栏等部分组成，如图 3-1 所示。

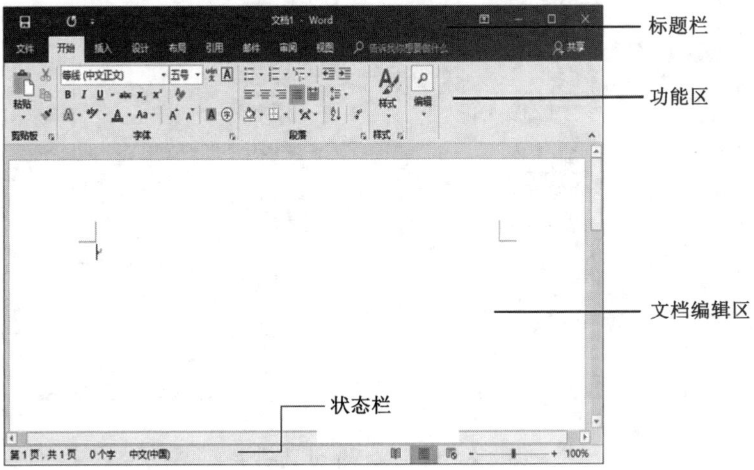

图 3-1　Word 2016 的操作

1. 标题栏

标题栏位于 Word 2016 窗口的顶端。标题栏上显示当前正在编辑文档的文件名，以及 Microsoft Word 应用程序名。

标题栏最左边的是 Word 2016 的控制菜单图标，单击该图标会出现一个下拉菜单，菜单中包括最大化、最小化、关闭等常用窗口控制命令。

快速访问工具栏：用于显示常用的工具按钮，默认显示的按钮有“保存”“撤销”“恢复”三个按钮，单击这些按钮可执行相应的操作。

窗口控制按钮：标题栏最右端的三个按钮自左至右依次为“最小化”“最大化/还原”“关闭”，单击可执行相应操作。

2. 功能区

Word 2016 的功能区位于标题栏的下方，默认情况下包括“文件”“开始”“插入”“设计”“布局”“引用”“邮件”“审阅”“视图”九个选项卡，单击某个选项卡可将其展开。

如需要自定义其他选项卡，可以点击“文件”选项卡中的“选项”，在弹出的“Word 选项”对话框中选择“自定义功能区”并进行设置，如图 3-2 所示。

此外，当在文档中选中图片、艺术字或文本框时，功能区中会显示与所选对象设置相关的选项卡。例如，当选中对象为图片时，功能区会显示“图片工具/格式”选项卡。

每个选项卡都由多个组组成，如“开始”选项卡由“剪贴板”“字体”“段落”“样式”“编辑”等五个组组成。有些组的右下角有  标志，我们将其称为“功能拓展”按钮，将鼠标指针指向该按钮时，可预览对应的对话框或窗格，单击该按钮，可弹出对象对话框或窗格，如图 3-3 所示。

在 Word 2016 中，功能区中的各个组会自动适应窗口的大小，还会根据当前操作对象

图 3-2　自定义 Word 选项卡

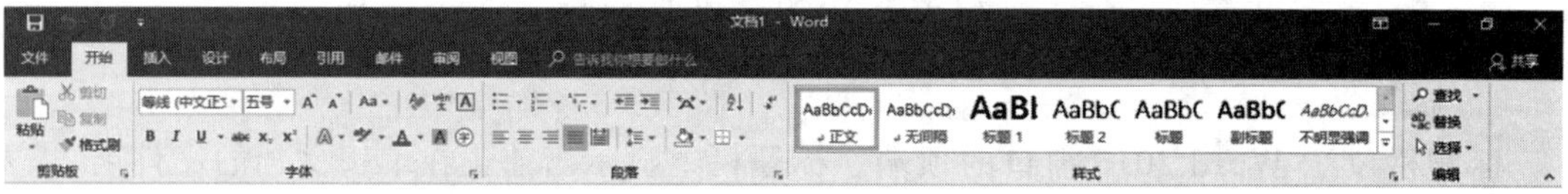

图 3-3　功能区中的组

自动调整显示的按钮与选项。

3．*文档编辑区*

文档编辑区位于窗口中央，默认以白色显示，是输入文字、编辑文本和处理图片的工作区域，该区域中会显示文档当前的效果。

当文档内容超出窗口的显示范围时，编辑区右侧和底端分别显示垂直与水平滚动条，拖动滚动条中的滚动块，或单击滚动条两端的小三角按钮，编辑区中显示的内容会随之滚动，从而可查看其他未显示出来的内容。

4．*状态栏*

状态栏位于窗口底端，用于显示当前文档的页数/总页数、字数、输入语言以及输入状态等信息。

状态栏右端有两栏功能按钮，其中视图切换按钮  用于选择文档的视图方式，显示比例调节工具 

用于调整文档的显示比例。

四、新建文档

新建文档的方法有多种，可以根据需要和工作习惯来选择。

1．*启动 Word 2016*

在启动 Word 2016 后，系统会自动创建一个名为“文档 1”的空白文档，默认扩展名为

. docx。再次新建文档，系统会以“文档 2”“文档 3”……这样的形式对新文档进行命名。

2. 利用“文件”选项卡

在 Word 窗口中切换到“文件”选项卡，在左侧窗格单击“新建”命令，单击右边的“空白文档”超链接，Word 2016 将会创建一个新的空白文档，如图 3-4 所示。

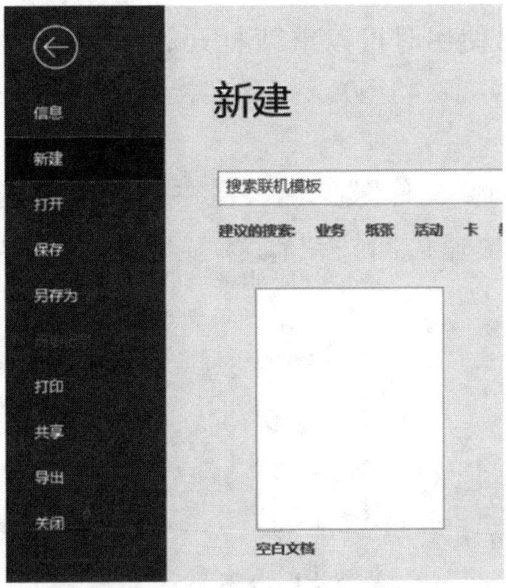

图 3-4　新建空白文档

3. 利用自定义快速访问工具栏

单击“标题栏”上的按钮，点击“新建”来创建一个快速访问按钮，点击即可创建空白文档，如图 3-5 所示。

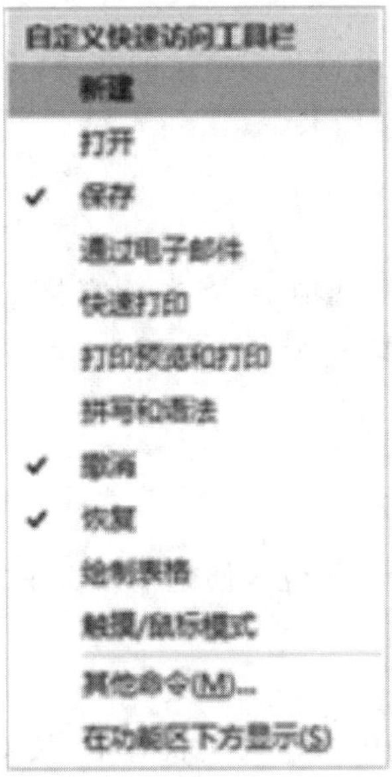

图 3-5　自定义快速访问工具栏

4. 利用模板

Word 2016 为用户提供了多种模板类型，利用这些模板用户可以快速创建各种专业的文档。

五、打开文档

文档以文件形式存放后，使用时可以重新打开、编辑和打印输出。打开文档时，要清楚“文档三要素”(即保存位置、名字、类型)。打开文档常用以下几种方法。

1. 利用“最近”打开文档

① 在 Word 窗口中切换到“文件”选项卡，在左侧窗格单击“打开”命令，或单击自定义快速访问工具栏中的“打开”快速访问按钮，显示“打开”界面，默认为“最近”，如图 3-6 所示。

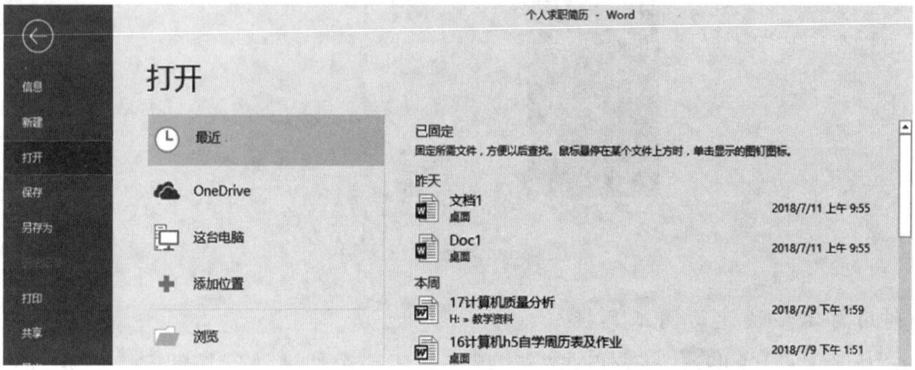

图 3-6 “打开”界面

② 在“最近”列表中包括了最近打开编辑过的文档，选择需要打开的文档单击打开。

③ 选择要打开的文档，认准文档类型。

④ 单击“打开”按钮即可。

2. 利用“浏览”打开文档

在 Word 窗口中切换到“文件”选项卡，在左侧窗格单击“打开”命令，单击右侧窗格的“浏览”按钮显示“打开”界面，如图 3-7 所示。

六、输入文档

用户可在文档窗口中输入文本。

启动 Word 后，光标插入点所在的位置便是输入文本的位置。在输入文本之前，需要先定位好光标插入点。

1. 汉字的输入

当输入汉字时，首先必须换到中文输入法状态下，按 Ctrl＋空格键或单击“输入法指示器”选择一种输入法。

2. 英文的输入

将输入方式切换到英文方式，即可进行英文字母的输入。

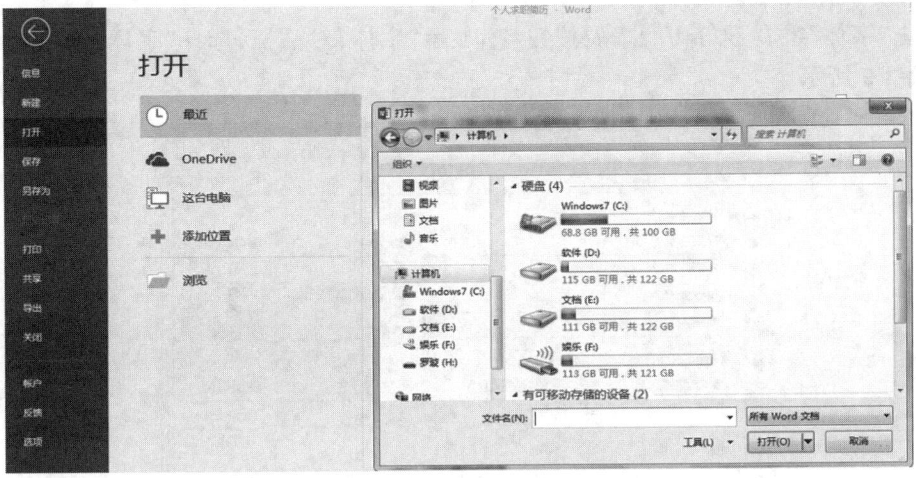

图 3-7　利用“浏览”打开文档

七、设置字符格式

在 Word 文档中输入文本后，默认应用的字体为“宋体（正文）”，字号为“五号”，文字颜色为黑色。如果用户对 Word 默认的字符格式不满意，可以根据自己的需要自定义设置字符格式。

字符格式是对字符的外观显示进行格式化，主要包括字体、字号、颜色和样式（如粗体、斜体、下划线）等。字符格式设置可以用两种方法：一是未输入字符前设置，其后输入的字符将按设置的格式一直显示下去；二是对已输入的字符格式进行修改，选定需要进行格式设置的字符进行格式设置即可。

1. 利用“字体”组

在“开始”选项卡中，点击“字体”组中的选项，设置字体、字号等项目，如图 3-8 所示。

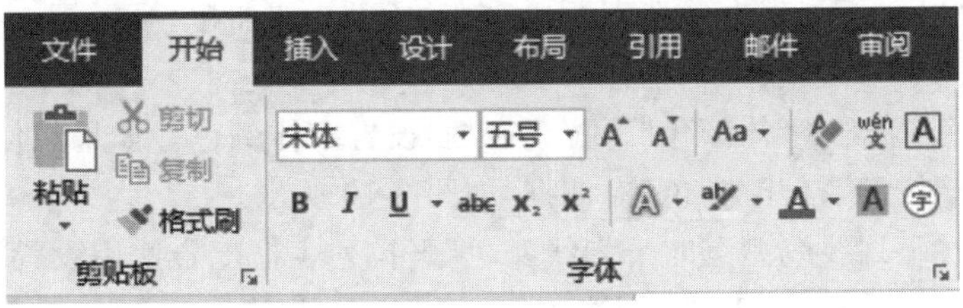

图 3-8　字体组

“字体”下拉列表框：包含各种 Windows 已安装的中英文字体。

“字号”下拉列表框：字号是指字符的大小，中文字号有“一号”“二号”等，数字表示法中的字号有“8 磅”“10 磅”等。

字形选项组：指对字符进行修饰，如单击加粗 **B**、倾斜 *I*、下划线 U 或字符边框 A 等按钮，为选定的文字设置粗体、斜体、下划线、字符边框等。这些按钮允许联合使用，当粗体和斜体同时按下时是粗斜体。

2. 利用“功能拓展”按钮

单击“字体”组右下角功能拓展按钮，显示“字体”对话框，选择“字体”选项卡，进行设置，如图 3-9 所示。

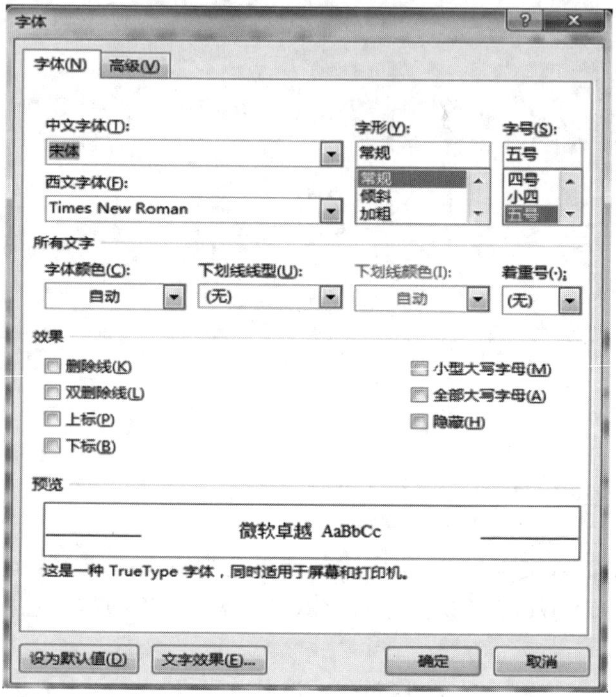

图 3-9 “字体”对话框

(1) “字体”选项卡

选择“字体”选项卡可以进行字体相关设置。

设置字体：在“中文字体”列表框中选择中文字体，“西文字体”列表框中选择英文字体。

设置字形：在“字形”列表框中选定所要改变的字形，如加粗、倾斜等。

设置字号：在“字号”列表框中选择字号。

设置字体颜色：单击“字体颜色”下拉列表框，设置字体颜色。如果想使用更多的颜色可以单击“其他颜色”按钮，打开“颜色”对话框，如图 3-10 所示。

设置下划线：“下划线线型”和“下划线颜色”下拉列表框配合使用设置下划线。

设置着重号：在“着重号”下拉列表框中选定着重号标记。

设置其他效果：在“效果”选项组中，可以设置删除线、双删除线、上标、下标、阴影等字符效果。

(2) “高级”选项卡

利用“字符间距”选项区域可以设置字符间距、字符缩放比例和对字符位置进行调整。

“高级”选项卡如图 3-11 所示。

(3) “文字效果”按钮

利用“文字效果”按钮可以进行文本效果设置，如图 3-12 所示。

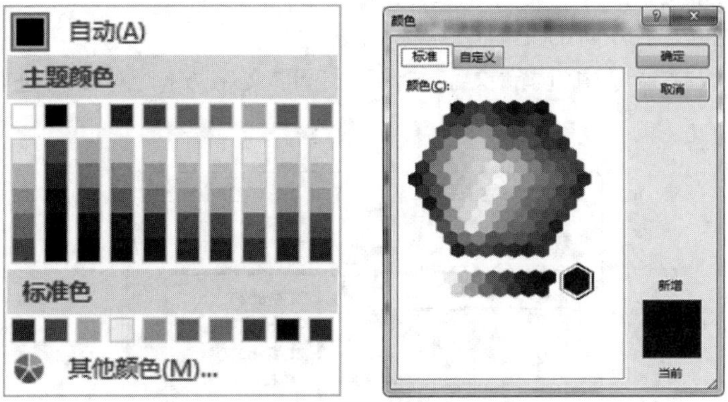

图 3-10　设置字体颜色

图 3-11　高级选项卡

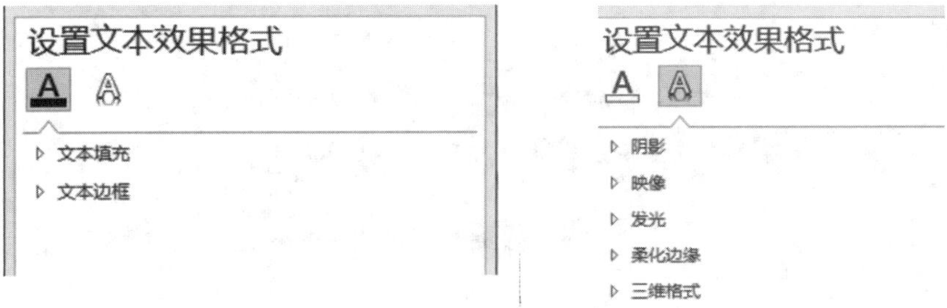

图 3-12　文字效果按钮

3. 设置文字方向

① 选定要设置文字方向的文本。

② 在弹出的快捷菜单中选择“文字方向”，打开“文字方向”对话框进行设置，如图 3-13 所示。

图 3-13 “文字方向”对话框

八、设置段落格式

段落格式包括段落的对齐方式、缩进方式、段落间距、行距、段落换行和分页等。段落可以由文字、图形、其他对象组成，段落以 Enter 键作为结束标识符，每一段末尾用一个弯曲的箭头↵表示段落的结束。

如果需要对一个段落进行设置，只须将光标定位于段落中即可，如果要对多个段落进行设置，首先要选定这几个段落。

1. 段落对齐方式

段落的对齐方式决定了段落边缘的外观，对齐方式有：左对齐、两端对齐、右对齐、居中和分散对齐。Word 默认的对齐格式是两端对齐。

如果要设置段落的对齐方式，应先选定相应的段落，再单击“开始”选项卡中“段落”组中相应的对齐方式按钮来完成，如图 3-14 所示。

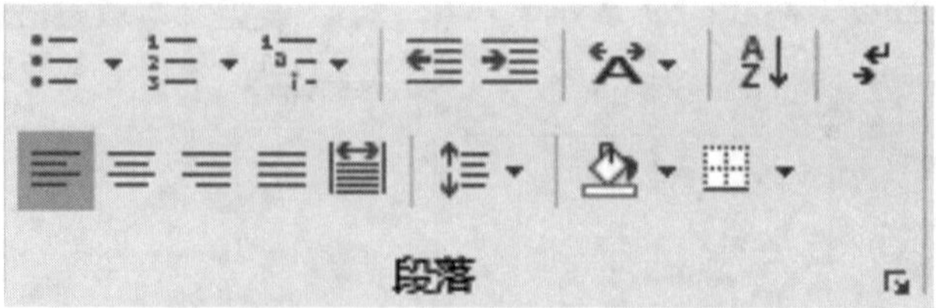

图 3-14 “段落”组

也可以利用“功能拓展按钮”来设置。操作步骤如下：

① 单击“段落”组中的按钮，弹出“段落”对话框，如图 3-15 所示。

② 在“对齐方式”下拉列表框中选择相应的对齐方式。

③ 单击“确定”按钮。

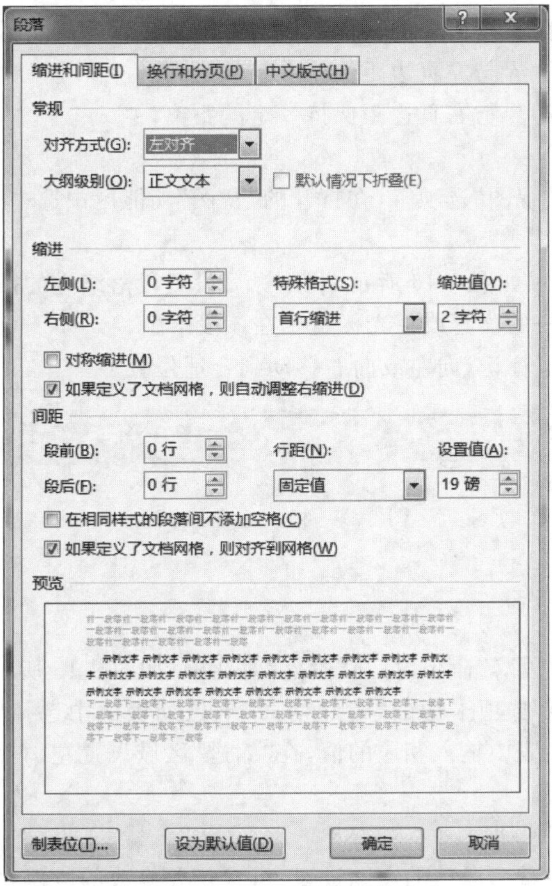

图 3-15　“段落”对话框

2. 设置行间距或段落间距

行间距是指段中行与行之间的距离，段落间距是指两个段落之间的间距。默认情况下，文档中行间距和段落间距是“单倍行距”，用户可以根据自己的需要进行修改。

如果要设置段落的间距、行间距，应先选定相应的段落，再单击“段落”组中相应按钮或利用右键快捷菜单完成。操作步骤如下：

① 选定要设置格式的段落。

② 单击“段落”组命令。或右键单击选定的段落，在快捷菜单中选择“段落”命令，打开“段落”对话框，如图 3-15 所示。

③ 选择“缩进和间距”选项卡，在“缩进和间距”选项卡中的“段前”和“段落”数值框中输入间距值，可调节段前和段后的间距。在“行距”下拉列表框中选择行间距，若选择了“固定值”或“最小值”选项，则需要在“设置值”数值框中输入所需的数值。若选择“多倍行距”选

项，则需要在“设置值”数值框中输入所需的行数。

④ 设置完成后，单击“确定”按钮。

3. 设置段落缩进

段落缩进是指段落文字的边界相对于左、右页边距的距离。段落缩进有以下四种格式：

首行缩进：段落首行第一个字符与左侧边界保持一定的距离。

悬挂缩进：段落中除首行以外的其他各行与左侧边界保持一定的距离。

左缩进：段落左侧边界与左页边距保持一定的距离。

右缩进：段落右侧边界与右页边距保持一定的距离。

(1) 用标尺设置

标尺的调用：单击“视图”选项卡，在打开的“视图”功能区中选中“显示”区域中的“标尺”复选框，即可调用标尺。

Word 窗口中的标尺如图 3-16 所示，利用标尺设置段落缩进的操作步骤如下：

① 选定要设置缩进的段落或将光标定位在该段落上。

② 拖动相应的缩进标记，向左或向右移动到合适位置。

图 3-16 标尺的缩进标记

(2) 利用“格式”菜单

操作步骤如下：

① 单击“格式”→“段落”命令，打开“段落”对话框，如图 3-15 所示。

② 在“缩进和间距”选项卡中的“特殊格式”下拉列表框中选择“首行缩进”或“悬挂缩进”选项，在“度量值”列表中输入相应的值，在“缩进”区域设置左、右缩进。

③ 单击“确定”按钮。

(3) 利用“段落组”按钮

如果要增加或减少整个段落的左缩进量，可选定要修改的段落，单击“开始”选项卡中段落组中的增加缩进量按钮或减少缩进量按钮 。

如果要改变整个段落的右缩进量，可选定要修改的段落，将水平标尺的“右缩进”标记拖动到希望文本结束的位置。

样式组：是指一组已经命名的字符和段落格式，规定了文档中标题、题注以及正文等各个文本元素的格式，可利用“样式组”中的各级标题和正文进行设置。

九、保存文档

文档编辑完成后必须存放到磁盘上才能长期保存。保存文档时，一定要注意“文档三要素”，即保存位置、名字、类型。保存文档常用下面几种方法。

1. 保存新建文档

操作步骤如下：

① 单击“文件”→“保存”命令，或快速访问工具栏中的“保存”按钮，将打开“另存为”界面，如图 3-17 所示。

图 3-17　“另存为”界面

② 点击“浏览”弹出“另存为”对话框，选择合适的保存位置，在“文件名”文本框中输入文件名，一般情况下不用改变“保存类型”。默认的文件类型为 Word 文档，扩展名为.docx。

③ 单击“保存”按钮，如图 3-18 所示。

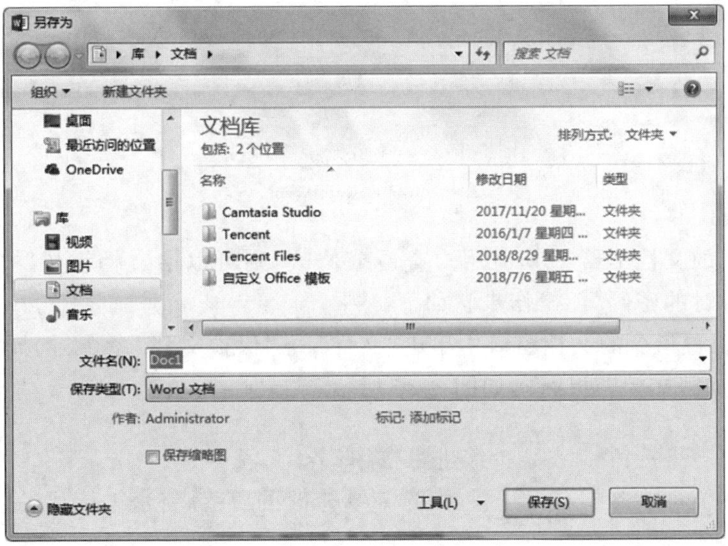

图 3-18　“另存为”对话框

2. 另存文档

如果需要将文档换名保存，则单击“文件” →“另存为”命令，在打开的“另存为”对话框中选择不同的保存位置或更改不同的文件名。

3. 自动保存

为防止因断电、死机等意外事件而丢失大量未保存的文档内容，可使用自动保存功能，设置自动保存的时间间隔，使 Word 自动保存文件。自动保存的操作步骤如下：

① 单击快速访问工具栏的自定义快速访问工具栏按钮，点击“其他命令”，弹出“Word 选项”对话框。

② 选择“保存”选项，选定“自动保存时间间隔”复选框，在数值框中设置保存时间。以分钟为单位，如输入“10”，则表示每隔10分钟保存一次，如图3-19所示。

③ 单击“确定”按钮。

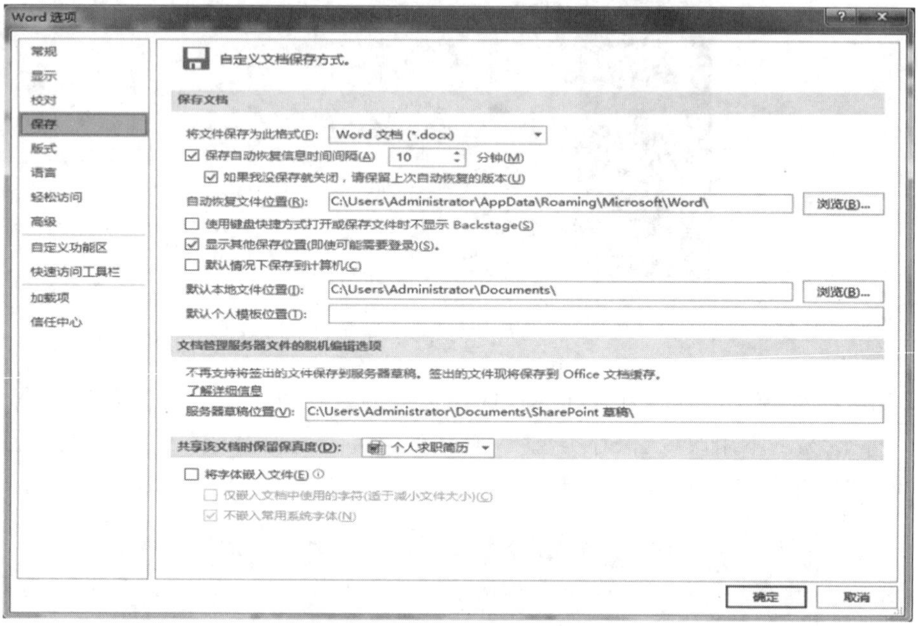

图3-19 “Word选项”对话框

4. 保护文档

如果所编辑的文档不希望其他用户查看或修改，则可以给文档设置“打开文件时的密码”和“修改文件时的密码”。操作步骤如下：

① 在需要设置口令的文档窗口中单击“文件”→“保护文档”命令，选择“用密码进行加密”选项，弹出“加密文档”对话框，如图3-20所示。

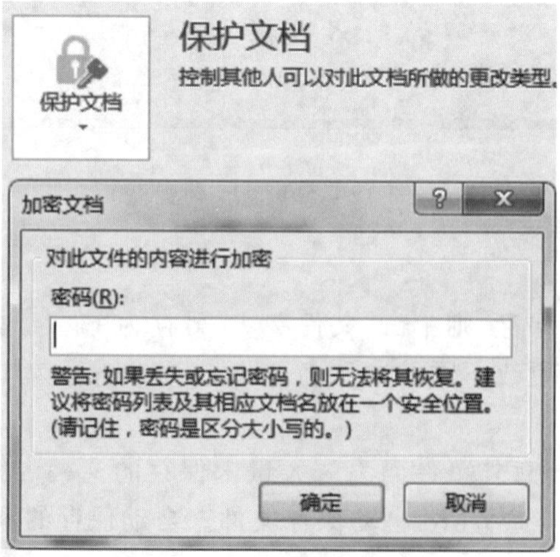

图3-20 “加密文档”对话框

② 根据需要设置相应的密码。

③ 单击“确定”按钮，打开“确认密码”对话框。

④ 再次输入设置的密码，单击“确定”按钮。

十、关闭文档

关闭文档常用以下几种方法：

① 单击“文件” →“关闭”命令。

② 单击当前窗口的“关闭窗口”按钮，可以把当前文档窗口关闭。

③ 双击标题栏上的快速访问工具栏。

注意：“文件”菜单中“关闭”和“退出”命令是不同的。如果用户只打开一个文档，则关闭文档窗口后，该区域变为空白；如果打开了多个文档，则显示下一个文档窗口。而“退出”则是结束 Word 程序。

任务 2　页面设置与符号的添加

知识目标

1. 能够正确插入项目符号及特殊符号。
2. 熟练掌握查找与替换功能。
3. 熟悉页面设置操作。

技能目标

插入键盘上没有的符号，会使用查找和替换功能，能够进行正确的页面设置，可以按要求打印文稿。

素质目标

培养学生解决实际问题的能力，提高学生的创新能力，建立团结协作的良好品质和专业精神。

任务描述

1. 启动 Word 2016，输入下面的文档：

1.5　多媒体系统的组成 完整的多媒体计算机系统是由硬件系统和软件系统两部分组成的。硬件系统主要由计算机主机和用来接收、播放多媒体信息的各种输入/输出设备组成；软件系统主要由多媒体操作系统及各种媒体工具软件和应用软件组成。 1.5.1　多媒体的硬件系统 从整体上来划分，一个完整的多媒体硬件系统主要由主机、音频卡、视频部分、基本输入/输出设备和高级多媒体设备 5 部分组成。

主机：主机部分是整个多媒体系统的核心。
音频卡：音频卡俗称声卡，在多媒体计算机中，音频卡是最基本的必需硬件之一。
视频部分：视频部分负责多媒体计算机图像和视频信息的数字化获取和回放，主要包括视频压缩卡、电视卡、加速显示卡等。
基本输入/输出设备：在开发和发布多媒体产品时，您要使用到各式各样的输入/输出设备。
高级多媒体设备：制作多媒体项目，需要将彩色图像、文本、声音、视频剪辑。

2. 在标题“1.5”和“1.5.1”前面插入小节符号“§”。

3. 在段落“主机”至“高级多媒体设备”五段前插入项目符号“◆”。

4. 设置除标题外的文字字体为宋体，字形为常规，字号为四号，行距为单倍行距，各段落对齐方式为两端对齐，首行缩进2字符。

5. 设置标题字体为宋体加粗，字号为小二号，对齐方式为居中，间距为段后1行。

6. 利用查找和替换功能，将“文本”两字替换成“字符”。

7. 设置该文本纸张为A4，页边距为上、下、右各为2.5厘米，左为3厘米。

8. 设置每隔10分钟保存一次文档。

9. 打印预览该文档。

10. 在D盘用自己的姓名新建一个文件夹。将文档进行保存，保存到新建的文件夹中，文件命名为“项目32”。

相关知识

一、符号或特殊字符的输入

对一些键盘无法直接输入的符号或特殊字符的操作步骤如下：

① 单击要插入符号的位置，设置插入点。

② 单击“插入”选项卡“符号”组中的“符号”命令，单击“其他符号”，将打开“符号”对话框的“符号”选项卡，如图3-21所示。

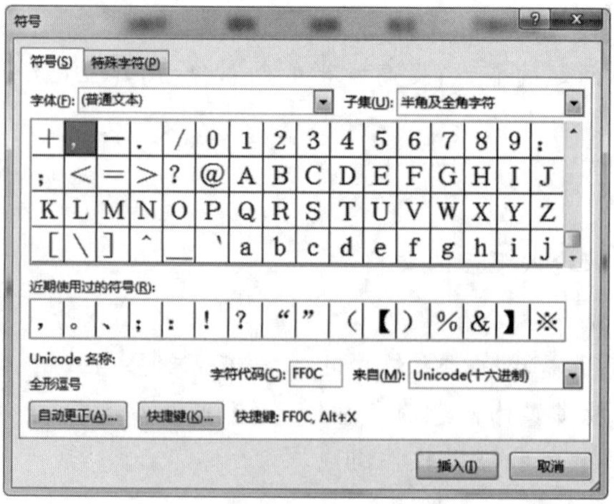

图3-21 “符号”对话框

③ 双击要插入的符号或字符，或单击要插入的符号后再单击“插入”按钮，则插入的符号出现在插入点上，如果要插入多个符号或字符，可连续多次单击要插入的符号或字符。

④ 插入字符后，“取消”按钮变为“关闭”按钮，单击“关闭”按钮结束。

⑤ 在“特殊字符”选项卡中，可选择插入特殊符号，如段落符、不间断连字符等。

二、项目符号和编号

对一些需要分类阐述的内容，可以添加项目符号和编号，起到强调的作用，也可以起到美化文档的作用。

1. 添加项目符号

添加项目符号的步骤如下：

① 在打开的文档中选定文本内容。

② 单击“开始”选项卡→“项目符号”按钮，选择需要的项目符号。

③ 若对提供的编号不满意，可以单击“定义新项目符号”按钮，在“定义新项目符号”对话框中进行选择，如图 3-22 所示。

④ 单击“确定”按钮。

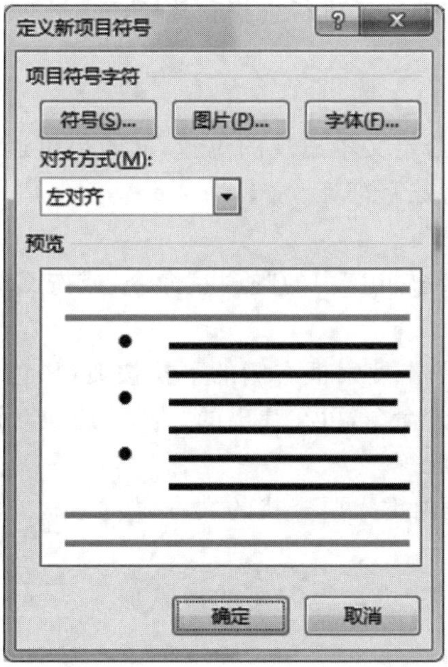

图 3-22　“定义新项目符号”对话框

2. 添加编号

设置编号的操作步骤如下：

① 选定要设置编号的段落。

② 单击“插入”选项卡，选择“编号”命令，打开“编号”对话框，如图 3-23 所示。

③ 选择所需要的编号，也可以单击“定义新编号格式”按钮，在“定义新编号格式”对话框中进行选择。

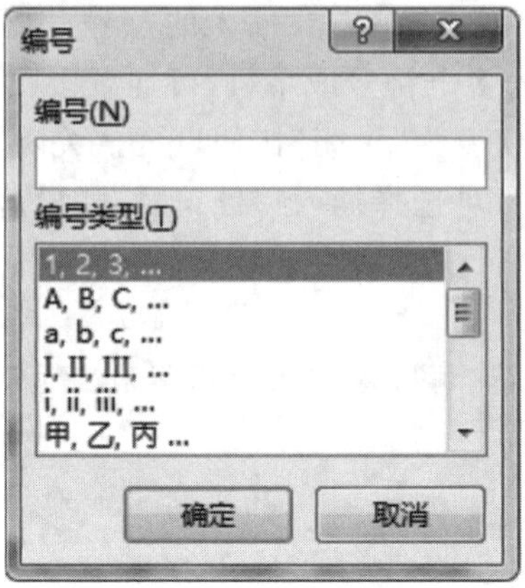

图 3-23 “编号”对话框

④ 单击“确定”按钮。

三、查找与替换

在编辑文本时，经常需要对文字进行查找和替换，Word 2016 提供了功能强大的查找和替换功能。

1. 查找文本

“查找”命令能快速确定给定文本出现的位置，同时也可通过设置高级选项查找特定格式的文本、特殊字符等。

查找与替换

查找文本的操作步骤如下：

① 单击“开始”选项卡“编辑组”中的“查找”命令，或按 Ctrl+F 键，打开“导航”窗格。

② 在“导航”窗格中，若单击搜索框右侧的下拉按钮(黑色小三角)，在弹出的下拉菜单中单击“选项”命令，可在弹出的“查找”选项对话框中为英文对象设置查找条件，如区分大小写、全字匹配等。

③ 在“在文档中搜索”框内键入要查找的文本，如图 3-24 所示。

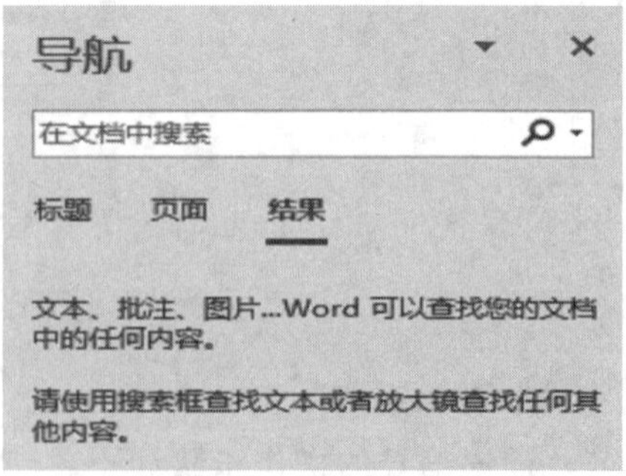

图 3-24 “导航”窗格

④ 在“标题”“页面”“结果”中选择需要的搜索形式，即可得到搜索结果。

如果找到要查找的文本，Word 将找到的文本反向显示，在左侧导航窗口列出查找结果。

如果要查找特定的格式，在“开始”选项卡“编辑组”中点击“查找”中的“高级查找”按钮，则显示如图 3-25 所示。

“查找内容”：输入查找内容的文本。

“区分大小写”复选框：查找大小写完全匹配的文本。

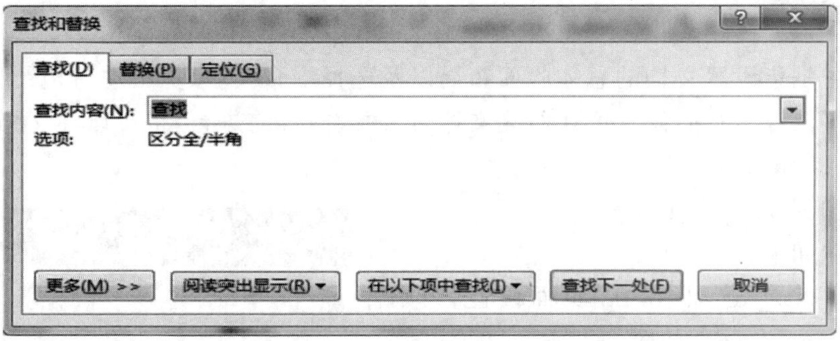

图 3-25　“查找和替换”对话框

“阅读突出显示”按钮：是否突出显示查找内容。

“查找下一处”按钮：输入要查找的文本内容，单击“查找下一处”按钮，此时 Word 会自动从光标插入点所在位置开始查找，当找到第一个位置时以选中的形式显示。

若继续单击“查找下一处”按钮，Word 会继续查找，当查找完成后会弹出提示框完成搜索，单击“确定”按钮将其关闭。返回“查找和替换”对话框中，单击“关闭”按钮关闭该对话框即可。

2. 替换文本

利用替换功能可以将整个文档中给定的文本替换掉，也可以在选定的范围内进行替换。由于替换要大量改动原有的文档，因此建议在替换前先将要替换的文档保存一下，这样只要对替换结果不满意，即可关闭该文档而不保存修改结果。当然，也可以单击“撤销”按钮恢复原来的内容。替换文本的操作步骤如下：

① 单击“开始”选项卡上“编辑”组中的“替换”命令，或按 Ctrl＋H 键打开“查找和替换”对话框。

② 在“查找内容”框内键入要查找的文本，在“替换为”框内输入替换文本，如图 3-26 所示。

图 3-26　替换文本内容

③ 单击“替换”或者“全部替换”按钮开始替换。

利用替换功能可以删除找到的文本，方法是：在“替换为”一栏中不输入任何内容，替换时会以空字符代替找到的文本，这样等于做了删除操作。

四、页面设置

页面设置是指设置文档的总体版面布局以及选择纸张大小、上下左右边距、页眉页脚与边界的距离等内容。页面设置可在新建文档后、输入内容前进行，也可以在文档内容输入完毕后进行。

1. 选择纸张大小和页面方向

操作方法如下：

① 单击“布局”选项卡，在“页面设置”组中可设置纸张大小和方向，如图 3-27 所示。

② 点击“页面设置”组中右下角按钮，可打开“页面设置”对话框，选择“纸张”选项卡，如图 3-28 所示。

③ 在“纸张”中选择某一大小的纸张。若要更改部分文档的纸张大小，应在“应用于”框中选择“插入点之后”项。Word 自动在使用新型的页面前后插入分节符。

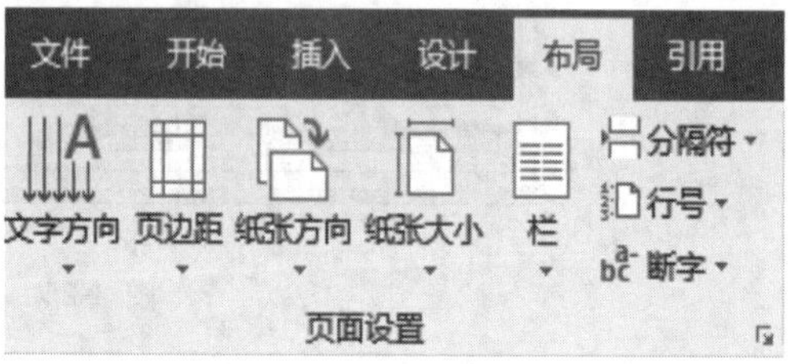

图 3-27 “页面设置”组

④ 单击“页边距”选项卡，如图 3-28 所示，选择“纸张方向”下的“纵向”或“横向”。

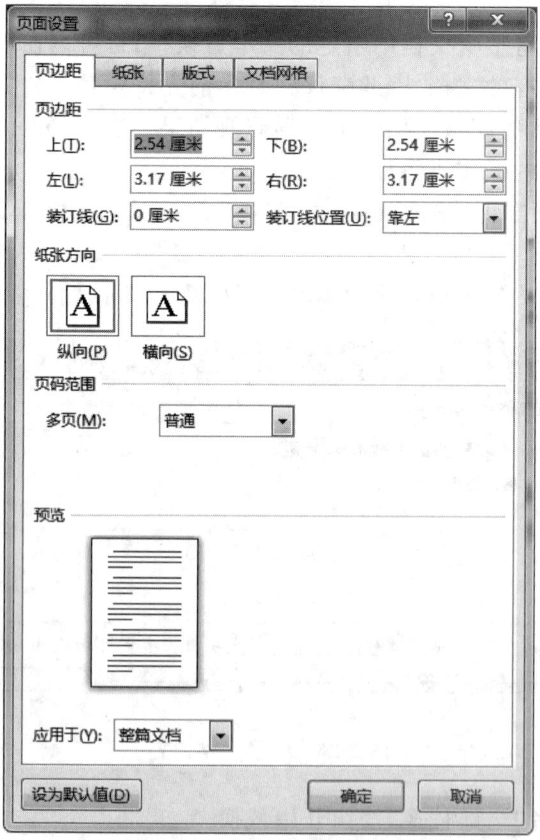

图 3-28 “页面设置”对话框

2. 更改页边距

页边距是页面上打印区域之外四周的空白区域。通常，将某些项目放置在页边距区域中，如页眉、页脚和页码等。更改页边距的具体操作方法是：

① 单击“布局”选项卡中的“页面设置”命令，选择“页边距”，Word 提供了多种类型页边距可供选择，如需自定义，可以点击“自定义页边距”，在弹出的“页面设置”对话框中进行设置。也可点击“页面设置”组中右下角按钮，打开“页面设置”对话框，如图 3-28 所示。

② 在“上”“下”“左”“右”四个输入框中分别输入需要的数值，在调整过程中可以通过下面的预览查看调整的结果。这个数值就是文本区域与页边周围的四个距离。

③ 如果是经常使用的页边距，可以更改默认页边距，在设置选择新的页边距后单击“默认”按钮。新的默认设置将保存在该文档基于的模板中。

3. 更改每行字数和每页行数

根据纸型的不同，每页中的行数和每行中的字符数都有一个默认值。有些文档要求每页包含固定的行数以及每行包含固定的字数。修改这些默认值，就可以满足用户的特殊需要。操作方法是：

① 单击“布局” →“页面设置”命令，选择“文档网格”选项卡，如图 3-29 所示。

② 在“网格”区域下，选择“指定行和字符网格”选项。

③ 在“字符数”区域下设置每行所要显示的字符数，在“行”区域下设置每页要显示的行数。

④ 单击“确定”按钮。

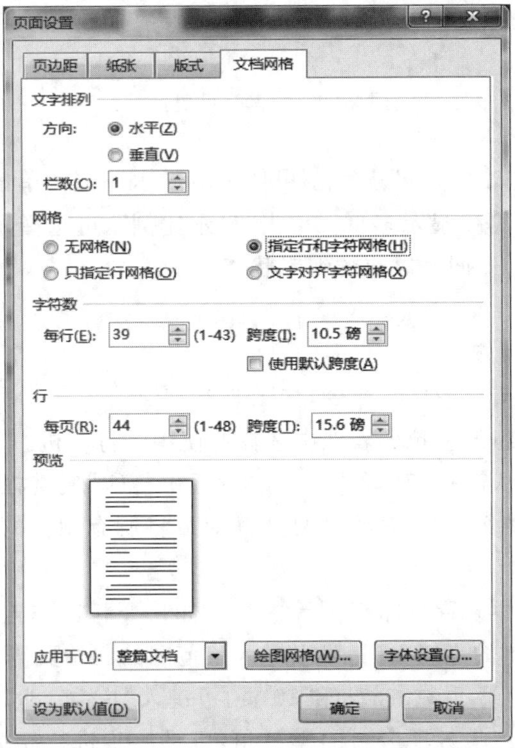

图 3-29　“文档网格”选项卡

五、打印文档

打印前一般需要浏览一下版面的整体格式，如不满意可以进行调整，然后再打印。

1. 打印预览

打印预览有所见即所得的功能，通过打印预览可以浏览打印的效果。操作步骤如下：

① 单击“文件”→“打印预览”命令，或单击“常用”工具栏上的“打印预览”按钮，转换到打印预览视图，如图 3-30 所示。

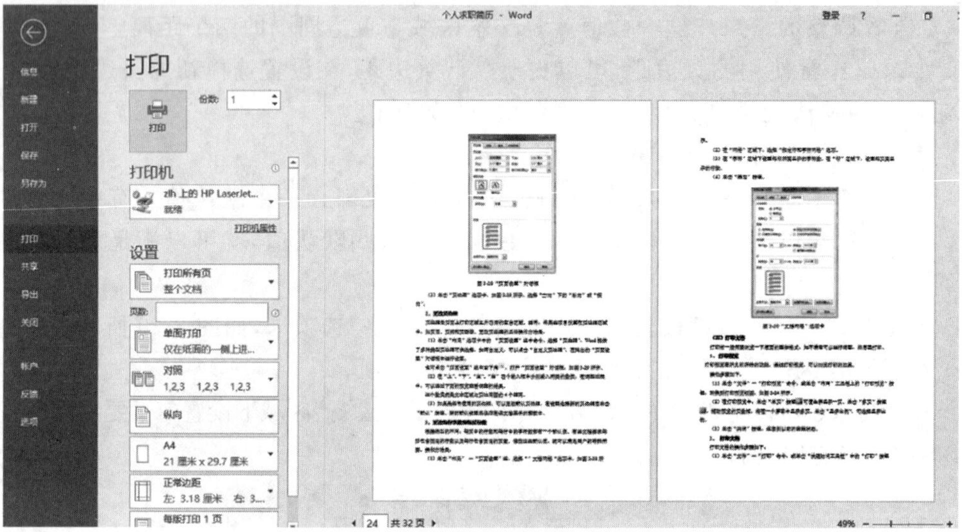

图 3-30 “打印”设置区域

② 在打印预览中，单击“单页”按钮可使全屏显示一页。单击“多页”按钮，拖动预览的页数框，将在一个屏幕中显示多页。单击“显示比例”，可选择显示比例。

③ 单击“关闭”按钮，返回到以前的编辑状态。

2. 打印文档

打印文档的操作步骤如下：

① 单击“文件”选项卡→“打印”命令，如图 3-30 所示。

② 在“打印机”选项组的下拉列表框中选择要使用的打印机。

③ 在“份数”框中键入需打印的份数。选中“逐份打印”复选框即可打印完整了一份副本后才开始打印下一份的第一页，清除此复选框即可将所有副本的首页打印完毕后再开始打印其他后继页。

④ 在“设置”选项组中设置打印范围等内容。如果要打印非连续页，要键入页码，并以逗号相隔。对于某个范围的连续页码，可以键入该范围的起始页码和终止页码，并以连字符“-”相连。例如，若要打印第 1、2、3、5、8 和 10 页，可键入“1-3，5，8，10”。

⑤ 单击“设置”选项组中各项旁边的黑三角，可进一步进行相关设置，如单/双面打印、对照/非对照、纸张、边距、按纸张大小缩放等。

⑥ 设置完成后，可单击“打印”按钮开始打印。

任务 3　求　职　信

知识目标

1. 掌握插入简单自选图形的方法，会进行相应编辑。
2. 掌握制作表格的方法。
3. 掌握边框和底纹的使用方法。

技能目标

准确插入需要的自选图形，进行相应编辑，熟练对自选图形添加文字，并能将所有的自选图形进行组合；快速生成表格，正确设置表格边框和底纹。

素质目标

培养学生的积极性、主动性和创造性，引入职业分析，使学生树立专业自豪感、工匠精神及爱国情怀。

任务描述

制作个人求职信，见表 3-1。

表 3-1　个人求职信

<table>
<tr><th>框图模式</th><th>文字模式</th></tr>
<tr><td>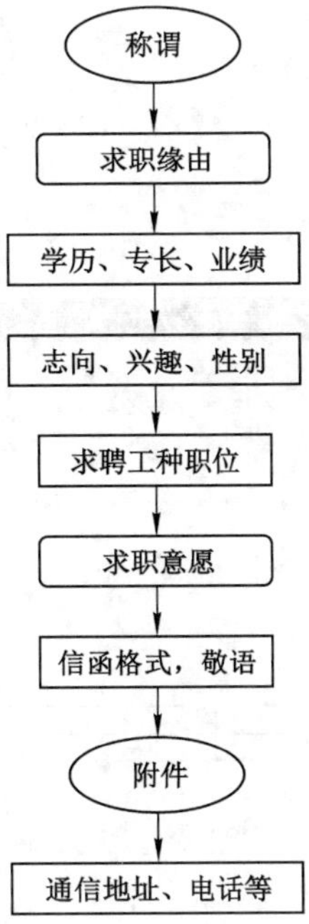
</td><td>求职信
尊敬的××公司总经理(称谓)：我怀着对贵公司的无比信任与仰慕，邮上求职信，企盼能成为贵公司的一员，×××××××，为贵公司服务。(导言：写求职、应聘缘由)
　　我是××××××学院××××专业学生，将于今年 7 月毕业。在大学学习期间，我努力学习各门课程，并取得了良好的成绩(见附件)。我还自学了×××、×××等，曾获××××××等奖项，有比较强的×××××技能。(个人的学历、年龄、专长、业绩)
　　作为新时代的大学生，我非常注重社会实践，曾在×××××做过业务员，在×××做过星级训练员，还在×××××做过技师，本人对××××××具有浓厚的兴趣，具有良好的团队合作精神。(个人的志向、兴趣、性格)
　　本人期待能成为贵公司的一员，从事××××××××××。如果贵公司能给我机会，我会用××××××××××××××来回报公司的赏识。(求聘工种职位，写待遇与否视情况而定)
　　期望您能给我一次面试的机会。随信附上简历、英语等级证书、获奖证书等。(结尾：以诚恳的态度表达求职意愿，写上附件名称)
　　此致
敬礼！(信函格式，敬语)
　　附件：××××××××××××××
××敬上
××年×月×日
　　联系地址：××市××路×××××学院××××专业××级××班
　　邮编：××××××
　　电话：××××××××(通信地址、电话、电子邮箱等)</td></tr>
</table>

1. 新建一个 Word 文档，在以自己姓名命名的文件夹中将文件命名为“项目 33”。

2. 创建一个 2×2 表格。

3. 输入表格的第一行以及第二行第二列中的相应内容。

4. 将上题中所输入的内容字体设置为宋体，字号设置为小五号，各段首行缩进 2 字符，并且将第二行第二列单元格中标题“求职信”字体设为加粗，字号设置为五号。

5. 在第二行第一列单元格中制作框图，要求利用绘图工具栏中自选图形按钮绘制图形，并在图形中添加文字，字体为宋体，字形为常规，字号为五号，将所有自选图形组合。

6. 设置表格外框线为 1.5 磅，双实线，颜色为黑色；内框线设为 0.75 磅，红色波浪线；第一行设置底纹样式为 25%。

7. 将用自己姓名命名的文件夹进行压缩打包，发送电子邮件，发件人是自己的邮箱，收件人是教该课程的教师，主题是“姓名＋求职信”。

相关知识

表格由行和列的形式组织信息，具有数据清晰、直观、信息量大等特点。Word 具有功能强大的表格处理能力，用户可以非常方便地制作、使用各种表格。

一、创建表格

创建表格

表格由若干行和列组成，行、列的交叉区域称为“单元格”。在单元格中可以填写数值、文字或插入图片等。

创建表格可以选择自动插入表格或手工绘制表格。

1. 自动插入表格

(1) 拖动创建表格

用拖动法建立表格的操作步骤如下：

① 单击要创建表格的位置。

② 单击“插入”选项卡中的“表格”按钮。

③ 拖动鼠标，选定所需的行、列数，如图 3-31 所示。

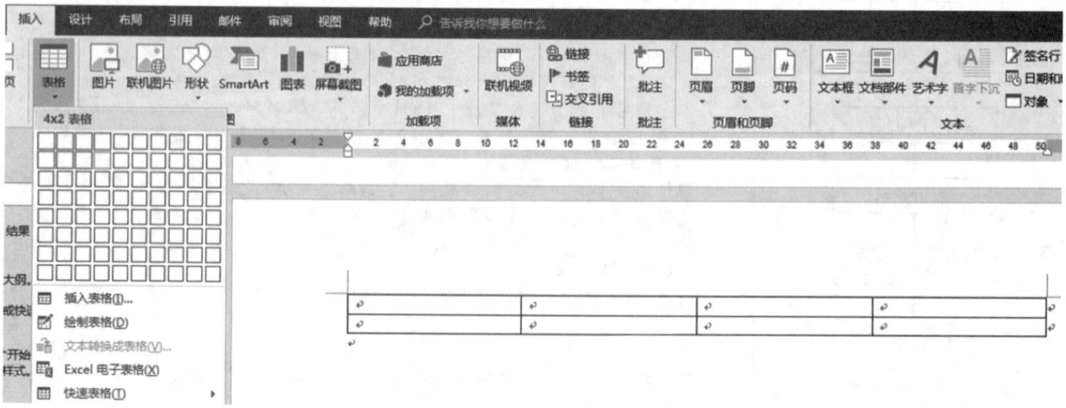

图 3-31　拖动法创建表格

④ 松开鼠标，创建的表格将出现在插入点。

⑤ 分别单击各单元格，键入文字。

在表格中输入表文同输入其他文本一样，先将光标键或鼠标插入点移到需要输入表文的位置再进行输入。每个单元格输入完成后可以用光标键、鼠标或 Tab 键将插入点移到其他单元格。

(2) 对话框创建表格

使用对话框创建表格的操作步骤如下：

① 单击要创建表格的位置。

② 单击“插入”选项卡中“表格”组→“插入表格”，打开“插入表格”对话框。在“表格尺寸”选项组中设置行数、列数，如图 3-32 所示。

③ 在“自动调整”操作中，选择调整表格大小的选项。

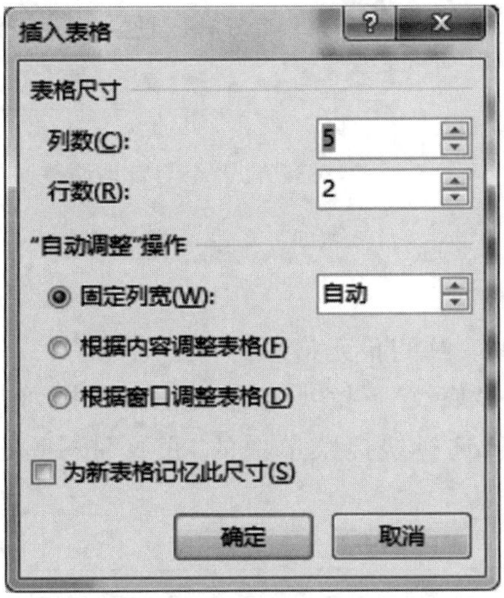

图 3-32　对话框创建表格

2. 手工绘制表格

Word 除了能够快速地自动创建表格外，还能用“绘制表格”工具方便地画出非标准的各种表格。具体操作步骤如下：

① 单击要创建表格的位置。

② 单击“表格”组中的“绘制表格”命令，此时光标变为笔形。

③ 绘制表格。从表格的一角斜方向拖动至其对角，以确定整张表格的大小，然后再画各行线、各列线。

二、设置表格格式

创建好一个表格之后，“插入”选项卡会自动切换为“布局”选项卡，可以对表格进一步设置，还可以对外观进行美化，以达到理想的效果。

1. 表格对齐方式

一般在某个表格的单元格中输入文本时，该文本都将按照一定的方式显示在表格的单元格中。Word 提供了 9 种单元格中文本的对齐方式:靠上左对齐、靠上居中、靠上右对齐、中部左对齐、中部居中、中部右对齐、靠下左对齐、靠下居中、靠下右对齐。默认情况下,表格中的文字为靠上左对齐。

进行单元格对齐方式设置的具体操作步骤如下:

① 选定单元格。

② 在“布局”选项卡“对齐方式”组中选择相应的对齐方式,如图 3-33 所示。也可以使用“自动调整”命令根据需要调整表格内容。

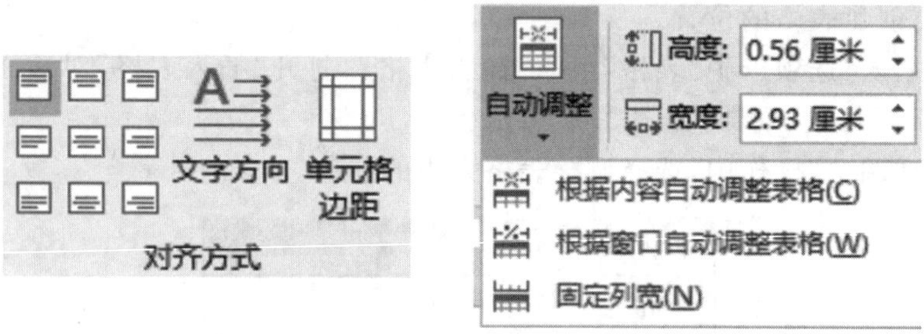

图 3-33 “对齐方式”组与自动调整

2. 表格的底纹和边框

设置表格底纹的步骤如下:

① 选定表格或需要设置底纹的单元格。

② 单击“设计”选项卡 →“底纹”下拉列表,在弹出的下拉列表中选择合适的底纹颜色,如图 3-34(a)所示;或右击表格,选择快捷菜单中的“底纹”按钮,选择底纹颜色,如图 3-34(b)所示。

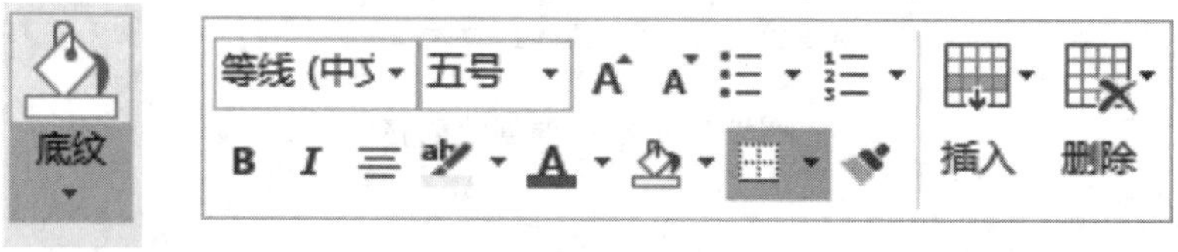

(a) (b)

图 3-34 “底纹”设置

设置表格边框的步骤如下:

① 插入表格后,会自动切换至“设计”选项卡,可以使用自带的“表格样式”进行设置。

② 如果需要自定义设计,首先选定表格或需要设置边框的单元格,在“设计”选项卡的“边框”组中进行边框线的样式、颜色、粗细等设置,如图 3-35 所示。单击“边框”下拉按钮还可以打开“边框和底纹”对话框进一步设置。

三、绘制图形

在 Word 中,可以使用“插入”选项卡中的“插图”组的“形状”下拉列表,绘制出某些简单的图形,如图 3-36 所示。

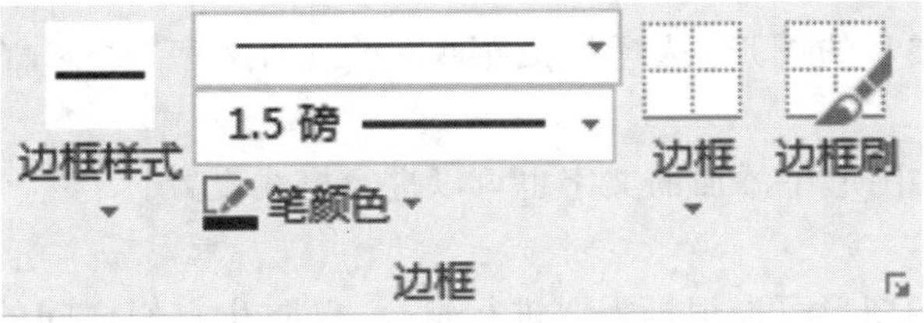

图 3-35　“边框”设置

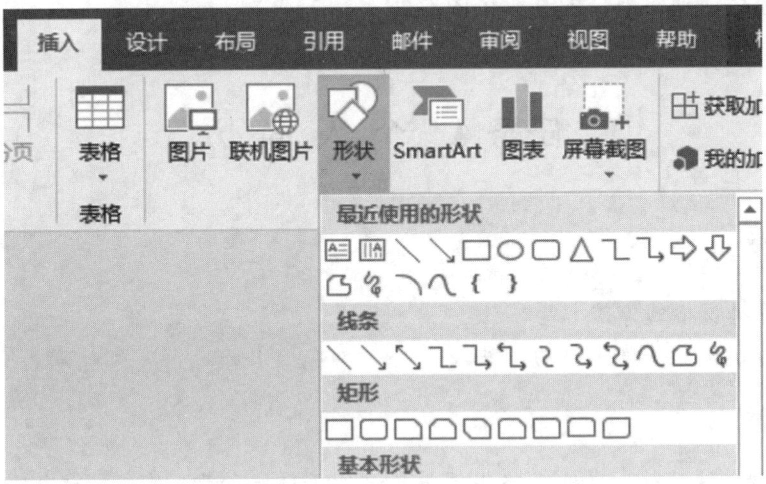

图 3-36　插入“形状”图形

1. 绘制形状图形

形状图形是一组形状，包括的图形类别有线条、连接符、基本形状、流程图元素、星与旗帜、标注等。绘制形状图形的操作步骤如下：

① 单击“插入”选项卡“插图”组中的“形状”按钮，选择级联菜单中所需的图形。

② 在工作区拖动就可以绘制相应的图形。

③ 绘制图形后，切换至“格式”选项卡，可进一步设置“形状样式”，并且在“插入形状”组中可继续插入形状，如图 3-37 所示。也可在形状中单击鼠标右键，在快捷菜单中设置。

注：绘制比例均等的图形（如正方形、圆等），拖动鼠标的同时按住 Shift 键就可以绘制。

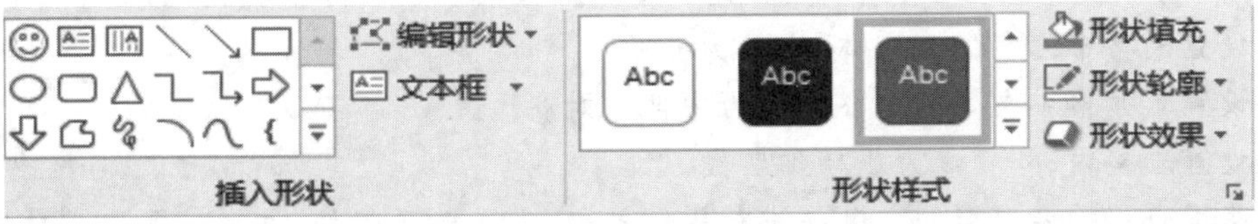

图 3-37　设置“形状样式”

2. 在自选图形中添加文字

操作步骤如下：

① 右击要添加文字的图形，选择快捷菜单的“添加文字”命令，在图形对象上显示文本框。

② 输入文字。在图形中添加的文字也可以进行格式设置。

3. 图形的组合

在文档中，绘制的图形可以根据需要进行组合，以防止它们之间的相对位置发生改变，操作步骤如下：

① 在按住 Shift 或 Ctrl 键的同时选定要组合的图形。

② 将鼠标移动到要组合的某一个图形处。

③ 单击鼠标右键中的“组合”命令。

任务 4 个 人 简 历

知识目标

1. 掌握编辑表格的方法

2. 掌握拆分和合并单元格的方法。

技能目标

快速生成表格，对所生成的表格根据需要进行编辑与处理，制作一份完整的个人简历。

素质目标

培养学生将碎片信息立体化、逻辑化，培养学生求真务实、积极探索的科学精神。

任务描述

1. 打开 IE 浏览器，登录自己的邮箱，在“已发送”中下载自己在任务 2 中已发送的文件，解压并打开文件夹中的文件。

2. 用“表格”菜单中的“插入”→“表格”命令创建一个 16×8 的表格，设置“自动调整”操作为“根据内容调整”单选项。

3. 按照表格的格式，进行相应合并单元格和拆分单元格操作。

4. 输入表 3-2 中的文字内容(空白处和带×部分按自己实际情况输入)。

5. 设置表格中的字体为宋体，字号为五号。

6. 设置单元格中文本的对齐方式为中部左对齐。

7. 设置表格内、外框线为 1 磅细实线。

8. 将用自己姓名命名的文件夹进行压缩打包，发送电子邮件，发件人是自己的邮箱，收件人是教该课程的教师，主题是“姓名+个人简历”。

表 3-2　个人简历信息表

<table>
<tr><td rowspan="4">个人信息</td><td>姓名</td><td></td><td>性别</td><td></td><td>出生年月</td><td></td><td rowspan="4">照片</td></tr>
<tr><td>民族</td><td></td><td>户籍</td><td></td><td>所在地</td><td></td></tr>
<tr><td>政治面貌</td><td></td><td>学历</td><td></td><td>所学专业</td><td></td></tr>
<tr><td>毕业院校和专业</td><td colspan="5"></td></tr>
<tr><td rowspan="2">联系方式</td><td>电话</td><td colspan="3"></td><td>E-mail</td><td colspan="2"></td></tr>
<tr><td>通信地址</td><td colspan="3"></td><td>邮政编码</td><td colspan="2"></td></tr>
<tr><td rowspan="2">教育简历</td><td colspan="7">2005 年 9 月—2007 年 7 月　就读于××市×××××中学</td></tr>
<tr><td colspan="7">2007 年 9 月—2010 年 7 月　就读于××××××××学院××××专业</td></tr>
<tr><td rowspan="3">个人简历</td><td colspan="2">能力证明</td><td colspan="5">全国计算机一级、英语 B 级、办公自动化高级等级证书</td></tr>
<tr><td colspan="2">其他特长</td><td colspan="5">① 有较强的组织沟通与协调能力；② 具备较强的责任心和集体荣誉感</td></tr>
<tr><td colspan="2">求职意向</td><td colspan="5">行政助理、人事文员</td></tr>
<tr><td rowspan="2">社会实践经验</td><td colspan="7">2009 年 9 月—2010 年 7 月　任××系学生党支部支委会委员</td></tr>
<tr><td colspan="7">2009 年 9 月—2010 年 7 月　任××学生会副主席、普法协会副会长</td></tr>
<tr><td rowspan="2">获奖情况</td><td colspan="7">2009 年 7 月　××市 2008—2009 学年度“优秀学生干部”“优秀共产党员”</td></tr>
<tr><td colspan="7">2010 年 11 月　校奖学金“精神文明奖”、校“十佳团支书”称号</td></tr>
<tr><td>自我鉴定</td><td colspan="7">本人性格开朗、稳重、有活力，待人热情、真诚。对工作认真负责，积极主动，吃苦耐劳，有较强的组织能力、实际动手能力和团队协作精神，能迅速适应各种环境并融入其中。曾多次组织策划学院学生会、社团的各类活动，具备相应的组织领导能力。积极参加社会实践活动，先后于博大电子有限公司、××区司法局等单位进行实习，锻炼自己不怕苦、不怕累的作风。注重自身道德修养，在大学期间有幸成了一名共产党员，并获得学校“优秀共产党员”的光荣称号。
学校的一切只能代表以往的成绩，一纸虔诚的写照，能否打动您炽热的心？</td></tr>
</table>

相关知识

创建好一个表格后，经常需要对表格进行一些编辑，如行高和列宽的调整、行和列的插入和删除、单元格的合并和拆分等。

一、选定表格

选定单元格：将光标移动到要选定单元格的左侧边界，光标变成指向右上方的箭头时单击，即可选定该单元格。

选定行：将光标移动到要选定行左侧选定区，当光标变成形状时，单击即可选定。

选定列：将光标移动到该列顶端，当光标变成形状时，单击即可选定。

选定多行或多列：按左键拖动选择几个连续单元格、行或列。若需选定不连续的多个项目，可单击所需的第一行或列，按下 Ctrl 键，再单击所需的下一行或列。

选定整个表格：光标指向表格左上角，单击出现的“表格的移动控制点”图标，即可选定整个表格。

选定下一单元格中的文字：按 Tab 键。

选定前一单元格中的文字：按 Shift＋Tab 键。

二、调整表格尺寸

1. 调整整个表格尺寸

编辑表格

调整表格的大小操作步骤如下：

① 在页面视图上，将指针置于表格上，直到表格尺寸控点出现在表格的右下角。

② 将指针停留在表格尺寸控点上，使其出现一个双向箭头。

③ 将表格的边框拖动到所需尺寸。

2. 更改列宽

更改列宽的操作步骤如下：

① 将指针停留在需要更改的列的边框上，直到指针变为一个垂直的双向箭头。

② 拖动边框，调整到所需要的列宽。

3. 更改行高

更改行高的操作步骤如下：

① 将指针停留在要更改其高度的行的边框上，直到指针变为一个水平的双向箭头。

② 拖动边框。

选择“布局”选项卡中的“单元格大小”组可以精确调整列宽与行高，如图 3-38 所示。也可以根据表格中的内容自动调整宽度。

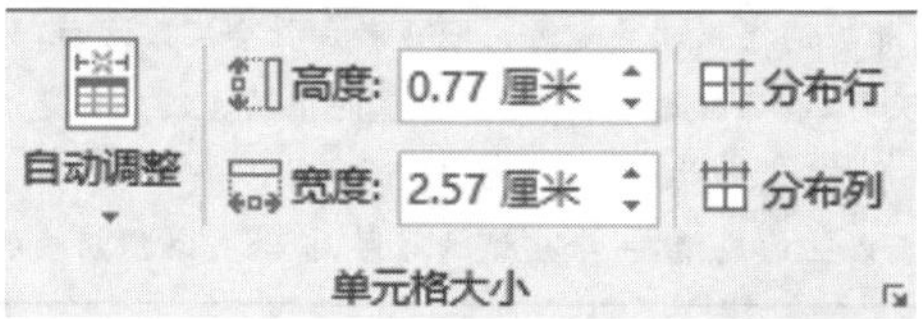

图 3-38 “单元格大小”组

三、行、列或单元格的插入和删除

创建好一个表格之后，在“布局”选项卡中可以对表格进一步设置，如行和列、合并、对齐方式等。还可以对外观进行美化，以达到理想的效果。

1. 插入行、列或单元格

有以下三种方法：

① 选定要插入行、列或单元格的位置。在“布局”选项卡中可以对表格的行和列进行设置，根据需要单击“行和列”组中的按钮，即可在光标所在位置插入行与列，如图 3-39 所示。点击可弹出“插入单元格”对话框，如图 3-40 所示。

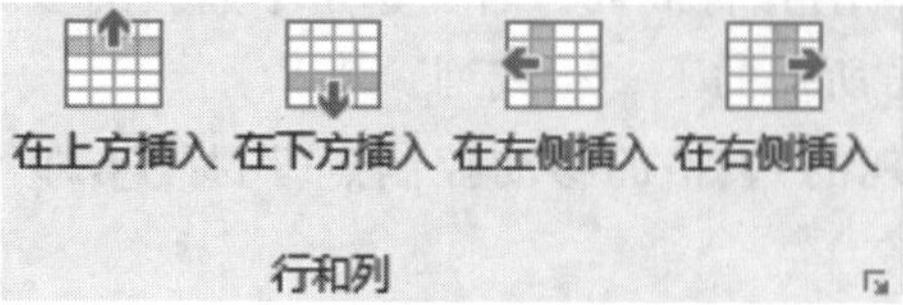

图 3-39 “行和列”组

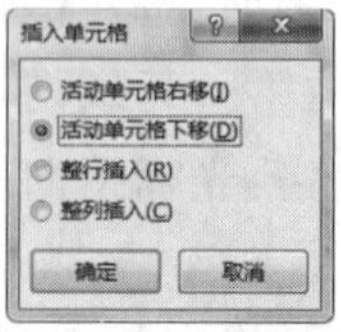

图 3-40 “插入单元格”对话框

② 鼠标放置在想要插入的行或者列之间，会自动显示插入图标，点击即可插入，如图 3-41 所示。

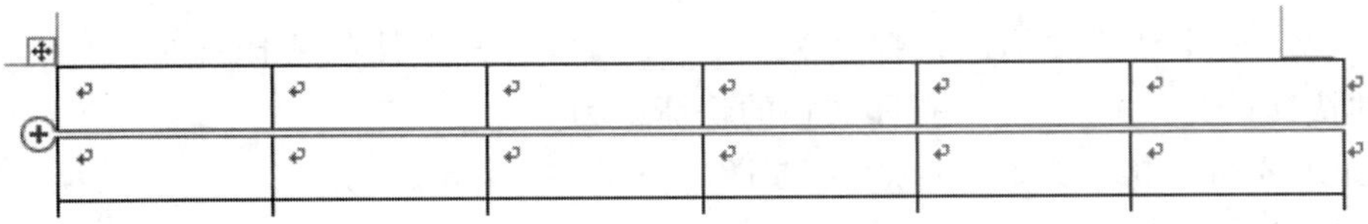

图 3-41　插入行或列

③ 将光标插入点定位在某行最后一个单元格的外边，按下 Enter 键可快速在该行的下方添加一行。

2. 删除行、列或单元格

有以下两种方法：

① 选择要删除行、列或单元格，在“布局”选项卡中单击“删除”按钮，根据需要从列表中选择命令，如图 3-42 所示。

② 单击表格，从弹出的快捷菜单中选择“删除单元格”命令。

四、单元格的合并和拆分

单元格的合并是把相邻的多个单元格合并成一个，单元格的拆分是把一个单元格拆分为多个单元格。

使用“布局”选项卡中的“合并”组命令，可根据需要进一步编辑表格，如图 3-43 所示。

选中需要合并或拆分的单元格，单击“布局”选项卡中的“合并单元格”或“拆分单元格”命令，可以完成合并或拆分操作。

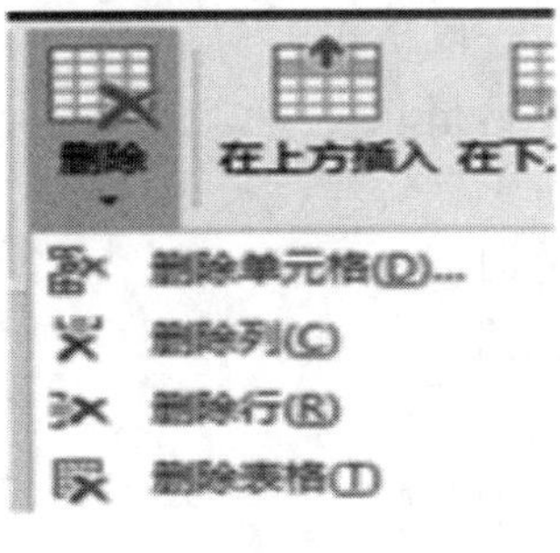

图 3-42　“删除”下拉列表

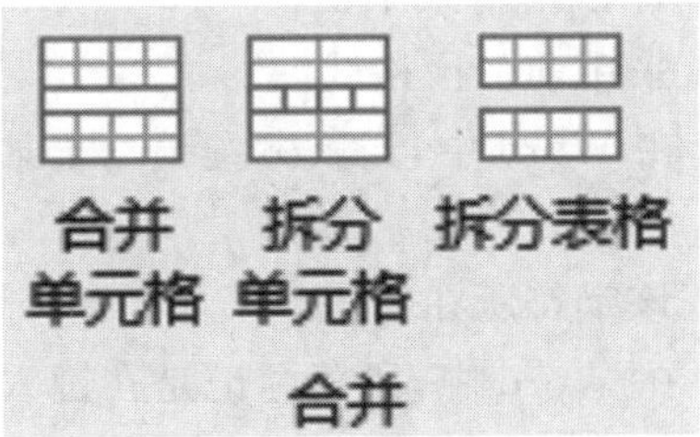

图 3-43　“合并”组

思考与练习

一、填空题

1. 字体的特殊效果可以在__________对话框中设置。

2. 磅数越大，显示字符越__________；字号越大，显示字符越__________。

3. 在 Word 中建立表格可以采用__________、__________等方法。

4. Word 文档中的段落标记是在输入键盘上的__________键之后产生的。

5. 显示或隐藏工具栏应使用__________菜单。

6. 在 Word 中新建文档的快捷键为__________，打开文档的快捷键为__________，保存文档的快捷键为__________，打印文档的快捷键为__________。

7. 如果要输入“②”这个符号，则要选择__________菜单下的__________选项。

8. “全选”的快捷键是__________。

9. 如果打印页码是“3-5，7，9”，表示打印的是第__________页。

二、选择题

1. 在 Word 2016 中，想用新名字保存文件应(　　)。

A. 选择“文件”选项卡中的“另存为”命令

B. 选择“文件”选项卡中的“保存”命令

C. 单击快速访问工具栏中的“保存”按钮

D. 复制文件到新命名的文件夹

2. 在 Word 2016 中，用户按下回车键，便在文档中插入(　　)。

A. 空格　　B. 回车　　C. 段落结束标记　　D. 打印控制符

3. Word 文档的默认文件扩展名是(　　)。

A. .txt　　B. .dot　　C. .docx　　D. .bmp

4. Word 默认的视图是(　　)方式，它是进行文档编辑和格式设置的最佳视图方式。

A. 普通视图　　B. 页面视图

C. Web 版式视图　　D. 文档视图

5. 在 Word 中删除一个段落标记符后，前、后两段文字合并为一段，此时(　　)。

A. 原段落格式不变　　B. 采用后一段格式

C. 采用前一段格式　　D. 变为默认格式

6. 在 Word 中，当鼠标左键三击某字符，则选定(　　)。

A. 一句　　B. 一个单词

C. 该字符所在的段　　D. 整个文档

7. 在 Word 中，段落标记是在键入(　　)之后产生的。

A. 句号　　B. Enter　　C. Shift+Enter　　D. 分页符

8. 在 Word 中，用于“粘贴”的快捷键是(　　)。

A. Ctrl+C　　B. Ctrl+V　　C. Ctrl+X　　D. Ctrl+B

9. 在 Word 窗口的文本编辑区内有一个闪动的粗竖线，它表示(　　)。

A. 文章结尾符　　B. 插入点，可在该处输入字符

C. 鼠标光标　　D. 字符选取标志

10. 中文 Windows 中按(　　)键，可在各种汉字输入方式之间切换。

A. Ctrl+Space　　B. Shift+Space　　C. Alt+Space　　D. Ctrl+Shift

三、简答题

1. 如何在文本中进行查找和替换?
2. 怎么实现文档中所有各段的首行都缩进 2 字符?
3. 输入键盘上没有的符号,如 à,该如何操作?
4. 创建表格有哪几种方法?

四、实训题

实训一:

高速 CMOS 的静态功耗

在理想情况下,CMOS 电路在非开关状态时没有直流电流从电源 VCC 到地,因而器件没有静态功耗。

对所有的 CMOS 器件,漏电流通常用 ICC 表示。这是当全部输入端加上 VCC 或低电平和全部输出端开路时从 VCC 到地的直流电流。

然而,由于半导体本身的特性,在反向偏置的二极管 PN 结必然存在着微小的漏电流。这些漏电流是由在二极管区域内热产生的载流子造成的,当温度上升时,热产生载流子的数目增加,因而漏电流增大。

1. 将标题段文字设置为小二号蓝色阳文黑体、居中、字符间距加宽 2 磅、段后间距 0.5 行。
2. 将所有带字母 CC 变为下标 CC。
3. 将正文各段文字中的中文文字设置为 12 磅宋体、英文文字设置为 12 磅 Arial 字体。
4. 将正文第三段移到第二段之前。
5. 设置正文各段首行缩进 2 字符,行距为 1.2 倍行距。
6. 设置页面上、下边距各为 3 厘米。
7. 以“实训一”为文件名,保存在以自己姓名命名的文件夹中。

实训二:

利用自选图形制作如图 3-44 所示的框图。

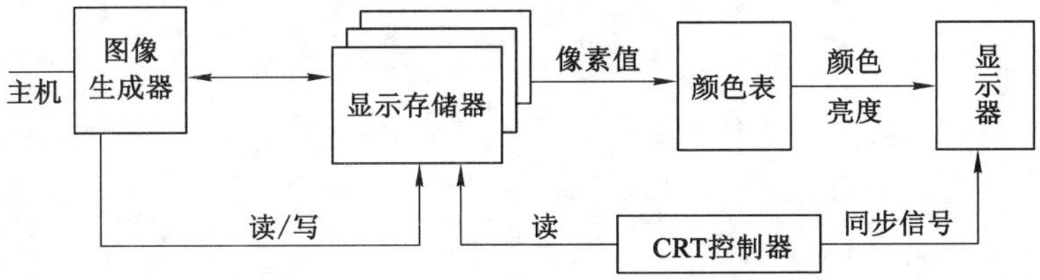

图 3-44 框图

实训三:

使用 Word 制作表格。

建立如下所示的课程表，并命名为“实训三”保存在以自己姓名命名的文件夹中。

要求：

1. 外边框用 3 磅的蓝色单实线；上午、下午、晚上的分隔线用 2 磅的红色双实线，其余线条采用 1 磅单实线。

2. 标题用三号楷体，其余采用黑体、小四号字。表中所有文字居中对齐（包括水平居中和垂直居中），并且给表格第一行添加浅绿色底纹。

高三课程表

<table>
<tr><th colspan="2">星期
节数</th><th>一</th><th>二</th><th>三</th><th>四</th><th>五</th></tr>
<tr><td rowspan="2">上午</td><td>1、2 节</td><td>语文</td><td>政治</td><td>物理</td><td>语文</td><td>英语</td></tr>
<tr><td>3、4 节</td><td>英语</td><td>化学</td><td>数学</td><td>数学</td><td>语文</td></tr>
<tr><td rowspan="2">下午</td><td>5、6 节</td><td>数学</td><td>自习</td><td>语文</td><td>化学</td><td>物理</td></tr>
<tr><td>7、8 节</td><td></td><td></td><td>体育</td><td colspan="2">大扫除</td></tr>
<tr><td>晚上</td><td>9、10 节</td><td>晚自习</td><td>晚自习</td><td>晚自习</td><td>晚自习</td><td>晚自习</td></tr>
</table>

项目4 电子小报设计

校园里创办的电子小报由于运用了现代化的媒体，并将其与教学进行恰到好处的“整合”，既锻炼了大学生多方面的能力，也激发了学生学习计算机的兴趣。通过本项目的学习，学生可以在排版操作中进一步体会Word软件中的文本框和图文混排的作用。

任务1 文本框及分栏符的运用

知识目标

1. 会插入文本框。
2. 掌握对文本进行分栏的方法。
3. 掌握首字下沉的方法。

技能目标

能灵活使用内置文本框、横排文本框和竖排文本框，熟练对文档进行分栏排版。

素质目标

通过对文字录入和操作步骤的学习，学生应养成良好的学习习惯，学会发散思维，提升学习办公自动化课程的积极性和主动性。

任务描述

1. 启动Word 2016，输入以下文档：

习惯是人们长期养成的不易改变的语言、思维、行为方式，是在人头脑中形成的一系列条件反射，这种条件反射是在重复出现而有规律的刺激下形成的比较稳固的神经联系系统。它是条件反射长期积累、强化而形成的一种定型。习惯一经形成就具有稳定的特性，成为一种自动化行为。好习惯可以使人受益终生，不良习惯也将贻害无穷。良好的学习习惯对于学生成长成才起着十分重要的作用。

好习惯养成了，一辈子受用；坏习惯养成了，一辈子吃亏，想改也不容易了。对学生来说，善于独立思考、能够科学利用时间、正确处理学习与娱乐的关系等，都是应当养成的良好习惯。学习阶段是学生学习习惯形成的关键时期，我们每个教师在传授知识的同时都应该注重培养学生良好的学习习惯，能够真正做到教为学所用、育为生所导，为他们的成长成才奠定基础。

2. 设置字体为宋体，4 号，首行缩进 2 字符，单倍行距，两端对齐。

3. 对第一段第一个字“习”进行首字下沉，下沉行数为 3 行，字体为宋体。

4. 将正文设置为两栏格式，栏宽相等。

5. 对第二段文本进行添加竖排文本框，相应调整文本框位置，高度设置为 17 厘米、宽度为 6 厘米，将文本框线条设置为红色圆点，线型为 1.75 磅。

6. 利用自选图形绘制分隔线（绘制三角形，复制多个三角形，进行组合，填充颜色）。

7. 将文档进行保存，文件名为“项目 41”，发送电子邮件，发件人是自己，收件人是教该课程的教师，主题是“姓名＋项目 41”。

相关知识

一、首字下沉

在报纸、杂志等专业刊物中，经常可以看到段落开头的第一个文字是以增大字号的形式来显示的，以引起注意，这就是首字下沉。

首字下沉分为下沉和悬挂两种方式，设置段落首字下沉的方法如下。

方法一：

① 先将插入点定位在欲设置“首字下沉”的段落中。

② 在“插入”选项卡中，单击“文本”组的“首字下沉”按钮，在打开的下拉列表中选择“下沉”选项，段落将获得首字下沉效果，如图 4-1 所示。

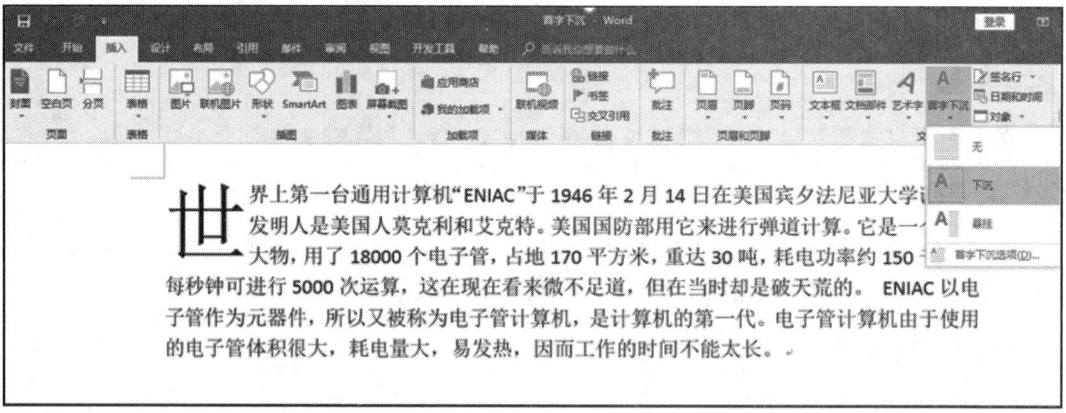

图 4-1 “下沉”选项

方法二：

① 在“首字下沉”下拉列表中选择“首字下沉选项”选项。

② 打开“首字下沉”对话框，在对话框中单击“位置”栏中的选项设置下沉的方式，选择“下沉”选项。

③ 在“字体”下拉列表中选择段落首字的字体，在“下沉行数”增量框中输入数值设置文字下沉的行数，在“距正文”增量框中输入数值设置文字距正文的距离。

④ 设置后单击“确定”按钮，如图 4-2 所示。

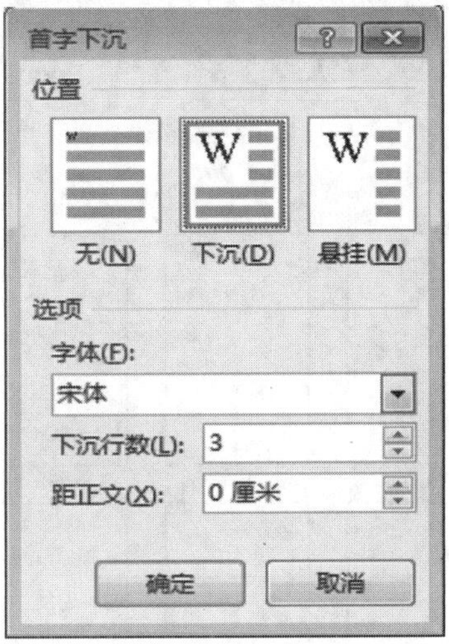

图 4-2　“首字下沉”对话框

二、文本框

文本框是可移动、可调大小的存放文字或图形的“容器”，主要用于设计复杂版面。当需要在一页上放置数个文字块或使文字块按与文档中其他文字块不同的方向排列时，可以通过插入文本框进行编排。用户可以根据需要插入内置的文本框，也可以手动绘制文本框。

1. 插入内置文本框

插入内置文本框的操作步骤如下：

① 打开文档，将鼠标光标定位至需插入文本框处，在“插入”选项卡中单击“文本”组的“文本框”按钮，从列表中选择需要的文本框样式，如图 4-3 所示。

② 插入文本框后，文本框内显示的提示文字为占位符，此时可直接输入文本内容并调整文本框大小。

2. 绘制文本框

除了插入内置的文本框，还可以自己手动绘制文本框，具体操作方法如下：

① 打开文档，将鼠标光标定位至需插入文本框处，在“插入”选项卡中单击“文本”组的“文本框”按钮，从列表中单击“绘制文本框”或“绘制竖排文本框”命令，如图 4-4 所示。

② 此时鼠标指针变为十字光标，按下鼠标进行拖动可绘制文本框，然后在合适的位置释放鼠标，输入内容并在“开始”选项卡内设置合适的文字格式即可。

3. 设置文本框格式

设置文本框格式的操作步骤如下：

① 选择文本框，自动打开“格式”选项卡，通过“形状样式”组中的命令设置文本框的样式。

② 需要对文本框格式进一步设置，则可以在其右键菜单中选择“设置形状格式”命令，打开“设置形状格式”窗格，对形状的样式进行设置，如图 4-5 所示。

图 4-3 “内置文本框”样式

图 4-4 “绘制文本框”命令

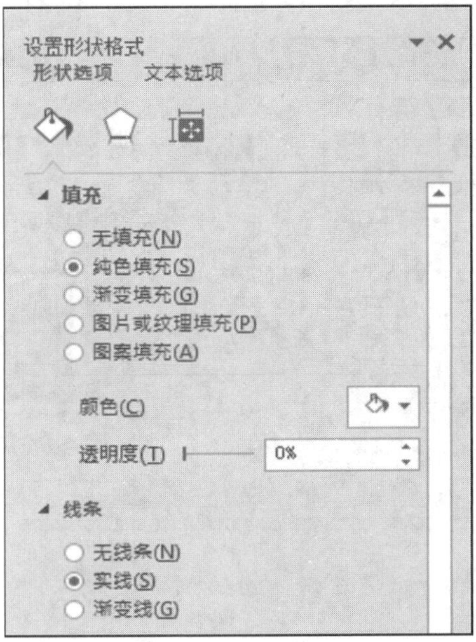

图 4-5　设置形状格式

三、分栏

“分栏”可以编排出类似于报纸的多栏版式效果，可以对整篇文档或部分文档分栏。操作步骤如下：

分栏

① 打开文档后，选择需要分栏的文本，单击“布局”选项卡“页面设置”组中的“分栏”按钮，在下拉列表中选择，如图 4-6 所示。

② 如果需要设置更多分栏形式，则需要在下拉列表中选择“更多分栏”选项，打开“分栏”对话框，可以设置是否显示分隔线、栏宽、栏间距、应用范围，如图 4-7 所示。

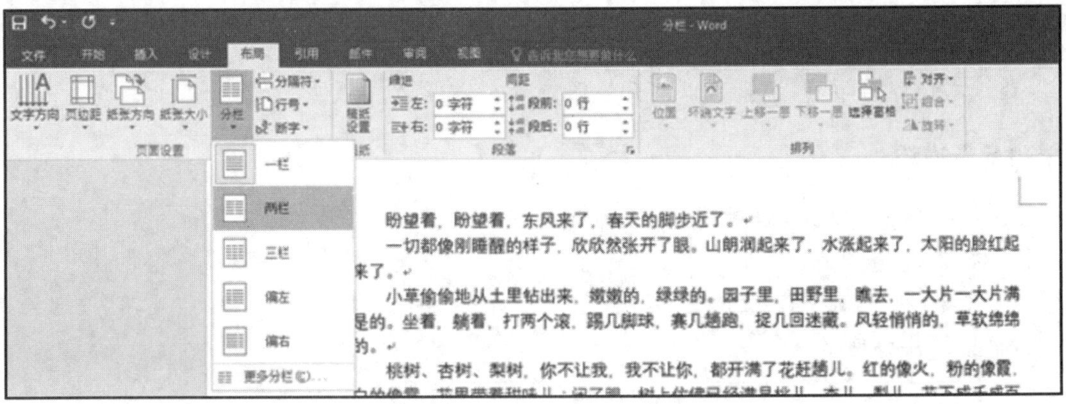

图 4-6　“分栏”选项

③ 设置完成后单击“确定”按钮。

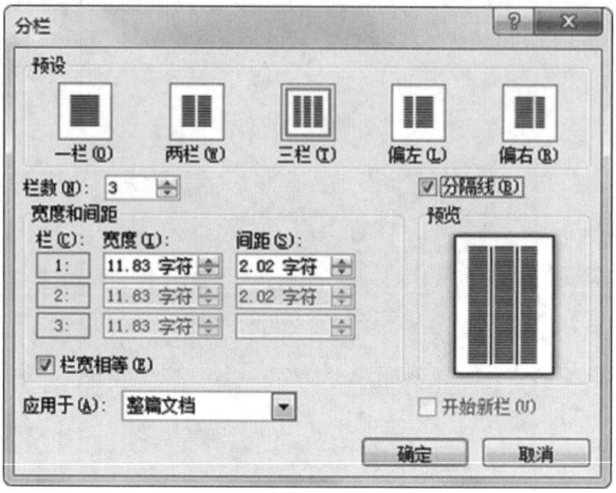

图 4-7 “分栏”对话框

任务 2 自选图形的绘制

知识目标

1. 熟练使用“绘图工具”的格式选项卡。
2. 掌握对形状样式的编辑。

技能目标

能够准确灵活地利用绘图工具绘制图形；进行相应的编辑、组合，使图形更加生动、活泼。

素质目标

通过本任务的学习，学生可以提升绘图能力、审美能力，树立环境保护意识。

任务描述

1. 启动 Word 2016，绘制如图 4-8 所示的图画。
2. 背景：颜色自选。
3. 人物：利用“形状”中的“矩形”“椭圆”“空心弧”按钮和“流程图”中的“延期”按钮绘制人物，根据图片颜色填充。
4. 长方体：填充颜色为浅黄，线条颜色为黑色，设置为阴影样式 6。
5. 圆柱体：填充颜色为浅橙色，线条颜色为黑色。
6. 乌龟：身体利用“形状”中的“椭圆”按钮，填充颜色为海绿色；爪子利用“线条”中的

图 4-8 绘制图形

“曲线”按钮，填充颜色为酸橙色；头利用“基本形状”中的“椭圆”按钮，填充颜色为酸橙色，线条颜色均是黑色。

7. 椭圆鱼：利用“椭圆”“直角三角形”“曲线”按钮，身体的填充颜色为填充效果“双色”，颜色1为浅橙色，颜色2为白色，尾巴填充颜色为浅橙色，底纹样式为水平；泡泡填充颜色为天蓝色。

8. 菱形鱼：利用“椭圆”“菱形”“直角三角形”“曲线”按钮，身体的填充颜色为填充效果“双色”，颜色1为黄色，颜色2为白色，底纹样式为垂直；尾巴填充颜色为黄色。

9. 水草：利用“曲线”按钮，填充颜色为海绿色和鲜绿色。

10. 标注：利用“云形标注”按钮，填充颜色为白色，旋转图形。

11. 组合所有图形。

12. 将文档进行保存，文件名为“项目42”，发送电子邮件，发件人是自己，收件人是教该课程的教师，主题是“姓名十项目42”。

相关知识

一、应用图形样式

选中图形，单击“格式”选项卡“形状样式”组中的“其他”按钮，在打开的“形状样式”列表中选择合适的形状样式即可，如图4-9所示。

二、自定义图形样式

1. 设置形状颜色

选中图形，单击“形状样式”组中的“形状填充”右侧的下三角按钮，在下拉列表中选择合适的颜色即可，如图4-10所示。

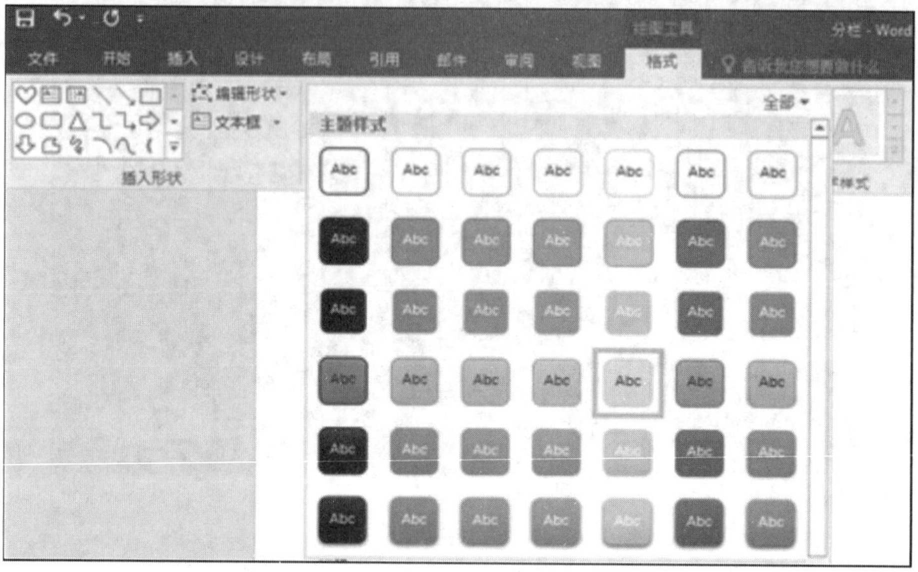

图 4-9　形状样式

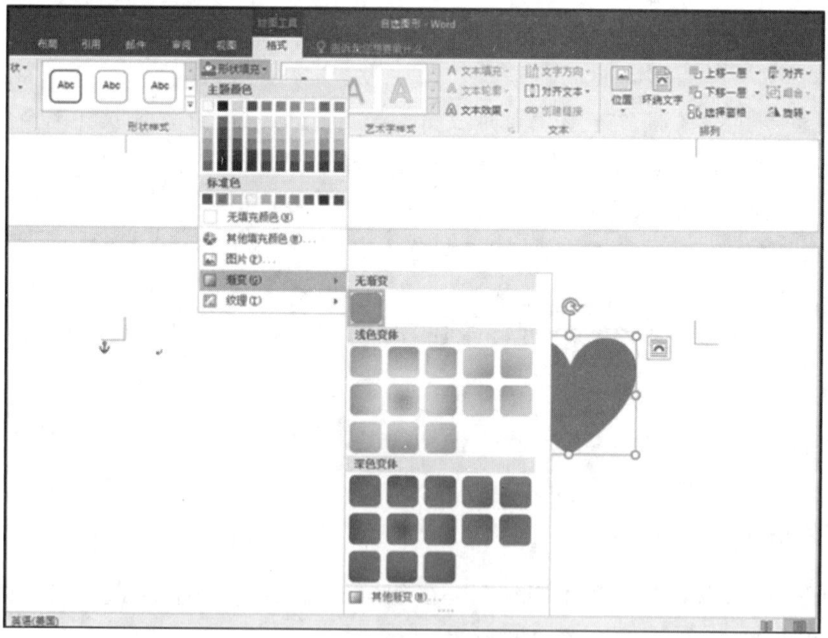

图 4-10　形状填充

2. 设置形状的轮廓

选中图形，单击“形状样式”组中的“形状轮廓”右侧的下三角按钮，在下拉列表中选择合适的轮廓颜色、粗细、箭头等内容，如图 4-11 所示。

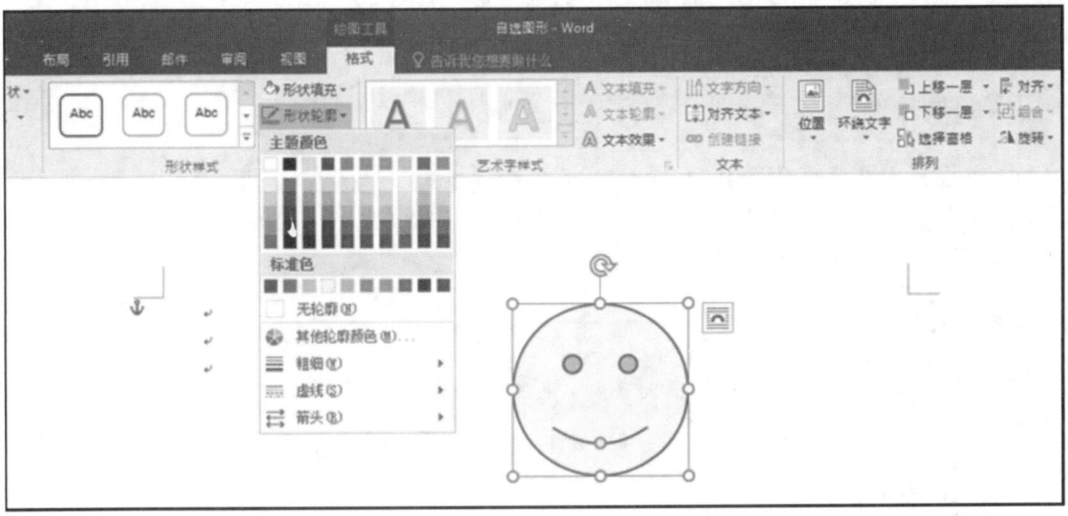

图 4-11　形状轮廓

3. 设置形状的效果

选中图形，单击“形状样式”组中的“形状效果”右侧的下三角按钮，在下拉列表中选择合适的预设、阴影、映像、发光等内容，如图 4-12 所示。

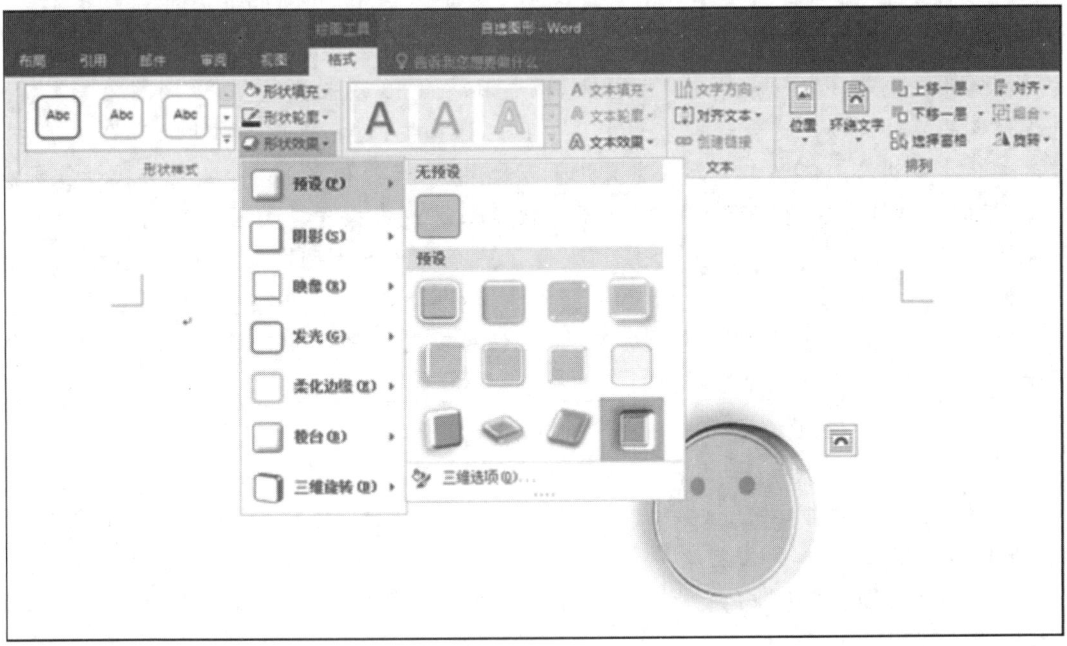

图 4-12　形状效果

任务3　图 文 混 排

知识目标

1. 掌握插入艺术字的方法，能熟练编辑艺术字样式。

2. 掌握插入图片的方法，会设置图片的格式，熟练使用“图片工具”及“格式”选项卡；掌握图文混排方法。

技能目标

掌握图文混排的操作方法及相关技巧，能在Word文档中插入联机图片，设计出图文并茂的版面。

素质目标

通过学习和实践操作，学生可以领悟到图文混排作品的整体设计思想，提高审美素质，激发学习兴趣及创新意识。

任务描述

1. 启动Word 2016，输入下面文档：

> 1946年2月14日诞生了世界上第一台电子数字计算机ENIAC(埃尼亚克)。
>
> “埃尼亚克”共使用了18 000个电子管，另加1 500个继电器以及其他器件，其总体积约90立方米，重达30吨，占地170平方米，需要用一间30多米长的大房间才能存放，是个地地道道的庞然大物。这台耗电量为140千瓦的计算机，运算速度为每秒5 000次加法，或者400次乘法。它能够在一天内完成几千万次乘法，大约相当于一个人用台式计算机操作40年的工作量。它是按照十进制，而不是按照二进制来操作。英国无线电工程师协会的蒙巴顿将军把“埃尼亚克”的出现誉为“诞生了一个电子的大脑”。“电脑”的名称由此流传开来。
>
> ENIAC奠定了电子计算机发展的基础，在计算机发展史上具有划时代的意义。它的问世标志着电子计算机时代的到来。

2. 插入艺术字标题“计算机的诞生”，根据喜好自行设置“艺术字样式”“字体”“字号”“文本填充颜色”“文本效果”等内容，位置为顶端居中，四周型文字环绕。

3. 插入竖排文本框，将正文最后一段文字填入。文字为“蓝色”，框内填充颜色为“浅绿色”，框线为6磅三线，放到右侧。

4. 插入名为“ENIAC”的图片文件，设置图片宽度和高度分别为10厘米和6厘米，设置为紧密型环绕文字方式。

5. 将文档进行保存，文件名为“项目43”，发送电子邮件，发件人是自己，收件人是教该课程的教师，主题是“姓名+项目43”。

相关知识

图文混排

一、插入图片

1. 插入计算机中的图片

插入图片的操作步骤如下：

① 在文档中选定要插入图片的位置，单击“插入”选项卡下“插图”组中的“图片”按钮，如图 4-13 所示。

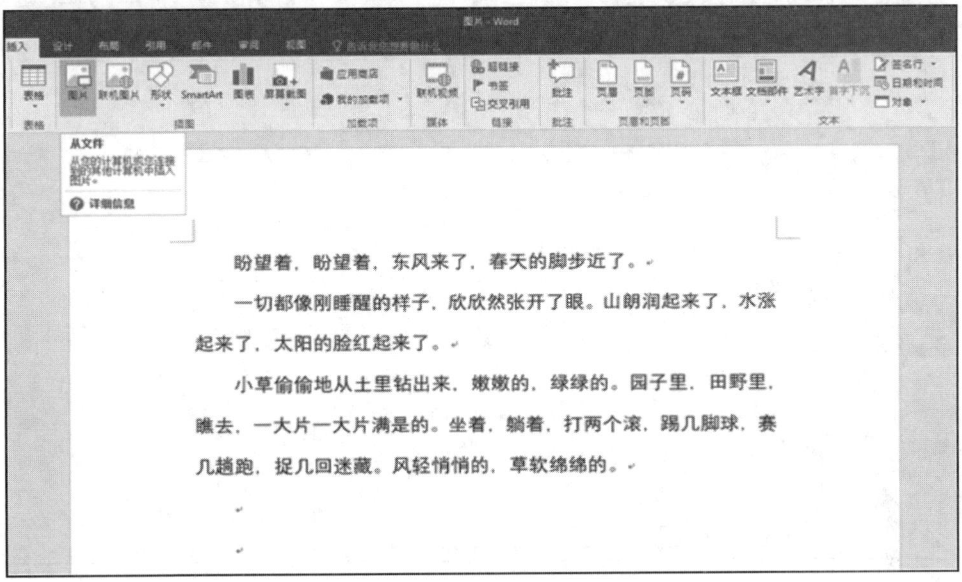

图 4-13　“图片”按钮

② 打开“插入图片”对话框，选中要插入的图片，如图 4-14 所示。

图 4-14　“插入图片”对话框

③ 单击“插入”按钮。

2. 插入联机图片

联机图片是Office提供的存放在剪辑库中的图片，涵盖了用户日常工作的各个领域。插入联机图片的具体操作步骤如下：

① 在文档中选定要插入图片的位置，单击“插入”选项卡下“插图”组中的“联机图片”按钮。

② 打开“插入图片”窗格，在搜索栏中输入需要搜索的词语，单击“搜索”按钮，如图4-15所示。

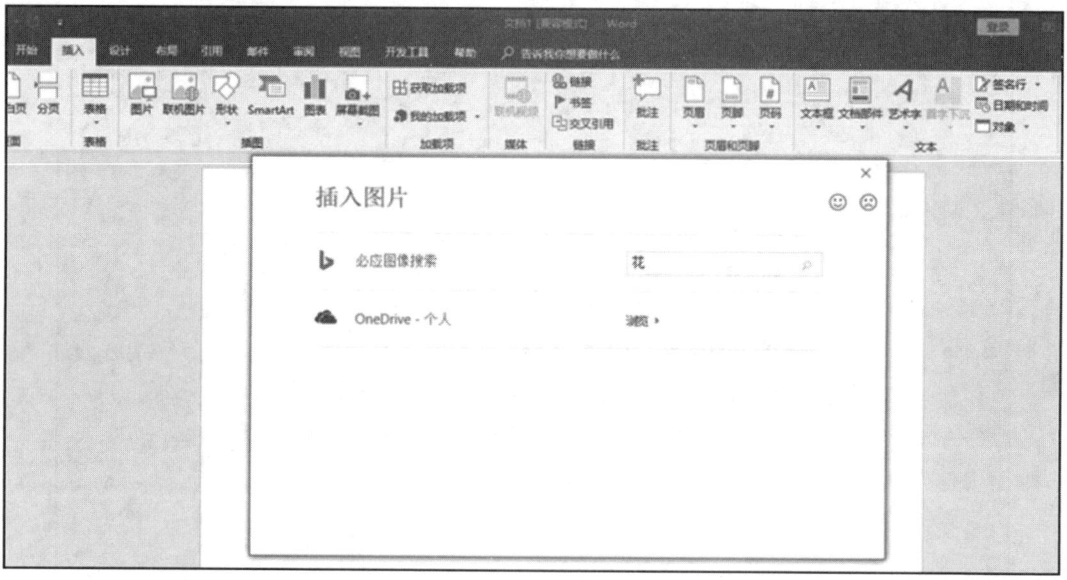

图4-15　插入联机图片

③ 搜索框内将显示图片搜索结果，选择要插入的图片，单击“插入”按钮，如图4-16所示。

二、编辑图片

插入图片后，还可以对图片进行编辑。

1. 缩放图片

(1) 鼠标调整法

选定图片，将鼠标光标指向角点处，单击鼠标左键待光标变为十字形时，拖动鼠标即可调整其大小。

(2) 数值框调整法

选定图片，单击“格式”选项卡，通过“大小”组中的“高度”和“宽度”数值框调整图片大小。

(3) 裁剪图片法

① 选定要剪裁的图片，单击“格式”选项卡“大小”组中的“裁剪”按钮，此时图片会出现8

图 4-16 “插入图片”搜索结果

个裁剪点，将光标移到任意一点上，鼠标将变为有方向的指示形状，按住鼠标左键不放，拖动光标即可裁剪图片，如图 4-17 所示。

② 如要将图片裁剪为一定的形状，单击“格式”→“大小”→“裁剪”→“裁剪为形状”→“心形”命令，如图 4-18 所示。

图 4-17 裁剪图片

图 4-18 裁剪心形图片

2. 调整图片位置

在 Word 文档中，如果想要图片和文字排列在一起，可以通过位置和环绕文字方式进行设置。

(1) 图片位置

方法一：选定图片，单击“格式”选项卡“排列”组中的“位置”按钮，在列表中选择合适的图片在文本中的位置。

方法二：选定图片，单击“格式”选项卡“排列”组中的“位置”按钮，在列表中选择“其他布局选项”命令，打开“布局”对话框，在“默认”的“位置”选项卡中对图片的位置进行设置，设置完成后点击“确定”按钮，如图 4-19 所示。

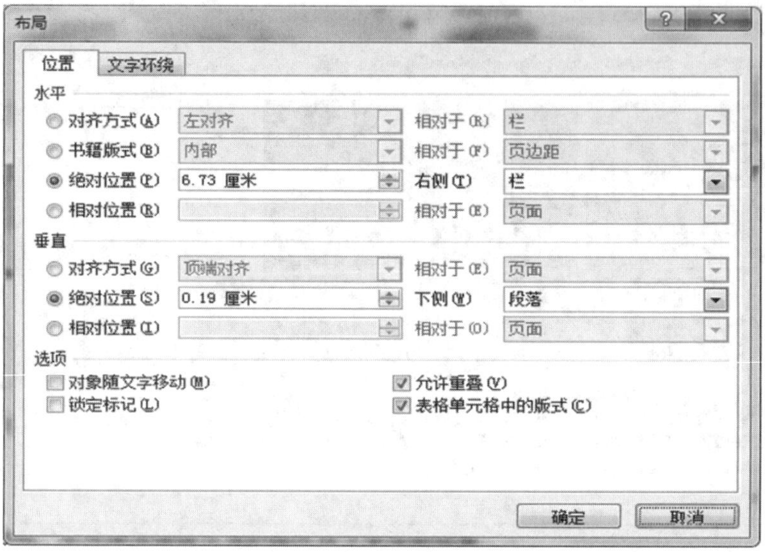

图 4-19 “布局”对话框“位置”选项卡

(2) 环绕方式

方法一：选定图片，单击“格式”选项卡“排列”组中的“环绕方式”按钮，在列表中选择合适的文字环绕方式。

方法二：选定图片，单击“格式”选项卡“排列”组中的“位置”按钮，在列表中选择“其他布局选项”命令，打开“布局”对话框，在“环绕方式”选项卡中对图片的环绕方式进行设置，设置完成后点击“确定”按钮，如图 4-20 所示。

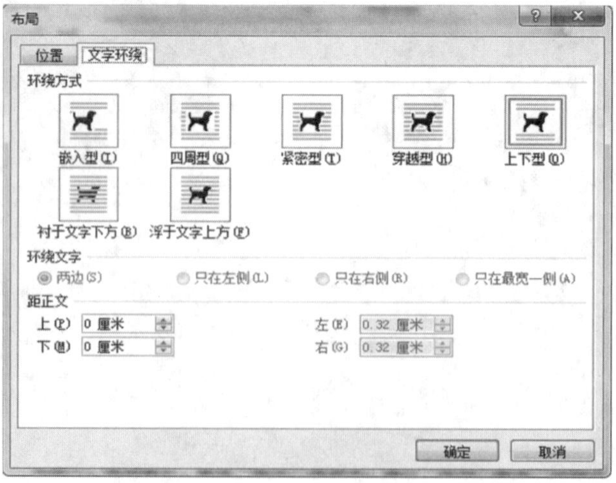

图 4-20 “布局”对话框“环绕方式”选项卡

3. 旋转图片

方法一：选定图片，将鼠标光标移至图片上的旋转柄上，按住鼠标左键不放拖动鼠标旋转图片至合适位置后释放鼠标左键，如图 4-21 所示。

图 4-21　旋转图片

方法二：选定图片，单击“格式”选项卡“排列”组中的“旋转”按钮，在列表中选择合适的旋转方向和角度，如图 4-22 所示。

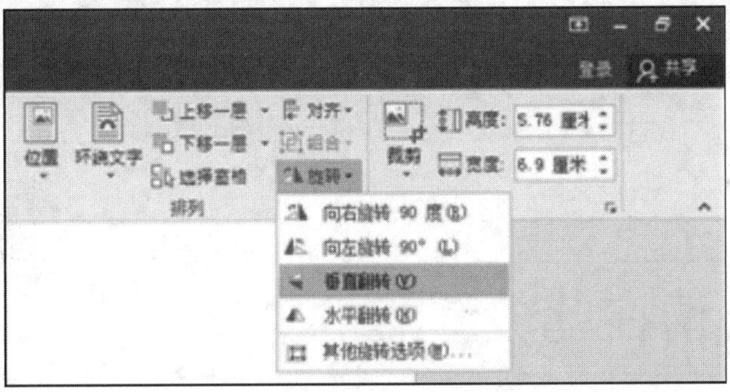

图 4-22　“旋转”按钮

方法三：选定图片，单击“格式”选项卡“排列”组中的“旋转”按钮，在列表中选择“其他旋转选项”命令，打开“布局”对话框，选择“大小”选项卡，在“旋转”选项下的“旋转”数值框中直接输入旋转角度值后点击“确定”按钮，如图 4-23 所示。

三、插入“艺术字”

在制作贺卡、明信片等需要有突出显示内容的文档时，艺术字会让文档内容增光添彩。艺术字是一种图形，是由用户创建、带有预设效果的文字对象。

插入“艺术字”的操作步骤如下：

① 选定插入点的位置。

② 单击“插入”选项卡下“文本”组中的“艺术字”按钮，在列表中选择艺术字效果，如图 4-24 所示。

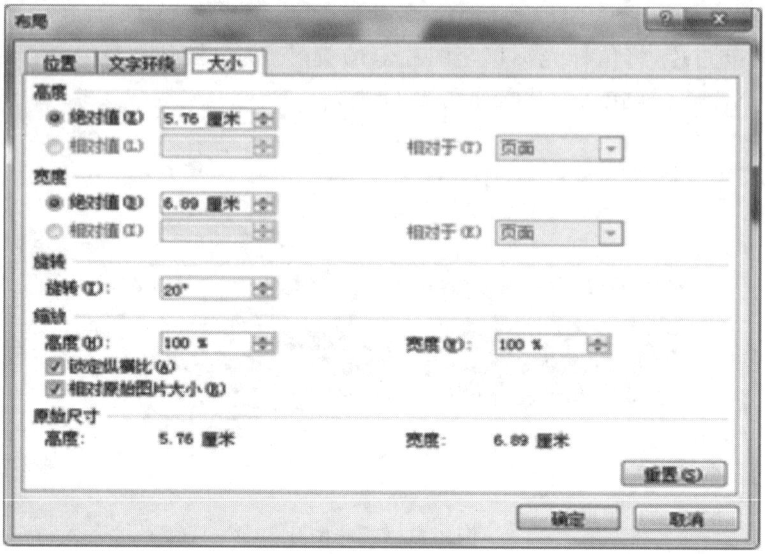

图 4-23　自定义旋转角度

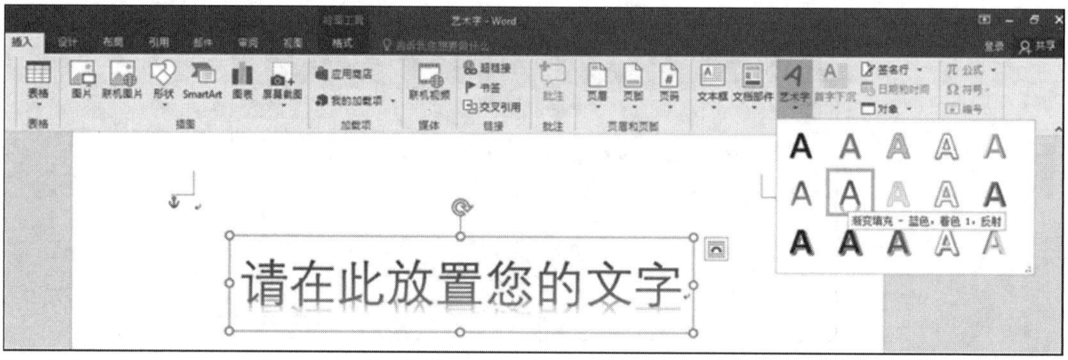

图 4-24　“艺术字”按钮

四、编辑“艺术字”

1. 编辑艺术字颜色

编辑艺术字填充颜色的操作步骤如下：

① 选择艺术字，单击“格式”选项卡下“艺术字样式”组中的“文本填充”按钮，在列表中选择一种合适的颜色或是“其他填充颜色”选项，如图 4-25 所示。

② 如果选择“其他填充颜色”选项，打开“颜色”对话框，在“自定义”选项卡的“颜色”色板中选取一种颜色，最后单击“确定”按钮，如图 4-26 所示。

2. 编辑艺术字轮廓

编辑艺术字轮廓的操作步骤如下：

① 设置轮廓颜色。选择艺术字，单击“格式”选项卡下“艺术字样式”组中的“文本轮廓”按钮，在列表中选择一种合适的轮廓颜色或是“其他轮廓颜色”选项，如图 4-27 所示。

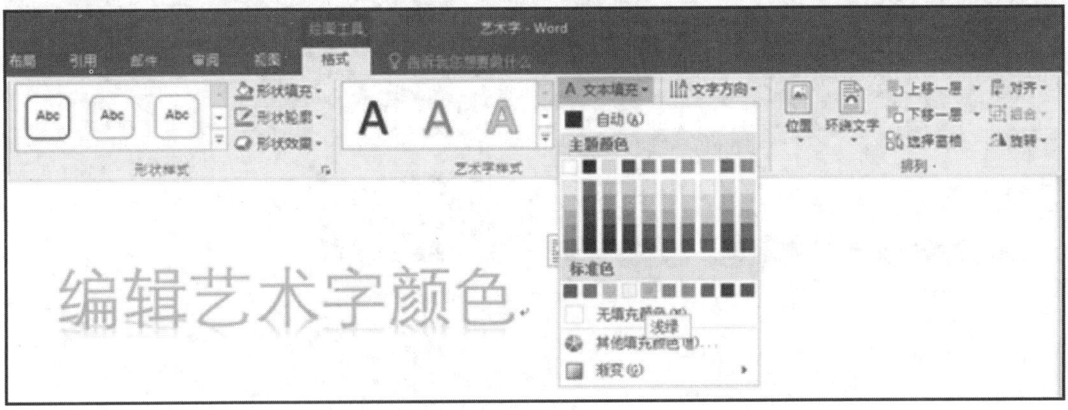

图 4-25　艺术字文本填充

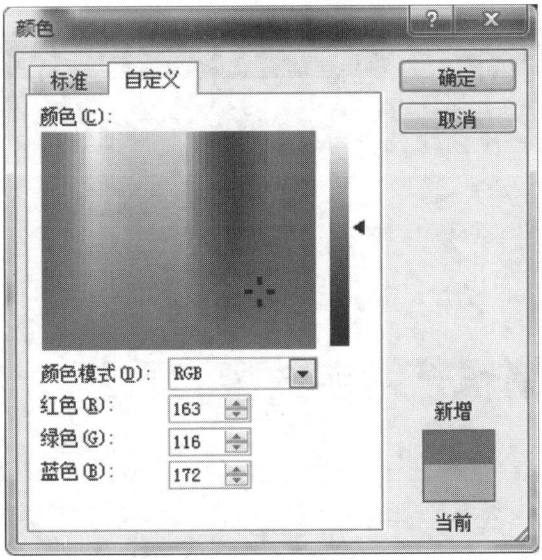

图 4-26　“颜色”色板

② 设置轮廓粗细。单击“格式”选项卡下“艺术字样式”组中的“文本轮廓”按钮，在列表中选择“粗细”选项，在级联菜单中选择合适磅值，如图 4-27 所示。

③ 设置轮廓线型。单击“格式”选项卡下“艺术字样式”组中的“文本轮廓”按钮，在列表中选择“虚线”选项，在级联菜单中选择合适线型或是“其他线条”选项，如图 4-27 所示。

3. 设置艺术字的效果

设置艺术字的效果操作方法：选择艺术字，单击“格式”选项卡下“艺术字样式”组中的“文本效果”按钮，按需要在列表中选择“阴影”“映像”“发光”“棱台”“三维旋转”“转换”选项，如图 4-28 所示。

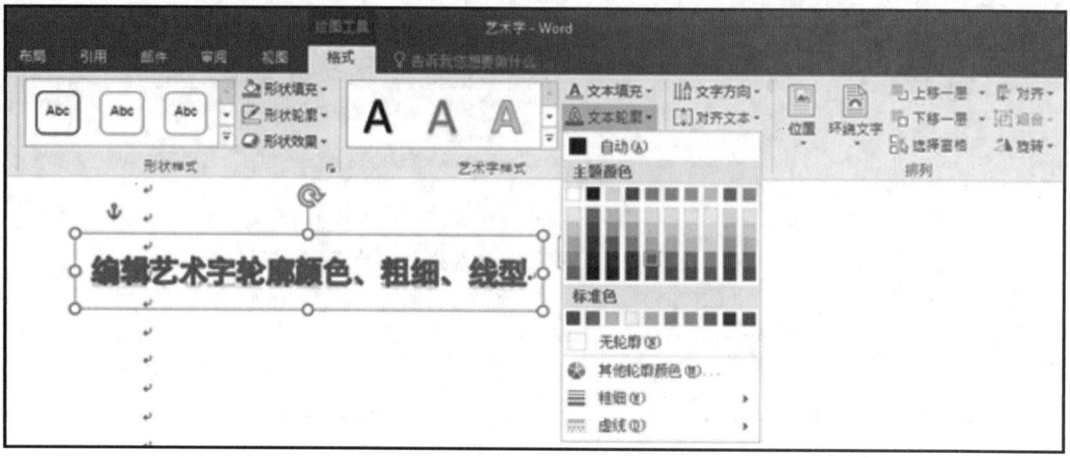

图 4-27　艺术字轮廓

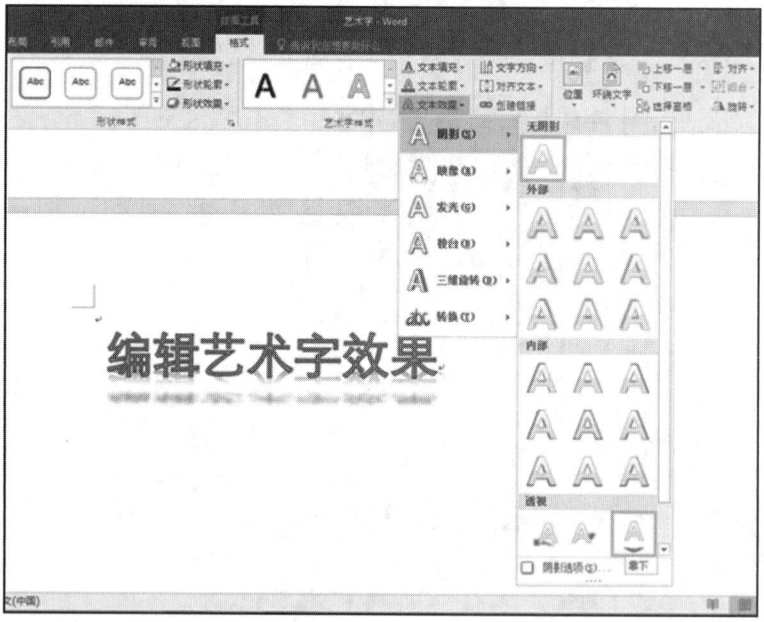

图 4-28　艺术字效果

任务 4　电 子 小 报

知识目标

1. 掌握图文混排的综合运用。
2. 合理设计电子小报版面。

技能目标

掌握图文混排技术是Word操作必备的技能，在文档中根据需要插入一些图片、图形、艺术字，可以美化文档、增加文档的表现力和感染力，使整个版面生动、活泼。

素质目标

培养学生将碎片信息立体化、逻辑化，激发学生创新意识，培养学生爱国情怀。

任务描述

1. 启动 Word 2016，输入文档内容如图 4-29 所示。

2. 设置纸型为 A4 纸，页面方向为横向，页边距上、下为 3 厘米，左、右为 2 厘米。

3. 将文本设置为三栏，栏宽相等。

4. 插入四个文本框，利用文本框输入文本（注意横排文本框和竖排文本框的区别），移动文本框到相应位置，具体布局如图 4-29 所示。

5. 文档的排版：

(1) 书香伴我行

标题：插入艺术字“书香伴我行”，样式为艺术字样式第二行第四列，字体为黑体，字号为 40 磅，设置艺术字文本填充颜色为浅蓝，文本轮廓颜色为淡蓝，环绕文字方式为上下型环绕方式。

正文：字体为华文行楷，字号为小四，对齐方式为两端对齐，首行缩进 2 字符，行间距为固定值 17 磅。

(2) 春日

标题：插入艺术字“春日”，字体为宋体，字号为 32 磅，文本填充颜色为橙色，文本轮廓颜色为浅橙色，环绕方式为上下型。

正文：字体为隶书，字号为小四，对齐方式为两端对齐，首行缩进 2 字符，行距为单倍行距。

(3) 诗歌赏析

标题：插入艺术字，字体为宋体，加粗倾斜，字号为 36 磅，填充颜色为深红色，环绕方式为嵌入式。

正文：字体为华文行楷，字号为四号，行距为固定值 17 磅。

花边：绘制形状，将三个心形图形利用图形组合拼成三叶草，再进行复制、组合，并填充颜色为绿色，移动到相应位置。

(4) 小幽默

绘制云形标注，填充颜色为填充效果中的渐变、双色，颜色 1 为浅黄，颜色 2 为酸橙色，底纹样式为水平，线条颜色为红色，线型默认，设置添加文字，文字方向为竖排。

标题：字体为华文新魏，加粗倾斜，字体颜色为红色，字号为小二号。

正文：字体为华文新魏，字号为小四号，行距为固定值 15 磅。

(5) 名人名言

标题：字体为华文彩云，字体颜色为红色，字号为小二号。

书香伴我行

“书是全人类进步的阶梯。”这是高尔基心目中的书；“书是全人类的营养品。”这是莎士比亚心目中的书；“读过一本好书就像交了一个益友”。这是藏克家心目中的书。而在我心目中，书就是一把金钥匙，帮我打开文学之门，开阔我的视野；书就一叶扁舟，载着我在知识的海洋里遨游；书就是我的良师益友，告诉我一个个人生道理。

小幽默

一个人发现的毛驴丢了，便大声呼喊：「感谢你，上帝」!周围的人不解的问他为什么，他答道：「幸亏我没有骑在上面，要不连我自己也会丢了。」

春日

即使是在严冬，那些矮林灌丛看起来也是美丽的，它们是心灵的一种慰藉，使人从那里可以得到庇护与温暖。入春后，整整两个月间，它们的色泽天天在变化，也就是从桦树的嫩叶初次呈现到槐叶的丰满茂密这一段时期；甚至在树叶还没有完全繁盛到遮眼翳目之前，整个万绿丛中还有什么比见到灌莽荞之间缀满着是山鸡开始啼叫、画眉鸣啭和雀鸟歌唱的信号；而且恰恰就在栎木的嫩芽初露微红的时候——这可以准到一天不早，整个雀鸟家庭便会嘤然一片，响彻每个枝头，这时云雀也必跟着学样，把它的阵阵欢歌高高地带到天上。

诗歌赏析

黄鹤楼

昔人已乘黄鹤去
此地空余黄鹤楼
黄鹤一去不复返
白云千载空悠悠
晴川历历汉阳树
芒草萋萋鹦鹉洲
日暮乡关何处是
烟波江上使人愁

名人名言

读书之法，在循序而渐进，熟读而精思。
——朱熹

书籍是朋友，虽然没有热情，但是非常忠实。
——雨果

聪明在于勤奋，天才在于积累。
——华罗庚

人家不必论富贵，唯有读书声最佳。
——唐寅

图 4-29 电子小报

正文：字体为楷体，字号为小四号，行距为固定值 17 磅。

6. 设置页面边框为艺术型，颜色为黑色，宽度为 9 磅。

7. 在相应位置插入图片：

花瓣高度为 2 厘米，宽度为 9.5 厘米，文字环绕方式为浮于文字上方。

扇子高度为 5 厘米，宽度为 6.1 厘米。

书香苑高度为 4 厘米，宽度为 2.4 厘米，设置阴影样式。

8. 学生也可自行设计电子小报。

9. 将文档进行保存，文件名为“项目 44”，发送电子邮件，发件人是自己，收件人是教该课程的教师，主题是“姓名＋项目 44”。

思考与练习

实训一：

做一份计算机考试试卷。

1. 页面设置

纸张大小：为自定义大小，宽度为 36 厘米，高度为 25 厘米。

页边距：上、下、左、右均为 1.5 厘米。

方向：横向。

2. 分栏（选中分隔线）

栏数：3 栏。

第 1 栏：宽度为 6 字符，间距为 2 字符。

第 2 栏：宽度为 40 字符，间距为 2 字符。

第 3 栏：宽度为 40 字符。

3. 试卷标题

插入文本框，高度为 1.3 厘米，宽度为 30 厘米，无填充、无轮廓，文本为黑体小二号字，居中对齐。

4. 表格

第 1 栏：插入 3 个 2 行 1 列的表格，相应调整大小，输入内容。

第 2 栏：插入 3 行 7 列的表格，相应调整大小，输入内容。

5. 文本框

第 2 栏：高度 16 厘米，宽度 14 厘米，无填充、无轮廓。

第 3 栏：高度 20 厘米，宽度 14 厘米，无填充、无轮廓。

6. 文本框内考试题自选。

7. 保存文档，命名为“实训 41”，保存在自己姓名命名的文件夹中。

实训二：

1. 利用形状，绘制图 4-30。

2. 保存文档，命名为“实训 42”，保存在自己姓名命名的文件夹中。

图 4-30　实训二图

实训三：

引言

人类已经进入了信息社会。毫无疑问，现代计算机技术与现代通信技术是当今信息社会的两大支柱，尤其是以 Internet 为核心的信息高速公路已经或将成为人们交流信息的重要途径。在信息社会里，信息技术代表世界上最新的生产力，信息知识成了社会的最重要的资源，大多数人将从事信息知识的管理和生产工作，信息技术成为人们必备的工具。面对日新月异的信息技术革命的浪潮，各国政府都十分重视两大基础建设：一是加快建立和建设以计算机为核心的信息高速公路与各种信息资源库；二是进行教育教学改革，将现代信息技术融入基础教育中来。后者显得尤为重要，因为这是关系到下一代人的培养问题。

1. 将文档的标题“引言”设置为黑体、三号、加粗。
2. 将第二段内容的行间距设置为 1.5 行。
3. 插入一张图片，设为水印并衬于文字下方。
4. 在文档最后创建一个 2×2 的空白表格。
5. 在上述空白表格中分别填入如下数据：

第一行：“80 年代 OS”和“90 年代 OS”；

第二行：“DOS”和“Windows”。

6. 插入艺术字“引言”，衬于文字下，调整适当大小。
7. 将“信息技术”替换为“信息技术(IT)”。
8. 保存文档，命名为“实训 43”，保存在自己姓名命名的文件夹中。

项目5　毕业论文编排

毕业论文事关能否毕业，而毕业论文的格式又决定了论文的水准，所以我们在做毕业论文时，一定要按正确的毕业论文格式排版。本项目我们来学习如何对毕业论文进行编排。

任务1　应用样式及公式的运用

知识目标

1. 掌握对Word样式进行相应编辑的方法。
2. 熟练使用样式，能准确自动生成目录。
3. 熟练掌握插入公式的方法。

技能目标

能准确利用内置样式修改文本格式，并能自动生成目录，能快速准确地输入各种公式。

素质目标

培养学生思维严谨的学习习惯、解决分析和处理实际问题的能力，提高学生的创新能力。

任务描述

1. 启动Word 2016，输入以下文档：

第1章　计算机基础知识
1.1　计算机概述
1.1.1　计算机的定义
计算机是一种能按照事先存储的程序，自动、高速地进行大量数值计算和各种信息处理的现代化电子设备。
1.1.2　计算机的发展过程

世界上第一台计算机诞生于1946年2月，取名ENIAC，是美国宾夕法尼亚州立大学莫尔学院的莫奇列教授等人研制的，这台计算机占地170平方米，重30吨，每小时功耗150千瓦，它的诞生具有划时代的意义，标志着电子计算机时代的到来。

根据电子计算机采用的物理器件，一般把电子计算机的发展划分为以下四个时代：

(1) 电子管计算机(1946—1958年)

第一代计算机采用电子管作为逻辑元件，它的内存容量仅有几千字节，运算速度几千次每秒，体积庞大且造价很高。

在这个时期，没有系统软件，使用机器语言和汇编语言编程。计算机只能在少数尖端领域中得到应用，一般用于科学、军事和财务等方面的计算。

(2) 晶体管计算机(1958—1964年)

第二代电子计算机采用晶体管作为逻辑元件，内存容量扩大到几十千字节。运算速度达到几十万次每秒，外存开始使用磁带、磁盘，体积大大缩小，稳定性提高。

在这个时期，计算机软件也有了较大发展，提出了操作系统的概念，出现了高级语言，如FORTRAN、ALGOL 60等，其应用除科学计算外，还用于数据处理和事务处理。

2. 使用“格式和样式”命令，设置多级标题，按表5-1要求设置样式。

表5-1　多级标题格式要求

名称	字体	字号	对齐方式	间距
章标题	黑体	小二	居中	行距为单倍行距，段前、段后为2行
节标题	黑体	三号	居中	行距为单倍行距，段前、段后为1行
一级标题	黑体	四号	左对齐	行距为单倍行距，段前、段后为0.1行
二级标题	宋体加粗	五号	左对齐	行距为单倍行距，段前、段后为0.1行
正文	宋体	五号	左对齐	行距为固定值19磅，首行缩进2字符

① 在该文章的前一页，按照标题生成目录。

② 在正文下面输入以下公式：

$$x_{1,2}=\frac{-b\pm\sqrt{b^2-4ac}}{2a}$$

$$y=\frac{\sum\limits_{i=1}^{n}}{\sqrt{x}}$$

$$H_2CO_3 \longrightarrow H_2O+CO_2$$

③ 将下面公式复制到第一个公式的前面，并对已复制的公式进行编辑修改：

$$I_n=\int_0^{\pi}\sin x^n\mathrm{d}x=\int_0^{\pi}\cos x^n\mathrm{d}x=\frac{n^2-1}{n}I_{n-2}$$

④ 将文档保存到用自己姓名命名的文件夹中，文件名为“项目51”，发送电子邮件，发件人是自己，收件人是教该课程的教师，主题是“姓名+项目51”。

相关知识

一、使用样式

样式是一组已命名的字符和段落格式的组合，样式中包括字体、段落、边距等。使用样式可以方便地为文档建立统一的编排格式，当样式修改后，所有套用该样式的段落格式都将自动被新样式所代替。

1. 新建样式

创建新样式的操作步骤如下：

① 在“开始”选项卡的“样式”组中单击右下角的按钮，打开“样式”窗格，将光标插入点定位在需要应用样式的段落中，然后单击“新建样式”按钮，如图5-1所示。

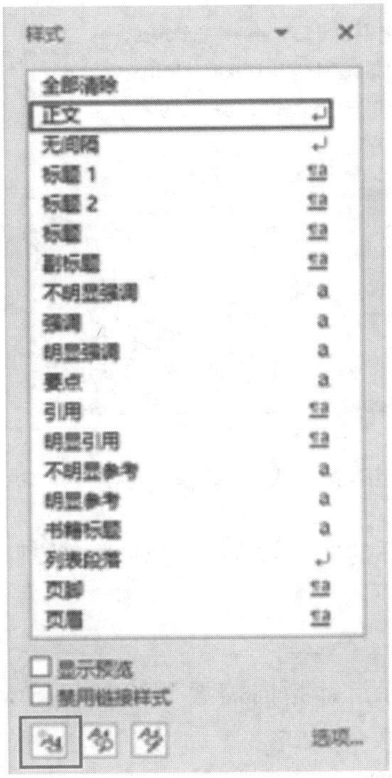

图5-1 “样式”窗格

② 打开“根据格式化创建新样式”对话框，设置好样式的名称、类型、字体、字号等格式，若要详细设置，单击左下角的“格式”按钮，在弹出的快捷菜单中单击相应的命令，如图5-2所示。

③ 最后单击“确定”按钮。

2. 修改样式

若样式的某些格式设置不合理，可根据需要进行修改。修改样式后，该段落文本格式会相应发生变化。

修改样式的操作步骤如下：

① 在“样式”窗格中，将鼠标指针指向需要修改的样式，单击样式右侧出现的下拉按钮

或者右键单击“样式”窗格中的某个样式，如图 5-3 所示。

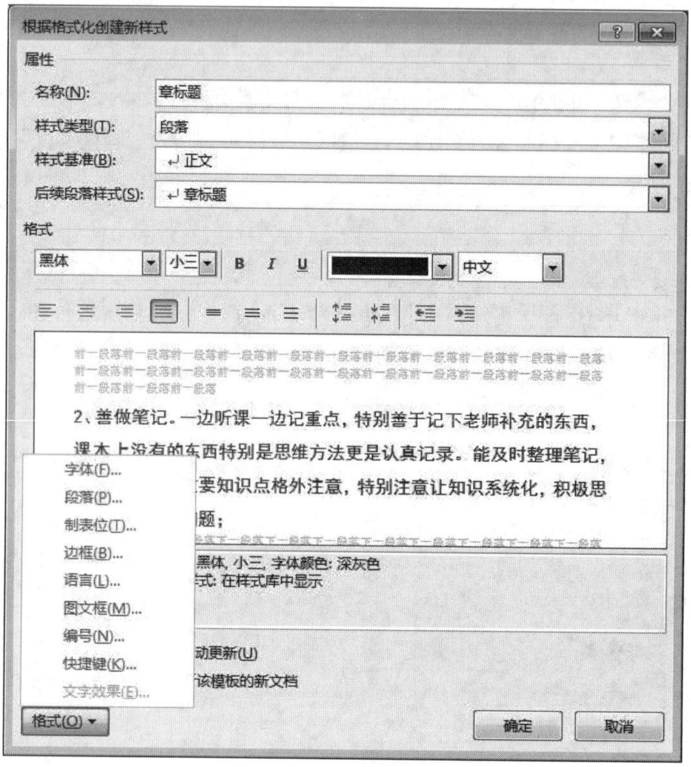

图 5-2 “根据格式化创建新样式”对话框

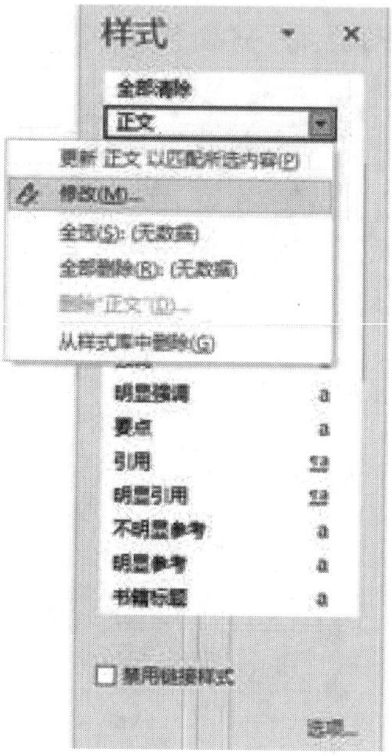

图 5-3 修改样式

② 选择“修改”命令，在打开的“修改样式”对话框中按照新建样式进行设置。

3. 删除样式

删除样式的操作步骤如下：

① 在“样式”窗格中，将鼠标指针指向需要删除的样式，单击样式右侧出现的下拉按钮或者右键单击“样式”窗格中的某个样式。

② 选择“删除”命令，即可删除该样式。

4. 应用样式

方法一：选中要应用样式的文本，在“开始”选项卡“样式”组的列表框中可以看到当前正在使用的样式集，通过单击列表框中的按钮，在下拉列表中单击需要的样式，如图 5-4 所示。

方法二：选中需要应用样式的文本，在“样式”窗格中单击需要的样式，即可将该样式应用到所选的段落中。

5. 清除格式

清除格式的操作步骤如下：

① 选择需要清除格式的文本。

② 在“样式”窗格中单击顶端的“全部清除”命令。

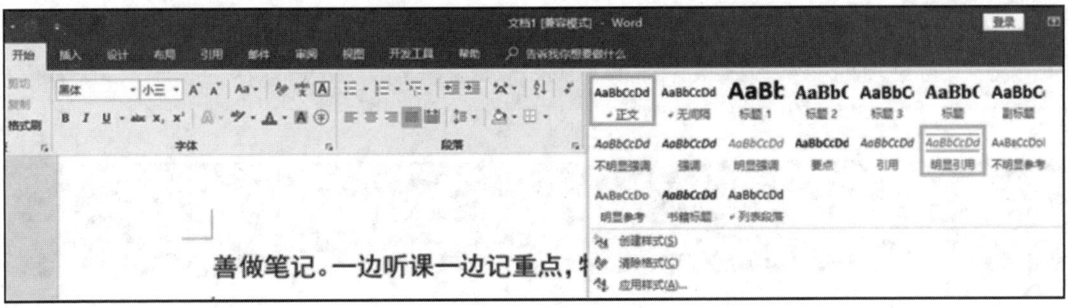

图 5-4　样式列表

二、编制目录

书籍或长文档编写完后，需要为其制作目录，目录无须手工输入，Word 提供了自动编制目录的功能。应用样式完毕后，就可选择格式并编制目录。编制目录之后，Word 将搜索带有指定样式的标题，按照标题级别排序，引用页码，并且在文档中显示目录。

生成目录

1. 手动插入目录

① 选择插入目录的位置单击鼠标。

② 单击“引用”选项卡“目录”组中的“目录”按钮，从列表中选择“手动目录”选项。

③ 根据实际需要，手动输入文档目录，如图 5-5 所示。

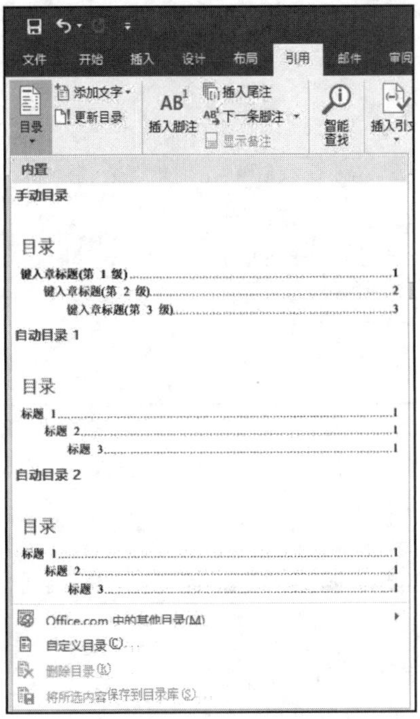

图 5-5　插入目录

2. 自动生成目录

① 定义目录项，单击“视图”选项卡“视图”组中的“大纲视图”按钮，切换至大纲模式，选定要设置为目录项的文字，在“大纲工具”中选择大纲级别为 1 级，如图 5-6 所示，接着依次选定需要设置为目录项的文字为大纲 2 级、3 级目录项。

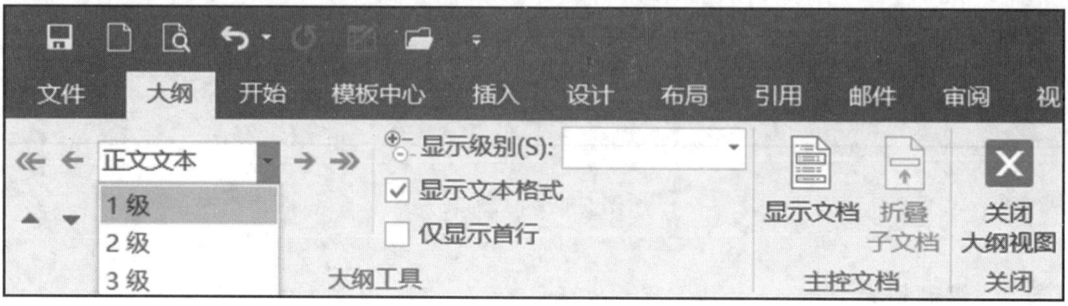

图 5-6　设置大纲级别

② 选择插入目录的位置单击鼠标。

③ 单击“引用”选项卡“目录”组中的“目录”按钮，从列表中选择“自动目录 1”选项，如图 5-5 所示。

④ 即可生成目录 1 样式的目录，如图 5-7 所示。

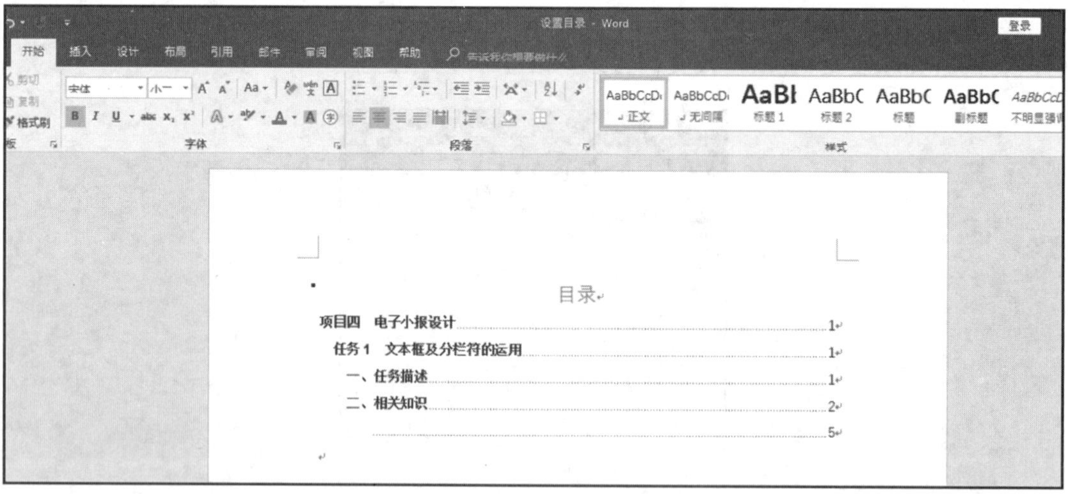

图 5-7　自动生成目录效果

3. 自定义目录

如果对文档内置的目录样式不满意，或者需要按照一定的目录样式排版，那么可以自定义目录。

① 选择插入目录的位置单击鼠标。

② 单击“引用”选项卡“目录”组中的“目录”按钮，从列表中选择“自定义目录”选项。

③ 打开“目录”对话框，在默认的“目录”选项卡中单击“制表符前导符”选项右侧下拉按

钮，从列表中选择合适选项。

④ 通过“显示级别”数据值更改显示级别，单击“选项”按钮，如图 5-8 所示。

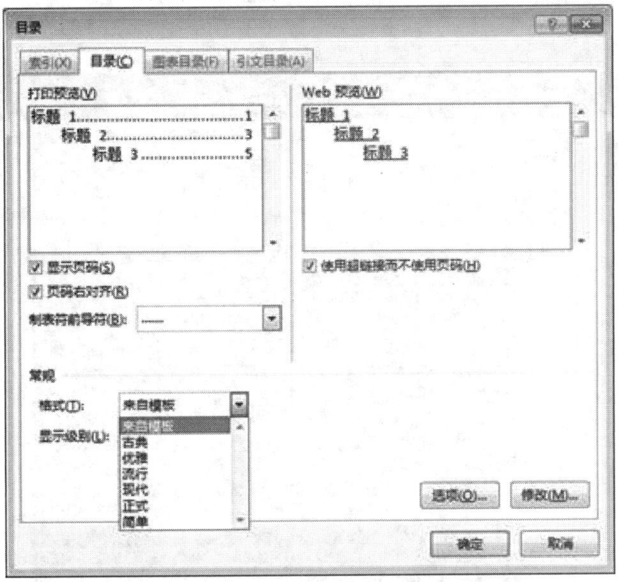

图 5-8　“目录”对话框

⑤ 打开“目录选项”对话框，可以勾选需要显示的目录选项，单击“确定”按钮，如图 5-9 所示。

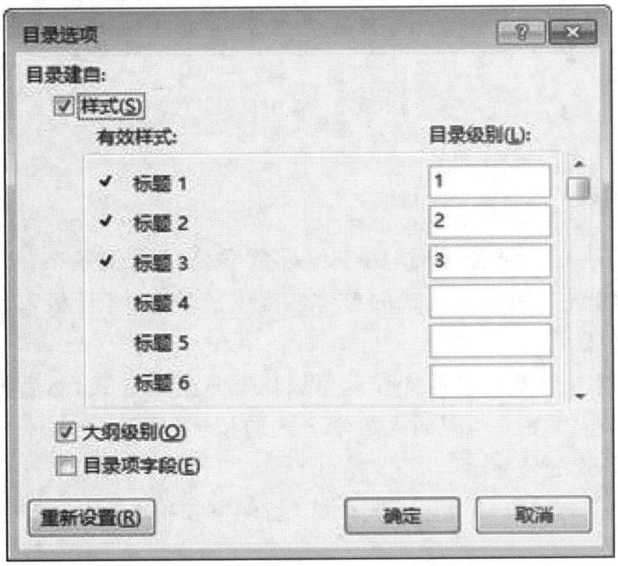

图 5-9　“目录选项”对话框

4. 删除目录

删除目录的操作步骤如下：

① 打开文档，单击“引用”选项卡“目录”组中的“目录”按钮，从列表中选择“删除目录”选项。

② 对于自动和手动输入的目录，可以在选择整个目录后，按下 Delete 键进行删除，如图 5-10 所示。

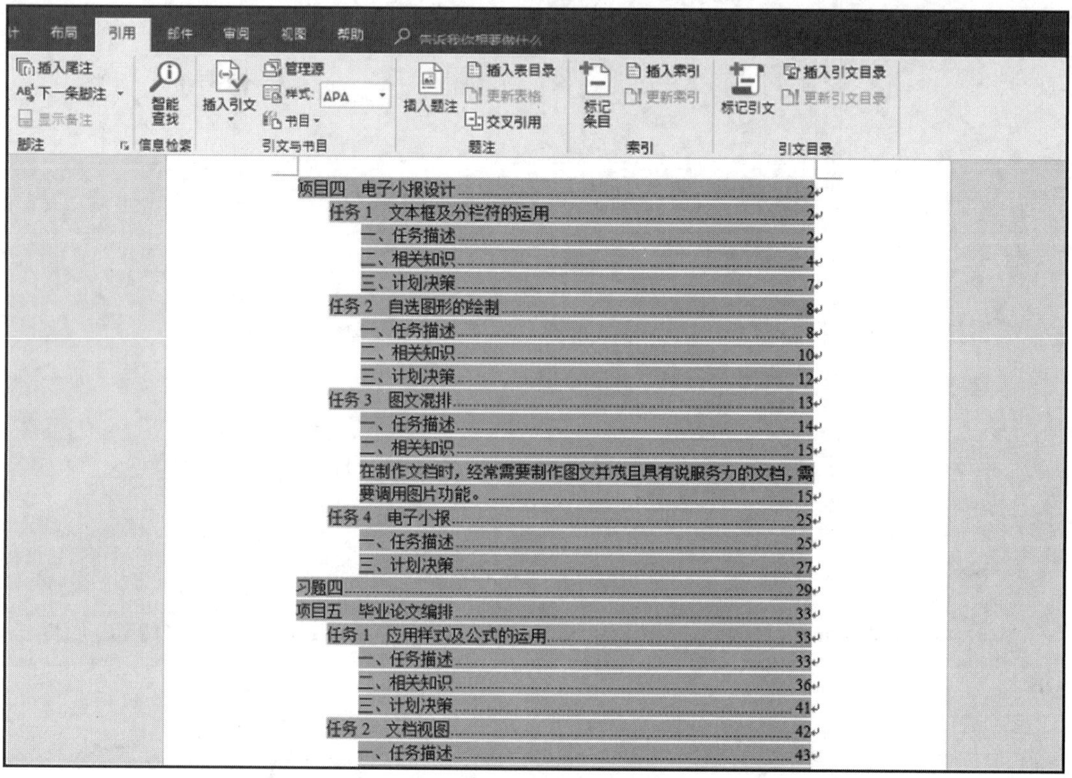

图 5-10　选中目录

三、插入数学公式

当输入文档需要建立数学公式时，由于编排数学公式比较复杂，Word 提供了一个“公式编辑器”，为数学公式的整体性提供了若干个“样板”，包括特殊的符号和各种公式。

公式的运用

利用“公式编辑器”，只需简单地操作就可以建立复杂的公式，然后把编辑好的公式插入文档中。在文档中插入数学公式的步骤如下：

① 单击要插入公式的位置。

② 单击“插入”选项卡“符号”组中的“公式”右侧下拉按钮，从列表中选择合适的内置公式，如图 5-11 所示。

③ 将内置公式插入文档后，打开“设计”选项卡，通过功能区中的命令可更改公式的内容，如图 5-12 所示。

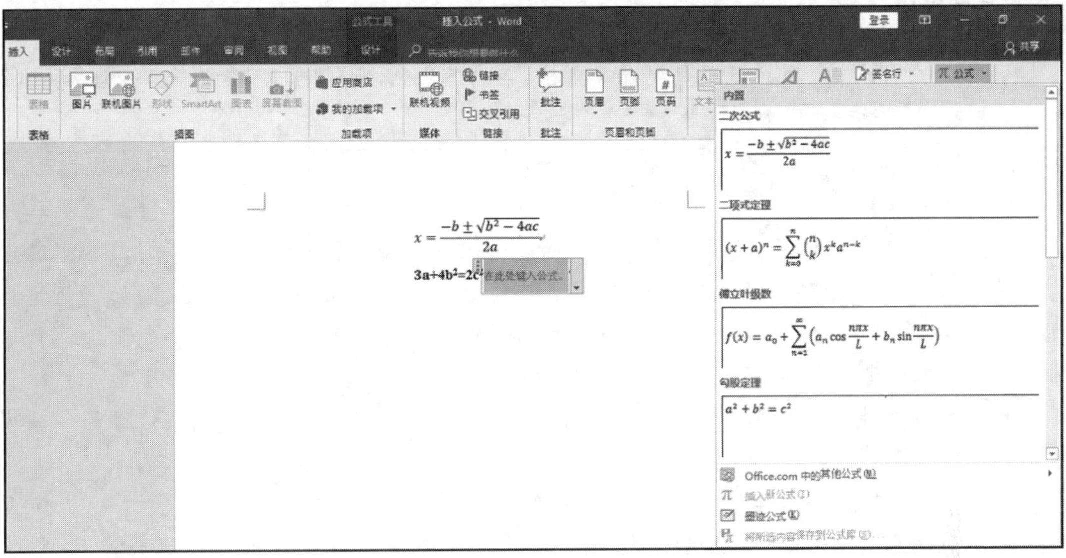

图 5-11 内置公式

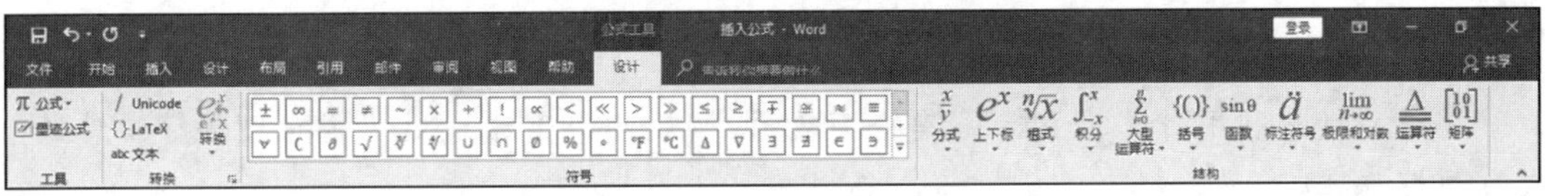

图 5-12 “设计”选项卡

任务2 文档视图

知识目标

1. 了解文档的显示方式。
2. 掌握按比例显示窗口。
3. 掌握拆分窗口的方法。

技能目标

根据不同的工作状态选择相应的视图，灵活地拆分窗口和按比例显示窗口。

素质目标

培养并加强学生发现问题、分析问题、解决问题的能力以及独立思考、自主探究、合作交流的学习意识。

任务描述

1. 打开文件名为“项目51”的Word文档，在内容“还用于数据处理和事务处理”后继续输入以下内容，并进行相应的排版。

1.1.3 计算机的应用

(1) 科学计算

科学计算也称数值计算，是计算机最初的应用领域。世界上第一台计算机ENIAC就是美国国防部为了计算弹道轨迹而研制的。目前这个领域的应用仍很广泛，例如火箭运行轨迹的计算、处理石油勘探数据和天气预报数据、求解大型方程组等。

(2) 数据处理

数据处理是指对各种数据进行收集、存储、整理、分类、统计、加工、利用、传播等一系列活动的统称。

(3) 计算机辅助设计与制造

计算机辅助设计(简称CAD)是利用计算机系统辅助设计人员进行工程或产品设计，以实现最佳设计效果的一种技术。它已广泛地应用于飞机、汽车、机械、电子、建筑等领域

计算机辅助制造(简称CAM)是利用计算机系统进行生产设备的管理、控制和操作的过程。

(4) 过程控制

过程控制是利用计算机及时采集检测数据，按最优值迅速地对控制对象进行自动调节或自动控制。

(5) 人工智能

人工智能是计算机模拟人类的智能活动，如感知、判断、理解、学习、问题求解和图像识别等。

(6) 网络应用

计算机在网络方面的应用非常广泛，通过与Internet相连，计算机之间可以实现资源共享，并且可以利用网络传输文字、图像、视频和声音等。

1.1.4 计算机的特点

计算机之所以能在科学、文化、社会生活中得到广泛应用，是由它自身的特点所决定的，计算机具有以下几个主要特点：

(1) 运算速度快

这是计算机的重要特点之一，现代计算机运算速度一般为每秒几百万次、几千万次，甚至上百亿次，随着计算机技术的发展，计算机的运算速度还在提高。

(2) 计算精度高

计算机具有其他计算工具无法比拟的计算精度，一般可达十几位、几十位、几百位以上的有效数字。

(3) 具有记忆能力和逻辑判断能力

计算机内部有存储器，具有存储和“记忆”大量信息的能力。现在的计算机不仅具有运算能力，还具有逻辑判断能力，可以进行诸如资料分类、情报检索等具有逻辑加工性质的工作。

(4) 能进行自动控制

计算机能自动协调完成各种运算和处理，在工作过程中不需人工干预，能自动执行存储在存储器中的程序。

1.1.5　计算机的分类

我们根据当前的实际情况对计算机进行重新分类，把计算机分为以下五类。

(1) 服务器

服务器具有功能强大的处理能力、容量很大的存储器，以及快速的输入、输出通道和联网能力。通常它的处理器采用高端微处理器芯片组成。

(2) 工作站

工作站与高端微机的差别主要表现在工作站通常配有高分辨率的大屏幕显示器，并且具有较强的信息处理功能和高性能的图形、图像处理功能，以便显示设计图、工程图和控制图等。

(3) 台式机

台式机就是通常所说的微型机，由主机箱、显示器、键盘、鼠标等组成。由于它会占据一个办公桌的桌面，因此也称为桌面机。

(4) 便携机

便携机(或称笔记本)的功能与台式机不相上下，但体积小、重量轻，比台式机价格略贵，它像一个笔记本，打开后，一面是 LCD 液晶显示器，另一面则是键盘以及当作鼠标使用的触摸板或轨迹球等。

(5) 手持机

手持机又称掌上电脑，或称亚笔记本。亚笔记本比笔记本更小、更轻。其他手持设备则和电视机的遥控器相仿，如 PDA(个人数字助理)等。

2. 以阅读视图、页面视图、Web 版式视图、大纲视图、草稿视图五种方式查看文档，观察五种方式的区别，找出哪种视图方式是进行文档编辑和格式设置的最佳视图方式。

3. 切换到大纲视图，将所有正文折叠。

4. 在 Word 窗口查看文档，以 75%比例显示。

5. 将窗口拆分成两个窗口。

6. 将文档进行保存，文件名为“项目 51”，发送电子邮件，发件人是自己，收件人是教该课程的教师，主题是“姓名＋项目 51”。

相关知识

一、文档视图

为了更好地编写和查看文档，Word 提供了五种显示文档的方式，即阅读视图、页面视图、Web 版式视图、大纲视图、草稿视图。

单击“视图”选项卡，显示“视图”组，如图 5-13 所示。

在文档窗口右下角，也提供了三个更改视图方式的按钮，从左到右依次为“阅读视图”、“页面视图”、“ Web 版式视图”。

图 5-13 “视图”组

1. 阅读视图

在阅读版式视图方式下，原来的文档编辑区缩小，文字的大小保持不变。文档的页面较多时，默认将自动分成两屏显示，且视图上方的工具栏中只显示个别功能按钮，扩大了显示区域，方便用户进行审阅和编辑。

2. 页面视图

在页面视图下，文档将按照与实际打印效果一样的方式显示，适用于概览整篇文章的总体效果。例如，页眉、页脚、栏和边框等，它们都在实际的位置上显示，与实际打印的效果相同。如果对页操作，将自动切换到页面视图。页面视图在处理大文档时速度较慢，因此特别适合于所见即所得的排版。

3. Web 版式视图

Web 版式视图专为浏览、编辑 Web 网页而设计，它能够以 Web 浏览器方式显示文档。在 Web 版式视图方式下，可以看到背景和文本，且图形位置和在 Web 浏览器中的位置一致。

4. 大纲视图

在大纲版式视图下，用缩进文档标题的方式显示文档结构的级别，不会显示图片、背景及页眉页脚等内容。使用大纲视图可以方便地查看文档的结构，并且可以通过拖动标题来快速地移动、复制或重新组织大段的正文。可以通过折叠文档来查看主要标题，或者展开文档以查看所有标题甚至整个文档。大纲视图适用于编辑包含大量章节的长文档。

5. 草稿视图

在草稿视图模式下，可看到文档的文本内容，不能显示和编辑图形、背景图片、页眉页脚及页边距等内容。该视图方式简化了页面的布局，以便用户更专心地录入和编辑文字，因此适合编辑一些内容和格式相对简单的文章。

二、视图切换

视图切换的常用方法如下：

① 通过功能区切换。单击“视图”选项卡“视图”组中需要的视图方式按钮即可。

② 通过状态栏切换视图。单击窗口左下方状态栏视图切换按钮，即可实现视图切换。

三、显示比例

在 Word 窗口中查看文档时，可以按照某种比例来放大或缩小显示的比例。在“视图”选项卡的“显示比例”组中可以选择不同的显示比例，还可以利用“显示比例”滑块

调整视图的显示比例。

四、使用导航窗格

除了前面介绍的视图模式，我们还可以通过文档结构图和缩略图方式查看文档内容。

1. 文档结构图

使用文档结构图之前，首先需要为文档中的文本应用标题样式，然后在应用文档结构图功能时，Word 会自动根据标题样式将文档的结构图显示出来。

操作方法：单击“视图”选项卡，勾选“显示”组中的“导航窗格”复选框，在窗口左侧显示的“导航”窗格中默认显示的文档应用了样式后的标题结构。

2. 缩略图

应用缩略图功能后，在导航窗格中将通过小图片显示每页中的内容，这样可以方便用户快速查看长篇文档。

操作方法：单击“视图”选项卡，勾选“显示”组中的“导航窗格”复选框，在窗口左侧显示的“导航”窗格中切换到“页面”选项卡即可。

五、窗口的拆分

当文档比较长时，处理起来很不方便，这时可以将文档的不同部分同时显示，方法有两种：

1. 新建窗口

具体操作步骤如下：

① 打开需要显示的文档。

② 单击“视图”选项卡“窗口”组中的“新建窗口”按钮。

③ 屏幕上产生一个新的 Word 应用程序窗口，显示的是同一个文档，可以通过窗口的切换和滚动使不同的窗口显示同一文档的不同部分。

2. 拆分窗口

具体操作步骤如下：

① 打开需要显示的文档。

② 单击“视图”选项卡“窗口”组中的“拆分”按钮。

③ 单击要拆分的位置，就可以将当前窗口分割为两个子窗口，如图 5-14 所示(下页)，此时“拆分”按钮变为“取消拆分”按钮。

任务 3　分节符的运用

知识目标

1. 掌握分节符的用法。
2. 掌握插入页码的方法。

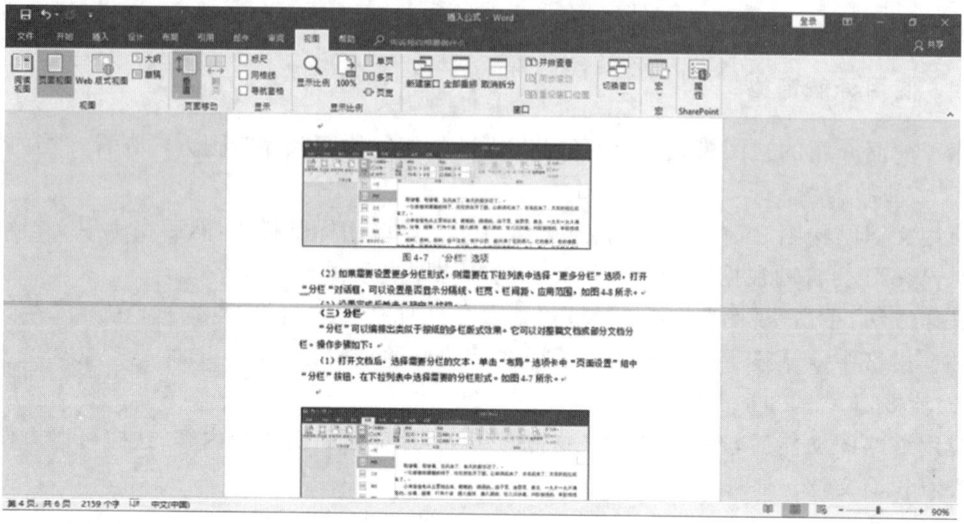

图 5-14　拆分窗口

技能目标

区分分页符和分节符，灵活使用分节符，通过分节符设置与前文不同的页面设置，熟练准确插入页码。

素质目标

引导学生灵活运用计算机处理问题的能力，认识做好基础工作既是专业的要求，更是职业的使命。培养学生树立爱岗敬业的职业精神和实事求是的科学精神。

任务描述

1. 启动 Word 2016，输入以下文档：

为何“春眠不觉晓”？

在冬天，由于外界气温很低，人体为了抵御严寒，皮肤长时间处于“收敛含蓄”状态，血管收缩，减少了体热的散发，以维持体温。因体表血管的收缩，内脏器官的血流量增加，供给大脑的血液也相对增加，使大脑细胞供氧量充足，所以人们往往在冬天感到精神焕发，头脑清醒。

但到了春天，气温逐渐回升，天气变暖，气压往往较低，人体生理机能也随之变化，皮肤血管和毛孔也逐渐扩张，皮肤里血液循环旺盛起来，而供给大脑的血液和氧气就相对减少，导致了脑神经细胞的兴奋程度降低，人的注意力就不易集中，因而显得反应迟钝，易感疲劳。

再有，春天太阳直射点逐步北移，白昼变长，黑夜缩短，所以人们常有困意之感。

据科学家分析，有人认为：春天到来，人们的活动时间明显增多，人体内的维生素 B1 就显不足。维生素 B1 担负着刺激神经活动的“重任”，其量不足，神经则怠惰。还有人认为：生物钟节律的变化，是春困的主要原因。欲战胜春困，并不一定要增加睡眠时间。

2. 页面设置：

纸型：A4；页边距：上下、左右均为2厘米；方向：纵向。

3. 利用“分页符”选项将正文“据科学家分析……”另起一页(第二页)。

4. 将第三页设置为纸型：B5；页边距：上下、左右均为3厘米；方向：横向；插入一幅关于“春天的景色”的剪贴画。

5. 插入页码，位置：页面底端(页脚)；对齐方式：居中；首页不显示页码。

6. 将文档进行保存，文件名为“项目53”，发送电子邮件，发件人是自己，收件人是教该课程的教师，主题是“姓名+项目53”。

相关知识

一、分页和分节符号

1. 分页

Word自动在当前页已满时插入分页符，开始新的一页。用户可以根据需要自行设置分节和分页。

插入分页符的操作步骤如下：

① 将插入点定位在要强制分页的位置。

② 单击“布局”选项卡“页面设置”组中的“分隔符”按钮，在下拉列表中选择“分页符”一栏下的“分页符”命令，如图5-15所示。

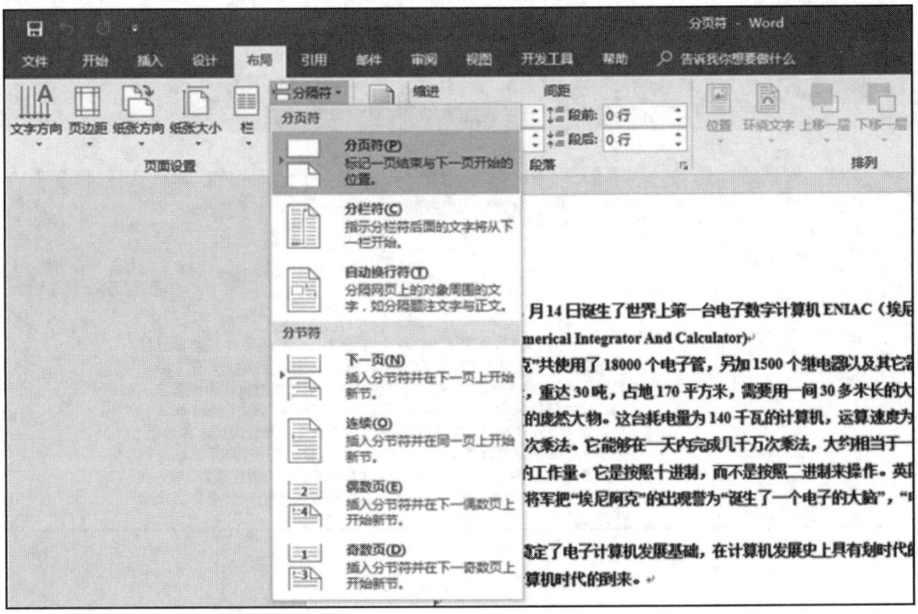

图5-15　“分隔符”按钮

③ 此时，文档中插入了一个分页符，光标后的文本自动移至下一页。

上述操作也可在定位插入点后，使用Ctrl+Enter键插入分页符。

2. 分节

在页面设置和排版中，可以将文档分成任意几节，并且分别格式化每一节。节可以是整个文档，也可是文档的一部分，如一段或一页。在不同的节中，可以分别设置与前文不同的页眉和页脚、页面方向、页边距、分栏版式等。

分节符

插入分节符的操作步骤如下：

① 将插入点定位在要强制分页的位置。

② 单击“布局”选项卡“页面设置”组中的“分隔符”按钮，在下拉列表中选择“分节符”一栏下需要的命令，如图 5-15 所示。

下一页：插入一个分节符，且分节符后的文本从新的一页开始。

连续：插入一个分节符，新节与前面一节同处于当前页中。

偶数页：插入一个分节符，新节中的文本将显示在下一个偶数页。

奇数页：插入一个分节符，新节中的文本将显示在下一个奇数页。

二、页码

1. 添加页码

在大型文档中，为了便于浏览和打印，用户根据需要在文档中添加页码。页码中提到了页眉和页脚的概念，页眉出现在每页的顶端，打印在上页边距中；而页脚出现在每页的底端，打印在下页边距中。

添加页码的操作步骤如下：

① 打开文档，单击“插入”选项卡“页眉和页脚”组中的“页码”按钮，在下拉列表中单击“设置页码格式”命令，如图 5-16 所示。

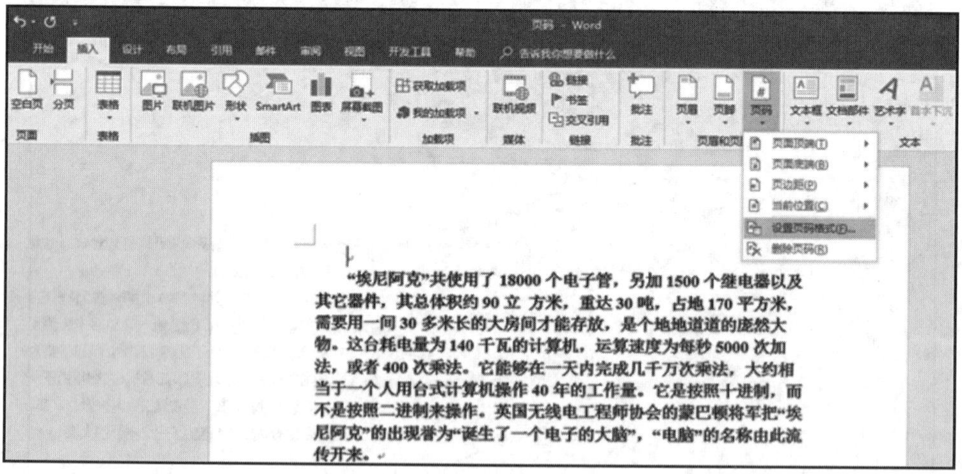

图 5-16 “页码”按钮

② 打开“页码格式”对话框，在“编号格式”下拉列表中选择合适的样式，在“页码编号”组中选择“续前节”单选钮，单击“确定”按钮，如图 5-17 所示。

③ 单击“页眉和页脚”组中的“页码”按钮，在下拉列表中选择需要的命令，即可插入页码，如图 5-18 所示。

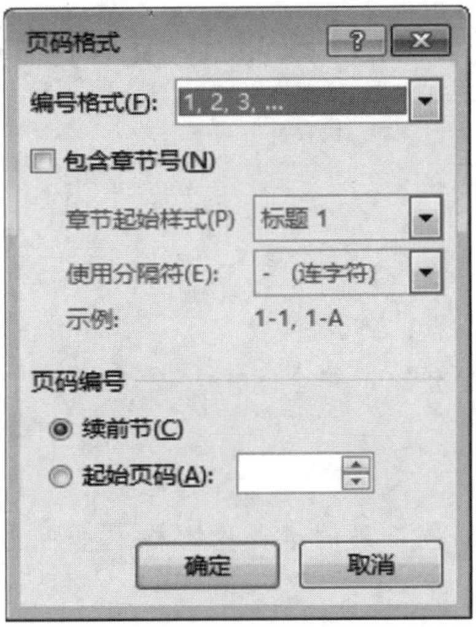

图 5-17 “页码格式”对话框

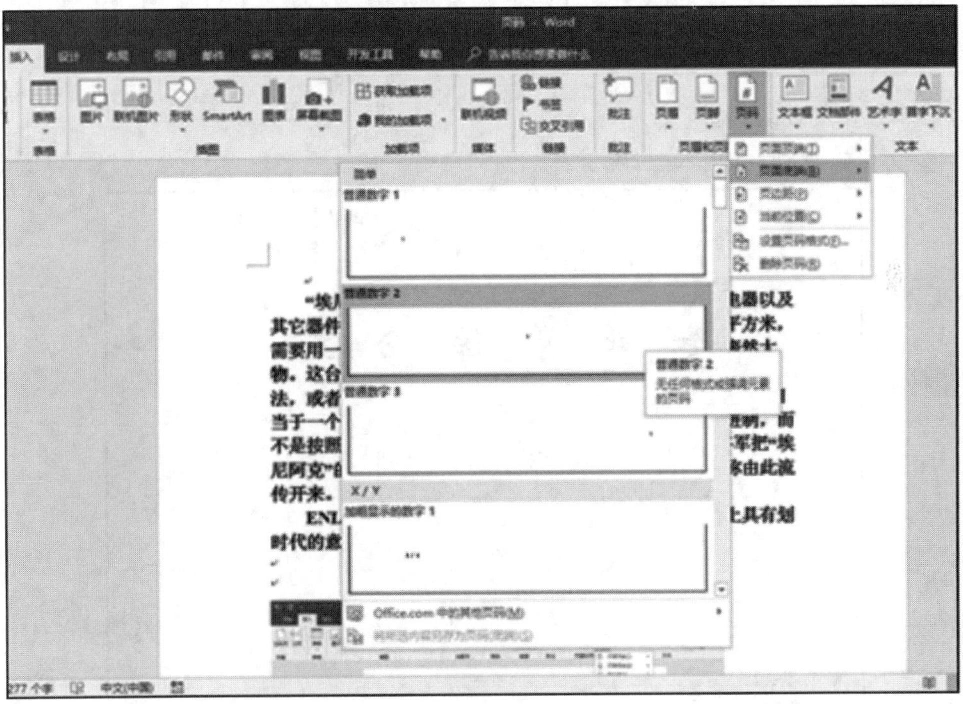

图 5-18 页码列表

2. 删除页码

方法一：打开文档，单击“插入”选项卡“页眉和页脚”组中的“页码”按钮，在下拉列表中单击“删除页码”命令。

方法二：在页眉页脚区选定一个页码，按 Delete 键即可删除页码。

任务 4　毕业论文的编排

知识目标

1. 掌握插入页眉和页脚的方法。
2. 掌握奇偶页设置不同页眉的方法。
3. 掌握毕业论文编排的所有知识综合运用。

技能目标

熟练运用页眉和页脚知识，按正确的毕业论文格式排版。

素质目标

培养学生信息收集、信息处理、信息呈现的能力，提高学生对计算机的兴趣，培养学生良好的学习习惯、严谨的科学态度，引导学生成为身心健康、人格健全、德才兼备的时代新人。

任务描述

启动 Word 2016，编排论文。

1. 论文封面设计，如图 5-19 所示。

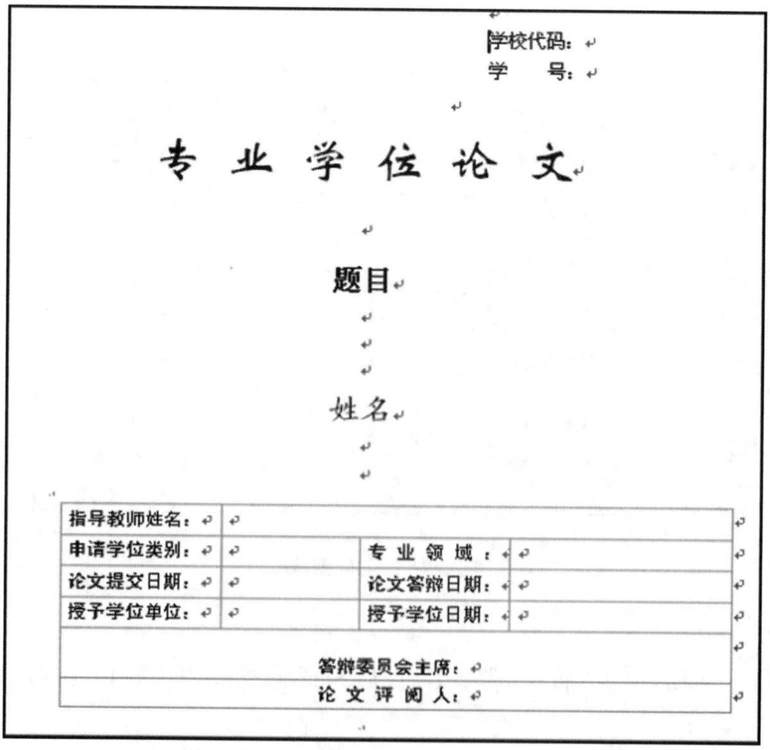

学校代码：
学　　号：

专 业 学 位 论 文

题目

姓名

指导教师姓名：			
申请学位类别：		专 业 领 域 ：	
论文提交日期：		论文答辩日期：	
授予学位单位：		授予学位日期：	
答辩委员会主席：			
论 文 评 阅 人：			

图 5-19　论文封面设计

① “学校代码和学号”为宋体四号字，对齐方式为两端对齐，左缩进为 24 字符。

② “专业学位论文”为华文新魏小初号字，对齐方式为居中。

③ “题目”自拟，字体为宋体加粗二号字，对齐方式为居中。

④ “姓名”字体为楷体小一号字，对齐方式为居中。

⑤ 创建一个 7×4 的表格，进行相应的合并单元格。表格中的内容为黑体四号字，“答辩委员会主席和论文评阅人”对齐方式为居中。

⑥ 封面下面要插入分节符。

2. 应用样式设计：设置多级标题（表 5-2）。

表 5-2　多级标题格式要求

名称	字体	字号	对齐方式	间距
一级标题	黑体加粗	小二	居中	行距为单倍行距，段前 12 磅，段后 6 磅
二级标题	黑体加粗	小三	两端对齐	行距为单倍行距，段前 6 磅，段后 6 磅
三级标题	黑体加粗	四号	两端对齐	行距为单倍行距，段前 7 磅，段后为 0
正文	宋体	小四	两端对齐	行距为单倍行距，首行缩进 2 字符

3. 摘要设计：中文摘要如图 5-20 所示。

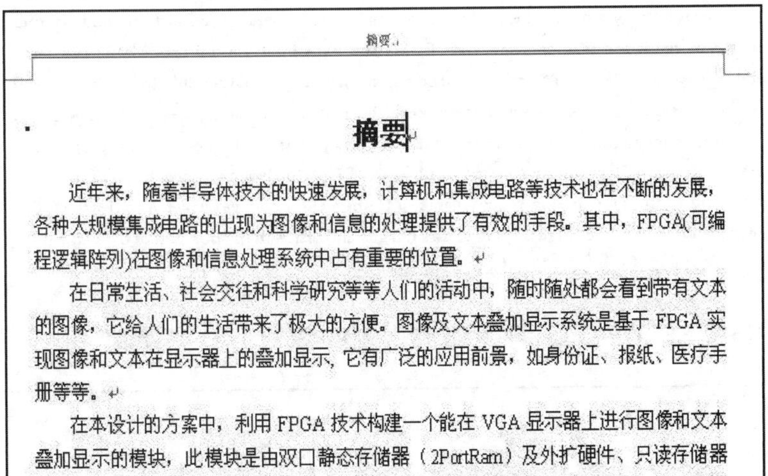
摘要

摘要

近年来，随着半导体技术的快速发展，计算机和集成电路等技术也在不断的发展，各种大规模集成电路的出现为图像和信息的处理提供了有效的手段。其中，FPGA(可编程逻辑阵列)在图像和信息处理系统中占有重要的位置。

在日常生活、社会交往和科学研究等等人们的活动中，随时随处都会看到带有文本的图像，它给人们的生活带来了极大的方便。图像及文本叠加显示系统是基于 FPGA 实现图像和文本在显示器上的叠加显示，它有广泛的应用前景，如身份证、报纸、医疗手册等等。

在本设计的方案中，利用 FPGA 技术构建一个能在 VGA 显示器上进行图像和文本叠加显示的模块，此模块是由双口静态存储器（2PortRam）及外扩硬件、只读存储器（ROM）和 VGA 接口驱动等组成。还会用到串口发送模块和 fifo 存储模块，串口发送模块来实现并实现串口通信模块的基本功能，fifo 存储模块使其能与其他的电路配合工作，ROM 中存有待显示字符库，静态存储器读入图像显示控制信息并调用 ROM 中存放的字符信息，根据 VGA 时序要求，送入 VGA 接口驱动模块，由 VGA 接口驱动模块驱动显示器显示图像和文本，并且文本的位置可任意调节。

关键词　FPGA；VGA；图像；字符；叠加显示；串口通信

图 5-20　中文摘要设计

① 插入页眉和页脚。

② 摘要为应用样式(一级标题),正文内容为宋体小四号字,“关键字”为黑体加粗小四号字。

③ 插入分节符。

④ 英文摘要(要求用百度在线翻译),格式和中文摘要格式相同,如图 5-21 所示。

Abstract

Abstract

In recent years, with the rapid development of semiconductor technology, computer and integrated circuit technology is also in constant development,All kinds of large scale integrated circuit for the emergence of images and information processing provides effective means, FPGA (programmable logic array) in the image and information processing system occupies an important position。

In daily life, social interaction and scientific research and so on people's activity, anytime anywhere will see with text image, it gives the life of people brought great convenience. Image and text overlay display system is based on FPGA to realize image and text on a display overlay display, it has a broad prospect of application, such as id card, newspapers, medical manuals, etc.

In this design, the use of FPGA technology to construct a can in VGA display image and text overlay display module, the module is the duplex static memory (2 PortRam) and external expanding hardware, read only memory (ROM) and VGA interface driver, etc. Will use serial port to send module and fifo memory module, serial port to send module to implement and realize the basic function of serial communication module, fifo storage module can make it with other circuit fit work, save in the ROM to display character library, static memory read in image display control information and call in the ROM to deposited character information, according to the VGA timing requirements, into the VGA interface driver module, the VGA interface driver module drive display shows images and text, and the position of the text can be adjusted at will.

Keywords FPGA; VGA; Image; Character; Overlay display; Serial communication

图 5-21 英文摘要设计

⑤ 输入完毕,插入分节符。

4. 设置目录:

① 插入页眉,目录内容为空(回车符占位),然后插入分节符。

② 所有内容输入完毕,利用应用样式,最后生成目录,如图 5-22 所示。

5. 设置正文:

① 输入正文,利用表 5-2 多级标题格式应用样式,如图 5-23 所示。

② 页眉设置奇偶页,奇页是章标题,偶页是学校名称。

③ 页脚插入页码,如图 5-24 所示。

6. 设置结论,利用表 5-2 多级标题格式应用样式,如图 5-25 所示。

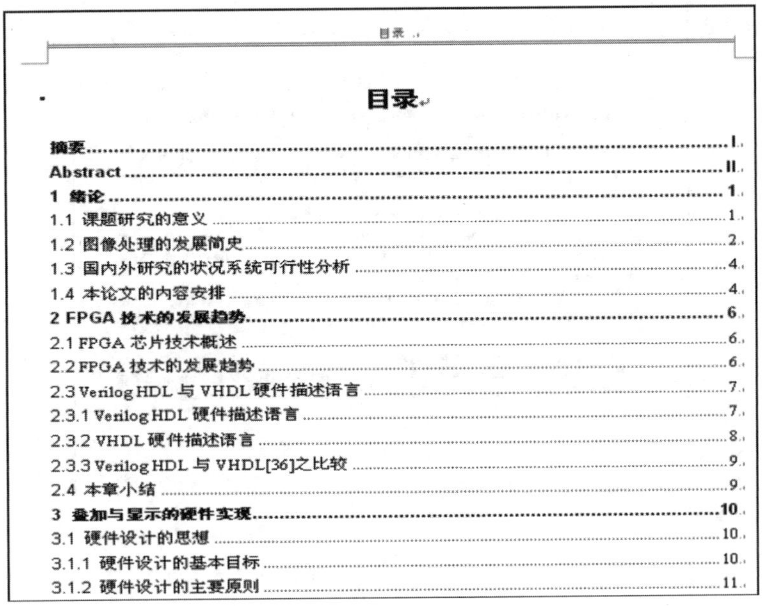
目录

图 5-22　生成目录

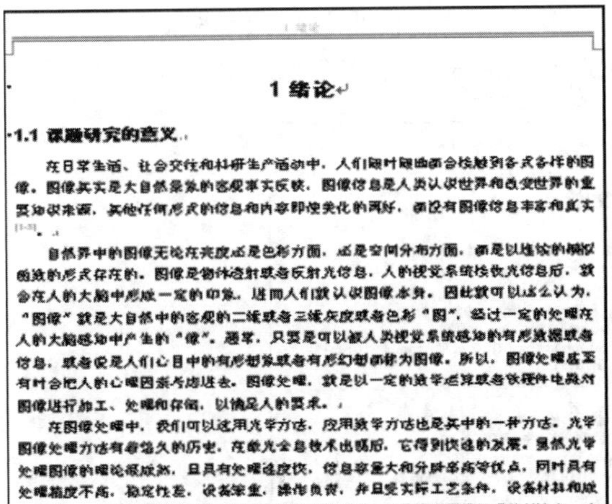
1 绪论

1.1 课题研究的意义

图 5-23　输入正文

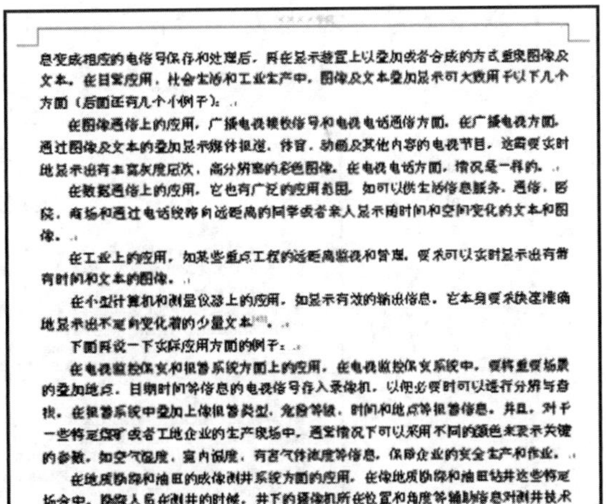
1.2 图像处理的发展简史

图 5-24　页脚插入页码

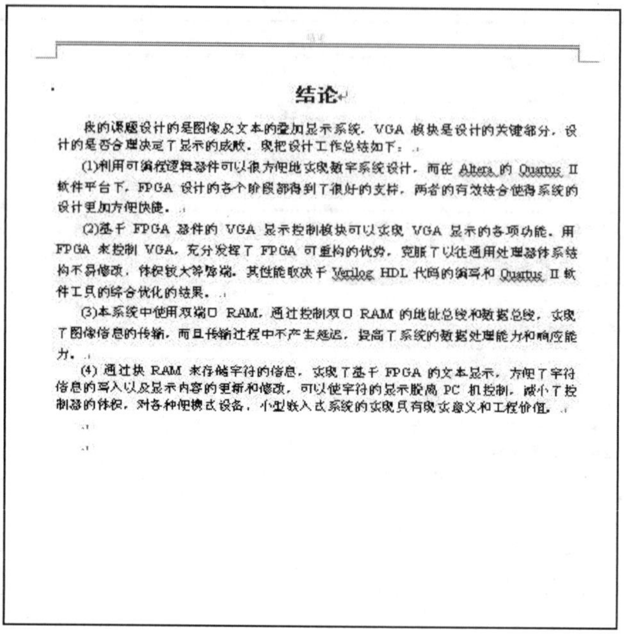

结论

我的课题设计的是图像及文本的叠加显示系统，VGA 模块是设计的关键部分，设计的是否合理决定了显示的成败。现把设计工作总结如下：

(1)利用可编程逻辑器件可以很方便地实现数字系统设计，而在 Altera 的 Quartus II 软件平台下，FPGA 设计的各个阶段都得到了很好的支持，两者的有效结合使得系统的设计更加方便快捷。

(2)基于 FPGA 器件的 VGA 显示控制模块可以实现 VGA 显示的各项功能。用 FPGA 来控制 VGA，充分发挥了 FPGA 可重构的优势，克服了以往通用处理器件系统构不易修改，体积较大等弊端。其性能取决于 Verilog HDL 代码的编写和 Quartus II 软件工具的综合优化的结果。

(3)本系统中使用双端口 RAM，通过控制双口 RAM 的地址总线和数据总线，实现了图像信息的传输，而且传输过程中不产生延迟，提高了系统的数据处理能力和响应能力。

(4) 通过块 RAM 来存储字符的信息，实现了基于 FPGA 的文本显示，方便了字符信息的写入以及显示内容的更新和修改，可以使字符的显示脱离 PC 机控制，减小了控制器的体积，对各种便携式设备，小型嵌入式系统的实现具有现实意义和工程价值。

图 5-25　设置结论

7. 设置参考文献，标题利用表 5-2 多级标题格式应用样式中的一级标题，正文为宋体小四号字，行距为单倍行距，段落缩进为悬挂缩进 0.7 厘米，如图 5-26 所示。

参考文献

[1] 夏宇闻.Verilog 数字系统设计教程[M].北京:北京航空航天大学出版社,2008:37-164.
[2] 云创工作室.Verilog HDL 程序设计与实践[M].北京:人民邮电出版社,2009:1-10.
[3] 刘福奇,刘波.Verilog HDL 应用程序设计[M].北京:电子工业出版社,2009:322-324.
[4] 刘昭,楼兴华.FPGA 数字电子系统设计[M].人民邮电出版社,2005:1-11.
[5] B. Zeidman, Designing with FPGAs & CPLDs[M].CMP Books,2002.
[6] Wang Yan.FPGA-based engineering design and application[R].Xi'an Electronic Science and Technology University Press,2007.5(In Chinese).
[7] 周润景,苏良碧.基于 Quartus II 的数字系统 Verilog HDL 设计[M].北京:电子工业出版社,2010:1-143.
[8] 周灿荣.UART 通信的FPGA 实现[J].山西电子技术.2006,第 3 期:45- 47.
[9] 方森波.基于FPGA 串口通讯的开发[J].计算机与信息技术.2009,Z2.
[10]M. S. Harvey.Generic UART Manual[C].Silicon Valley,December 1999.
[11]赵海登,刘晓文,胡景军等.基于 FPGA 的 UART IP 核的设计实现[J].通信技术.2009,42(05): 177-179.
[12]L. K. Hu and Q.CH. Wang,UART-based Reliable Communication and performance Analysis[J].Computer Engineering, Vol32 No.10,May 2006,pp15-21.
[13]F.S. Pan,F. ZHAO,J. Xi and Y. Luo,Implement of Parallel Signal Processing Syttem Based on FPGA and Multi-DSP[J],Computer Engineering Vol32,No.23,Dec 2006,pp247-249.
[14]X. D. Wu and B. Dai,Design of Interface Between High Speed A/D and DSP Based on FIFO[J], Journal of Beijing Institute of Petrochemical Technology Vol14 No.12,June 2006, pp26-29.
[15]刘焕杰.基于 FPGA 的串口通讯设计与 VGA 显示[J].工业控制计算机.2006,第 19 期:132-151.
[16]Idris,M. Y. I.Yaacob,A VHDL implementation of BIST technique in UART design[J], TENCON 2003.Conference on Convergent Technologies for Asia-Pacific Region,IEEE Press,10. 2003,pp1450-1454.
[17]X. Yang,Industrial Data Communication and Control Networks[M],Beijing:TUP, 2003.6.
[18]韩保富,潘锋等.基于 FPGA 的串口通讯设计[J].北京电子科技学院学报.2006,第 4 期:74-78.
[19]HU Zhe,ZHANG Jun,LUO Xi-ling.A Novel Design of Efficient Multi-channel UART Controller Based on FPGA[J].Chinese Journal of Aeronautics,2007(20):66-74.
[20]李雄,殷吉海等.基于 Verilog HDL 的 UART 设计[J].微计算机信息.2006,第 6 期:230-232.

图 5-26　设置参考文献

8. 设置附录，利用表5-2多级标题格式应用样式，如图5-27所示。

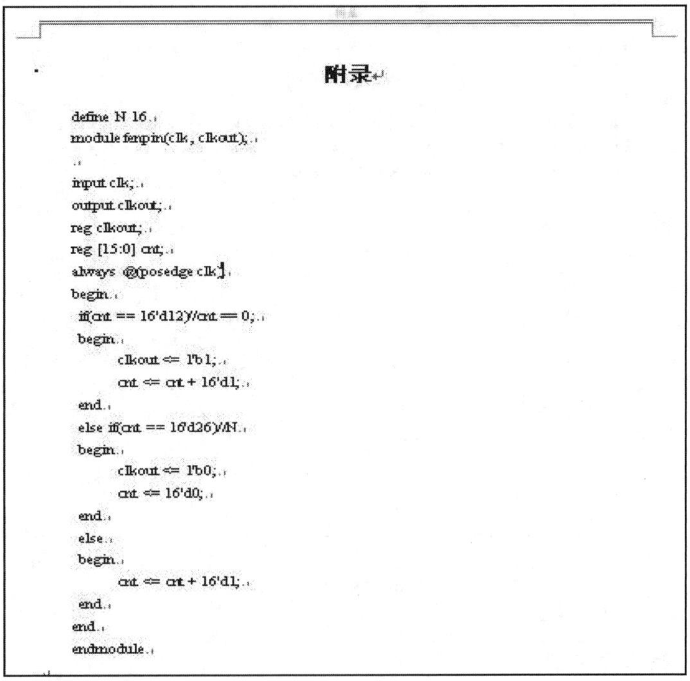
附录

```
define N 16
module fenpin(clk, clkout);

input clk;
output clkout;
reg clkout;
reg [15:0] cnt;
always @(posedge clk)
begin
 if(cnt == 16'd12)//cnt == 0;
 begin
        clkout <= 1'b1;
        cnt <= cnt + 16'd1;
 end
 else if(cnt == 16'd26)//N
 begin
        clkout <= 1'b0;
        cnt <= 16'd0;
 end
 else
 begin
        cnt <= cnt + 16'd1;
 end
end
endmodule
```

图5-27　设置附录

9. 设置致谢，利用表5-2多级标题格式应用样式，如图5-28所示。

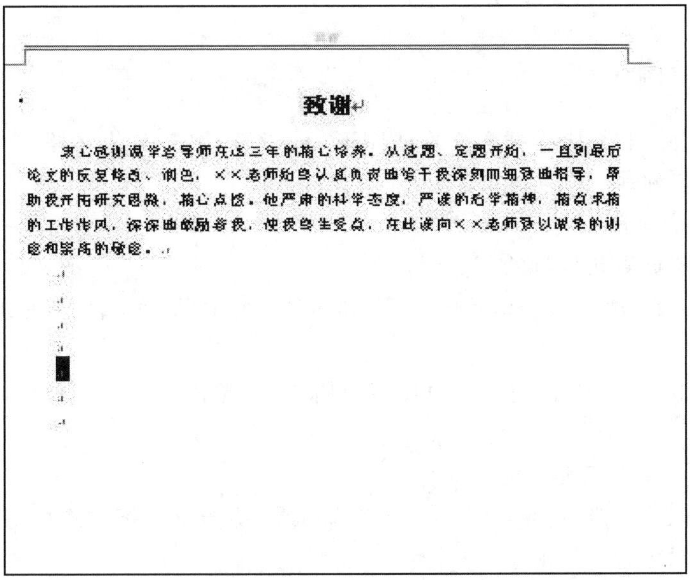
致谢

衷心感谢谢学岩导师在这三年的精心培养。从选题、定题开始，一直到最后论文的反复修改、润色，××老师始终认真负责地给予我深刻而细致的指导，帮助我开拓研究思路，精心点拨。他严肃的科学态度，严谨的治学精神，精益求精的工作作风，深深地激励着我，使我终生受益，在此谨向××老师致以诚挚的谢意和崇高的敬意。

图5-28　设置致谢

10. 设置个人简历，利用表 5-2 多级标题格式应用样式，如图 5-29 所示。

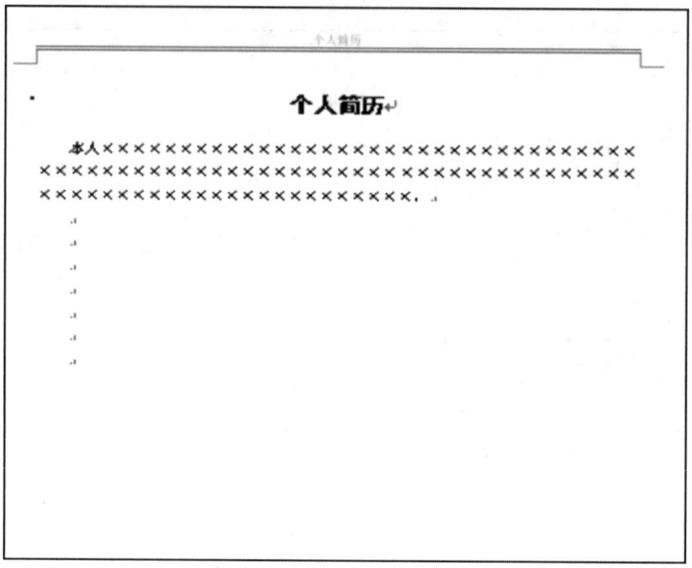

图 5-29　设置个人简介

11. 查看长文档的显示方式。

12. 浏览版面的整体格式，相应调整，然后再打印。

13. 将文档进行保存，文件名为“项目 54”，发送电子邮件，发件人是自己，收件人是教该课程的教师，主题是“姓名＋项目 54”。

相关知识

一、页眉和页脚

用户可以在页眉和页脚中插入文本或图形、页码等，用来美化文档，学生论文通常会在页眉处插入学校名称。

1. 插入页眉和页脚

在文档中插入页眉和页脚的方法为：

① 打开文档，单击“插入”选项卡“页眉和页脚”组中的“页眉”按钮或“页脚”按钮，如图 5-30 所示。

② 从列表中选择样式，按需输入页眉或页脚文字，单击“关闭页眉页脚”按钮，如图 5-31 所示。

2. 自动提取标题作页眉

一篇长的 Word 文档中保存了多篇文章，通过域功能可以把文章的标题自动提取到页眉中。具体操作方法为：

① 在 Word 文档中，依次选中需要提取的章标题，为其设置一种标题样式。

② 单击“插入”选项卡“页眉和页脚”组中的“页眉”按钮，在下拉列表中选择“页眉”选项。

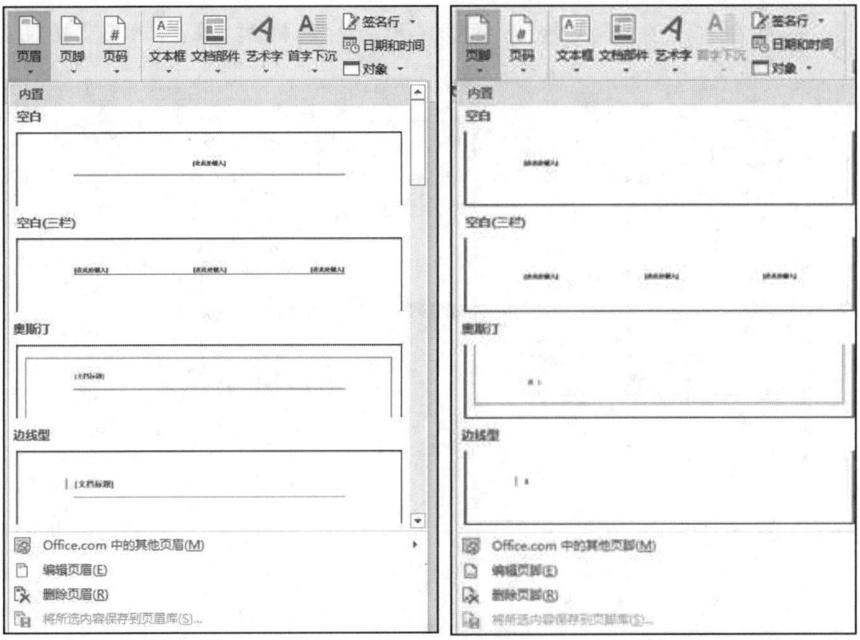

图 5-30　页眉和页脚

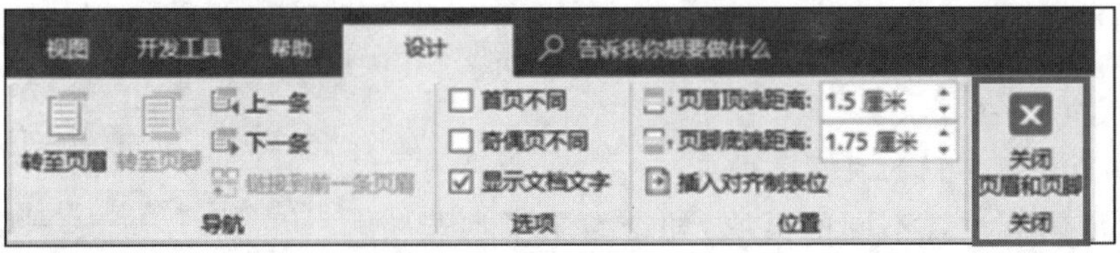

图 5-31　“页眉和页脚关闭”按钮

③ 进入页眉编辑状态，在页眉和页脚的工具选项“设计”选项卡中单击“插入”组下的“文档信息”按钮，在下拉列表中选择“域”命令，如图 5-32 所示。

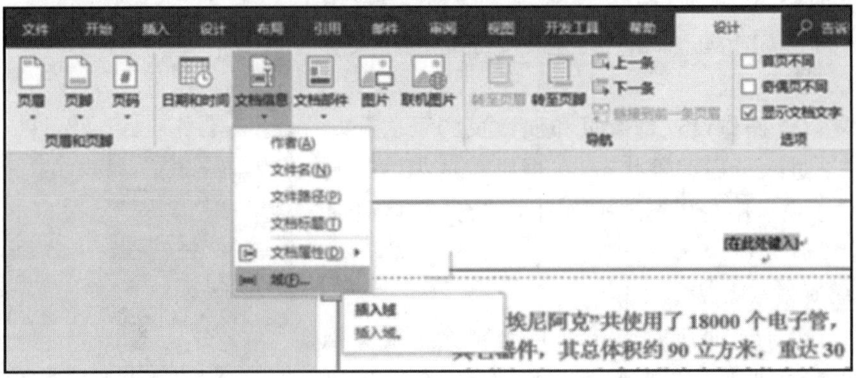

图 5-32　“文档信息”按钮

④ 打开“域”对话框，在“类别”下面选中“链接和引用”选项，在“域名”下面选中“StyleRef”选项，并在右侧的“样式名”下面选中设置好的样式，单击“确定”按钮，如图 5-33 所示。

图 5-33 “域”对话框

⑤ 退出“页眉和页脚”编辑状态，相应的章标题就显示在页眉(页脚)处了。

3. 奇偶页设置不同的页眉

若要为奇偶页设置不同的页眉，如奇数页页眉显示章名，偶数页页眉显示学校名称，有以下两种方法。

方法一：

① 进入“页眉和页脚”编辑状态。

② 单击“布局”选项卡“页面设置”组右下角按钮，打开“页面设置”对话框，选择“版式”选项卡，选中“奇偶页不同”复选框，单击“确定”按钮，如图 5-34 所示。

③ 重复以上操作设置奇数页和偶数页的页眉。

方法二：进入页眉编辑状态，在页眉和页脚的工具选项“设计”选项卡中选中“选项”组下的“奇偶页不同”复选框，如图 5-35 所示。

4. 删除页眉或页脚

删除一个页眉或页脚时，Word 自动删除整篇文档中相同的页眉和页脚。在页眉或页脚区中，选定要删除的文字或图形，然后按 Delete 键。

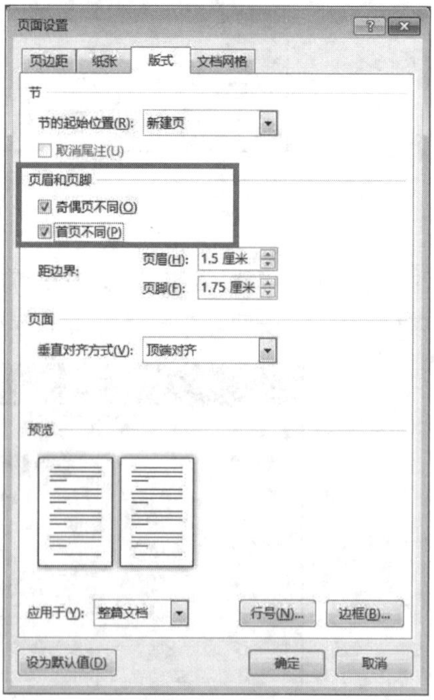

图 5-34 设置奇偶页不同

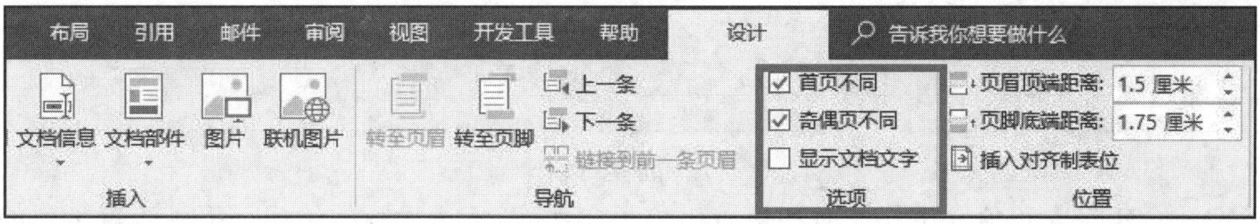

图 5-35　“奇偶页不同”复选框

思考与练习

实训一：

输入以下公式：

$$\Delta P_i = \left| \sum_{j=i+1}^{h} W_{ji} - \sum_{j=1}^{i-1} W_j \right|$$

$$\int_a^b f(x)\mathrm{d}x \approx \frac{b-a}{2}[f(a)+f(b)]$$

$$\varphi'(x) = \frac{f(x)f''(x)}{[f'(x)]^2}$$

实训二：

输入以下文档：

鱼类需要喝水吗？
由于海水中鱼类血液和体液的浓度高于周围的海水，水分就从外界经过鱼鳃半渗透薄膜的表皮，不断地渗透到鱼体内，因此，海水中鱼类不管体内是否需要水分，水总是不间断地渗透进去。所以海水中鱼类不仅不需要喝水，而且还经常不断地将体内多余的水分排除出去。 海洋里的鱼类品种繁多，不能一概而论。虽然海水浓度高，但极大部分软骨鱼体内血液里含有比海水浓度更高的尿素，因此，和淡水鱼一样，也不需要喝水。而生活在海洋里的硬骨鱼，则由于周围海水浓度高于体内的浓度，体内失水情况相当严重，需要及时补充水分，因此，海中的硬骨鱼是需要大口大口地喝水。

1. 将标题(居中)下第一段中的“海水”全部改为蓝色、行楷、倾斜、二号字“河水”，并加着重号。

2. 将标题文字设置成斜体绿色字。

3. 将“海洋里的鱼类品种繁多……”所在段落设置为 1.1 倍行距，字间距加宽 1 磅。

4. 设置页眉文字为“水中生物”(不包括引号)。

5. 为文字“海洋里的鱼类品种繁多，不能一概而论。”设置底纹填充色为黄色、下线、黑体、阳文。

6. 以文件名“实训 53”保存在用自己姓名命名的文件夹中。

实训三：

输入以下文档：

一面镜子

一个年轻人正值人生巅峰时却被查出患了白血病，无边无际的绝望一下子笼罩了他的心，他觉得生活已经没有任何意义了，拒绝接受任何治疗。

一个深秋的午后，他从医院里逃了出来，漫无目的地在街上游荡。忽然，一阵略带嘶哑又异常豪迈的乐曲吸引了他。不远处，一位双目失明的老人正把弄着一件磨得发亮的乐器，向着寥落的人流动情地弹奏着。还有一点引人注目的是，盲人的怀中挂着一面镜子！

年轻人好奇地上前，趁盲人一曲弹奏完毕时问道："对不起，打扰了，请问这镜子是你的吗？"

"是的，我的乐器和镜子是我的两件宝贝！音乐是世界上最美好的东西，我常常靠这个自娱自乐，可以感到生活是多么的美好……"

"可这面镜子对你有什么意义呢？"他迫不及待地问。盲人微微一笑，说："我希望有一天出现奇迹，并且也相信有朝一日我能用这面镜子看见自己的脸，因此不管到哪儿，不管什么时候我都带着它。"

白血病患者的心一下子被震撼了：一个盲人尚且如此热爱生活，而我……他突然彻悟了，又坦然地回到医院接受治疗，尽管每次化疗他都会感受到死去活来的痛楚，但从那以后他再也没有逃跑过。他坚强地忍受痛苦的治疗，终于出现了奇迹，他恢复了健康。从此，他也拥有了人生弥足珍贵的两件宝贝：积极乐观的心态和屹立不倒的信念。

大道理：想把握好自己的人生和命运的人，一定要有乐观和坚强的品质，因为乐观和坚强是掌管人生航向的舵手，是把握命运之船的动力桨。

1. 将标题段文字设置为楷体_GB2312、二号、红色、空心、加粗、居中，字符间距为加宽。
2. 设置正文第一段落首字下沉 2 行(距正文 0 厘米)。
3. 设置正文第二段落左缩进 1 字符，首行缩进 2 字符，行距为 1.5 倍行距。
4. 设置正文第三段落段前间距 0.5 行，段后间距 1 行，悬挂缩进 2 字符。
5. 为正文第四段添加蓝色、阴影边框，宽度为 1 磅(应用于文字)。
6. 插入页眉，以自己的学号和姓名作为页眉内容，例如：20089711 王刚，并设置为"右对齐"。
7. 插入页脚，在居中位置输入页脚内容"小故事，大道理"，并添加页码。
8. 设置页面上边距为 3 厘米，页面纸张大小为"16 开"(18.4 厘米×26 厘米)。
9. 在正文第二段之后另起一段，插入一张图片，设置图片大小为高 5 厘米、宽 4 厘米，设置图片版式为"四周型"。
10. 在文档的最后，另起一行，插入艺术字"书法艺术"，样式如下图所示：

11. 以“阅读版式视图”方式显示。

12. 保存文档，文件名为“实训54”，保存在用自己姓名命名的文件夹中。

实训四：

1. 输入课本上任意“相关知识”里的内容。（长文档）

2. 页面设置：右、下边距为2.5厘米，左、上边距为2.8厘米，页眉和页脚均为2厘米，使用A4纸。

3. 正文设置：首行缩进2字符，字体大小为“小四号”，文中所有非汉字均用Times New Roman体；字间距设置为“标准”；段落设置为“多倍行距：1.25”。

4. 设置样式，分为三级标题：

① 设置一级标题：选中文字，在“开始”选项卡“样式”组中选择“标题1”样式，字体设置为“黑体、小二号”，居中对齐。

② 设置二级标题：选中文字，在“样式”组中选择“标题2”样式，字体设置为“宋体、四号”，左对齐。

③ 设置三级标题：选中文字，在“样式”组中选择“标题3”样式，字体设置为“黑体、小四号”，打开“段落”对话框，在“间距”框中“段前”输入12磅。

5. 页眉从正文开始，页眉左端顶格为该篇文章的标题。

6. 插入页码：目录单独编页码，位于页面下方居中，形式为罗马数字。正文页码在页眉的右端右对齐，用阿拉伯数字，宋体、五号。

7. 创建目录：“目录”二字用黑体、小二号并位于页面上方居中；目录要求列出一、二、三级标题，同时要在各级标题后列出页码。

8. 保存文档，文件名为“实训55”，保存在用自己姓名命名的文件夹中。

项目6　学生成绩统计分析

日常工作和生活中，我们常常要对各种数据进行分析和处理，比如对数据进行计算、排序、筛选、统计等操作。通过本项目的学习，学生将掌握Excel中对数据处理的方法和操作技巧，以便更好地服务于我们的工作和生活。

任务1　录入学生基本信息表

知识目标

1. 明确工作簿、工作表以及单元格之间的关系。
2. 掌握快速录入各种类型数据的方法。

技能目标

能快速准确根据实际需要输入各种类型的数据，并进行各种设置。

素质目标

通过数据录入，引导学生数据录入和处理要本着实事求是的态度，处理数据时要做到规范、严谨。

任务描述

1. 在D盘用自己的姓名新建一个文件夹，比如“张三”。将录入完毕后的文件进行保存，保存到新建的文件夹中，文件名命名为“项目61 学生基本情况表”。

2. 在Excel的Sheet1中，正确输入学生的基本情况，见表6-1。要求：学费利用货币形式输入，且将工作表1命名为“学生基本信息”。（要求行号和列号都要按所给的样式输入）

3. 对B2:H2区域的数据进行合并后居中对齐设置，并为下面所录入的数据设置居中对齐方式。

4. 将第一行的数据设置为红色、宋体、加粗、16磅，下面的数据设置为黑色、宋体、12磅。

5. 添加边框，要求外边框是红色粗外侧框线，内部为黑色细线，并对表格中第一行填充颜色为浅黄色。

6. 调整表6-1中第一行的行高为25，第二列的列宽为12。

7. 在表 6-1 的右侧空白位置，利用自定义序列生成序列“第一季度、第二季度、第三季度、第四季度”。

表 6-1　学生基本情况表

	A	B	C	D	E	F	G	H	I
1									
2		表6-1学生基本情况表							
3		姓名	学号	性别	专业	身份证号	学费/年	入学成绩	第一季度
4		王晓东	001209083001	男	机电一体化技术	230908200109086712	¥6,000.00	345	第二季度
5		刘力	001108033111	女	计算机应用技术	230502200212155843	¥6,000.00	458	第三季度
6		孙小兵	001208314210	男	工程测量技术	230505200102141514	¥5,500.00	360	第四季度
7		刘金鸣	001209052010	女	大数据与财务管理	230305200305155224	¥6,000.00	420	
8		于莎莎	001209053005	女	学前教育	230503200208044123	¥6,000.00	434	
9		李雨辰	001209054020	男	计算机应用技术	230305200206012114	¥6,000.00	395	
10									

相关知识

Excel 2016 是 Office 2016 办公自动化的重要组成部分。将数据输入按规律排列的单元格内，便可利用多种公式或函数进行算术和逻辑运算，并可以完成排序、筛选、分类汇总及图表等操作。它不仅可以用于个人事务的处理，也被广泛用于财务、统计和数据分析等领域。

一、Excel 2016 的启动和退出

1. 启动

Excel 2016 的启动与退出方法与 Word 2016 一样，窗口组成也很相似。

启动 Excel 的常用方法为：在“开始”菜单“所有程序”选项中找到“Excel 2016”；也可以双击桌面 Microsoft Office Excel 2016 快捷图标，这时将出现 Excel 的操作界面。

2. 退出

退出 Excel 的常用方法与 Word 相同，同样是单击 Excel 标题栏右侧的“关闭”按钮✕。

二、Excel 的工作界面

Excel 2016 的工作界面与以前版本相比有了很大的改变，新的用户界面简单大方，有利于用户更有效地使用 Excel 2016，更方便地找到完成各项任务的相应功能。

1. 操作界面

具体的操作界面如图 6-1 所示。

从图 6-1 中可以看出，Excel 窗口环境与 Word 类似，也有标题栏、选项卡栏和功能区，除此之外还主要包括以下几个部分：

(1) 名称框

名称框也叫活动单元格地址框，用来显示当前活动单元格的位置，如单击 C5 单元格，则会将 C5 单元格设置为当前活动单元格。

(2) 编辑框

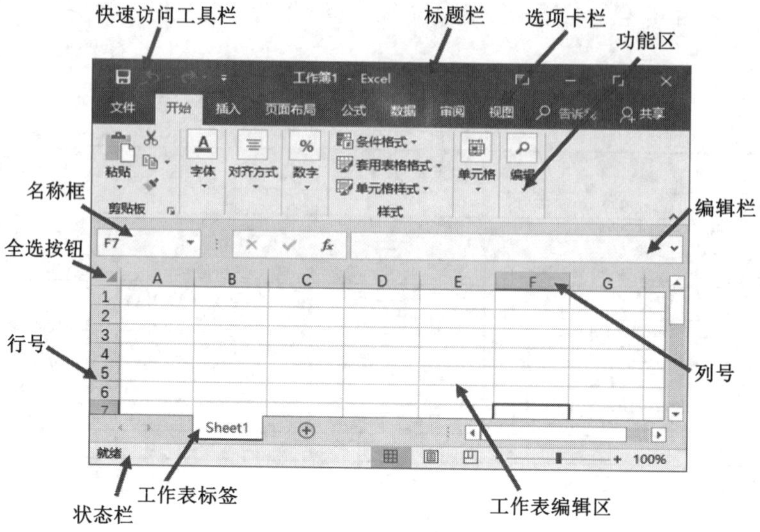

图 6-1　Excel 2016 操作界面

编辑框用来显示和编辑活动单元格中的数据和公式。单击某单元格后，就可在编辑框中输入或编辑数据。此时，名称框和编辑框中间出现三个按钮 ✕ ✓ fx，左边按钮表示“取消”，它的作用是恢复到单元格输入以前的状态；中间的按钮表示“确认”，它的作用是确定输入栏中的内容为当前选定单元格的内容；右边的按钮表示“插入函数”，它的作用是在单元格中插入函数。

（3）全选按钮

单击全选按钮会选定当前工作表的所有单元格，要取消全选，则可以单击工作表编辑区域中的任何位置，也可以使用全选快捷键 Ctrl＋A 进行全选。

（4）单元格及活动单元格

单元格是 Excel 组织数据的最基本单元。工作表中行与列交叉点处的小方格称为单元格。每个单元格都有固定的地址，为了方便对单元格进行引用。

当前所单击的单元格就称为“活动单元格”，启动 Excel 后，系统默认 Sheet1 中的单元格 A1 为活动单元格。要想将哪个单元格变为活动单元格，则用鼠标单击某个单元格即可。

（5）列号和行号

列号和行号连接在一起构成了单元格在工作表中的地址，即坐标。单元格由所在的列号和行号组成，称为单元格名。描述单元格地址时，就是“先列号、后行号”。列号用 26 个英文字母及其组合来表示，即 A～Z，AA～AZ，BA～BZ，…，IA～IV 表示；行号用数字来表示。

例如，图 6-2 中活动单元格的地址表示为 C2（先列号、后行号），表示第二行第三列的单元格。

（6）工作表标签

工作表标签用于标识当前的工作表位置和工作表名称。利用工作表标签可以对工作簿中的不同工作表间进行切换。当需要多个工作表时，可以进行工作表的插入。

图 6-2 单元格表示方法

2. 工作簿、工作表和单元格之间的关系

工作簿、工作表和单元格之间的关系是：一个 Excel 文件就是一个工作簿。如果把工作簿比喻成一本书，工作簿名就是书名，它也是保存在磁盘上的文件名，默认 Excel 文件的扩展名是“.xlsx”。一个工作簿由若干工作表组成，每个工作表可以看成书中的一页，工作表名相当于书的页码，每个工作表又由若干个单元格构成，每个单元格相当于书中的一个文字位置。

每次启动 Excel 后，它都会自动地创建一个新的空白工作簿，其默认名称是工作簿 X（X 为 1,2,3,…,n）；工作表的默认名称是 Sheet$X$（X 是 1,2,3,…,n）。

三、Excel 的数据输入

当工作簿建立之后，就可以在工作簿的每一个工作表中输入数据了。数据输入时主要包括光标的定位、单元格内容的输入、选择操作对象等。

1. 光标的定位

要在单元格中输入数据或进行编辑，首先要做的就是进行光标定位。它主要包括两个方面的定位：单元格的光标定位和单元格中内容的光标定位。

(1) 单元格的光标定位

使用鼠标可以进行光标定位，操作方法：单击某个单元格，光标就会立即移到那个单元格，使其变成活动单元格。

使用键盘定位：

上、下、左、右四个方向键：使相邻单元格成为活动单元格。

Tab 键：把光标定位到下一列。

Enter 键：把光标定位在下一行。

Home 键：使当前光标所在行的 A 列单元格成为活动单元格。例如，当前光标在第三行的任意一列，当按 Home 键，则 A3 单元格则成为活动单元格。

Ctrl＋Home 键：使当前工作表中的 A1 单元格成为活动单元格。

PgUp 和 PgDn 键：使活动单元格向上或向下移动一个屏幕。

Alt+Enter 键:可进行强迫换行。当一个单元格中想输入两行数据时,可在需要换行的位置按 Alt+Enter 键,换行后可继续输入数据。

(2) 单元格中内容的光标定位

双击单元格或单击单元格后按 F2 键,则可以将光标定位在单元格中,通过左、右方向键则可以将光标定位在单元格中的某个位置,实现单元格中内容的光标定位。

2. 输入数据

输入数据时,先单击要输入数据的单元格,然后再输入数据。在 Excel 工作表的单元格中可以输入的数据类型有字符型、数值型、日期型、时间型、逻辑型和公式等。

(1) 输入数值

所谓数值也就是数字。一个数字只能由正号(+)、负号(-)、小数点(.)、百分号(%)、千位分隔符(,)、数字 0~9 等字符组成。输入数值后默认对齐方式为右对齐。

如果单元格中所输入的数据过长,超过所在列所规定的列宽,则单元格中只能显示数字的前几位,或是以一串“#”提示用户该单元格无法显示这个数据。这时可以通过调整单元格的列宽使其正常显示。操作方法:将鼠标指针指到该列与下一列的交界处,鼠标指针变为左右方向的箭头时,向右拖动,来加大列宽。

要输入正数,则直接输入数字即可,正号可以省略不输入。要输入负数,必须在数字前加一个负号“-”或者给数字加一个圆括号。例如,输入“-3”或者输入“(3)”都会得到-3。

要输入百分数,若在数值尾部加%符号,则表示百分数,如 50%。百分数表示该数除以 100,如 2.5%,虽然显示为 2.5%,但实际值是 0.025。

要输入小数,则直接输入,只要加上小数点即可。但纯小数可以省略小数点前面的 0,如 0.5 可输入“.5”。

输入分数具体的操作方法:在输入时必须先以 0 或是一个整数开头,然后按一下空格键,再输入分数。例如想输入 3/5,则必须在单元格内输入“0(空格)3/5”。如果要输入一又四分之一,可以输入“1(空格)1/4”。

输入货币具体的操作方法:在“数字”选项组中,单击“会计数字格式”下拉列表中的各货币类型选项,比如“¥”,正常输入数字,则数字就自动生成所选择的货币形式。

(2) 输入字符

字符型数据是指由字母、汉字或其他符号组成的字符串。输入后在单元格中默认为左对齐。例如,输入“ABC”“a123#”“中华人民共和国”等都是字符型数据,在输入时直接在单元格中输入即可,不用加引号。

有时需要把一些数字串当作字符型数据(如学生学号等)。为了避免直接输入这些纯数字串之后,Excel 把它当作数值型数据处理,则要在输入项前面输入英文状态下的单引号“'”(回车键左侧)或者输入=“数字串”(其中引号为英文状态下的引号)。如输入“123456789012345”或输入“=123456789012345”(注意输入法)则最后显示的都是由 123456789012345 所组成的字符型数据,对齐方式为左对齐。

(3) 输入日期、时间

Excel 默认的日期格式是年月日或月日。例如输入“17-10-01”或输入“17/10/01”,则在所在单元格中都会显示“2017/10/1”,表示 2017 年 10 月 1 日。若在某单元格中按 Ctrl+;键,则取当前系统日期显示在活动单元格中。

输入时间的格式为“时:分”,如 20:08。若按 Ctrl+Shift+;键,则取当前系统时间显示在活动单元格中。

输入的日期和时间在单元格中右对齐。

四、工作表的快速建立与操作

工作表的建立就是向工作表中输入数据。我们已经简单地介绍了数据的输入方法,但是完全那样去输入会影响到输入的速度,下面我们提供几种快速输入数据的方法。

1. 连续区域内数据的输入

如果要在连续的区域内输入数据,可以选择按行输入和按列输入。如果想在输入当前单元格后直接输入下一行所对应的该列那个单元格则按 Enter 键;如果想在输入某单元格后继续输入该单元格的下一列则按 Tab 键。这两种方法可以实现光标的快速定位。

2. 在不同单元格内输入相同内容

如果需要在多个单元格中输入相同数据,不需要一步步输入,只需要在一个单元格中输入一次,最后你所选择的单元格都已经输入了相同内容。具体的步骤为:

① 选择要输入相同数据的单元格(可以是连续区域,也可以是不连续区域)。

② 活动单元格内输入数据内容。

③ 按 Ctrl+Enter 键。

效果如图 6-3 所示。

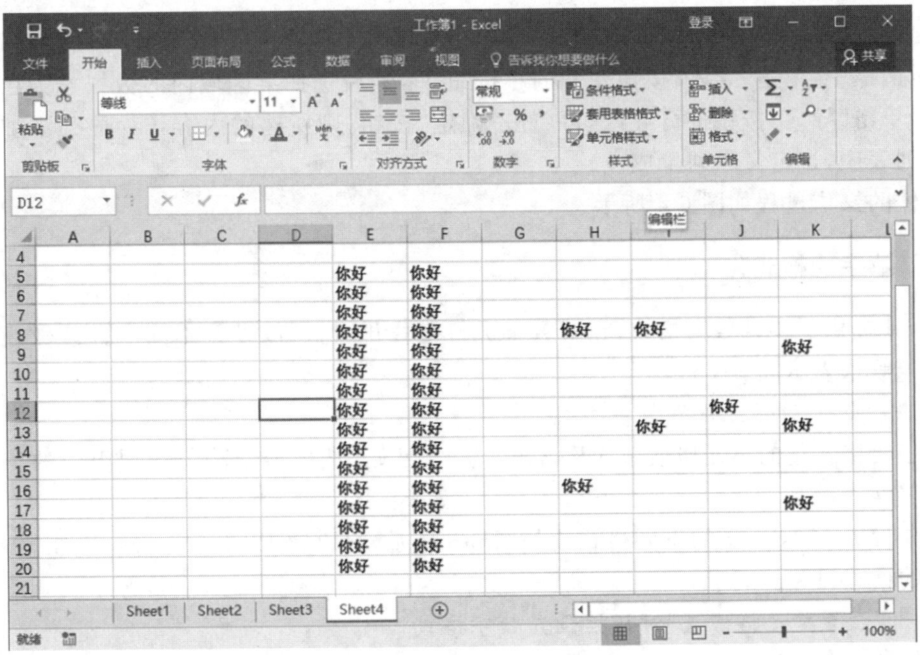

图 6-3 单元格中输入相同数据

3. 工作表的重命名

为了便于用户对工作表的使用和管理,可以对工作表进行重命名。

方法一:选中要更名的工作表,单击鼠标右键,在弹出的快捷菜单中选择“重命名”命令,键入新的名称后按 Enter 键确定。

方法二：双击要更名的工作表，键入新的名称后按 Enter 键确定。

五、自定义序列

实际应用中，有时会发现 Excel 提供的序列不能完全满足用户的需要。这时就可以利用 Excel 的自定义序列功能来实现，用户就可以自己创建所需要的序列了。例如，可以把班级中所有的学生名单自定义为一个操作序列，以后只要输入最开始的名字就可以利用填充柄拖动来实现所有名字的输入了。

以自定义序列“第一组学生、第二组学生、第三组学生、第四组学生、第五组学生”为例进行操作。

具体的操作步骤为：

① 单击“文件”→“选项”项目，则弹出“Excel 选项”对话框。

② 单击左侧的“高级”项，向下拖动右侧的滚动条，直到“常规”区域出现，单击“编辑自定义列表”按钮，打开“自定义序列”对话框。

③ 在右侧的“输入序列”文本框中输入序列“第一组学生、第二组学生、第三组学生、第四组学生、第五组学生”，并单击“添加”按钮，依次单击“确定”按钮，将新生成的序列添加到自定义序列列表中。

④ 在单元格中输入“第一组学生”，拖动右下角的填充柄（实心十号）进行填充，则自定义序列自动生成。

也可以将 Excel 中已有的区域内容导入自定义序列列表中。方法是在打开的“自定义序列”对话框中，单击“导入”按钮左侧的小按钮，然后选择某区域内的数据作为已设计好的序列，单击“导入”按钮进行导入，再单击“确定”按钮，则所选的内容作为序列添加到自定义序列列表中，自定义序列生成。

具体的操作过程如图 6-4 所示。

六、数字的格式化

Excel 提供了多种数字格式，在对数字进行格式化时，可以设置不同小数位数、百分号、货币符号等来表示同一个数。

1. 用“数字”选项组设置数字格式

选定要格式化的单元格或单元格区域，点击“开始”选项卡“数字”选项组中的相应按钮进行数字格式设置。

例如设置 1234.567 的不同格式。如图 6-5 所示，将原数 1234.567 进行复制，再分别进行不同的格式设置。

2. 用“设置单元格格式”对话框设置数字格式

具体的操作方法为：

① 选定要格式化数字的单元格或单元格区域。

② 单击鼠标右键，在弹出的菜单中选择“设置单元格格式”，单击“数字”选项卡进行各种数字格式设置。

“设置单元格格式”对话框中的“数字”选项卡如图 6-6 所示。

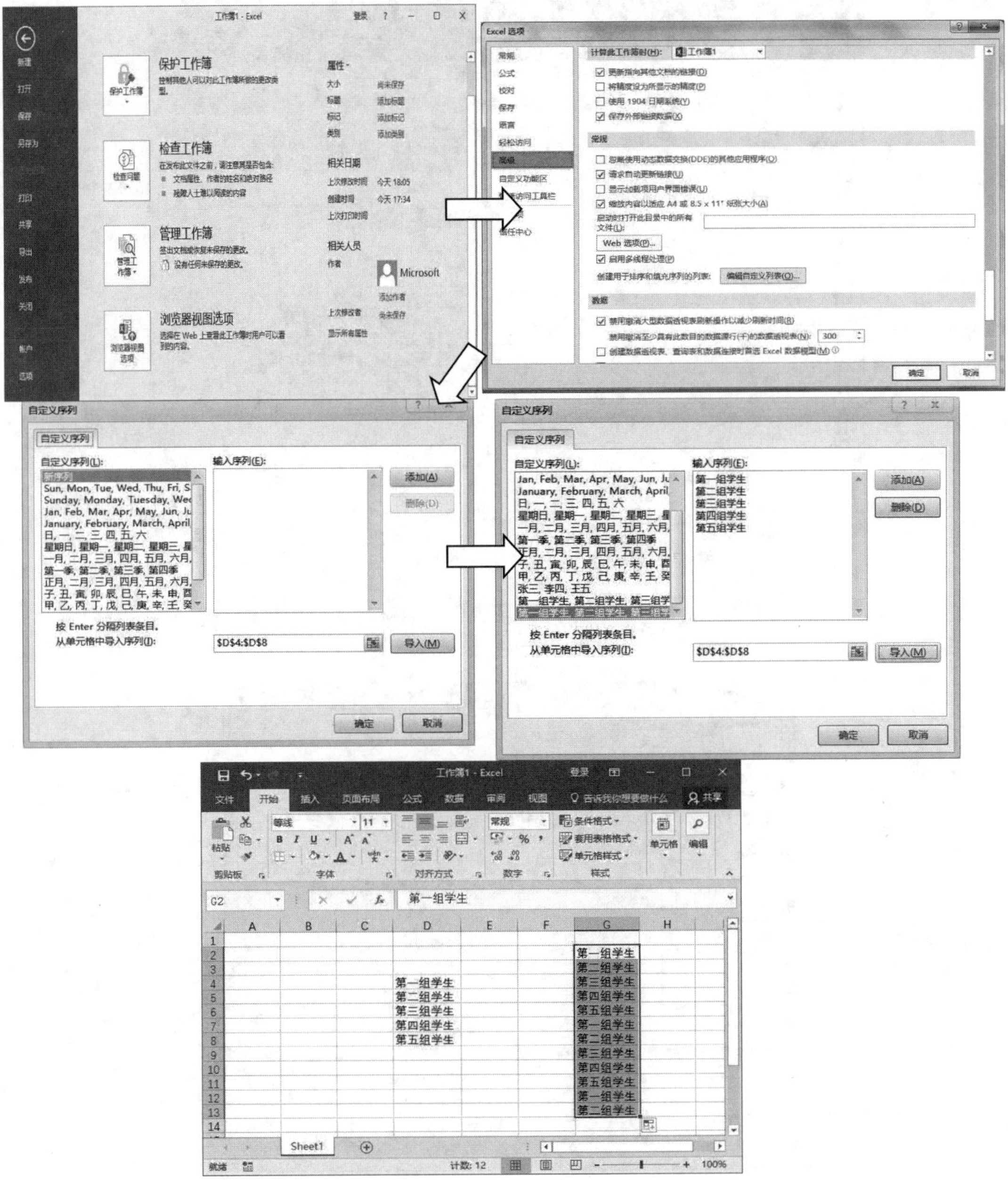

图 6-4　自定义序列的操作方法及结果

七、工作表中数据的对齐操作

默认情况下，输入单元格的数据是按照文字左对齐、数字右对齐、逻辑值居中对齐的方式来进行的。为了使版面更加美观，可以改变单元格中数据的对齐方式。

1. 用“对齐方式”选项组设置对齐方式

选定要进行对齐设置的单元格或单元格区域，点击“开始”选项卡“对齐方式”选项组中

图 6-5 “数字”选项组设置数字格式

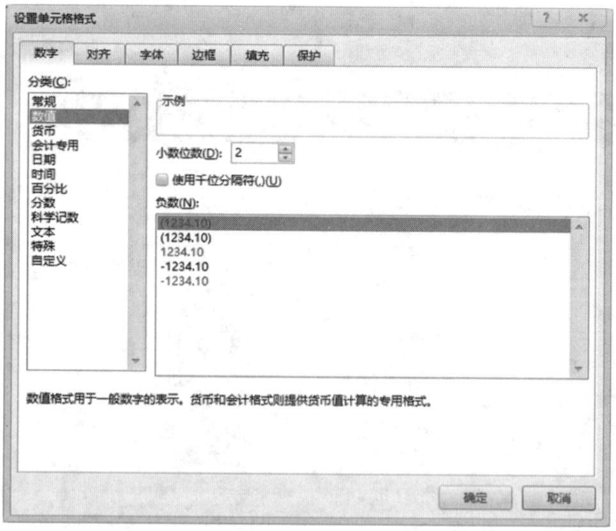

图 6-6 “设置单元格格式”对话框中的“数字”选项卡

的相应按钮进行对齐设置。例如合并后居中、左对齐以及方向对齐等。

2. 用“设置单元格格式”对话框设置对齐方式

具体的操作方法为：

① 选定要设置对齐的单元格或单元格区域。

② 单击鼠标右键，在弹出的快捷菜单中选择“设置单元格格式”菜单项，打开“设置单元格格式”对话框，单击“对齐”选项卡进行各种对齐设置，如图 6-7 所示。

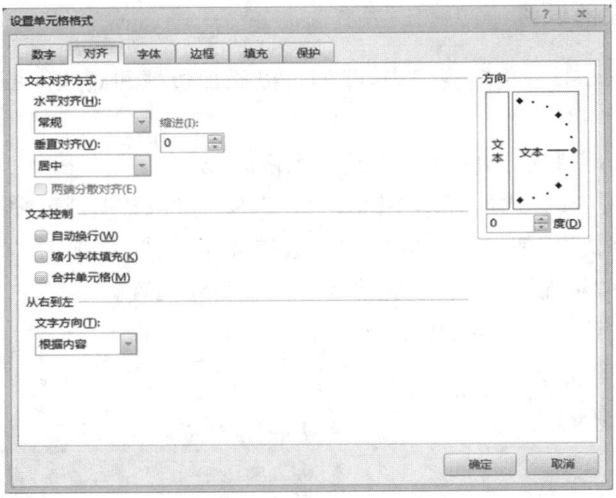

图 6-7　“设置单元格格式”对话框中的“对齐”选项卡

八、字体的格式化

1. 用“字体”选项组设置字体

选定要进行字体设置的单元格或单元格区域，点击“开始”选项卡“字体”选项组中的相应按钮进行字体设置。例如字体、字体颜色、字号设置等。

2. 用“设置单元格格式”对话框设置字体

单击“字体”选项组右下角“字体设置”按钮，可打开“设置单元格格式”对话框，在对话框中选择“字体”选项卡，如图 6-8 所示。

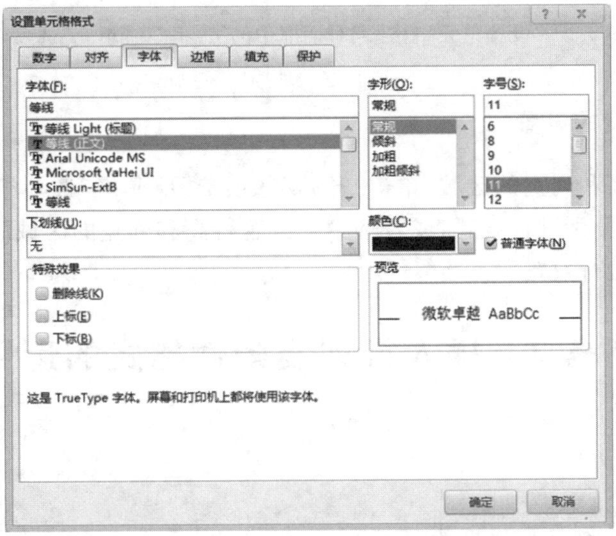

图 6-8　“设置单元格格式”对话框中的“字体”选项卡

九、边框和底纹的设置

为了使表格数据看起来更直观清晰，我们可以添加边框和底纹。

具体操作方法如下：

① 选择要添加边框和底纹的单元格或单元格区域。

② 单击鼠标右键，在弹出的菜单中选择“设置单元格格式”，或者单击“开始”选项卡“单元格”选项组中的“格式”按钮，选择其中的“设置单元格格式”选项，在“设置单元格格式”对话框中单击“边框”和“填充”选项卡分别进行边框和底纹设置。

“边框”和“填充”选项卡内容如图 6-9 所示。

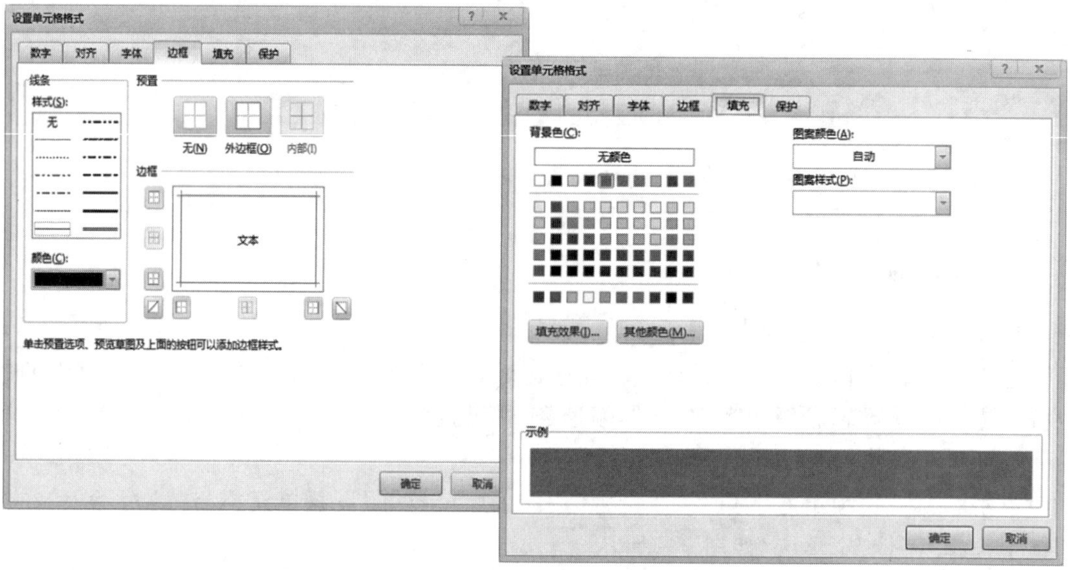

图 6-9 “设置单元格格式”对话框中的“边框”和“填充”选项卡

十、行高和列宽的设置

选中要设置行高和列宽的区域，单击“开始”选项卡“单元格”选项组中的“格式”下拉按钮，选择行高和列宽分别进行设置；或者选中要设置行高和列宽的区域后，单击鼠标右键，选择“行高”或“列宽”进行设置。

任务 2 插入行列及条件格式的运用

知识目标

1. 明确插入行或列的操作方法。
2. 掌握条件格式的使用技巧。

技能目标

能快速准确根据实际需要使用条件格式，并可以灵活插入行或列。

素质目标

通过观看《大国工匠》视频引入新课，引导学生明确熟能生巧、精益求精的重要性。培养学生处理数据的要求是快速准确，需要学生们有大国工匠精神，要精益求精，通过常操作、勤练习提高自己数据处理快速准确的技能。

任务描述

1. 在 Excel 的 Sheet1 中，正确输入学生成绩单(表 6-2)并进行设置，并且将工作表 1 命名为“学生成绩”。在 D 盘用自己姓名命名的文件夹中将当前文件保存，文件名为“项目 62 学生成绩单”。或者在 D 盘用自己姓名命名的文件夹中新建一个 Excel 文件，进行文件命名、输入数据、工作表重命名并保存文件。

表 6-2　学生成绩单

姓名	性别	高等数学	英语	计算机	总分	平均分
于丹丹	女	98	97	65		
张　广	男	89	86	82		
李文东	男	62	65	87		
刘小红	女	98	97	87		
孙红丽	女	95	94	95		
谢志文	男	56	87	85		
张明亮	男	100	94	97		
朱玉梅	女	76	65	86		
罗　明	男	85	95	69		
林黛玉	女	55	82	79		

2. 最后一行的后面增加一行，输入自己的信息，成绩自编；在表格第一列的左边插入一列，表格标题为“序号”，并利用生成序列的方法自动生成序号，居中对齐。

3. 重新对表格的第一行进行合并后居中设置，让它多包含一列，因为我们增加了“序号”那一列。

4. 进行条件格式设置，要求将学生成绩中不及格的学生成绩以字形加粗、颜色为红色，单元格填充颜色为黄色突出显示。

5. 进行条件格式设置，将学生成绩中大于或等于 90 分的成绩设置成填充颜色为浅粉色、深蓝色文字。(要求第 4 题所设置的不及格的条件格式也同时存在)

6. 为表格添加边框，要求表格外边框为黑色的、最粗的那个粗实线，内边框为红色的细实线。

7. 将“项目 62 学生成绩单”文件保存到自己所申请的 163 邮箱的“文件中心”中。

相关知识

一、用填充柄自动填充数据

利用 Excel 2016 提供的自动填充功能，可以向表格中若干连续单元格快速填充一组有规律的数据，以减少用户的录入工作量。例如，需要在相邻的单元格中填入 1、3、5 等差数列，或者连续日期或序号等。

1. 利用填充柄填充数据

① 单击待填充数据的起始单元格，输入“10 月 1 日”。

② 当前单元格的右下角有一个小黑十字，称为“填充柄”，移动鼠标，将指针指向填充柄，当指针变为小黑十字时，按下鼠标左键拖动填充柄至所需单元格，如图 6-10 所示。

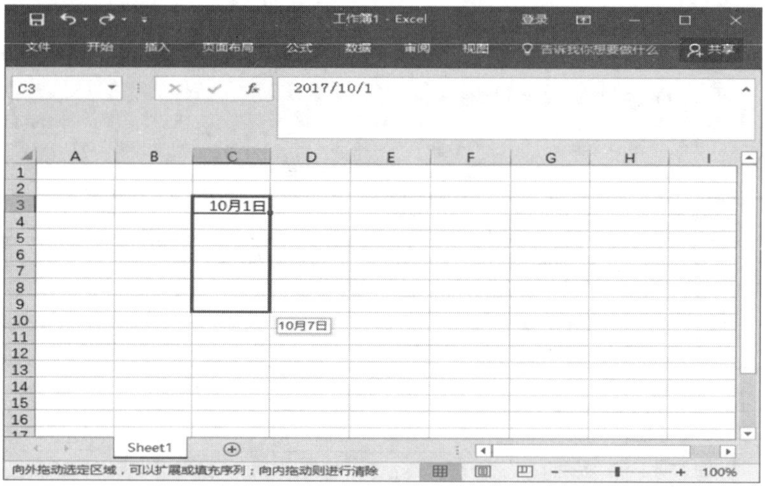

图 6-10　利用填充柄填充数据

2. 利用“序列”对话框填充数据

Excel 2016 中，有时需要输入一系列有规律的数值，比如序号、等差数列或等比数列。

① 单击要输入序列的起始单元格，输入起始值后回车，比如“1”。

② 再次单击选中的起始单元格，单击“开始”选项卡“编辑”选项组中的“填充”下三角按钮，在展开的列表中选择“序列”选项，打开“序列”对话框。

③ 在“序列”对话框中根据需要进行设置，比如等差数列，步长值为 2，终止值为 21，如图 6-11 所示。

如果生成连续的序号“1，2，3，4，5…”，则等差数列的始终值为 1，步长为 1，最终确定终止值。

另一种方法则是根据序列生成的方向（行、列）输入前两个数值（比如 1、2），然后选中这两个单元格，拖动右下角的填充柄进行填充。

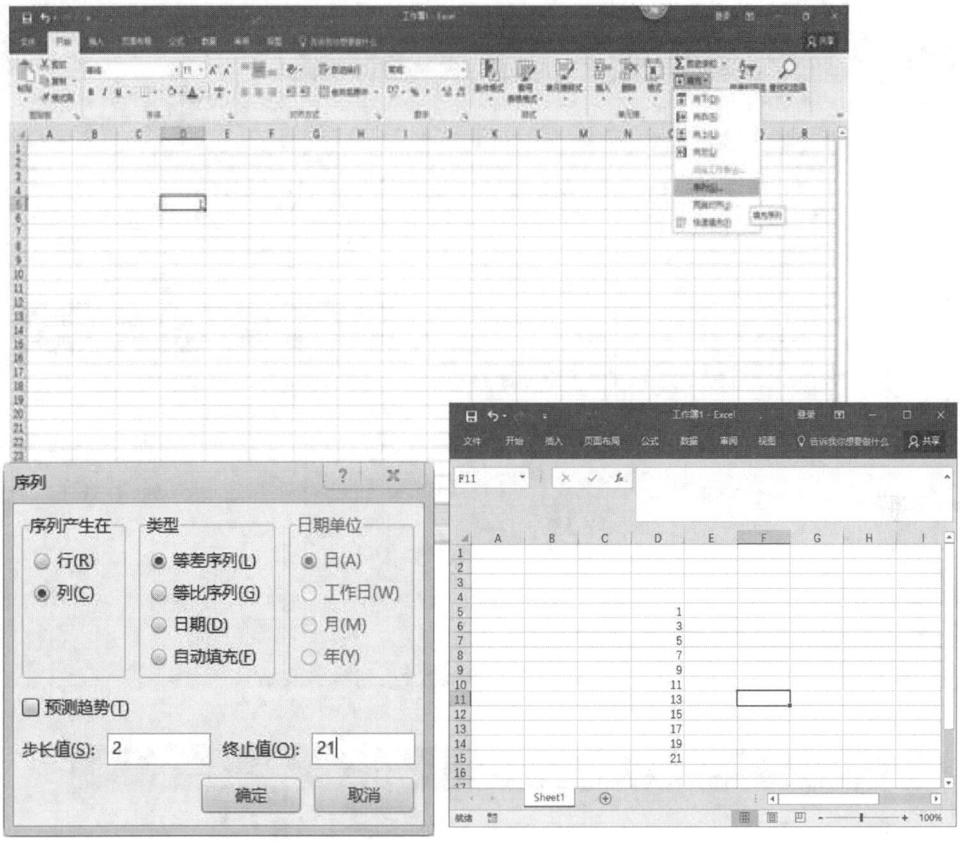

图 6-11　利用“序列”对话框填充数据

二、行、列的插入与删除

1. 行、列的插入

① 单击要插入行、列所在的单元格。

② 右击，在快捷菜单中选择“插入”，打开“插入”对话框，选择整行或整列，这时当前行、列的内容会自动向下或右移实现行或列的插入。或者单击“开始”选项卡“单元格”选项组中的“插入”下三角按钮，选择其中的“插入单元格”选项，也可以打开 “插入”对话框，如图 6-12 所示。

2. 行、列的删除

方法一：

① 选择所要删除的行或列标头，选定该行或该列。（如果要删除多行或多列，可拖动行标头或列标头来选中多行或多列）

② 单击“开始”选项卡“单元格”选项组中的“删除”下三角按钮，选择其中的“删除单元格”选项，完成行、列删除操作，如图 6-13 所示。

方法二：选择要删除的行或列后，击右键，选择快捷菜单中的“删除”项，将删除所选的行、列。

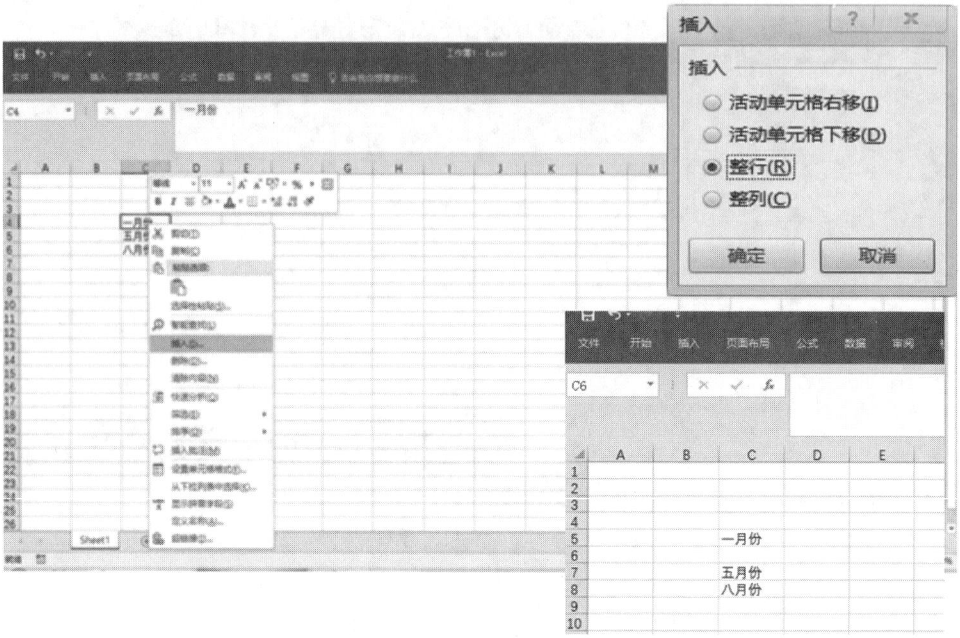

图 6-12 “插入”快捷菜单插入行、列步骤及结果

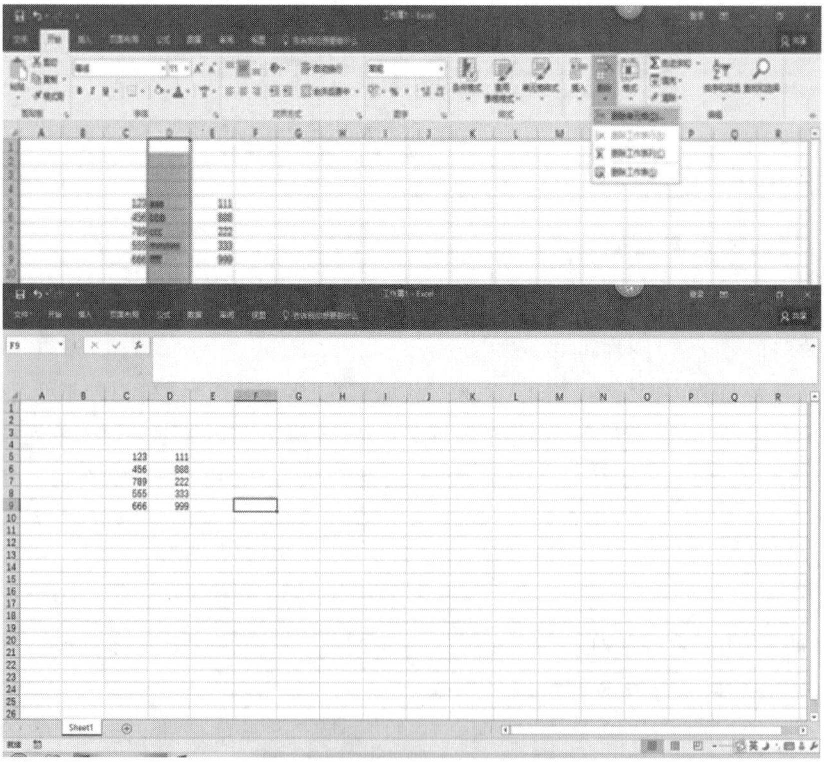

图 6-13 利用“单元格”选项组“删除”按钮删除行、列

三、设置条件格式

运用条件格式

条件格式是根据条件使用数据条、色阶和图标集等，以更直观的方式显示单元格中的相关数据信息，我们可以通过设置条件格式直观地突出显示某些单元格、强调特殊的值。

1. 某区域内单个条件的条件格式设置

① 选择要设置条件格式的单元格区域。

② 单击“开始”选项卡“样式”选项组中的“条件格式”下三角按钮，在下拉列表中选择“突出显示单元格规则”选项，再选择某个条件选项，比如“大于”。

③ 在所选择条件项的对话框中，输入需要格式化数据的条件，在右侧“设置为”下拉按钮中选择突出显示的样式，也可以在“设置为”下拉按钮中选择“自定义格式”，设置自己想要的字体、文字的颜色、填充等。

比如图 6-14 所示的突出显示成绩中“大于 90 分”的成绩。

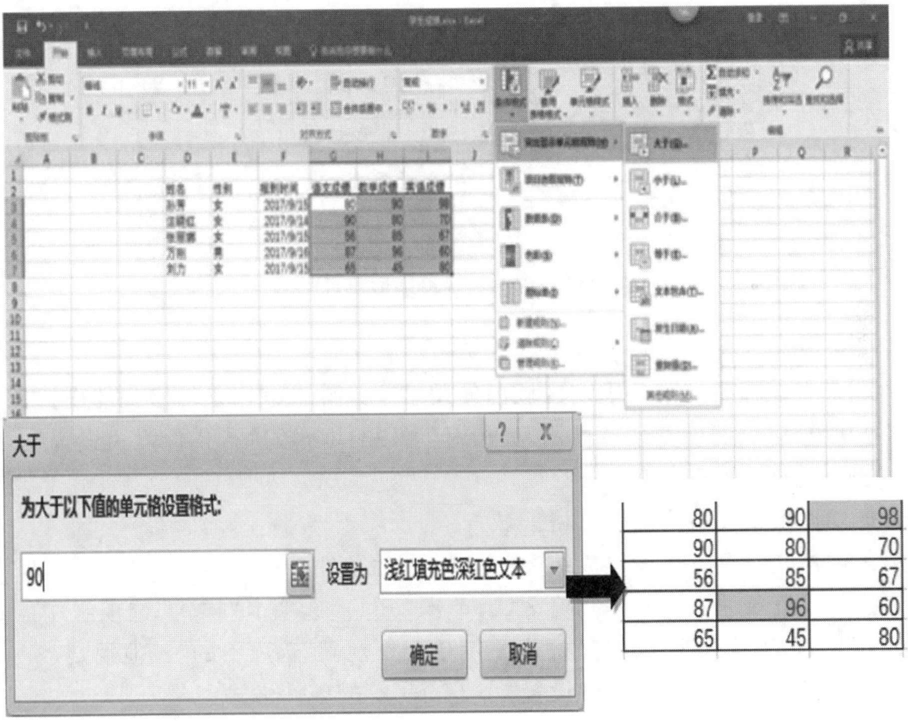

图 6-14　指定条件的条件格式设置

要设置条件格式为“大于或等于 90”，则在“突出显示单元格规则”选项中选择“其他规则”，在“新建格式规则”对话框“编辑规则说明”组中，左侧设为“单元格值”，中间设为“大于或等于”，右侧设为“条件值”，单击下面的“格式”按钮进行不同的格式设置。

2. 突出显示指定条件范围的单元格

条件中的“介于”用于表示数据中大于某值到小于某值的一定范围。图 6-15 所示为成绩中“大于 70 而小于 90”的条件格式设置。(介于 70 与 90 之间，包括 70 与 90)

图 6-15　指定条件范围的条件格式

3. 某区域内有多个条件的条件格式设置

有时,我们可能需要在某些固定区域内使用多个条件来进行条件格式的设置。例如,既想对成绩中 90 分以上的设置条件格式,又想对不及格的分数进行条件格式设置。

具体的操作方法如下:

① 选择要设置条件格式的单元格区域。

② 用条件格式设置方法设置成绩中“大于 90”的条件格式。

③ 选择要设置条件格式的单元格区域,单击“开始”选项卡“样式”选项组中的“条件格式”下三角按钮,在下拉列表中选择“突出显示单元格规则”选项下的“其他规则”。

④ 在“新建格式规则”对话框中设置“小于 60 分”的条件格式。

步骤及结果如图 6-16 所示。

4. 清除条件格式

若不再需要工作表中的条件格式,我们可以将其清除。

具体的操作方法如下:

① 单击“开始”选项卡“样式”选项组中的“条件格式”下三角按钮,在下拉列表中选择“清除规则”选项。

② 在子列表中选择要清除条件格式的范围,可以“清除整个工作表的规则”,也可以“清除所选单元格的规则”,则单元格区域或整个单元格的条件格式将被清除,如图 6-17 所示。

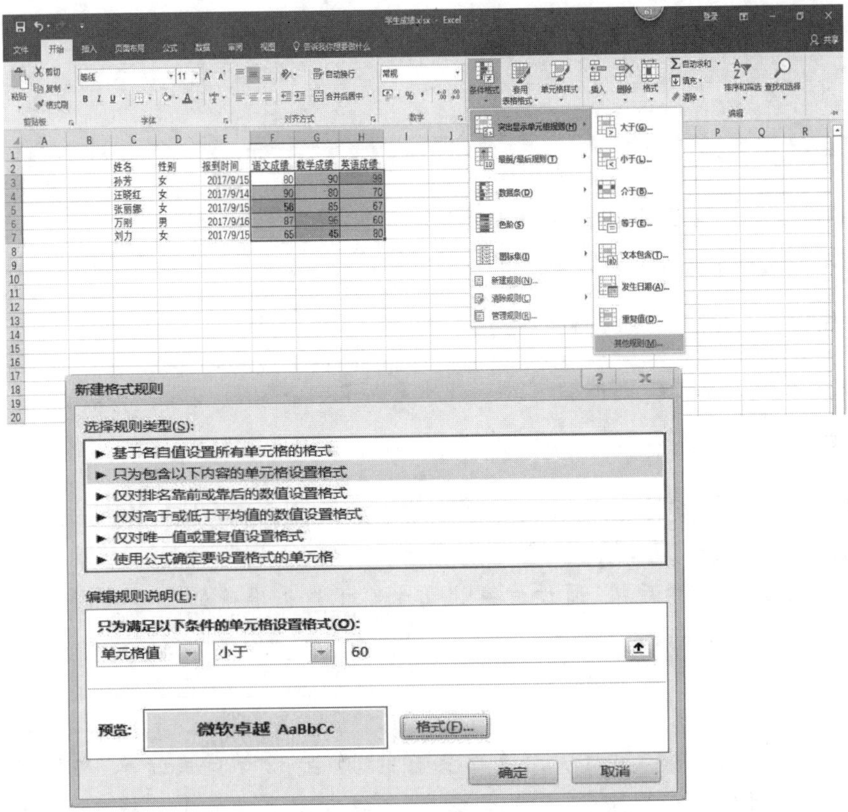

图 6-16　多条件的条件格式设置

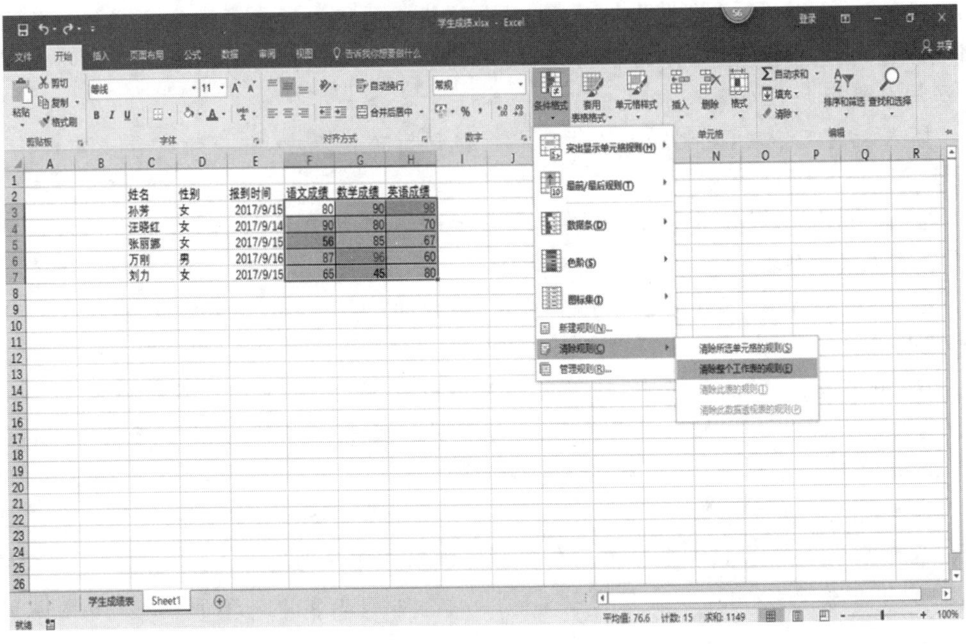

图 6-17　清除条件格式

任务3 公式及几个简单函数的运用

知识目标

1. 明确如何利用公式进行计算的方法。
2. 掌握几个常用的简单函数的运用方法。

技能目标

能根据实际需要快速准确地利用公式和函数进行计算。

素质目标

通过讲述苏联宇航员科马洛夫的《一个小数点酿成的悲剧》的故事，告诫同学们在处理数据的时候一定要严谨认真，保证数据的准确性和真实性，因为哪怕一个小数点的失误，都可能造成非常大的悲剧和后果，通过故事让学生牢记数据准确的重要性，培养精益求精的精神。

任务描述

1. 到自己163网易网盘中下载任务2保存的“项目62学生成绩单”文件，保存到桌面上，或者将U盘上保存的“项目62学生成绩单”文件复制到桌面上。将文件“项目62学生成绩单”重命名为“项目63学生成绩计算”。

2. 打开“项目63学生成绩计算”文件，将工作表1重命名为“用公式计算”。

3. 利用“公式”计算表格中的总分，使用自动填充功能把所有同学的总分都计算出来。

4. 利用“公式”计算表格中的平均分，使用自动填充功能把所有同学的平均分都计算出来。(平均分保留一位小数)

5. 插入新的工作表，复制表6-2的所有数据到新工作表中，并将新工作表重命名为“用函数计算”。

6. 在“用函数计算”工作表中，将关于自己成绩所在的一整行删除，并将已求出的总分和平均分结果数据删除。

7. 在“用函数计算”工作表中，利用“求和”函数和“求平均分”函数求出当前工作表中的总分和平均分。

8. 在“用函数计算”工作表中，利用条件求和函数SUMIF求出计算机成绩大于或等于85以上的总和。在空白处加以文字说明，右侧是计算结果。例如，文字说明为“计算机大于或等于85的成绩的总和:”，结果放在文字说明的右侧。

9. 同理，在“用函数计算”工作表中，利用条件求和函数SUMIF求出高等数学成绩大于或等于95而小于或等于100的总和。在空白处加以文字说明。

10. 利用正弦函数SIN和余弦函数COS求出30°的正弦值和余弦值。(结果保留一位小数)

11. 插入工作表3，并将工作表3重命名为“自动求和”。将“用公式计算”工作表中的数据内容复制到“自动求和”工作表中，删除总分所在列的计算结果，利用“自动求和”按钮重新计算学生的总分。

12. 移动工作表，将工作表的顺序调整为“自动求和→用公式计算→用函数计算”。

13. 将文件进行保存，发送邮件到任课教师的邮箱，并保存文件“项目 63 学生成绩计算”到自己的 U 盘中。

相关知识

一、工作表的基本操作

1. 工作表的插入

方法一：单击“新工作表”按钮插入。单击 Sheet1 工作表后面的“新工作表”按钮即可快速插入一个新工作表，如图 6-18 所示。

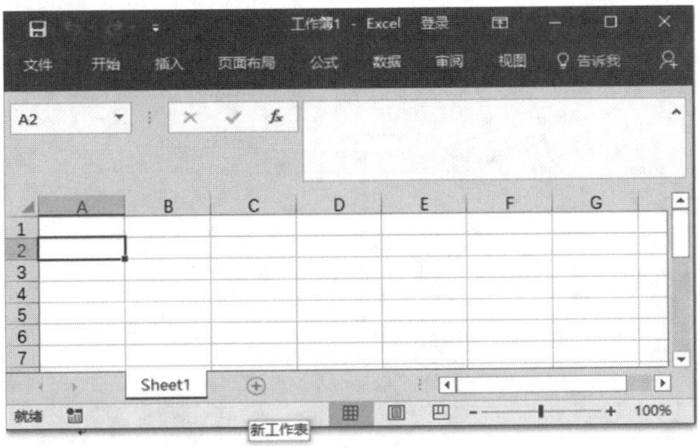

图 6-18　“新工作表”按钮插入工作表

方法二：使用“插入”按钮插入。

① 选中工作表标签，并右击，在弹出的快捷菜单中选择“插入”命令，将弹出“插入”对话框。

② 在“插入”对话框中，在“常用”选项卡中单击“工作表”选项，单击“确定”按钮，如图 6-19 所示。

2. 工作表的删除

① 选择所要删除的工作表标签。

② 用鼠标右键单击所选标签，在出现的快捷菜单中选择“删除”命令，即可将其删除，如图 6-20 所示。

3. 工作表的移动

(1) 鼠标拖动法

① 选择所要移动的工作表标签。

② 拖动所选标签到所需的位置，拖动时光标会出现一个黑三角符号来表示移动的位置，如图 6-21 所示。

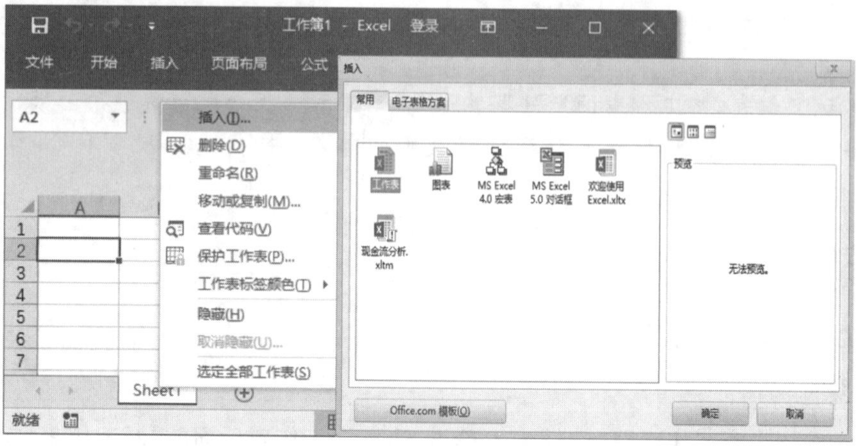

图 6-19　使用“插入”命令插入工作表

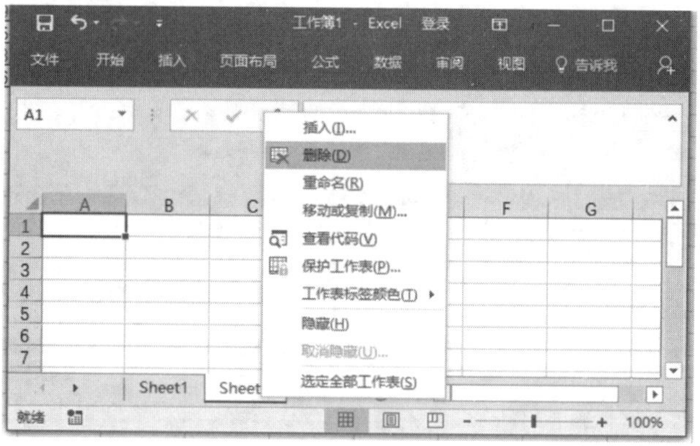

图 6-20　删除工作表

图 6-21　鼠标拖动法移动工作表

二、公式

公式是工作表中的数据进行计算的等式。在单元格中输入公式时要以等号开始。公式可以包含函数、引用、名称、常量,各运算项用运算符连接。

1. 运算符

运算符用来对公式中的各元素进行运算操作,是公式中各元素的纽带。Excel 包含算术运算符、文本运算符、比较运算符和引用运算符。

① 算术运算符:用来完成基本的数学运算。算术运算符有+(加)、-(减)、*(乘)、/(除)、%(百分比)、^(乘幂),其运算结果为数值型。

例如,在单元格 B3 中输入"=4 * 5"后按回车键,则在 B3 单元格中将出现的结果为"20"。

② 文本运算符:用文本运算符"&"将一个或多个文本连接成一个组合文本,相当于字符串的连接。运算结果为连续的文本值。例如,在单元格 D2 中输入"="你们"&"好吗?"",按回车键后,则在 D2 单元格中将出现的结果为"你们好吗?"。

③ 比较运算符:用来对两个数值进行比较,运算的结果为逻辑值 True(真)或 False(假)。

比较运算符有=(等于)、>(大于)、<(小于)、>=(大于等于)、<=(小于等于)、<>(不等于)等。例如,在单元格 C3 中,输入"=8>5"后按回车键,则在 C3 单元格显示的结果为"True"。

④ 引用运算符:主要用于在工作表中进行单元格或区域之间的引用。引用运算符有两种,分别是区域和联合两种。

区域(冒号):":"是区域运算符,它是对两个引用之间(包含两个引用在内)所有区域的单元格进行引用。

例如,A1:B2 表示 A1、A2、B1、B2 四个单元格组成的区域。

A1:A4 表示 A1、A2、A3、A4 四个单元格组成的区域。

联合(逗号):","是联合运算符,完成对单元格数据的引用。它是将多个引用合并为一个引用。

例如,SUM(A1,B3,D2)表示对 A1、B3、D2 三个单元格中的数据求和。

公式的运算顺序:如果一个公式中出现了多个运算符,各运算符之间有优先级的差别。这四类运算符的优先级从高到低依次为:引用运算符、算术运算符、连接运算符、关系运算符。每类运算符根据优先级计算。

2. 输入公式

公式输入的时候应以一个等号(=)作为开始,然后才是公式的表达式。输入公式有两种方法:一种是直接输入公式,另一种是选择单元格引用。

(1) 直接输入公式

在单元格中输入公式的步骤如下:

① 单击要输入公式的单元格。

② 先输入等号"=",然后输入公式,公式会同时显示在单元格和编辑栏中。例如,在 D2 单元格中输入"=a2+b2+c2"。

③ 输入完毕后，按回车键，可以看到在D2单元格中会显示计算的结果。

(2) 选择单元格引用

具体的操作方法如下：

① 单击要输入公式的单元格。

② 输入等号“=”，然后单击公式中要引用的第一个单元格，接着输入适当的运算符，再单击要引用的第二个单元格，依次类推，直到完成公式。

例如，在D3单元格首先输入等号“=”，然后单击A3单元格，输入加号“+”，再单击B3单元格，输入加号“+”，再单击C3单元格。

③ 按回车键，这样公式“=a3+b3+c3”就输入完成了。

3. 公式的自动填充

在一个单元格输入公式后，如果相邻的单元格需要进行同类型的计算，则可以利用公式的自动填充功能来快速进行公式的计算，而不再需要每个单元格都输入一次公式。

具体的操作方法为：

① 单击公式所在的单元格。

② 移动鼠标到该单元格的右下角黑方块(填充柄)处。

③ 当鼠标变成小黑十字时，按下鼠标左键，然后拖动“填充柄”经过目标区域。

④ 当到达目标区域后，放开鼠标左键，公式自动填充完毕，如图6-22所示。

图6-22 公式的自动填充

4. 自动求和

求和计算是最常用的公式计算，使用自动求和的具体操作方法为：

① 单击要存放计算结果的单元格。

② 单击“开始”选项卡“编辑”选项组中的“自动求和”下三角按钮，在下拉列表中选择“求和”选项。默认对左侧数据进行求和。

③ 如果数据区域正确，则按回车键确定公式。否则选择正确的求和区域，则在当前单元格中将显示自动求和后的结果，利用公式自动填充功能实现所有总分的计算，如图6-23所示。

同理，单击“开始”选项卡“编辑”选项组中的“自动求和”下三角按钮，在下拉列表中可以

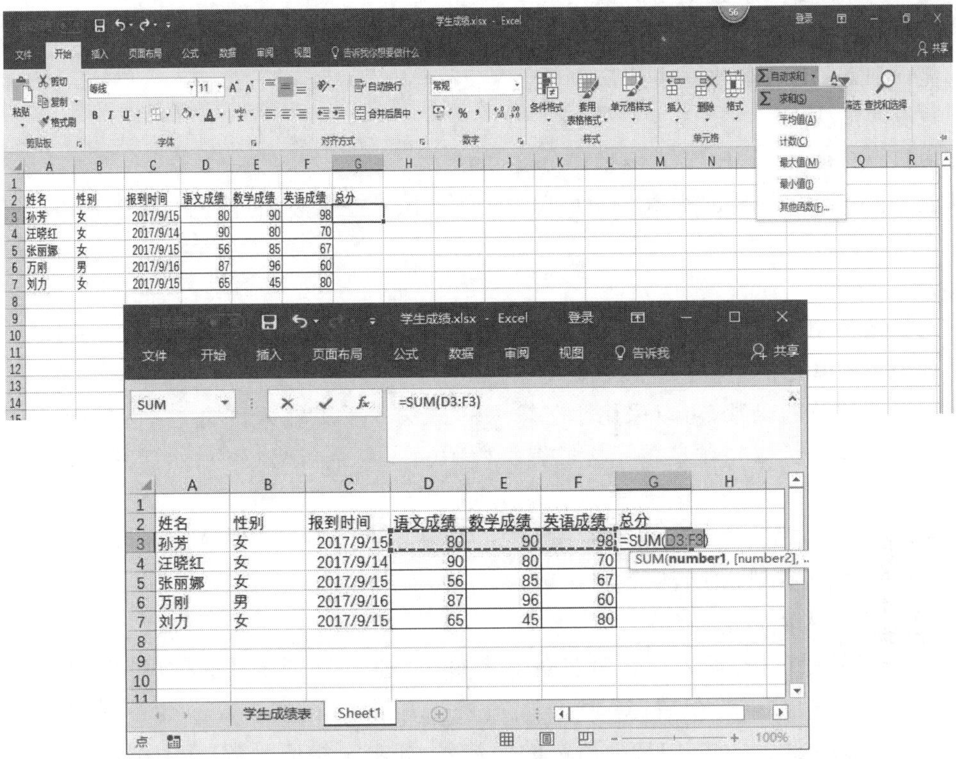

图 6-23　“自动求和”的应用

选择其他选项，进行相应的计算。比如平均值、计数、最大值、最小值等。

单击“公式”选项卡“函数库”选项组中的“自动求和”下拉按钮也可以实现求和、平均值等计算。

三、函数

函数由函数名和用括号括起来的参数组成，是一个预先定义好的内置公式。恰当地使用函数可以大大提高表格计算的效率。

函数的一般形式是：函数名称(参数 1，参数 2，…)。

函数名代表了该函数具有的功能。

1. Excel 中的常用函数

(1) 求和函数 SUM

语法：SUM(N1，N2，…)。

功能：计算一组选定数据的总和。

(2) 求平均值函数 AVERAGE

功能：计算一组选定数据的平均值。

(3) 计数函数 COUNT

功能：计算单元格区域或数字数组中数字字符字段的输入项个数。

(4) 求最大值函数 MAX

功能：可以求出一组数据中的最大值。

(5) 求最小值函数 MIN

功能：可以求出一组数据中的最小值。

(6) 条件函数 IF

语法：IF(Logical_value,value1,value2)。

功能：若 Logical_value 为真(TRUE)，则取 value1 表达式的值，否则取 value2 表达式的值。

2. 输入函数

输入函数常用的有三种方法：

(1) 直接在单元格中输入(手工输入)

对于一些简单的函数，可以采用手工输入的方法。手工输入的方法同在单元格中输入公式的方法一样。可以先在某单元格或编辑栏中输入一个等号(=)，然后直接输入函数名及其参数。

例如，可以直接在 E2 单元格中输入"=SUM(B2:D2)"或"=SUM(B2+C2+D2)"。

(2) 通过"插入函数"对话框选择函数

① 单击要插入函数的单元格。

② 单击工具栏上的"插入函数"按钮，或者单击"公式"选项卡"函数库"选项组中的"插入函数"按钮，将弹出"插入函数"对话框，如图 6-24 所示。

③ 在"选择函数"列表框中选择所需的函数名，如求平均值函数"AVERAGE"。

④ 单击"确定"按钮，弹出所选函数的"函数参数"对话框。

⑤ 在"函数参数"对话框中确定数据的范围，并单击"确定"按钮。

调整计算结果的小数位数，并进行公式的自动填充。

3. 条件求和函数

在 Excel 中 SUMIF 函数是一个非常有用的函数，它可以按条件进行求和。

具体的格式是：SUMIF(条件判断区域，条件，求和区域)。

说明：

① 条件判断区域：一是要有条件，二是要有判断的区域，SUMIF 的第二个参数就是求和的条件，第一个参数就是拿条件来这个区域进行对比的区域。第一个参数必须是单元格引用。

② 条件：按条件求和就得有条件，该条件可以是字符串，也可以使用通配符来表示匹配求和。

③ 求和区域：该参数指定对哪个区域进行求和运算，为单元格区域引用。

④ 如果求和区域和判断区域是一个区域，则 SUMIF 函数由三个参数将可以变换为两个参数，即 SUMIF(求和区域，条件)。

对图 6-25 中"高等数学"成绩中大于或等于 95 分的成绩进行求和，以此为例进行说明。

具体的操作步骤为：

① 单击要存放计算结果的单元格。

② 单击"公式"选项卡"函数库"选项组中的"插入函数"按钮，打开"插入函数"对话框。"类别"中选择"全部"，找到 SUMIF 函数。

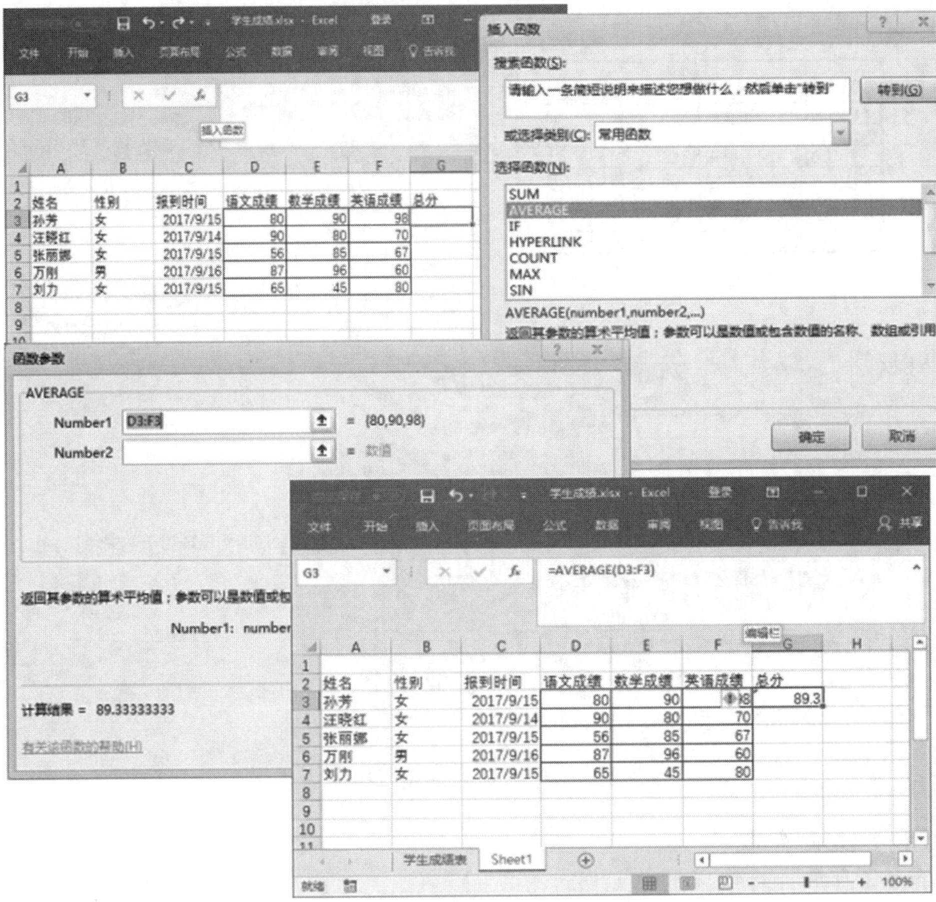

图 6-24　利用"插入函数"选择函数

③ 确定条件区域。比如"高等数学"成绩列中所有数据区域。

④ 确定条件。条件输入框中输入"＞＝95"。

⑤ 确定求和区域。此例求和区域与条件区域相同。

利用 SUMIF 函数可以实现按条件对某个数值区间进行求和。需要两次使用 SUMIF 函数，并进行相减运算。

以实例来说明具体的操作方法，对于图 6-25 的数据，计算"英语"成绩中大于或等于 95 而小于或等于 100 的成绩进行求和运算。需要两次运用 SUMIF 函数，第一次运用后在编辑栏内输入减号，再次运用 SUMIF 函数来完成运算。最后编辑栏内的内容是：

＝SUMIF(E4:E10,"＜＝100",E4:E10)－SUMIF(E4:E10,"＜95",E4:E10)

4. 正弦函数和余弦函数

(1) 正弦函数 SIN

功能：计算弧度的正弦值。

语法：SIN(number)。

说明：number 为所求正弦的角度，要以弧度来表示。

如果 number 参数的单位是(°)，则需要乘以 PI()/180，将度转换成弧度。

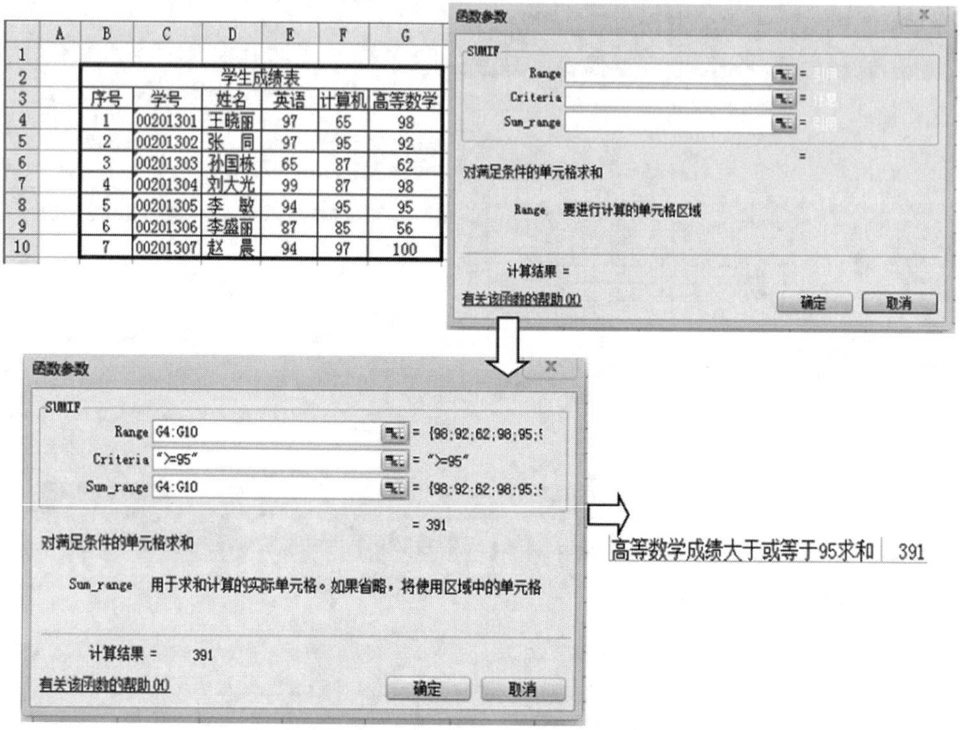

图 6-25 条件求和实例的过程

例如求 45°的正弦值：

① 单击要存放计算结果的单元格。

② 单击“公式”选项卡“函数库”选项组中的“插入函数”按钮，打开“插入函数”对话框。“类别”中选择“全部”，找到 SIN 函数。或者在“函数库”选项组中单击“数学和三角函数”按钮，找到 SIN 函数。

③ 在“函数参数”对话框内输入度转换为弧度的计算公式，如图 6-26 所示。

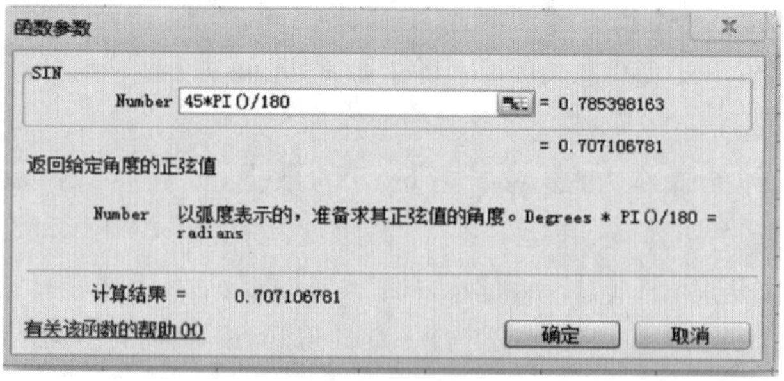

图 6-26 SIN 函数的用法

(2) 余弦函数 COS

功能：计算弧度的余弦值。

语法：COS(number)。

说明：number 为所求余弦的角度，要以弧度来表示。

如果 number 参数的单位是(°)，则需要乘以 PI()/180，将度转换成弧度。

具体的使用方法与正弦相同。

任务4 成绩排序

知识目标

1. 明确如何利用排序命令进行排序的方法。
2. 掌握单条件和多条件的排序操作技巧。

技能目标

能根据实际需要进行各种条件的排序，服务于我们的工作和生活。

素质目标

通过《数说中国“改革开放40年”大变化》中的40年以来经济发展和人民收入等数据进行排序，展示发展的速度之快，国家之强大。引导学生树立民族自豪感，增强爱国情怀。

任务描述

1. 在D盘用自己姓名命名的文件夹中新建Excel文件，文件名为“项目64 成绩排序”。在工作表1中输入表6-3的内容，并对工作表1重命名为“排序前原数据”，将文件进行保存。

表6-3 学生成绩单

序号	学号	姓名	英语	计算机	高等数学	总分	平均分
1	00201301	王晓丽	97	65	98		
2	00201302	张　同	97	95	92		
3	00201303	孙国栋	65	87	62		
4	00201304	刘大光	99	87	98		
5	00201305	李　敏	94	95	95		
6	00201306	李盛丽	87	85	56		
7	00201307	赵　晨	94	97	100		

2. 按照表6-3的对齐方式进行设置，并加边框线。
3. 用“函数”计算出表6-3中“总分”和“平均分”项。(平均分保留一位小数)
4. 将工作表2重命名为“总分升序排序”，然后将“排序前原数据”工作表中的数据复制到“总分升序排序”工作表中的相应位置。
5. 在“总分升序排序”工作表中，利用单条件排序，按照总分从低到高的顺序进行升序排序。

6. 将工作表 3 重命名为“总分降序、总分相同英语降序排序”，将“排序前原数据”工作表中数据复制到“总分降序、总分相同英语降序排序”工作表中的相应位置。

7. 在“总分降序、总分相同英语降序排序”工作表中，利用多条件排序，将总分按照降序排序。如果总分相同的，按照英语成绩降序排序。

8. 将工作表 4 重命名为“姓名按字母升序排序”，然后将“排序前原数据”工作表中的数据复制到“姓名按笔画升序排序”工作表中。对姓名按字母进行升序排序。

9. 及时保存文件，等待成果汇报或等待教师的检查评价。

相关知识

所谓排序，就是指按照指定的顺序重新排列工作表中的行，但排序并不改变行的内容，进行数据排序将会给查询工作带来方便。通常数字由小到大、字母由 A 到 Z 的排序称为升序；反之，称为降序。

一、单列排序（单条件排序）

单列排序是指只是对数据的某一列进行单一条件的排序。

具体的操作方法为：

① 单击数据区域中要进行排序的那一列的任意单元格。

② 单击“数据”选项卡“排序和筛选”选项组中的“升序”按钮或“降序”按钮进行排序。也可以右击，在快捷菜单中选择“排序”菜单下的“升序”或“降序”菜单项。

如图 6-27 所示，图中是对“数学成绩”进行降序排序。

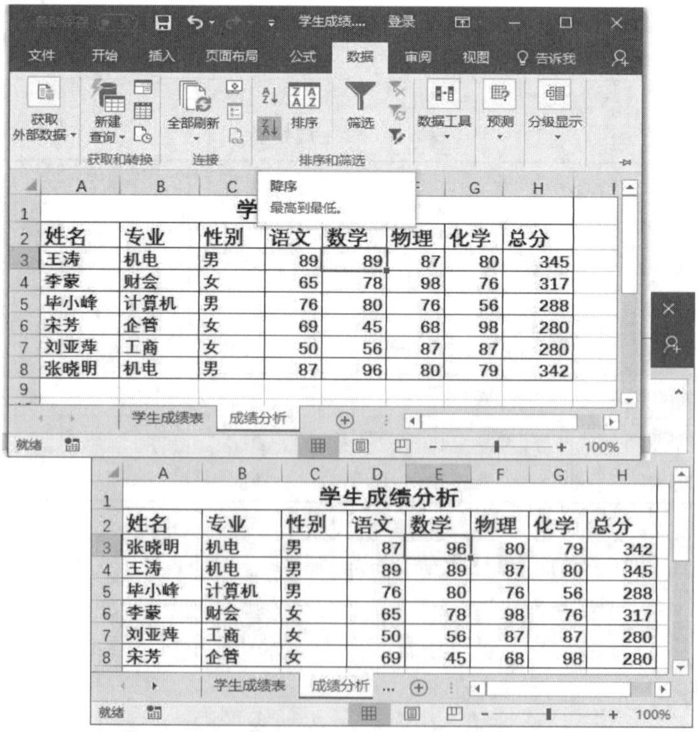

图 6-27 “单列排序”对数学成绩降序排序

二、多列排序(多条件排序)

Excel 2016 可以实现多条件排序。下面实例先以总分进行降序排序,如果总分相同则按数学降序排序。

具体的操作方法为:

① 在需要排序的数据区域中,单击任意单元格。

② 单击“数据”选项卡“排序和筛选”选项组中的“排序”按钮,将弹出“排序”对话框。也可以右击,在快捷菜单中选择“排序”菜单项。

③ 在“排序”对话框的“主要关键字”下拉列表中选择第一个排序的关键字(如“总分”),“排序依据”中选择“单元格值”,“次序”选择“升序”或“降序”确定排序的顺序(如“降序”)。

④ 单击“添加条件”按钮可增加“次要关键字”,在“次要关键字”下拉列表中选择要进行第二级排序的字段(如“数学”),并指定排序的顺序(如“降序”)。

⑤ 同样的方法,可以再次单击“添加条件”按钮增加下一个“次要关键字”,在下拉列表中选择要进行第三级排序的字段和次序。

具体的操作步骤及结果如图 6-28 所示。

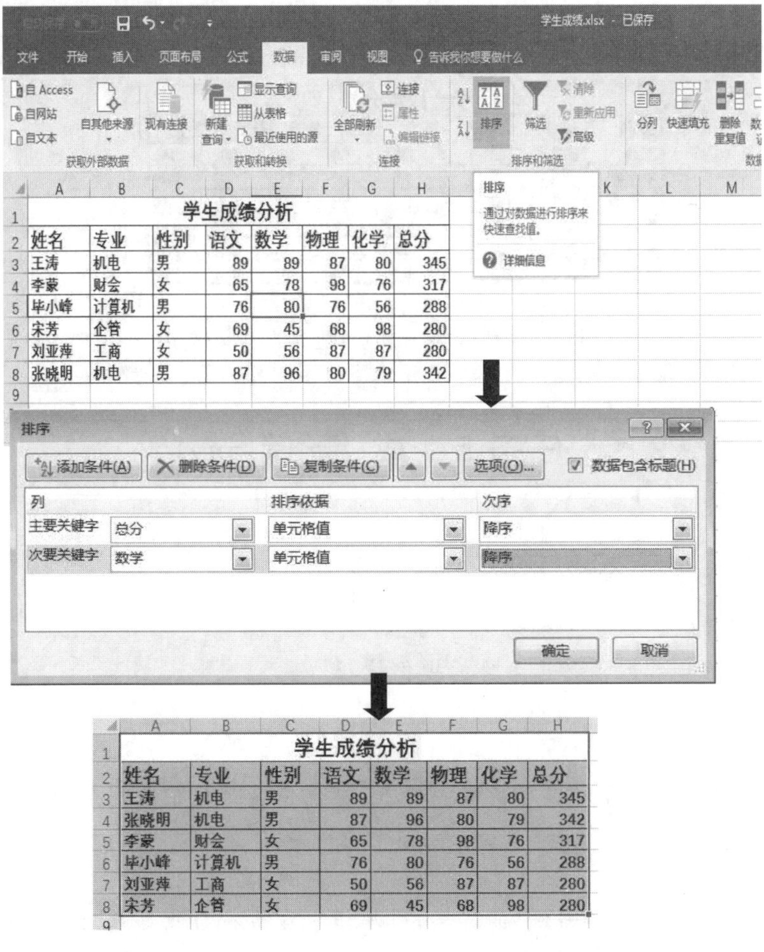

图 6-28　多条件排序(总分降序,相同则数学降序)

三、自定义排序

以对姓名按笔画升序排序为例进行讲解。

具体的操作方法为：

① 在需要排序的数据区域中，单击任意单元格。

② 单击“数据”选项卡“排序和筛选”选项组中的“排序”按钮，将弹出“排序”对话框。

③ 在“排序”对话框中，单击“选项”按钮，将打开“排序选项”对话框，如图 6-29 所示。在“排序选项”对话框中，可以设置排序选项。

④ 在“排序”对话框中确定排序的主要关键字、排序依据、排序次序等。

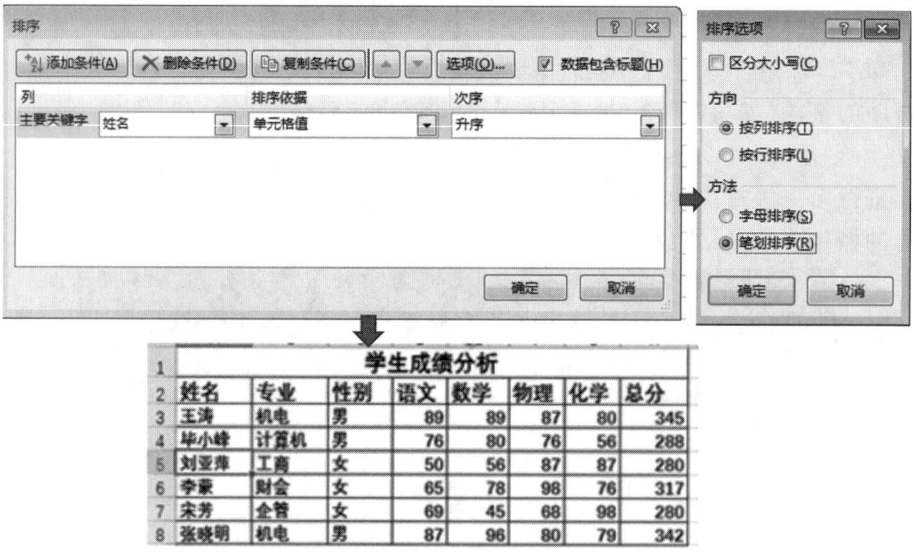

图 6-29　利用“排序”选项进行自定义排序

任务 5　成绩筛选

知识目标

1. 明确数据筛选的操作方法。
2. 掌握自动筛选和取消筛选条件的操作技巧。

技能目标

能根据实际需要进行各种条件的数据筛选，筛选出满足我们需要的数据。

素质目标

通过讲述《康美药业财务造假》的案例，引导学生在进行数据处理时一定要诚实守信，这也是数据处理工作人员最基本的职业操守。

任务描述

1. 在 D 盘用自己姓名命名的文件夹中新建 Excel 文件，文件名为“项目 65 成绩筛选”。将“项目 62 学生成绩单”的数据内容复制到工作表 1 中，内容见表 6-2。将工作表 1 重命名为“原数据”，将文件进行保存。

2. 将数据表中的条件格式进行清除规则，将表格中增加的自己的那一行删除，利用函数计算出总分和平均分。（平均分保留两位小数）

3. 将工作表 2 重命名为“成绩筛选”，并将工作表“原数据”中的内容复制到“成绩筛选”工作表中。

4. 在“成绩筛选”工作表中，用自动筛选功能筛选出姓名为“张明亮”的所有成绩信息。将筛选后的信息复制到工作表 3 中，并将工作表 3 重命名为“筛选张明亮信息”。

5. 插入工作表 4、工作表 5、工作表 6、工作表 7 和工作表 8。

6. 在“成绩筛选”工作表中，单击“数据”选项卡“排序和筛选”选项组中的“清除”按钮恢复原数据；用自动筛选功能筛选出所有男同学的成绩信息，并将筛选结果复制到工作表 4 中，最后将工作表 4 重命名为“筛选男同学信息”。

7. 在“成绩筛选”工作表中恢复原数据，然后用自动筛选功能筛选出英语成绩大于 90 分的女同学的成绩信息，并将筛选结果复制到工作表 5 中。最后将工作表 5 重命名为“筛选英语成绩大于 90 分的女同学信息”。

8. 在“成绩筛选”工作表中恢复原数据，然后用自动筛选功能筛选出高等数学成绩排在前三名的学生的信息，并将筛选结果复制到工作表 6 中。最后将工作表 6 重命名为“筛选高等数学成绩排在前三名的同学信息”。

9. 在“成绩筛选”工作表中恢复原数据，然后用自动筛选功能筛选出总分排在后三名的学生的信息，并将筛选结果复制到工作表 7 中。最后将工作表 7 重命名为“筛选总分排在后三名的学生信息”。

10. 在“成绩筛选”工作表中恢复原数据，再使用自动筛选功能筛选出总分大于或等于 250 分并且小于 290 分的学生成绩信息，并将筛选结果复制到工作表 8 中。最后将工作表 8 重命名为“筛选总分大于或等于 250 分并且小于 290 分的信息”。

11. 将工作表“成绩筛选”中的筛选标记取消。对文件进行保存，等待教师验收评价。

相关知识

一、数据筛选

在工作中，常常希望按照某个条件从数据表中选取一部分数据进行使用。例如，从学生成绩表中找出“数学”成绩不及格的学生，这就是“数据筛选”。

数据筛选是指把不满足条件的数据暂时隐藏起来，只显示满足条件的数据，供用户使用。注意：不满足条件的数据只是被暂时隐藏起来，并未真正删除，一旦筛选条件被取消，这些数据会重新出现。

数据筛选

Excel 2016 的筛选分为自动筛选和高级筛选。自动筛选是按简单条件进行筛选，高级筛选是按多种条件组合来进行筛选。

1. 自动筛选

下面以筛选出“数学”成绩中“大于或等于 80”的成绩为例进行讲解。

具体的操作方法为:

① 单击要进行筛选的数据区域中的任意一个单元格。

② 单击“数据”选项卡“排序和筛选”选项组中的“筛选”按钮。此时,每个字段旁边出现一个下拉按钮▼,表示进入了自动筛选状态,如图 6-30 所示。

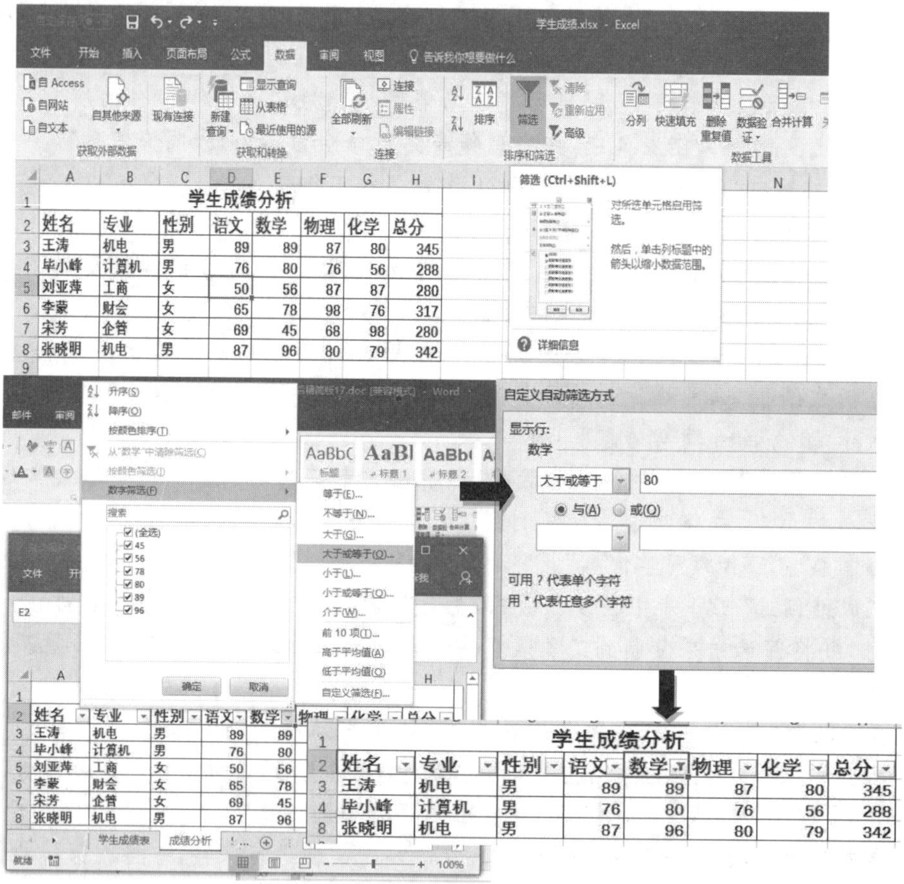

图 6-30　自动筛选步骤及结果

③ 单击数据区域中任意一个标题字段下拉按钮,会出现相应的下拉列表,选择“数字筛选”菜单项下的“大于或等于”选项,在“自定义自动筛选方式”对话框中确定筛选条件(大于或等于 80),则可筛选出满足条件的数据信息。

这里如果筛选出“数学”成绩中“大于或等于 80”且“小于 90”的成绩,则需要在“自定义自动筛选方式”对话框中继续进行如图 6-31 所示的设置。

如果是多条件筛选,则分别使用字段后的下拉按钮进行筛选条件设置。比如筛选出数学成绩大于 90 分的男同学信息,则需要先进行“性别”为“男”的筛选,在此基础上再进行“数学”成绩大于“90 分”的筛选。

图 6-31 “自定义自动筛选方式”对话框

2. 取消筛选条件

如果要取消筛选状态恢复原数据，有两种方法可以实现。

方法一：单击已经设置了筛选的字段右侧的下拉按钮，选择里面的“从 * * 中清除筛选”菜单，可以将所设置的筛选取消，恢复原数据，如图 6-32 所示。

方法二：单击“数据”选项卡“排序和筛选”选项组中的“清除”按钮，将会清除当前数据范围的筛选状态，如图 6-32 所示。

两种方法都可以实现图 6-32 下方取消筛选的结果。

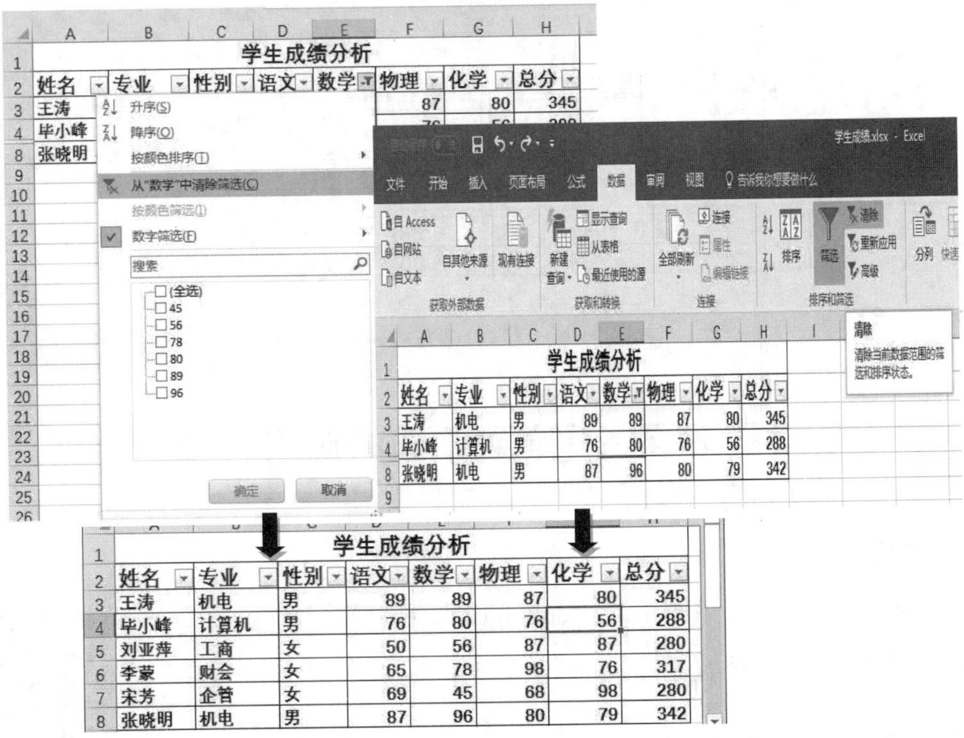

图 6-32 取消筛选条件

二、取消自动筛选

得到符合条件的筛选后，可将结果复制到别处保留下来。比如将它复制到另一张工作表中保存。

若要结束自动筛选标记操作，则再次单击“数据”选项卡“排序和筛选”选项组中的“筛选”按钮，这时列标题旁的筛选下拉按钮将会消失，全部数据都被显示。操作步骤及结果如图 6-33 所示。

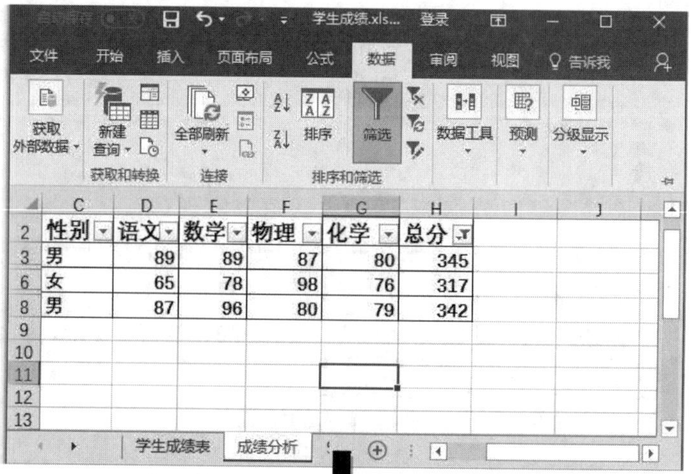

	C	D	E	F	G	H
2	性别	语文	数学	物理	化学	总分
3	男	89	89	87	80	345
4	男	76	80	76	56	288
5	女	50	56	87	87	280
6	女	65	78	98	76	317
7	女	69	45	68	98	280
8	男	87	96	80	79	342

图 6-33 取消自动筛选标记

任务 6 高级筛选的应用

知识目标

1. 明确利用高级筛选来进行数据筛选的操作方法。
2. 掌握高级筛选时条件“与”和“或”的不同用法。

高级筛选

技能目标

能根据实际需要利用高级筛选进行各种数据筛选，筛选出满足我们需要的数据。

素质目标

讲述《庖丁解牛》的故事，让学生明白做任何事都要认真思考，并经过反复实践，掌握了事物的客观规律，做事就会得心应手，运用自如。培养学生做事情要做到最好和精益求精的工匠精神。

任务描述

1. 在D盘用自己姓名命名的文件夹中新建Excel文件，文件名为“项目66高级筛选”。将“项目64成绩排序”文件中“排序原数据”工作表的内容复制到工作表1中，然后在“英语”列的左侧增加一列“性别”，将工作表1重命名为“学生成绩原数据”，将文件保存。

2. 插入工作表，将工作表“学生成绩原数据”中的所有数据复制到工作表2中，并将工作表2重命名为“高级筛选总分大于或等于260分”，然后在当前工作表中使用高级筛选功能筛选出“总分大于或等于260分”的学生信息。

3. 插入工作表，将工作表“学生成绩原数据”中的所有数据复制到工作表3中，并将工作表3重命名为“高级筛选计算机大于或等于95的女同学”，然后在当前工作表中使用高级筛选功能筛选出“计算机大于或等于95的女同学”的信息。

4. 插入工作表4和工作表5。

5. 将工作表“学生成绩原数据”中的所有数据复制到工作表4中，并将工作表4重命名为“高级筛选平均分小于90的或者是男同学”，然后在当前工作表中使用高级筛选功能筛选出“平均分小于90的或者是男同学”的信息。

6. 将工作表“学生成绩原数据”中的所有数据复制到工作表5中，并将工作表5重命名为“高级筛选高等数学成绩大于或等于95分并且平均分大于90分”，然后在当前工作表中使用高级筛选功能筛选出“高等数学成绩大于或等于95分并且平均分大于90分”的学生信息。

7. 保存文件，等待成果汇报或教师评价。

相关知识

如果要使用多个条件进行数据筛选，可以分别对数据清单中的多列指定筛选条件，一般指定的多个字段的筛选条件之间可以是“与”的关系也可以是“或”的关系，即只有满足各个字段筛选条件的数据才被显示出来。

要使用高级筛选，需要指定两个区域：一个是列表区域，另一个是条件区域。列表区域可以是我们的数据区域，条件区域是由用户建立的。条件区域用来指定筛选的数据必须满足的条件，可以在数据区域外的任何区域（一般放于下方）输入进行筛选的条件，该条件区域至少为两行。第一行为设置筛选条件的字段名，该字段名必须与数据清单中的字段名完全匹配，第二行是相应的筛选条件值。

注意：如果条件区域中的几个条件在同一行上是“与”的关系，如果在不同行上则是“或”的关系。

进行高级筛选的操作步骤如下：

① 建立条件区域（在一空白区域内输入筛选条件，包含字段和筛选条件）。

② 单击“数据”选项卡“排序和筛选”选项组中的“高级”按钮。

③ 根据需要定义好“高级筛选”对话框，通过拖动鼠标选择相应的区域来确定列表区域和条件区域。条件区域是刚才输入字段和条件的区域，列表区域选择时不要包含数据区域的表的标题。然后单击“确定”按钮，则可实现高级筛选功能。

高级筛选要取消筛选条件恢复原数据，方法与筛选相同，单击“数据”选项卡“排序和筛选”选项组中的“清除”按钮，将会清除当前数据范围的筛选状态。

任务7　图表的生成

知识目标

1. 掌握对相关数据生成各种类型图表的操作技巧。
2. 掌握编辑所生成的图表的操作方法。

技能目标

能根据实际需要生成所需要的图表，并灵活进行图表的编辑。

素质目标

展示《经济社会发展统计图表：新中国70年辉煌成就（综合篇）》，通过图表信息可以明确发现这70年来中国的巨变和成就，会发现今天的中国已经变得非常强大，从而培养学生的爱国情怀。

任务描述

1. 在D盘用自己姓名命名的文件夹中新建Excel文件，文件名为“项目67图表”。将“项目63学生成绩计算”文件中“用公式计算”工作表的内容复制到工作表1中，将工作表1重命名为“学生成绩”。删除最后一行自己的信息，添加边框线，保存文件。内容见表6-4。

表6-4　学生成绩单

序号	学号	姓名	英语	计算机	高等数学	总分	平均分
1	00201301	王晓丽	97	65	98	260	86.7
2	00201302	张　同	97	95	92	284	94.7
3	00201303	孙国栋	65	87	62	214	71.3
4	00201304	刘大光	99	87	98	284	94.7
5	00201305	李　敏	94	95	95	284	94.7
6	00201306	李盛丽	87	85	56	228	76.0
7	00201307	赵　晨	94	97	100	291	97.0

2. 在“学生成绩”工作表中，生成关于学生“总分”的三维饼图图表，如图6-34所示。

3. 将所生成的关于学生总分的三维饼图复制到工作表2中，并将工作表2重命名为

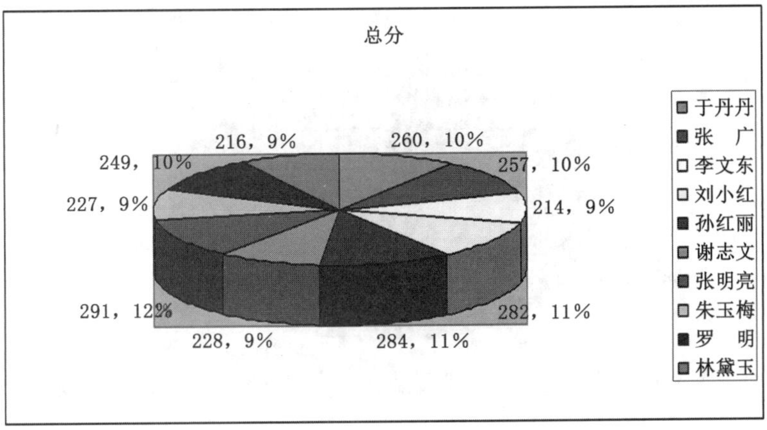

图 6-34　学生总分图表

“总分三维饼图”。

4. 在“学生成绩”工作表中，生成关于学生“英语”和“计算机”成绩的簇状柱形图图表，结果如图 6-35 所示。将所生成的图表复制到工作表 3 中，设置图表标题，并将工作表 3 重命名为“英语计算机簇状柱形图”。

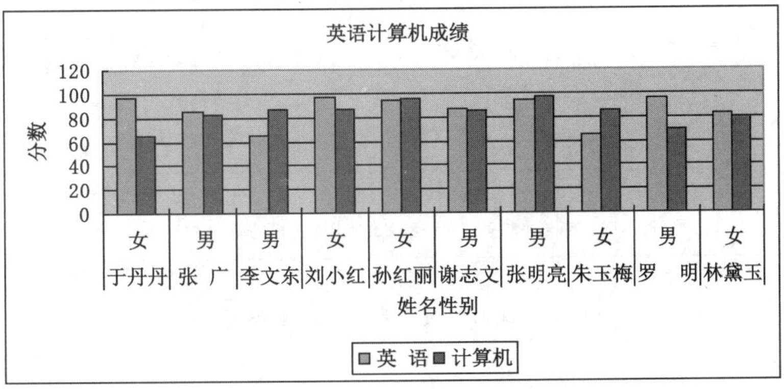

图 6-35　“英语”和“计算机”成绩簇状柱形图图表

5. 在“总分三维饼图”工作表中，将原图表进行复制，粘贴到当前工作表的其他空白位置，并将总分饼形图图表中“刘小红”的图表数据系列填充颜色改为“红色”，并将图例放在图表的底部，为图例设置“浅黄色”填充颜色，图表标题“总分”两个字设置为“浅蓝色”填充颜色、宋体、加粗、18 磅、红色文字，数据标签设置成红色文字、加粗，结果如图 6-36 所示。

6. 在“英语计算机簇状柱形图”工作表中，对图表增加数据系列“总分”，设置“总分”数据系列的填充颜色为红色，并为“总分”数据系列添加数据标签。然后对图表进行复制，粘贴到当前工作表的其他空白位置，并对该图表进行编辑，将图表类型改成折线图，类型为“带标记的堆积折线图”。将“总分”数据系列的线条颜色设置为“红色”，并为其添加数据标签。最后的效果如图 6-37 所示。

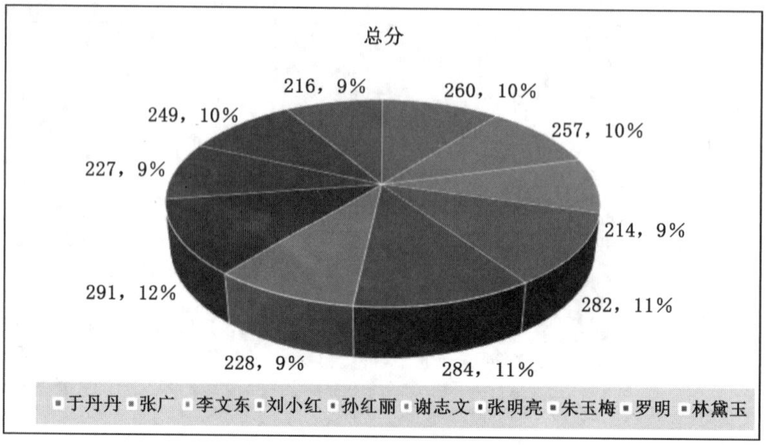

图 6-36　总分图表编辑效果图

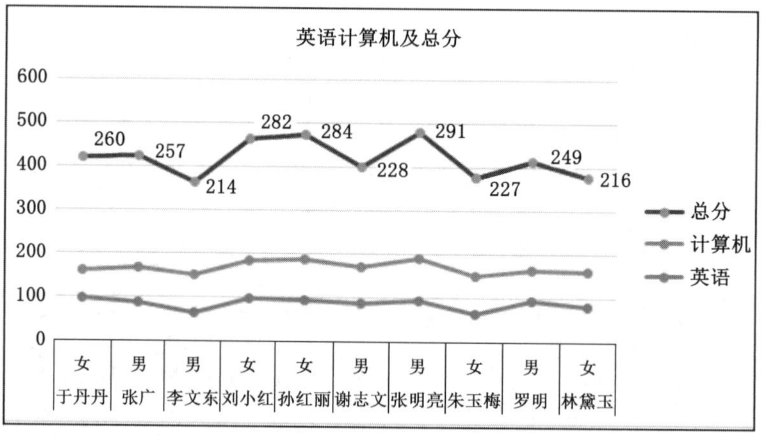

图 6-37　柱形图改为带标记的堆积折线图

相关知识

Excel 中，图表就是将工作表中数据以各种统计图表的形式显示。图表比数字更直观、更容易被人们所接受。当工作表中的数据源发生变化时，图表中对应项的数据也自动更新。

一、图表的创建

创建图表时基本上分两大步骤，首先为图表选中数据区域，然后插入图表。

生成图表

1. 选择数据

数据是创建图表的基础，所以创建图表时首先在工作表中为图表选中数据。

若创建图表的数据是连续的单元格区域时，则可以选择该区域或是该区域内任意的单元格。

若创建图表的数据不连续时，则可以按住 Ctrl 键选中相应的单元格区域；也可以将某些特定的行或列进行隐藏，然后再创建图表。

2. 插入图表

选择数据后就可以插入图表了，Excel 可以根据不同的数据为用户推荐合适的图表。

用户按照图表向导所指示的操作步骤，就可以建立所需的图表。

以“学生成绩”为例，对各个学生的各科分数及总分进行图表显示，来说明建立图表的方法。

① 单击工作表中的任一单元格，则是对所有数据生成图表；根据生成图表的数据选择相应的数据区域，则是对选择的数据生成图表。（这里选择数据表中所有学生的姓名、语文、数学、物理、化学及总分）选择连续区域可以拖动。不连续的区域可以按住 Ctrl 键选择。

② 单击“插入”选项卡“图表”选项组中的“推荐的图表”按钮。

③ 在弹出的“插入图表”对话框中，单击“所有图表”选项卡，选择合适的图表。此处选择“三维簇状柱形图”，如图 6-38 所示。也可以通过单击“图表”选项组中的各个图表类型按钮来选择图表类型。

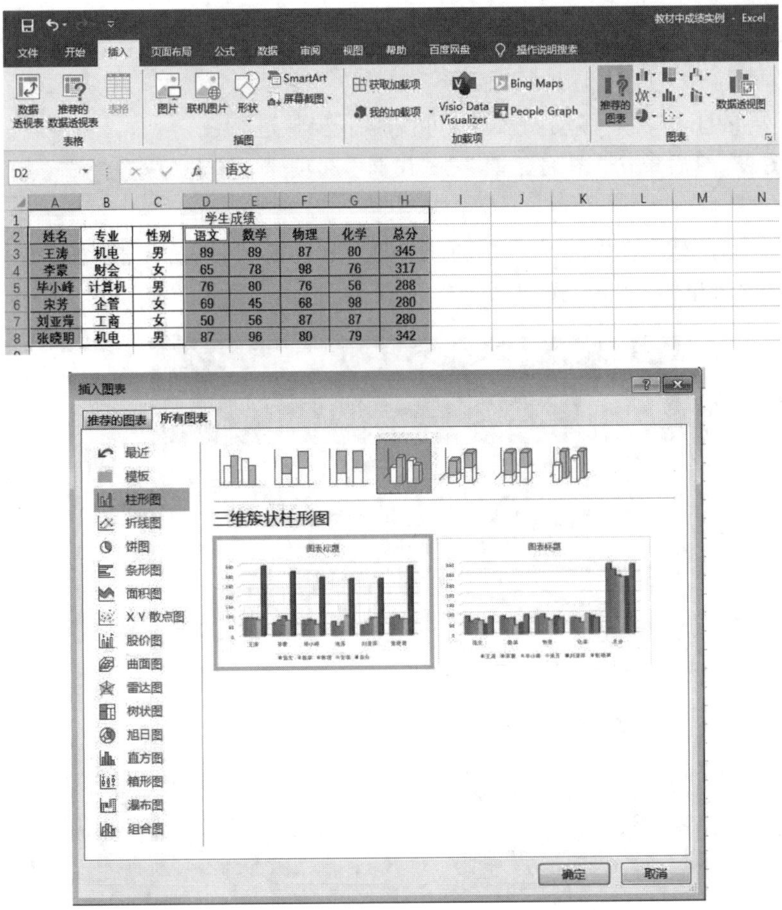

图 6-38　选择数据及打开“插入图表”对话框

④ 单击“确定”按钮，工作表中已经插入了三维簇状柱形图，如图 6-39 所示。

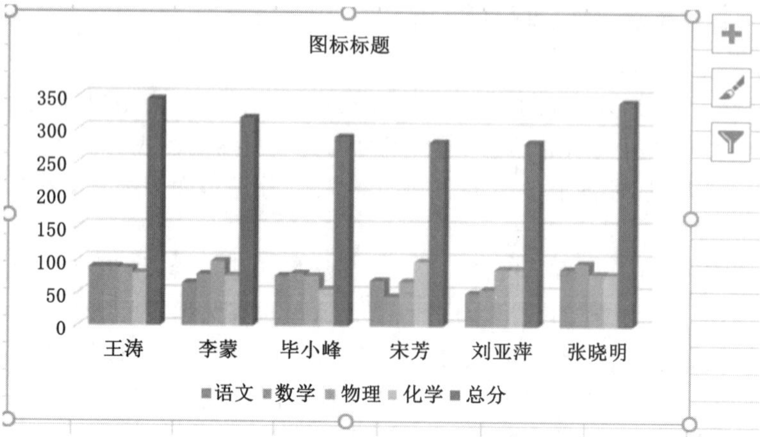

图 6-39 插入的“三维簇状柱形图”

3. 移动图表及改变图表大小

若需要将图表在同一工作表中移动时，则将光标移动到图表上，当光标变成十字时按住鼠标并拖动即可。

若想在不同的工作表中移动图表时，可按以下步骤进行：

① 选中图表，然后单击“图表工具”→“设计”选项卡，单击“位置”选项组中的“移动图表”按钮。

② 打开“移动图表”对话框，选中“新工作表”单选按钮，并确定移动到的新工作表名称（如工作表 2），然后单击“确定”按钮。操作步骤如图 6-40 所示。

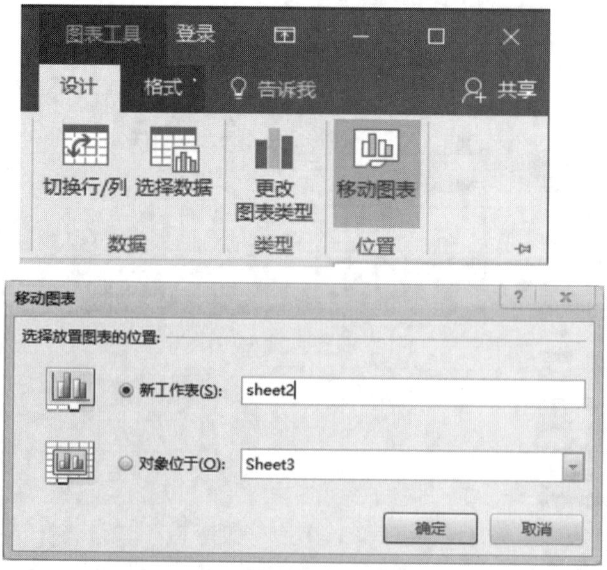

图 6-40 不同工作表间移动图表

单击选中图表后，拖动周围的 8 个控制柄可以改变图表大小。

二、图表的编辑

图表创建完成后，用户还可以根据自己的需要对其进行编辑修改。例如，可以更改图表的类型、数据区域、标题、图例位置、图表中颜色块的颜色等很多选项。

1. 图表区域的组成

一个图表由多个独立的部分所组成，如绘图区、数据系列、图例等，如图 6-41 所示。要修改其中的某个内容，首先必须选择相应的部分，然后执行相应的命令。

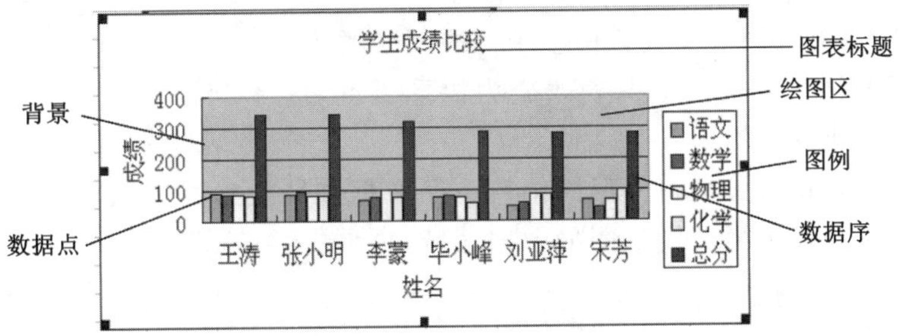

图 6-41 图表的各个组成部分

选定图表：单击图表区中的空白区域。

移动图表：选定图表后，拖动鼠标可以移动整个图表。

绘图区：是图表的主体，是以两条坐标轴为界的矩形区域。单击绘图区即可选定绘图区。绘图区可在图表区范围内进行移动、缩放等操作。

数据系列：是绘制在图表中的一组相关的数据点，来源于工作表中的一行或一列。每个数据系列都具有特定的颜色。

数据点：是工作表一个单元格中的数据。单击系列中的某个数据点，即可选定该数据点。

2. 调整图表的位置和大小

改变图表位置：单击选定图表后，在图表上按住左键拖动可改变图表的位置。

改变图表大小：选定图表后，图表的周围将出现 8 个黑色的控制块，鼠标指针指到控制块上拖动鼠标即可。

3. 更改图表数值

当图表创建好之后，有时需要修改工作表中的数据。工作表中的源数据与图表数据之间存在着链接关系，会自动更新图表中的数据值。Excel 2010 以前的版本，修改任何一方的数据，另一方也将随之改变。Excel 2016 版本，修改工作表中的源数据可以自动改变图表中的数据，当修改了工作表中的数据后，不必重新创建图表，图表会自动随着改变，但不能实现修改图表数据而自动更新工作表中的源数据。这样操作大多数情况下是“危险”的，因为你可能在不经意间更改了不应该更改的工作表源数值。

当工作表的数值改变后，图表中相应的数据点也随之改变了，不需要再重新生成图表。

三、格式化图表

对图表进行格式化，要遵循“先选定、后操作”的原则。首先要选中需要进行格式化的对象，如图例、数据系列、分类轴、数值轴等，然后再进行格式化。

1. 更改图表类型

更改图表的图表类型的操作步骤为：

① 单击选择图表。

② 单击“图表工具”→“设计”选项卡，单击“类型”选项组中的“更改图表类型”按钮，如图 6-42 所示。

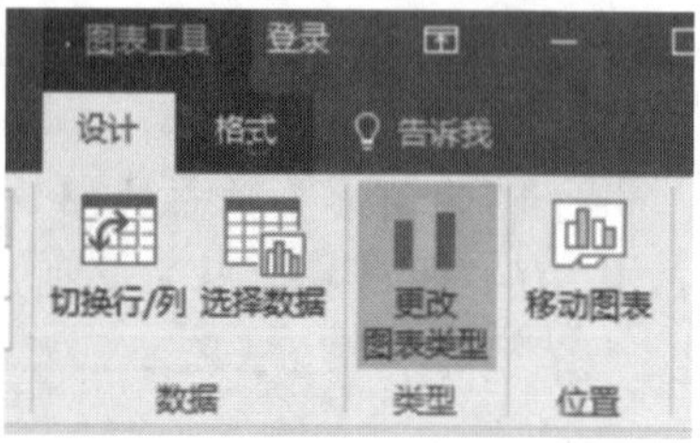

图 6-42　更改图表类型按钮

③ 在弹出的“更改图表类型”中选择新的图表类型后，单击“确定”按钮。观察柱形图表改变为饼形类型后的效果，如图 6-43 所示。

柱形图转换为饼形图，会将柱形图中第一个数据柱转换为饼形图。如果要生成其他的饼形图，可以先选择进行生成饼形图的数据区域，再生成饼形图。

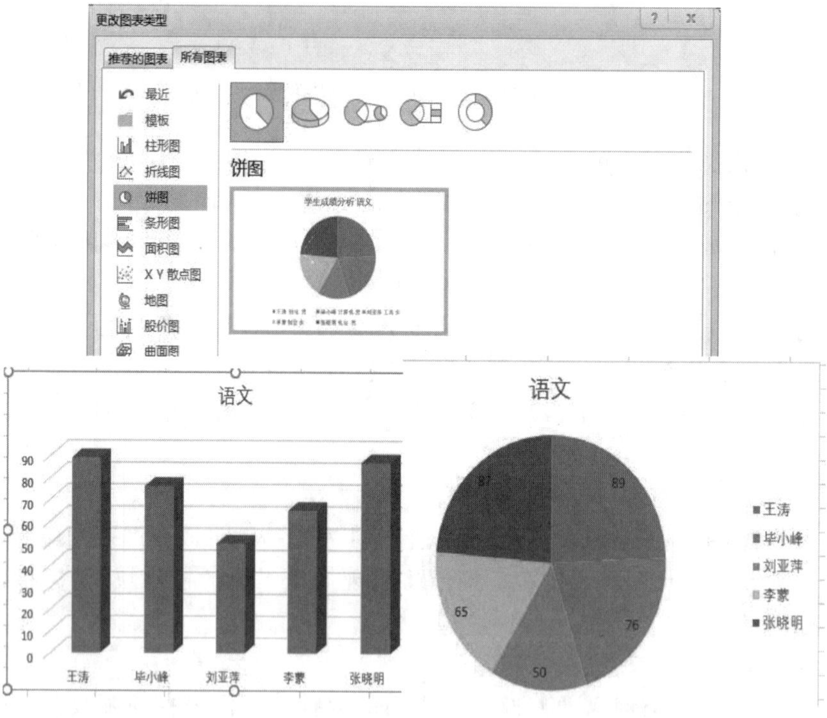

图 6-43　更改图表类型

2. 设置图表格式

(1) 设置图表标题

双击图表标题，可输入并编辑新的标题，然后进行图表标题格式设置。在窗口右侧的“设置图表标题格式”窗格中分别设置标题选项和文本选项。其中，标题选项可以设置标题文本框的填充颜色及边框的颜色，文本选项可以设置标题中文字的颜色、填充颜色及文本是否加边框等，效果如图 6-44 所示。

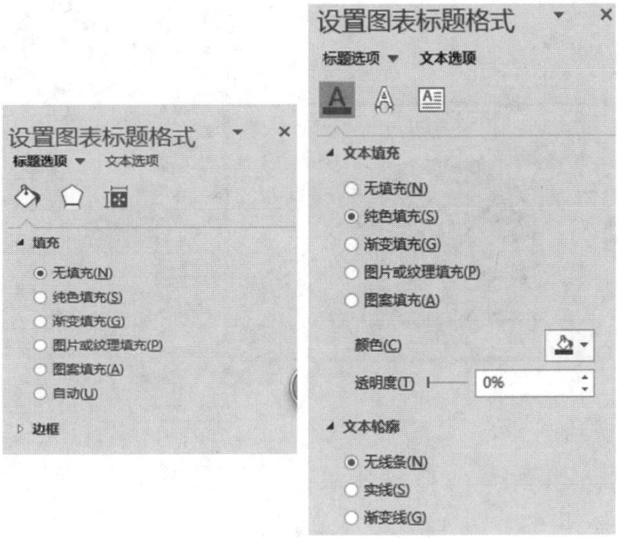

图 6-44　设置图表标题

如果图表没有标题，可以选中该图表，然后单击图表右上角的“图表元素”按钮➕，将打开“图表元素”选项框，如图 6-45 所示。通过复选框选择“图表标题”选项，则该图表就会添加图表标题。也可以选中图表，切换至“图表工具”→“设计”选项卡，单击“图表布局”选项组中的“添加图表元素”下三角按钮，在列表中选择“图表标题”，进行图表标题设置。

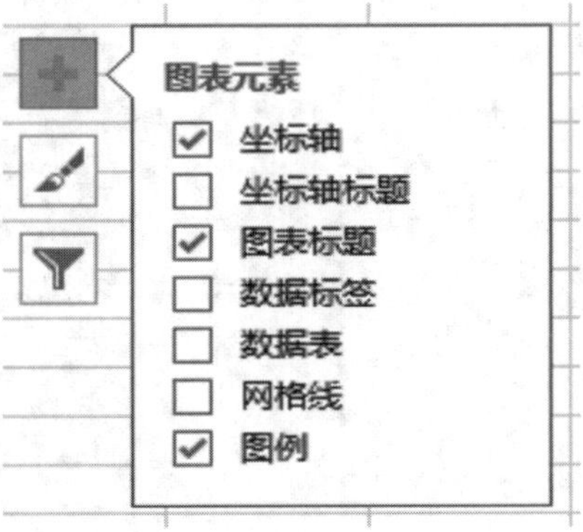

图 6-45　“图表元素”各选项

（2）设置数据标签

为图表添加数据标签，可以直观地显示系列的数据。添加数据标签有两种方法。

方法一：选中该图表，然后单击图表右上角的“图表元素”按钮➕，通过复选框选择“数据标签”选项，可以给数据系列添加数据标签。方法同添加图表标题相同。

方法二：双击选择要添加数据标签的数据系列，右击，在快捷菜单中选择“添加数据标签”菜单项。

双击选中图表中的数据标签，或者图表选中状态下，单击数据标签进行选中，再进行设置，如图 6-46 所示。

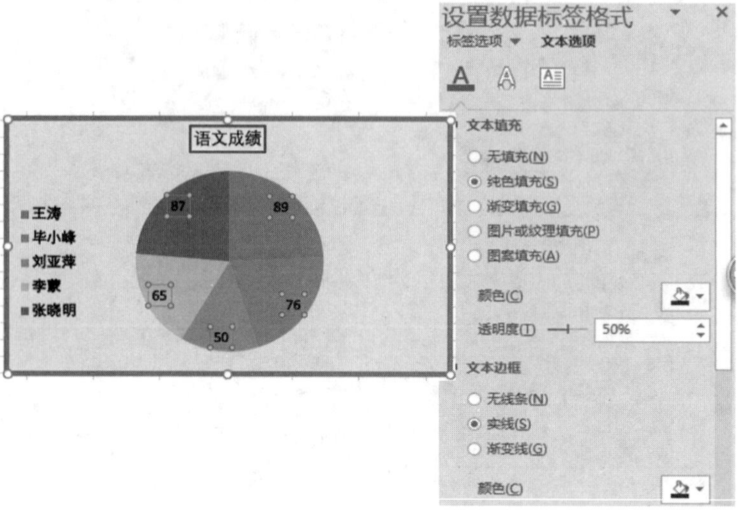

图 6-46　设置数据标签

(3) 设置图例

双击选中图表中的图例,或者图表选中状态下单击图例进行选中。在右侧的设置图例格式中进行相应的图例选项和文本选项设置。例如,设置图例在图表中的显示位置以及图例的文本设置,如图 6-47 所示。

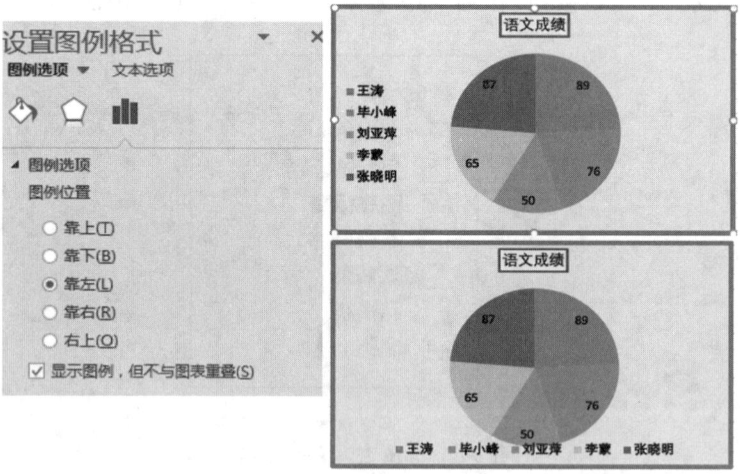

图 6-47　设置图表图例

(4) 设置图表区格式

双击图表空白处,可选中图表。在右侧可设置图表区格式及图表区域内部填充颜色、图表的外边框等。设置好的图表格式如图 6-48 所示。

(5) 删除数据系列

如果想要删除图表中的数据系列,则可以通过下面两种方法进行。删除数据系列之后,

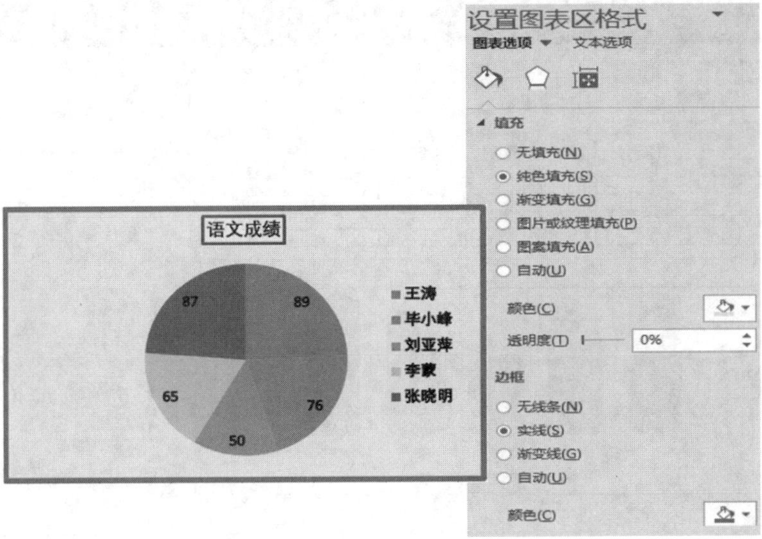

图 6-48　图表区格式设置

则源数据中的数据表中数据选择区域将更新为最新的区域。

方法一：选择要删除的数据系列，单击鼠标右键，在弹出的快捷菜单中选择“删除”命令，如图 6-49 所示。

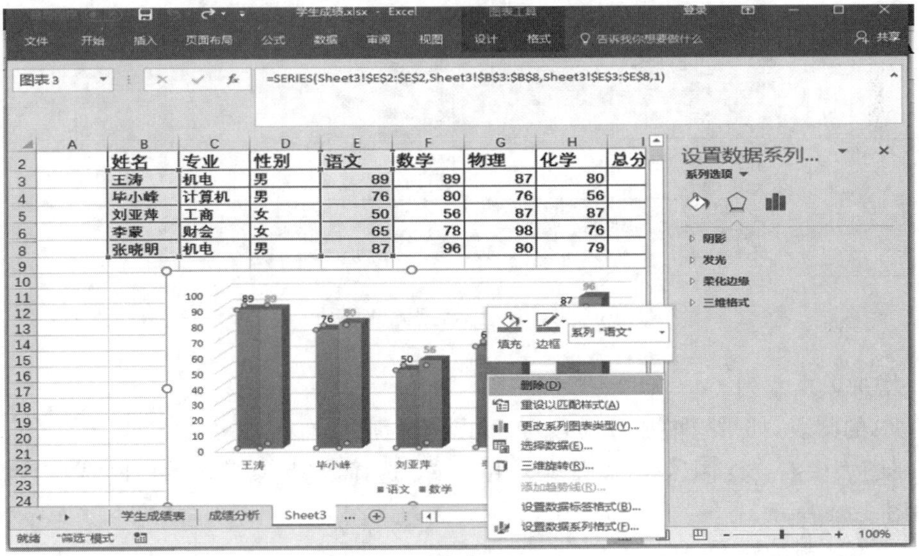

图 6-49　快捷菜单删除数据系列

方法二：

① 选中图表，切换至“图表工具”→“设计”选项卡，单击“数据”选项组中的“选择数据”按钮，打开“选择数据源”对话框，如图 6-50 所示。

② 在“选择数据源”对话框“图例项”和“水平轴标签”区域中，取消勾选需要删除的对话框，单击“确定”按钮，如图 6-51 所示。

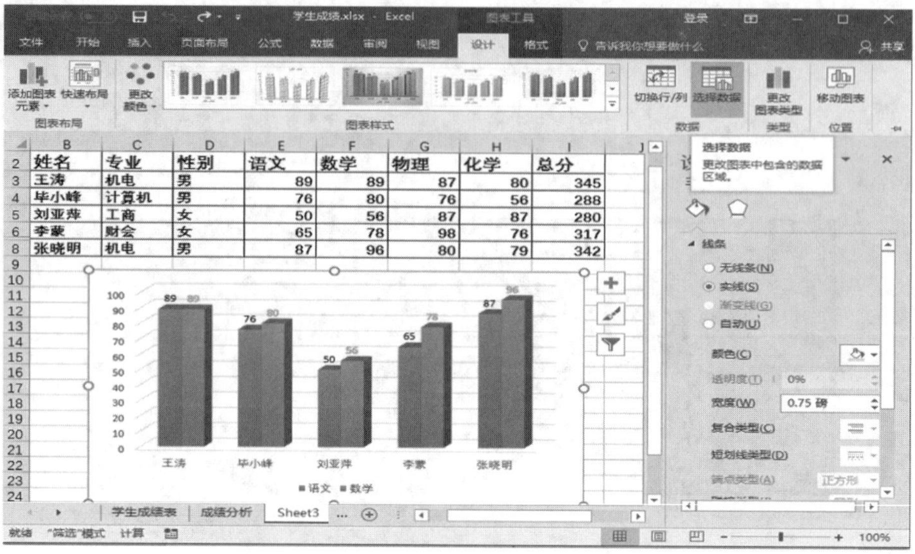

图 6-50　利用“选择数据”按钮

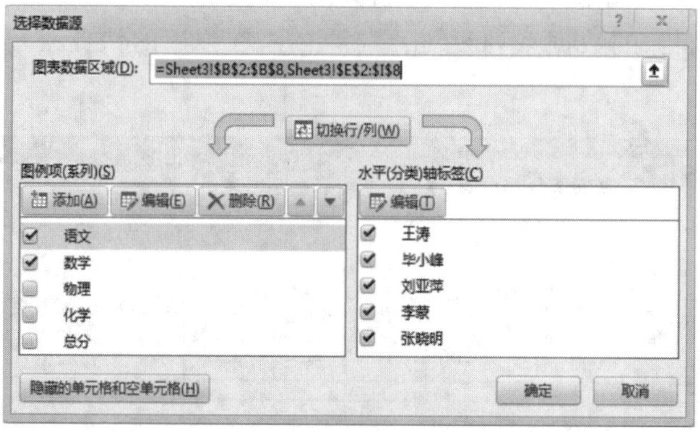

图 6-51　“选择数据源”对话框

（6）增加数据系列

已生成的图表，如果想增加数据系列，可以用下面的方法：

① 在图表中右击绘图区，在快捷菜单中选择“选择数据”菜单项，打开“选择数据源”对话框，如图 6-51 所示。

② 在“选择数据源”对话框中，单击“添加”按钮，打开“编辑数据系列”对话框，如图 6-52 所示。

③ 在“编辑数据系列”对话框中，通过“系列名称”右侧的选择按钮，在源数据的数据表中选择增加数据系列的单元格，比如“语文”。之后按回车键，通过“系列值”右侧的选择按钮，在源数据的数据表中选择增加数据系列的具体数值，比如“语文”字段下面的所有成绩，再按回车键。然后单击“编辑数据系列”的“确定”按钮即可。

④ 在“选择数据源”对话框中，单击“确定”按钮，则新添加的数据系列将增加于图表中。

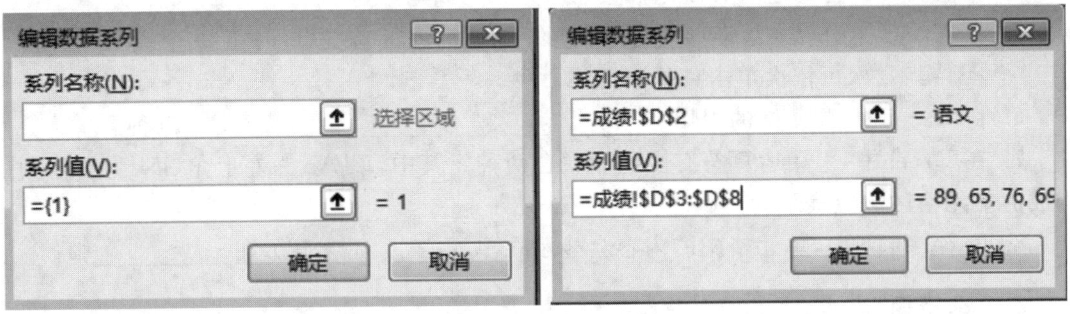

图 6-52　增加数据系列

(7) 设置数据系列填充色

用户可以根据自己的需要设置图表中各数据系列的填充颜色。方法为:双击图表中的某个数据系列,在右侧的"设置数据系列格式"窗格中选择填充的选项,比如"纯色填充"(默认为"自动"),然后通过窗格中"颜色"右侧的填充按钮可设置数据系列的填充颜色,如图 6-53 所示。

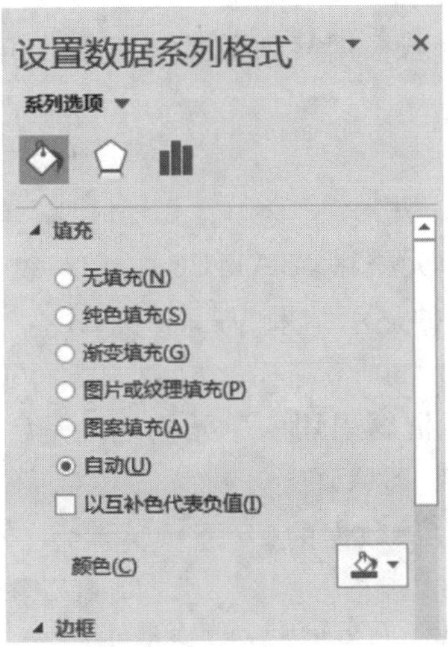

图 6-53　设置"数据系列"填充色

思考与练习

一、填空题

1. Excel 2016 中,填充柄在活动单元格的＿＿＿＿＿下角。

2. Sheet1 是 Excel 2016 中的一个默认的＿＿＿＿＿。

3. 若在单元格 A3 中输入 1/4,该单元格显示结果为＿＿＿＿＿,如果想输入分数 1/4,应该输入＿＿＿＿＿。

4. 在输入一个公式之前必须先输入__________符号。

5. 在 Excel 工作表中，若要选择不连续的单元格，首先单击第一个单元格，按住__________键不放，再依次单击其他单元格。

6. 在 Excel 中，单元格的引用有__________、__________和__________三种。

7. 在 Excel 中，引用运算符有区域和联合两种。其中，以 A1 为左上角、D4 为右下角所构成的单元格区域应表示为__________。

8. Excel 2016 中，单元格中的内容会显示在单元格中，还会显示在__________中。

二、选择题

1. Excel 2016 中，单元格引用位置的表示方式为(　　)。

A. 列号＋行号　　B. 行号＋列号　　C. 行号　　D. 列号

2. 在 Excel 的地址引用中，如果引用了其他的工作表中的地址，则需要在该工作表名和引用地址之间加入(　　)符号。

A. ！　　B. \$　　C. @　　D. %

3. 在 Excel 工作表的某单元格内输入数字字符串“123”，正确的输入方法是(　　)。

A. 123　　B. 123　　C. ＝123　　D. “123”

4. 在 Excel 的数据清单中，若根据某列数据对数据清单进行排序，可以利用“降序”按钮，此时用户应该先(　　)。

A. 选取该列数据　　B. 选取整个数据清单

C. 单击数据清单中任意单元格　　D. 单击该列数据中任意单元格

5. 在 Excel 的工作表中，单元格区域 A1:C3 中输入数值“10”，若在 D1 单元格内输入公式“＝SUM(A1,C3)”，则 D1 的显示结果为(　　)。

A. 20　　B. 30　　C. 60　　D. 90

6. 在 Excel 工作表中，表示混合引用的单元格地址是(　　)

A. A5　　B. \$A5　　C. \$A\$5　　D. A5\$

7. Excel 工作簿是计算和存储数据的(　　)。

A. 文件　　B. 表格　　C. 图表　　D. 数据库

8. 如果某单元格输入＝“Excel”&“你好”，结果为(　　)。

A. Excel&你好　　B. “Excel”&“你好”

C. Excel 你好　　D. 以上都不是

9. 在 Excel 中，对数据库清单做完筛选操作后，表格中未显示的数据是(　　)。

A. 已被删除，不能再恢复　　B. 被隐藏起来，但未被删除

D. 已被删除，但可以恢复　　D. 已被放置到另一个表格中

10. 在 Excel 的单元格输入了 2/3，回车后该单元格显示的数据为(　　)。

A. 2/3　　B. 2 月 3 日　　C. 0.67　　D. 0.666 67

11. 在 Excel 中，给当前单元格输入数值型数据时，默认为(　　)。

A. 居中　　B. 左对齐　　C. 右对齐　　D. 随机

12. 在 Excel 中，如 A4 单元格的值为 100，输入公式“＝A4＞100”的结果是(　　)。

A. 200　　B. 0　　C. TRUE　　D. FALSE

13. 在 Excel 中，函数 SUM(A1:B4)的功能是(　　)。

A. 计算 A1＋B4

B. 计算 A1＋A2＋A3＋A4＋B1＋B2＋B3＋B4

C. 按行计算 A 列与 B 列之和

D. 按列计算 1、2、3、4 行之和

14. 在 Excel 的某个单元格输入了“(20)”回车后，则该单元格显示为(　　)。

A. 20　　B. (20)　　C. 20.0　　D. －20

15. 在 Excel 2016 中，向单元格输入内容后，如果想将光标定位到下一列，按(　　)键。

A. Enter　　B. Tab　　C. Shift　　D. Ctrl

三、简答题

1. 简述 Excel 中工作簿、工作表、单元格之间的关系。

2. 若要在某些单元格内输入相同的数据，有没有简便的操作方法？如果有，怎么实现？

3. 如何在 Excel 中表示单元格的位置？

4. 如果只需要对工作表中满足某些条件的数据使用同一种数字格式，以使它们与其他数据有所区别，该如何操作？

四、实训题

实训一：

在 D 盘用自己姓名命名的文件夹中，新建 Excel 文件，将工作表 1 重命名为“学生成绩”，然后输入如下内容，行列位置都按要求对齐。保存文件，文件名为“项目六实训一”。

	A	B	C	D	E	F	G
1							
2		学生成绩表					
3		序号	学号	姓名	英语	计算机	高等数学
4		1	00201301	王晓丽	97	65	98
5		2	00201302	张　同	97	95	92
6		3	00201303	孙国栋	65	87	62
7		4	00201304	刘大光	99	87	98
8		5	00201305	李　敏	94	95	95
9		6	00201306	李盛丽	87	85	56
10		7	00201307	赵　晨	94	97	100
11							

然后按下面的要求完成操作：

1. 将区域 B2:G2 进行合并后居中操作。

2. 表格中所有数据对齐方式都为居中对齐。

3. 第一行的行高设为 20，所有列的列宽设为 10。

4. 表格内所有内容设为宋体、20 磅、加粗。

5. 为表格加边框(外边框粗线、内边框细线)。

6. 在表格的右侧增加两列，分别为“总分”和“平均分”。“平均分”为最后一列，并对表格第一行重新设置合并后居中操作。

7. 使用函数，分别完成对每位学生的总分（计算机＋英语＋高等数学）和平均分的计算，要求平均分结果保留一位小数。

8. 表头行（表格第一行）设置为“红色”文字、字体“黑体”，填充颜色设置为“浅蓝色”。

9. 用条件格式将成绩中没有及格的成绩设置成“红色”文字，背景为“浅黄色”。

实训二：

1. 在D盘上用自己姓名命名的文件夹中，新建一个 Excel 文件，文件名为“项目六实训二”。在工作表1中输入如下内容，并将工作表1重命名为“成绩”。

学号	姓名	英语	计算机	语文	总分
10101	张　平	90	85	75	
10102	刘　力	75	85	90	
10103	孙小光	75	80	90	
10104	李一如	89	75	95	
10105	徐明佳	75	83	83	

2. 利用函数或自动求和计算出所有学生的总分。

3. 将工作表“成绩”中的数据复制到工作表2中，然后将工作表2命名为“成绩排序”，最后按照“计算机”成绩进行降序排序。

4. 将工作表“成绩”中的数据复制到工作表3中，然后将工作表3命名为“成绩自动筛选”，利用自动筛选功能筛选出所有“总分”数据大于或等于240且小于260的数据。

5. 插入工作表4，将工作表“成绩”中的数据复制到工作表4中，然后将工作表4命名为“成绩高级筛选”，利用高级筛选功能筛选出“英语”＞80，“计算机”＞75，并且“总分”≥250的数据。

实训三：

1. 在D盘上用自己姓名命名的文件夹中，新建一个 Excel 文件，在工作表1中输入如下内容，将文件进行保存，文件名为“项目六实训三”。

	A	B	C	D	E
1					
2		四大洋面积比较			
3				（单位：万平方千米）	
4		太平洋	印度洋	大西洋	北冰洋
5		18000	7500	9300	1300
6					
7					

2. 设置标题（四大洋面积比较）为：黑体、12号，将 B2:E2 单元格合并后居中。

3. 将 D3:E3 单元格合并，内容居右。

4. 将第四行和第五行的行高调整为25，第B～E列的列宽调整为12。

5. 将 B4:E4 中内容的字体设置为仿宋、14 号、居中。
6. 将 B5:E5 中内容的字体设置为 Times New Roman、14 号、居中。
7. 将 B4:E5 设置边框,外边框为粗实线,内边框为细实线。
8. 在原工作表中嵌入下图所示的饼形图表。

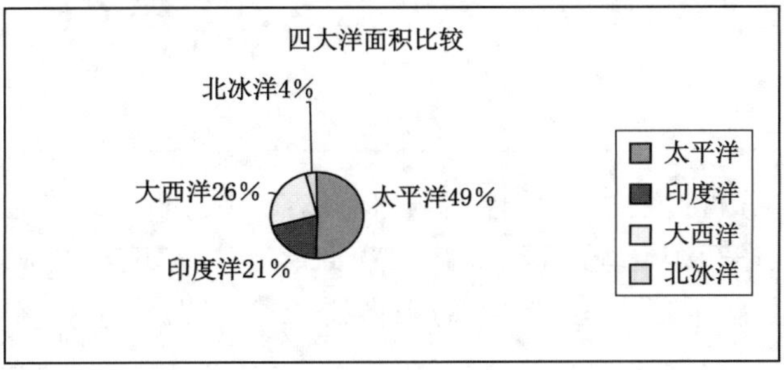

项目 7 职工工资管理

在数据处理和分析过程中，我们常常要根据某一项进行分类并汇总，有时还需要对数据按照某种条件进行统计，在打印过程中需要专门只打印某一区域的内容。通过这一项目的学习，我们将掌握这些知识点的操作技巧和方法。

任务 1 工资表录入及计算

知识目标

1. 准确运用公式计算工资额。
2. 能根据实际需要保护工资项不允许其他用户修改。

技能目标

能快速准确地根据实际需要进行复杂公式的计算，并实现对工作表及工作表中某区域的保护。

素质目标

引用说明文《核舟记》，通过微雕工艺品——“核舟”的形象说明雕刻者的认真钻研和精益求精的敬业精神。培养学生在处理数据时要有严谨的工作态度、精益求精的敬业精神、诚信的职业素质。

任务描述

1. 在 D 盘用自己姓名命名的文件夹中新建 Excel 文件，文件名为“项目 71 工资计算”。在 Sheet1 中，正确输入职工工资表的信息，并将工作表 1 命名为“职工工资表”，见表 7-1。（要求行号和列号都要按所给的样式输入）

提示：对于￥部分，先选择区域设置好会计数字格式和小数位数，再进行输入。

2. 对已输入完的数据进行编辑，要求对 A1:M1 的区域进行合并后居中操作，并将文字设为宋体，字号“16”，将单元格设为“浅蓝色”填充颜色；将 A2:M2 的区域文字设为宋体，字号“10”，单元格区域设为“浅黄色”填充颜色；下面正文的文字设为宋体，字号“12”。

表 7-1　职工工资表

	A	B	C	D	E	F	G	H	I	J	K	L	M
1	职工工资表												
2	员工编号	员工姓名	性别	所属部门	职务	基本工资	业绩奖金	住房补助	应发工资	养老保险	医疗保险	公积金	实发工资
3	0001	李红海	男	销售部	部门主管	¥5,000	¥1,720	¥600		¥70.0	¥100	¥50	
4	0002	苏杨	男	销售部	销售员	¥4,000	¥700	¥800		¥56.0	¥80	¥40	
5	0003	陈小霞	女	销售部	销售员	¥4,000	¥1,600	¥500		¥56.0	¥80	¥40	
6	0004	武海	男	研发部	部门主管	¥5,000	¥1,200	¥500		¥70.0	¥100	¥50	
7	0005	刘繁	女	研发部	研发员	¥4,500	¥880	¥500		¥63.0	¥90	¥45	
8	0006	袁锦辉	男	销售部	销售员	¥4,500	¥0	¥500		¥63.0	¥90	¥45	
9	0007	贺华	男	销售部	销售员	¥4,000	¥1,200	¥500		¥56.0	¥80	¥40	
10	0008	钟兵	男	人事部	部门主管	¥5,000	¥1,320	¥500		¥70.0	¥100	¥50	
11	0009	丁芬	女	人事部	部门主管	¥5,000	¥1,200	¥500		¥70.0	¥100	¥50	
12	0010	程静	女	人事部	科员	¥3,500	¥200	¥400		¥49.0	¥70	¥35	
13	0011	刘健	男	人事部	科员	¥3,500	¥1,000	¥400		¥49.0	¥70	¥35	
14	0012	苏江	男	文秘部	部门主管	¥5,000	¥1,476	¥400		¥70.0	¥100	¥50	
15	0013	廖嘉	男	文秘部	文秘员	¥3,500	¥520	¥400		¥49.0	¥70	¥35	
16	0014	刘佳	女	文秘部	文秘员	¥3,500	¥880	¥400		¥49.0	¥70	¥35	

3. 利用公式或函数计算出所有职工的“应发工资”，应发工资＝基本工资＋业绩资金＋住房补助。

4. 利用公式计算出所有职工的实发工资，实发工资＝应发工资－养老保险－医疗保险－公积金。

5. 计算后，对整个数据区域都加边框，要求外边框为粗线、内边框为细线，并将当前所有数据复制到工作表 2 中去，并将工作表 2 重命名为“工资计算结果”。

6. 在“职工工资表”中，对“实发工资”这一列进行保护，不允许其他用户进行修改，只允许的操作是“选定锁定单元格”和“选定未锁定单元格”，取消保护的密码是“123456”。

7. 在“职工工资表”中，进行冻结窗格操作，光标定位在 C3 单元格。

8. 在“工资计算结果”中，将“所属部门”和“职务”这两列进行隐藏操作。

相关知识

一、保护工作表

如果希望编辑好的 Excel 工作表不被用户修改，可以对工作表进行保护。

1. 设置密码，禁止打开工作簿

保护工作簿的操作方法及步骤如下：

① 打开需要设置打开权限的工作簿，选择“文件”→“信息”选项，在“信息”面板中单击“保护工作簿”下三角按钮，选择“用密码进行加密”选项，如图 7-1 所示。

② 在打开的“加密文档”对话框中输入密码，单击“确定”按钮；在弹出的“确认密码”对话框中再次输入相同的密码，单击“确定”按钮，如图 7-2 所示。

③ 保存工作簿后，再次打开工作簿文件，这时需要输入正确密码才可以打开该工作簿文件。

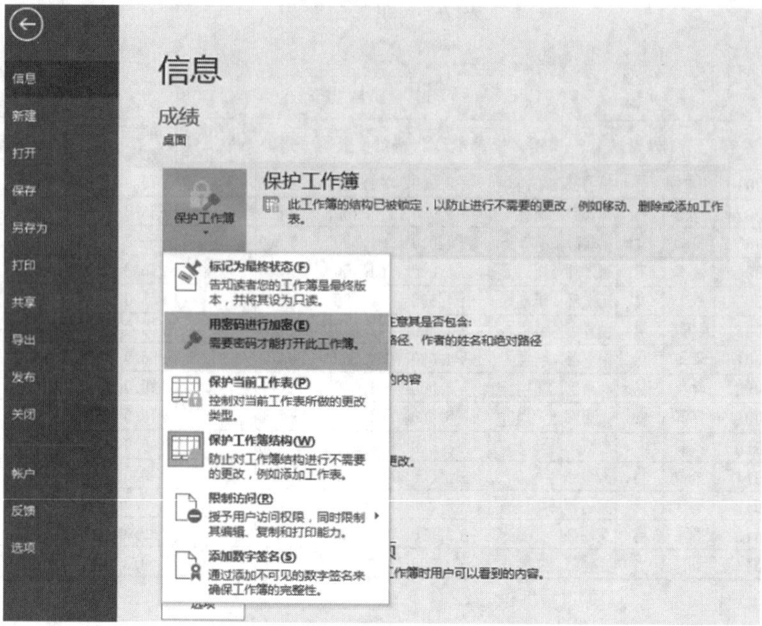

图 7-1　用密码保护工作簿

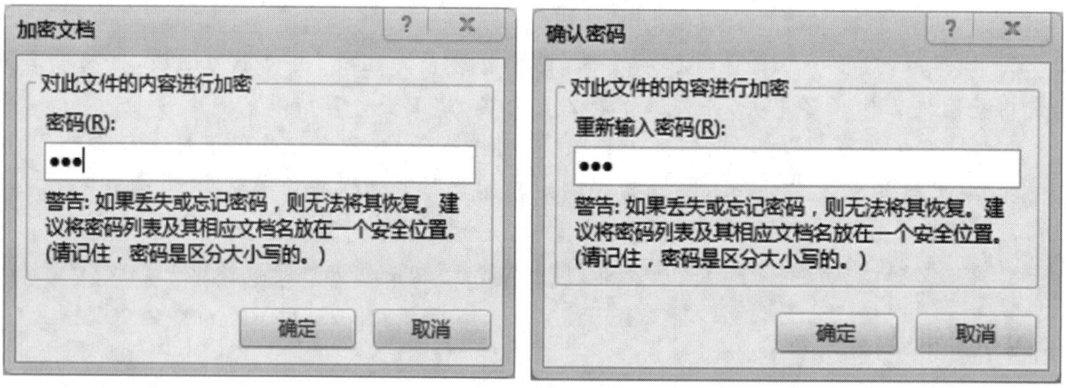

图 7-2　设置保护工作簿密码

2. 取消工作簿密码加密

① 先输入正确的密码，打开工作簿文件，选择“文件”→“信息”选项，在“信息”面板中单击“保护工作簿”下三角按钮，选择“用密码进行加密”选项。

② 在打开的“加密文档”对话框中清除原来设置的密码即可。

3. 保护整个工作表

在 Excel 2016 中，要保护整个工作表不被用户所修改，具体的操作方法是：

① 单击选择需要保护的工作表标签。

② 单击“开始”选项卡“单元格”选项组中的“格式”按钮后面的下三角按钮，选择“保护工作表”选项，将会打开“保护工作表”对话框，如图 7-3 所示。

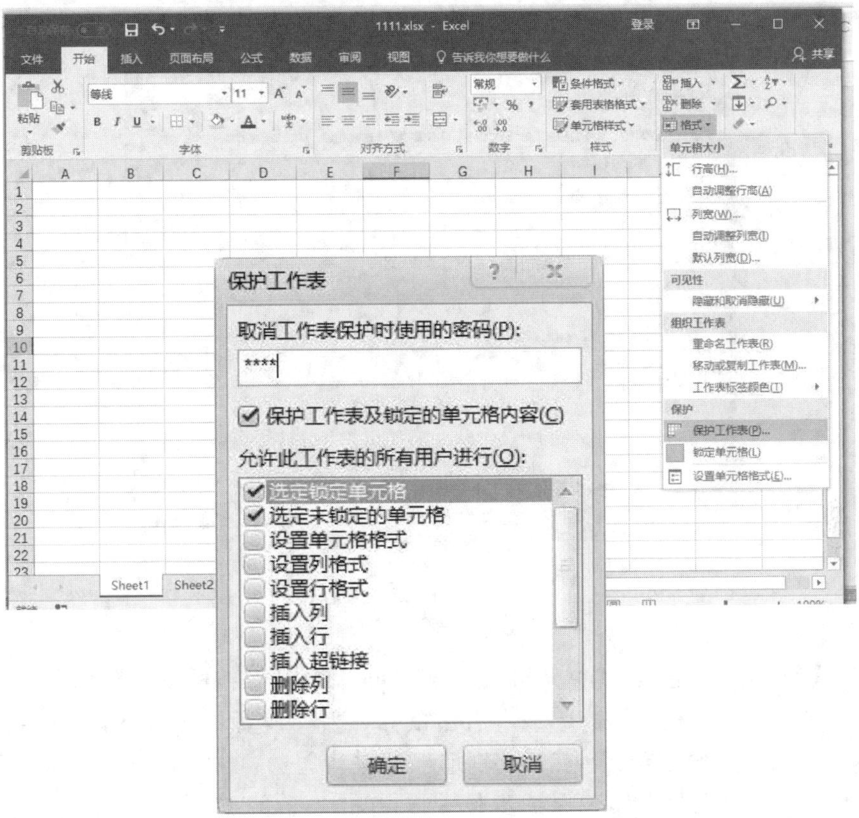

图 7-3　保护工作表

③ 在文本框中输入密码，单击“确定”按钮，然后按要求再次输入密码。该密码可用于用户进行修改工作表中信息时所要求输入的密码，也可以用于取消对当前工作表保护时所要求输入的密码。

④ 在对话框中根据需要选择某个选项，所选择的选项则是允许用户进行的操作。例如，选择“插入行”后，即表示允许用户在受保护的工作表中可以插入行。（默认允许用户可以进行选定操作）

⑤ 单击“确定”按钮则可完成对当前工作表的保护。

4. 保护工作表的部分区域

保护工作表是将整个工作表都进行了保护（即锁定），不允许用户对任何单元格进行操作。但有时我们允许用户可以对工作表的某些区域进行操作，而指定部分区域不允许操作，那就是保护工作表的部分区域。

保护工作表的部分区域的具体方法及步骤如下：

① 单击工作表区域左上角的“全选”按钮，或者按快捷键 Ctrl＋A 选中整个工作表。

② 右击鼠标，在快捷菜单中选择“设置单元格格式”菜单项，打开“设置单元格格式”对话框，如图 7-4 所示。

③ 单击“保护”选项卡，然后将“锁定”项取消勾选，单击“确定”按钮。

④ 在当前工作表中，选择要进行保护的区域。

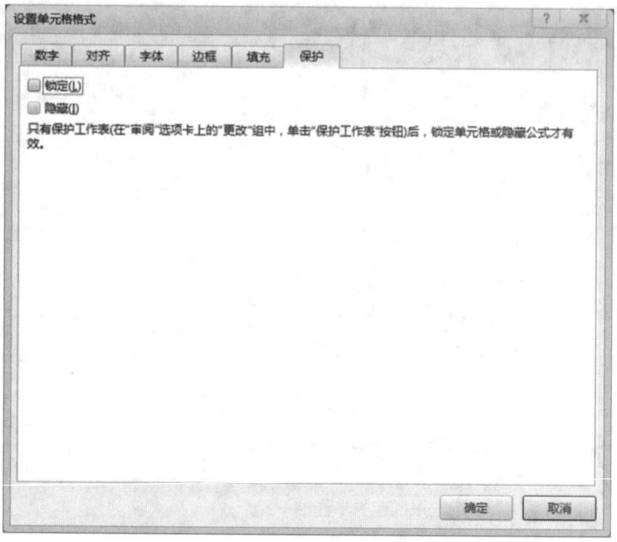

图 7-4 “设置单元格格式”对话框

⑤ 再次单击“开始”选项卡“单元格”选项组中的“格式”按钮的下拉菜单，在打开的下拉菜单中选择“设置单元格格式”命令，或者右击鼠标，选择“设置单元格格式”。在“单元格格式”对话框中，单击“保护”选项卡，然后将“锁定”项进行勾选，单击“确定”按钮。

⑥ 接下来和上面设置工作表保护步骤一样，单击“开始”选项卡“单元格”选项组中的“格式”按钮的下拉菜单，选择“保护工作表”。

⑦ 在“保护工作表”对话框中，在“取消工作表保护时使用的密码”框中输入保护密码，在“允许此工作表的所有用户进行”列表中只勾选“选定锁定单元格”。然后确定后弹出确认密码对话框，我们再输入密码后确定，如图 7-5 所示。

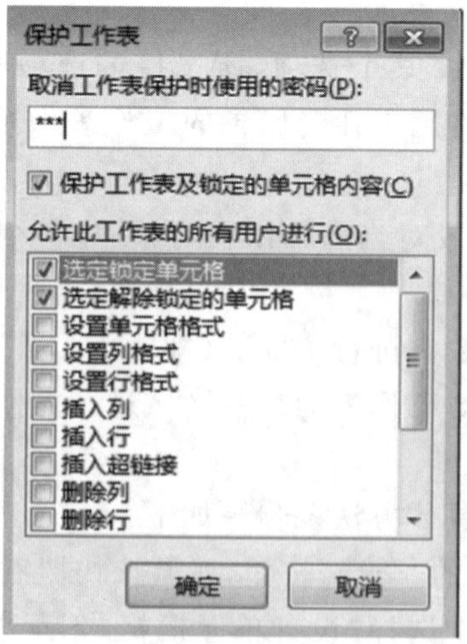

图 7-5 “保护工作表”对话框中取消“选定锁定单元格”

5. 撤销工作表的保护

如果要取消当前工作表的保护，具体的操作方法是：

① 单击“开始”选项卡“单元格”选项组中的“格式”按钮的下拉菜单，在打开的下拉菜单中选择“撤销工作表保护”命令，将会打开“撤销工作表保护”对话框，如图7-6所示。

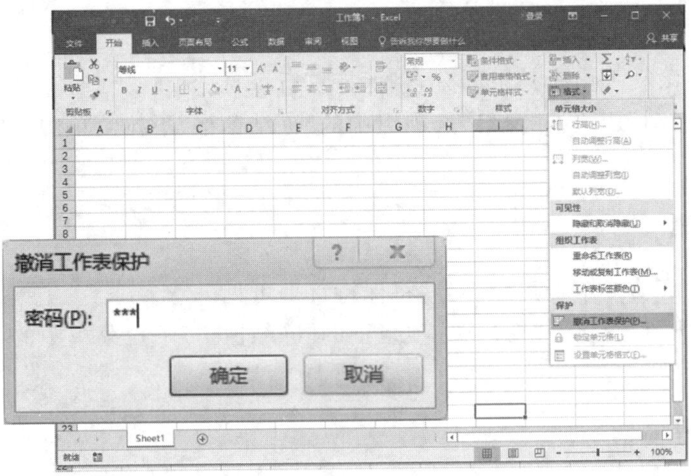

图7-6 “撤销工作表保护”对话框

② 如果在工作表保护时设置了密码，就会要求输入密码，再单击“确定”按钮；如果设置保护时没设密码，则直接单击“确定”按钮后直接解除保护。

二、冻结窗格

冻结窗格是将指定行或列（主要是左侧或顶端）的内容固定不动。拖动行或列时，固定的行或列不移动，便于对照查看。冻结窗格的操作方法为：

① 将光标定位在要冻结的标题行的下一行的任意单元格（被冻结的部分可以是一行或多行）。此例是将表格中前两行进行冻结。光标定位于第三行的任意单元格。

② 单击“视图”选项卡“窗口”选项组中的“冻结窗格”下拉菜单中的“冻结窗格”选项，如图7-7所示。

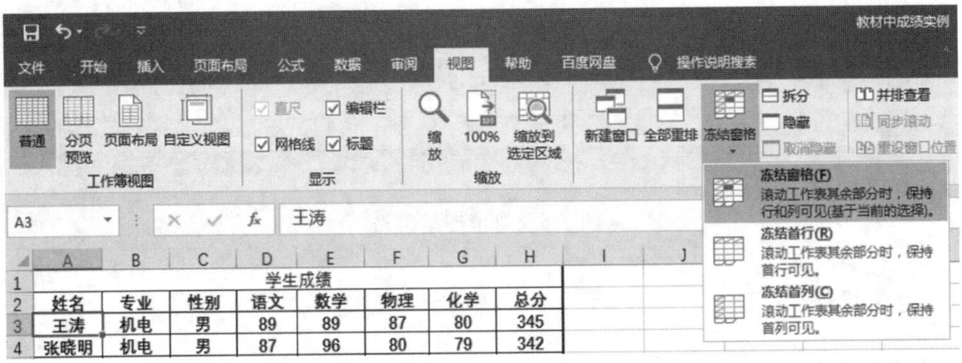

图7-7 冻结拆分窗格

滚屏时，被冻结的标题行总是显示在最上面，标题就不会随着下面滚动条的移动而移动，大大增强了表格编辑的直观性。

横向竖向都可以同时冻结，要选取横向与竖向相交处的单元格（交叉位置叉角里面的那个单元格）。

三、冻结首行

冻结首行时，滚动工作表其余部分，将保持首行可见。

方法：单击“视图”选项卡“窗口”选项组中的“冻结窗格”下拉菜单中的“冻结首行”选项，如图 7-7 所示。

四、冻结首列

冻结首列时，滚动工作表其余部分，将保持首列可见。

方法：单击“视图”选项卡“窗口”选项组中的“冻结窗格”下拉菜单中的“冻结首列”选项，如图 7-7 所示。

五、取消冻结窗格

单击“视图”选项卡“窗口”选项组中的“冻结窗格”下拉菜单中的“取消冻结窗格”选项，即可取消所有已冻结的窗格，如图 7-8 所示。

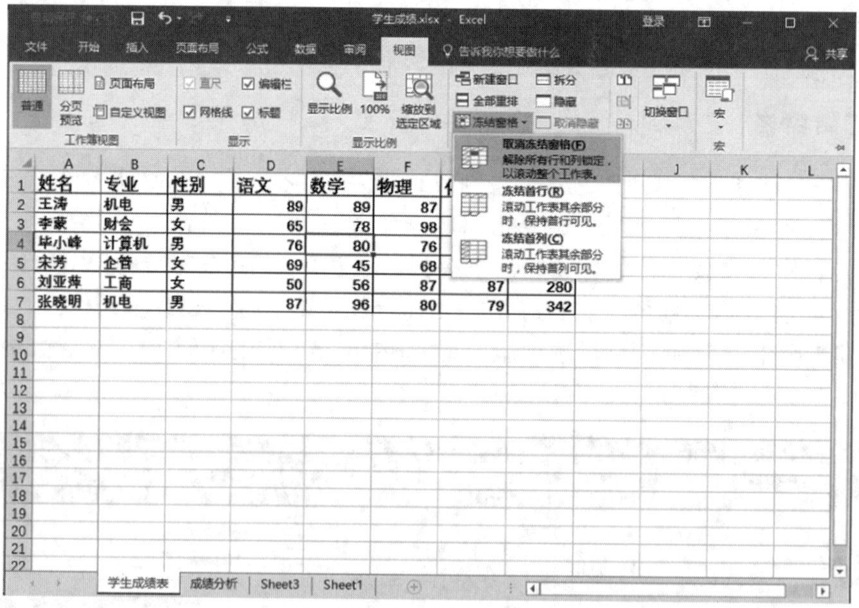

图 7-8　取消冻结窗格

六、隐藏操作

1. 工作表的隐藏

工作簿中的某个工作表不想让他人看见，则可以将其隐藏，在需要查看或编辑时再将其显示出来。

方法：打开工作簿后，选择所要隐藏的工作表标签并右击，在快捷菜单中选择"隐藏"命令，则当前选择的"学生成绩表"将会被隐藏，如图 7-9 所示。

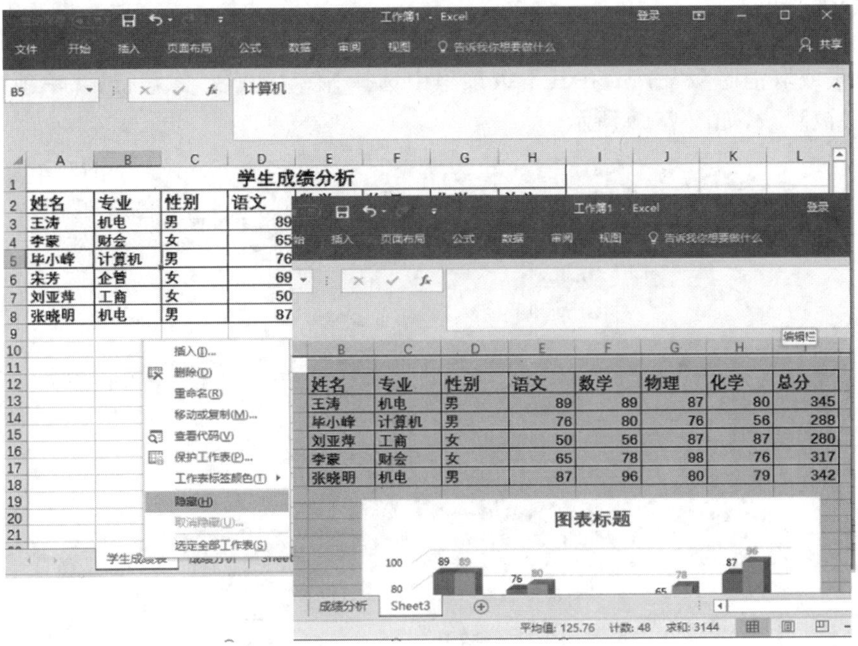

图 7-9　隐藏工作表

2. 取消工作表的隐藏

如果要显示隐藏的工作表，方法如下：

① 在其他任意工作表标签处右击，在弹出的快捷菜单中选择"取消隐藏"命令。

② 在打开的"取消隐藏"对话框中，选择需要取消隐藏的工作表，单击"确定"按钮，如图 7-10 所示。

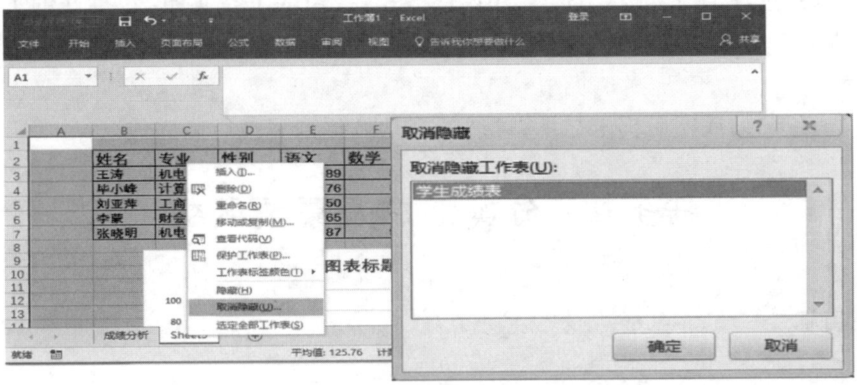

图 7-10　取消工作表隐藏

3. 隐藏列或隐藏行

如果想将工作表中某些行或某些列隐藏，可进行如下操作：

① 选择要进行隐藏的列或者行。如果隐藏单列或单行，则将鼠标定位于要隐藏的列或行中的任意单元格。

② 单击“开始”选项卡“单元格”选项组中的“格式”按钮的下拉菜单，在打开的下拉菜单中选择“隐藏或取消隐藏”命令，在其下级菜单中选择“隐藏列”或“隐藏行”菜单项，则所选择的列或行将被隐藏，如图 7-11 所示。

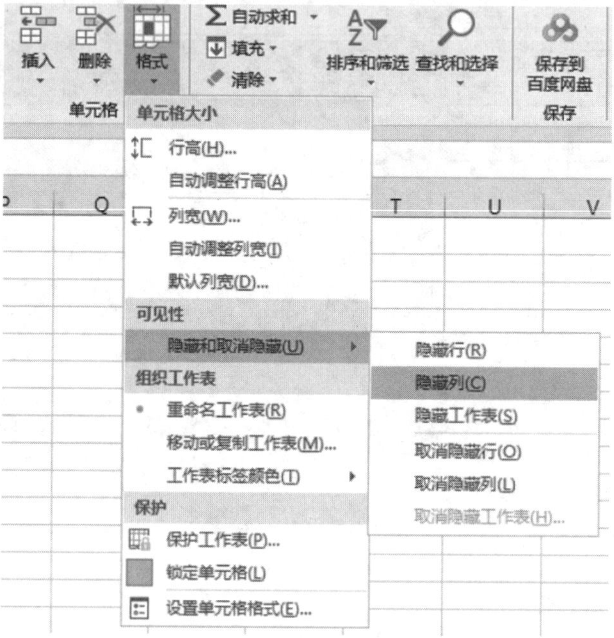

图 7-11　隐藏或取消隐藏

4. 取消隐藏的列或行

单击“开始”选项卡“单元格”选项组中的“格式”按钮的下拉菜单，在打开的下拉菜单中选择“隐藏或取消隐藏”命令，在其下级菜单中选择“取消隐藏列”或“取消隐藏行”菜单项，如图 7-11 所示。

如果取消隐藏列或行后仍未显示，可通过拖动调整列宽或行高完成。

任务 2　分类汇总及重要函数

知识目标

1. 准确运用分类汇总进行统计数据。
2. 能准确利用条件统计函数对数据进行统计。
3. 掌握最大值函数和最小值函数的使用方法。

技能目标

能灵活运用分类汇总进行数据统计并根据实际需要灵活运用条件统计函数和最小值、最大值函数。

素质目标

通过主题讨论“数据处理人员的职业素养”，学生进行思考、分析、讨论，教师归纳总结出在处理数据时应该培养严谨诚信的职业道德。

任务描述

1. 将D盘中用自己姓名命名的文件夹中的“项目 71 工资计算”文件进行复制，将复制后的文件副本重命名为“项目 72 分类汇总”。

2. 打开文件“项目 72 分类汇总”，将“工资计算结果”工作表中所有已计算完毕的数据通过全选按钮复制到工作表 3 中，将工作表 3 重命名为“工资分类汇总”，并在当前工作表中将“所属部门”和“职务”两列的隐藏进行取消隐藏。通过拖动调整列宽，最后内容见表 7-2。

表 7-2

职工工资表												
员工编号	员工姓名	性别	所属部门	职务	基本工资	业绩奖金	住房补助	应发工资	养老保险	医疗保险	公积金	实发工资
0001	李红海	男	销售部	部门主管	￥5,000	￥1,720	￥600	￥7,320	￥70.0	￥100	￥50	￥7,100
0002	苏杨	男	销售部	销售员	￥4,000	￥700	￥800	￥5,500	￥56.0	￥80	￥40	￥5,324
0003	陈小霞	女	销售部	销售员	￥4,000	￥1,600	￥500	￥6,100	￥56.0	￥80	￥40	￥5,924
0004	武海	男	研发部	部门主管	￥5,000	￥1,200	￥500	￥6,700	￥70.0	￥100	￥50	￥6,480
0005	刘繁	女	研发部	研发员	￥4,500	￥880	￥500	￥5,880	￥63.0	￥90	￥45	￥5,682
0006	袁锦辉	男	销售部	销售员	￥4,500	￥0	￥500	￥5,000	￥63.0	￥90	￥45	￥4,802
0007	贺华	男	销售部	销售员	￥4,000	￥1,200	￥500	￥5,700	￥56.0	￥80	￥40	￥5,524
0008	钟兵	男	人事部	部门主管	￥5,000	￥1,320	￥500	￥6,820	￥70.0	￥100	￥50	￥6,600
0009	丁芬	女	人事部	部门主管	￥5,000	￥1,200	￥500	￥6,700	￥70.0	￥100	￥50	￥6,480
0010	程静	女	人事部	科员	￥3,500	￥200	￥400	￥4,100	￥49.0	￥70	￥35	￥3,946
0011	刘健	男	人事部	科员	￥3,500	￥1,000	￥400	￥4,900	￥49.0	￥70	￥35	￥4,746
0012	苏江	男	文秘部	部门主管	￥5,000	￥1,476	￥400	￥6,876	￥70.0	￥100	￥50	￥6,656
0013	廖嘉	男	文秘部	文秘员	￥3,500	￥520	￥400	￥4,420	￥49.0	￥70	￥35	￥4,266
0014	刘佳	女	文秘部	文秘员	￥3,500	￥880	￥400	￥4,780	￥49.0	￥70	￥35	￥4,626

3. 在“工资分类汇总”工作表中，按照“所属部门”对“实发工资”进行求和分类汇总。

4. 插入工作表 4 和工作表 5。

5. 将“工资分类汇总”工作表中的所有数据复制到工作表 4 中，然后删除当前的分类汇总，恢复原数据，并将工作表 4 重命名为“业绩奖金分类汇总”。

6. 在“业绩奖金分类汇总”工作表中，按照“性别”对“业绩奖金”进行求和分类汇总。

7. 将“职工工资表”工作表中的所有数据复制到工作表 5 中，并将工作表 5 重命名为“函数计算”。

8. 在工作表“函数计算”中，用最大值函数“MAX”计算出职工工资表中实发工资最高的职工工资。要求在当前工作表下面的空白位置显示计算结果，具体的显示格式要求为最高工资，即左侧显示“最高工资”这样的汉字，右侧是通过 MAX 函数计算出的结果。当双击计算的结果时，系统会显示出 MAX 函数及其区域范围。

9. 在工作表"函数计算"中,用最小值函数"MIN"计算出职工工资表中工资最低的职工工资;将结果显示在第8小题结果的下一行,并对齐;显示"最低工资"和"计算出的工资数值"。当双击计算的结果时,系统会显示出MIN函数及其区域范围。结果如图7-12所示。

最高工资	
最低工资	

图7-12 结果显示格式

10. 在工作表"函数计算"中,用统计函数"COUNT"统计计算出当前职工工资表中职工的总人数。显示"职工人数"和"统计出的职工人数",结果显示在图7-12所显示区域的下一行,并对齐。

11. 在工作表"函数计算"中,用条件统计"COUNTIF"函数统计出职工工资表中实发工资大于或等于6 000元的职工的人数。显示"工资大于或等于6 000"和"统计出的人数结果",结果依次显示在图7-12所显示区域的下面。

12. 在工作表"函数计算"中,用条件统计"COUNTIF"函数统计出职工工资表中实发工资大于5 500元并且小于7 000元的职工的人数。显示"工资大于5500小于7000"和"统计出的人数",结果依次显示在图7-12所示区域的下面。最后的结果如图7-13所示。

最高工资	
最低工资	
职工人数	
实发工资大于或等于6000	
工资在5500-7000之间的人数	

图7-13 函数计算的最终格式

13. 对文件"项目72分类汇总"进行保存,等待教师检查及评价。将该文件保存到U盘或百度网盘中。

相关知识

一、分类汇总

在日常数据管理过程中,经常需要将数据进行汇总统计。即对每一类数据进行求和、求平均值、求最大最小值等。使用分类汇总,可以对数据清单中的信息进行分类显示、计算和统计。

分类汇总

1. 分类汇总

要进行分类汇总,可以按照下述步骤进行操作:

① 对需要分类汇总的字段进行排序。

② 单击数据区域中任意单元格,单击"数据"选项卡"分级显示"选项组中的"分类汇总"按钮,打开"分类汇总"对话框。

③ 在"分类汇总"下拉列表中,选择进行分类汇总的字段,然后选择汇总方式,再选择汇总项,如图7-14所示。

④ 设置完毕后，单击“确定”按钮。

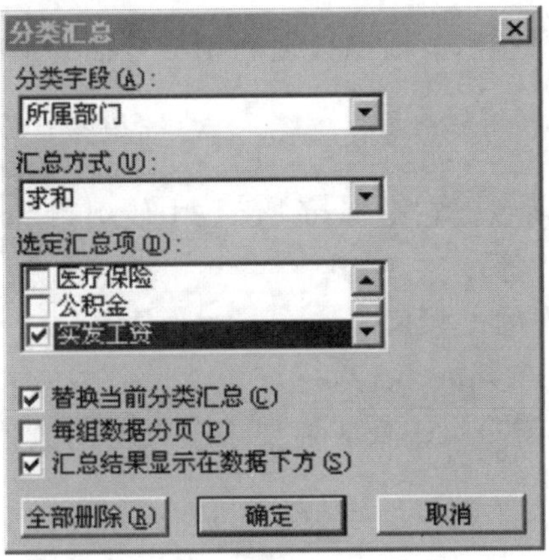

图 7-14　“分类汇总”对话框

下面，以按“性别”分类汇总学生的总分为例，操作步骤如下：

① 将数据表按“性别”字段排序。

② 单击“数据”选项卡“分级显示”选项组中的“分类汇总”按钮，打开“分类汇总”对话框。在“分类字段”中选择“性别”，“汇总方式”中选择“求和”，“选定汇总项”中选择“总分”。

③ 单击“确定”按钮，结果如图 7-15 所示。

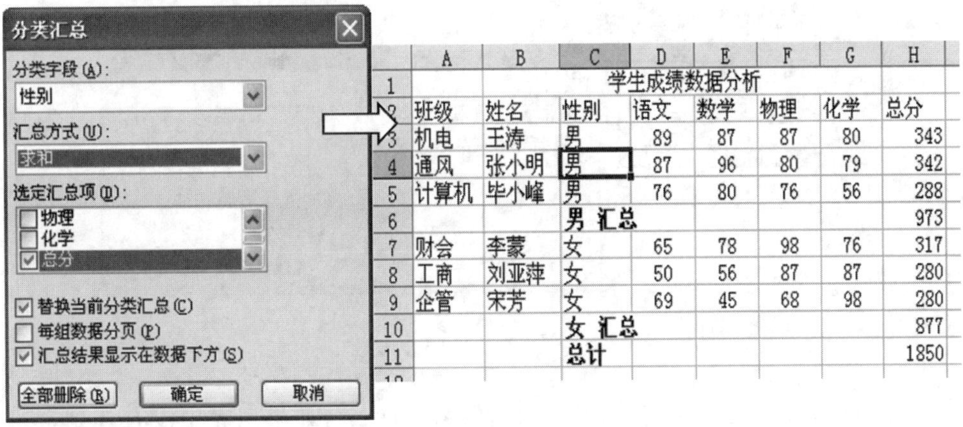

图 7-15　分类汇总示例

2. 删除分类汇总

如果用户需要删除数据清单中的分类汇总，即取消分类汇总，还原为数据清单原来的样子，具体的方法是：

① 在含有分类汇总的数据清单中，单击任意单元格。

② 单击“数据”选项卡“分级显示”选项组中的“分类汇总”按钮，打开“分类汇总”对话框。

③ 在“分类汇总”对话框中，单击“全部删除”按钮。

二、几个常用函数

在前面的内容中，我们知道函数由函数名和用括号括起来的参数组成，函数的一般形式是：函数名称(参数 1，参数 2，…)。

1. 求最大值函数 MAX

MAX 函数是求最大值函数。它是 Excel 函数中使用频率较高的函数之一，常用来计算学生最高成绩、员工最高工资等。

主要功能：求出一组数中的最大值。

使用格式：MAX(number1，number2，…)。

参数说明：number1，number2，…代表需要求最大值的数值或引用单元格(区域)，参数不超过 30 个。

具体用法：

① 单击要插入函数的单元格。

② 单击编辑栏右侧的“插入函数”按钮 fx，弹出“插入函数”对话框，如图 7-16 所示。

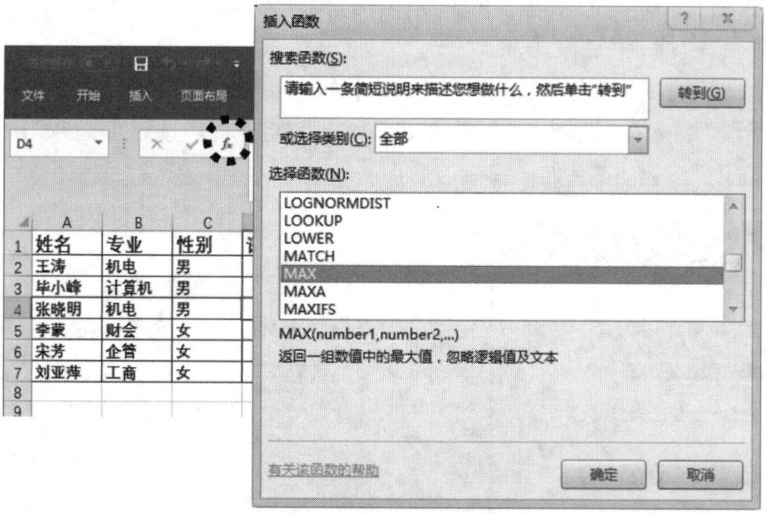

图 7-16　插入 MAX 函数

③ 在“选择函数”列表框中选择所需的函数名“MAX”，如果列表中没有找到，可以选择“选择类别”下拉列表中的“全部”，然后根据字母排序进行查找。

④ 单击“确定”按钮，弹出所选函数的“函数参数”对话框，进行参数设置，如图 7-17 所示。

⑤ 在“函数参数”对话框中确定数据的范围，单击 number1 右侧的按钮，然后拖动选择求最大值的数据范围，回车，再单击“确定”按钮。

2. 求最小值函数 MIN

函数功能：可以求出一组数据中的最小值。

格式：MIN(number1，number2，…)。

具体用法与 MAX 函数相同，这里不再赘述。

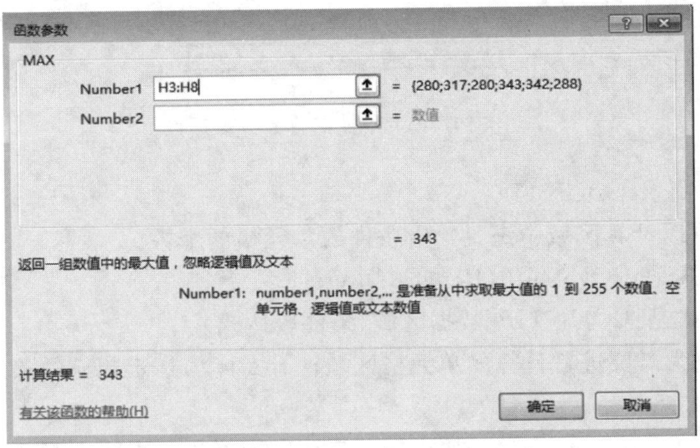

图 7-17　MAX“函数参数”对话框

3. 计数函数 COUNT

函数功能：计算包含数字以及包含参数列表中的数字的单元格的个数。

格式：COUNT(value1，value2，…)。

参数说明：value1，value2，…为包含或引用各种类型数据的参数(1～30 个)，但只有数字类型的数据才被计算。

下面，以统计成绩表中有多少学生参加了“计算机”的考试为例，讲述 COUNT 的具体用法。具体的数据如图 7-18 所示。

	A	B	C	D	E	F	G	H
1	学生成绩单							
2	序号	姓名	性别	高等数学	英语	计算机	总分	平均分
3	1	于丹丹	女	98	97	65	260	86.67
4	2	张广	男	89	86	82	257	85.67
5	3	李文东	男	62	65	87	214	71.33
6	4	刘小红	女	98	97	87	282	94.00
7	5	孙红丽	女	95	94	95	284	94.67
8	6	谢志文	男	56	87	未考试	143	71.50
9	7	张明亮	男	100	94	97	291	97.00
10	8	朱玉梅	女	76	65	86	227	75.67
11	9	罗明	男	85	95	69	249	83.00
12	10	林黛玉	女	55	82	79	216	72.00

图 7-18　学生成绩原数据

① 单击工作表的空白区域，该位置用来存放统计后的计算结果。例如单击 H16 单元格，并输入“计算机考试人数”，再单击 J16 单元格，然后单击编辑栏右侧的“插入函数”按钮 fx，弹出“插入函数”对话框。

② 在“选择函数”列表框中选择 COUNT 函数，单击“确定”按钮，打开“参数函数”对话框。

③ 在“参数函数”对话框中，单击 value1 右侧的按钮，选择工作表中所有学生的计算机成绩区域(单元格区域 F3：F12)，单击“确定”按钮，则 J16 单元格中就会显示统计的最后计

算结果。结果如图 7-19 所示。

计算机考试人数	9

图 7-19　COUNT 函数的计算结果

4. 条件统计函数 COUNTIF

函数功能：可以计算区域中满足给定条件的单元格的个数。

英文通用格式是：COUNTIF(Range,Criteria)。

中文通用格式是：COUNTIF(数据区域，条件表达式)。

其中，Range 为需要进行计算的单元格区域；Criteria 为指定相应的条件，其形式可以为数字、表达式或文本。

下面，基于图 7-18 中学生成绩原数据，以统计出高等数学成绩小于 80 分的学生的人数为例，讲解 COUNIF 的用法。

① 单击数据表格外任意位置，分别输入提示及计算结果。例如在 A14 单元格中输入"高等数学成绩小于 80 的人数"，单击 D14 单元格，目的是要将统计的结果放于 D14 单元格中。

② 单击编辑栏右侧的"插入函数"按钮 *fx*，弹出"插入函数"对话框。

③ 在"选择函数"列表框中选择 COUNTIF 函数，单击"确定"按钮，打开"函数参数"对话框，如图 7-20 所示。

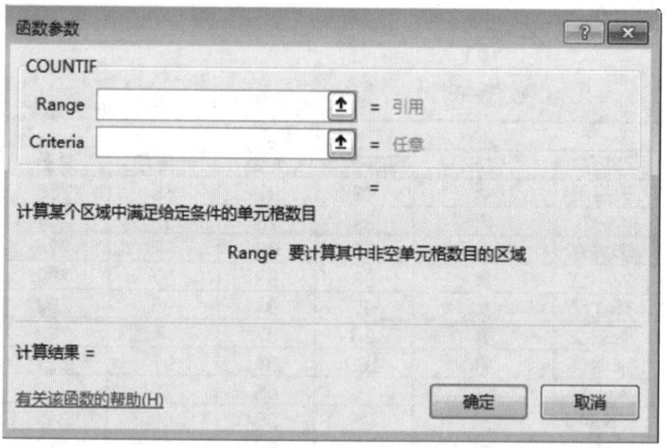

图 7-20　COUNTIF"函数参数"对话框

④ 在对话框中，单击 Range 右侧的按钮，选择工作表中所有学生高等数学的成绩区域(D3:D12)；在 Criteria 列表框中输入进行统计的条件"＜80"，然后单击"确定"按钮。设置完成后的结果如图 7-21 所示。

此时，在 D14 单元格中就会显示统计出的结果，结果为"4"。

但有时我们会发现，用于成绩或工资统计时，常要用到区间类的统计，如统计高等数学成绩在"80～90"这一分数段的人数，在确定统计结果存放的位置之后，可以按照下面两种方法来实现。

第一种方法：在编辑栏中输入公式。

图 7-21　COUNTIF 函数设置结果

"＝COUNTIF(D3:D12,"＞＝80")－COUNTIF(D3:D12,"＞＝90")"，则可以统计出该区间的人数。

第二种方法：利用插入函数的方法。

需要进行两次插入函数，第一次插入函数 COUNTIF 的区域设置好后，条件设为"＞＝80"，会自动统计出一个结果，单击该结果的单元格，再单击编辑栏，然后输入减号"－"，利用插入函数的方法再次确定第二个 COUNTIF 函数的区域和条件，第二个 COUNTIF 函数的区域与第一个 COUNTIF 函数相同，但第二个 COUNTIF 函数的条件则设为"＞＝90"，这时一个完整的区间统计的 COUNTIF 函数就设置完成了。

任务 3　页面及打印设置

知识目标

1. 掌握 Excel 关于打印设置的技巧及方法。
2. 掌握页面设置的方法。

技能目标

能快速准确地根据实际需要进行打印区域的设置以及能灵活熟练地进行页面的设置。

素质目标

通过展示针式打印机以及 386 电脑的图片，与现在打印机及电脑进行对比，启发学生了解现在科技的进步之快、国家之强大。培养学生的社会责任感和使命感，提升家国情怀。

任务描述

1. 在 D 盘用自己姓名命名的文件夹中找到"项目 72 分类汇总"文件，并复制，将副本文件重命名为"项目 73 打印"，打开"项目 73 打印"文件。或者从 U 盘复制文件"项目 72 分类汇总"到 D 盘用自己姓名命名的文件夹中，并对副本文件重命名。

2. 打印区域设置,将"工资计算结果"工作表单独用一页打印出来,设置打印区域为整个工资表的内容。纸张大小为A4纸,纸张方向为横向。先进行预览,观察效果。

3. 先取消当前的打印区域,再重新设置打印区域,要求将工作表"函数计算"中所有数据进行打印。纸张大小为B5纸,纸张方向为横向。先进行预览,观察效果。

4. "工资计算结果"工作表中,在员工姓名"钟兵"所在行的下面插入一个分页符。设置纸张大小为A4纸,纸张方向横向。先进行预览,观察效果。下面显示为"共2页",拖动鼠标观察两页的内容。也可以进行分页预览,观察效果。

相关知识

一、设置打印内容

创建好的工作表在打印之前,需要进行一些设置,调整工作表和打印选项,直到预览满意再进行打印。

页面及打印设置

1. 设置打印区域

设置打印区域的方法是:

① 选定要打印的工作表区域。

② 单击"页面布局"选项卡"页面设置"选项组中"打印区域"下拉菜单中的"设定打印区域",如图7-22所示。

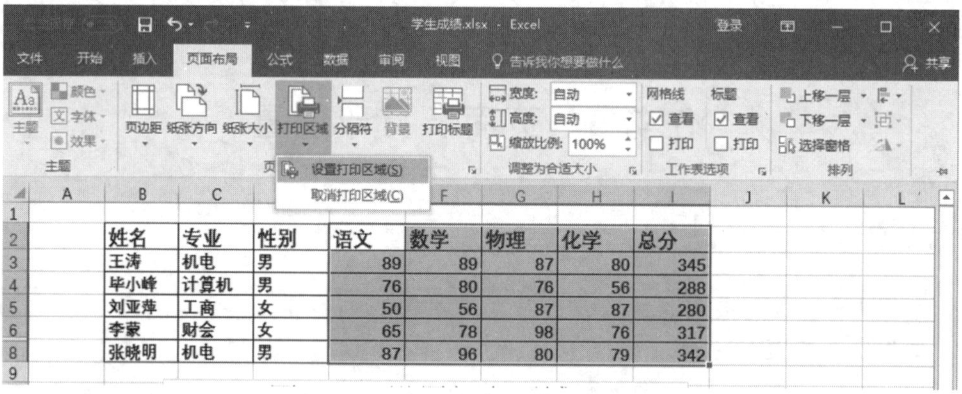

图7-22 设置打印区域

③ 选择"文件"→"打印"选项,在右侧的预览框中可以看见打印的内容已经变为我们选定的区域,点击"打印"就可以打印选定的区域了,如图7-23所示。

如果设置的打印区域是多个不连续的单元格区域,那么打印时不连续的各打印区域将打印在不同的页上。

2. 取消打印区域

如果要取消打印的区域,需要单击"页面布局"选项卡"页面设置"选项组中"打印区域"下拉菜单中的"取消打印区域",就可以打印全部列表了。

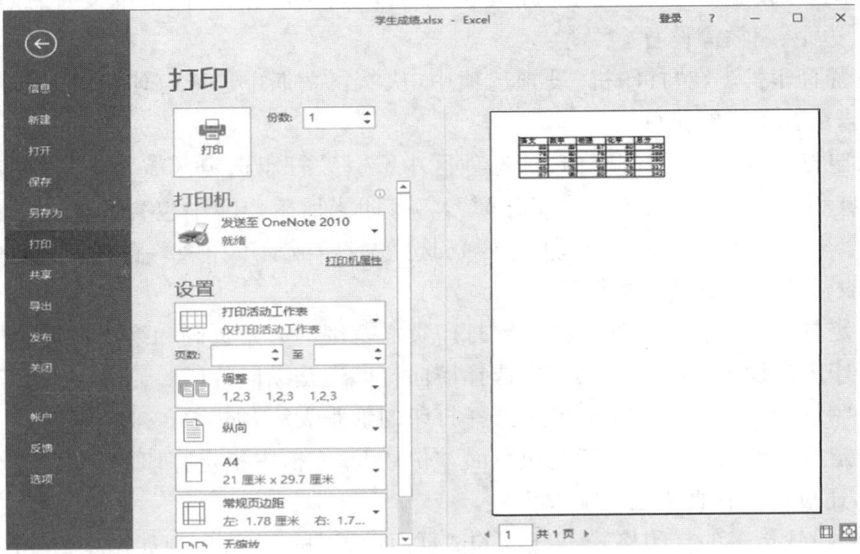

图 7-23 设置打印区域后的效果

二、页面设置

设置好打印区域后，为了使打印出的页面美观且符合要求，还可以通过“页面设置”对话框对打印的页面、页边距、页眉、页脚等许多选项进行设置。

方法一：选择“文件”→“打印”选项，就会出现如图 7-24 所示的“打印选项设置”对话框。

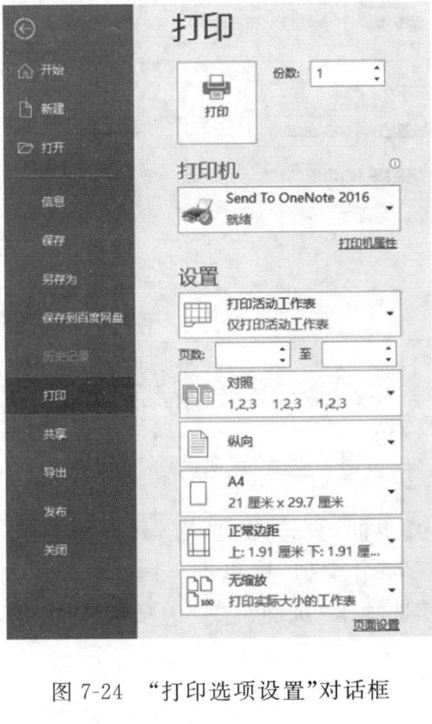

图 7-24 “打印选项设置”对话框

在打印选项设置中，可以进行常用设置，如打印区域设置、页码范围设置、纵向横向、纸张大小、页边距、缩放等设置。

① 设置打印机。在“打印机”设置选项中，从“名称”框中选择打印机，同时在“打印机”框中显示当前打印机的信息。

② 指定打印内容。在“打印内容”选项区中，选择“打印选定区域”，将只打印工作表中选定的区域和对象；选择“打印整个工作簿”，将打印当前工作簿中包含数据的任何工作表，如果工作表中有打印区域，则只打印该区域；选择“打印活动工作表”，将打印选定的工作表，每张工作表都从新的一页开始打印。

③ 指定打印页码。编辑框中输入要打印页面范围的起始页码和终止页码。

④ 打印方向设置。在下拉菜单中选择横向打印还是纵向打印。

⑤ 打印纸张设置。在下拉菜单中选择打印的纸张大小，如 A4 或 B5 等。

⑥ 指定打印份数。在“打印”按钮后面，“份数”输入框中指定打印的份数。

同理，还可以设置页边距及缩放设置。

如果要设置更多的打印格式，可以点击“页面设置”按钮，将出现如图 7-25 所示的“页面设置”对话框。

图 7-25 “页面设置”对话框

共有四个选项卡，分别为：页面、页边距、页眉/页脚和工作表。在各选项卡中进行所需要的设置。页面设置方法与 Word 类似，这里不再详述。

方法二：单击“页面布局”选项卡“页面设置”选项组中页边距、纸张方向、纸张大小等进行设置，如图 7-26 所示。

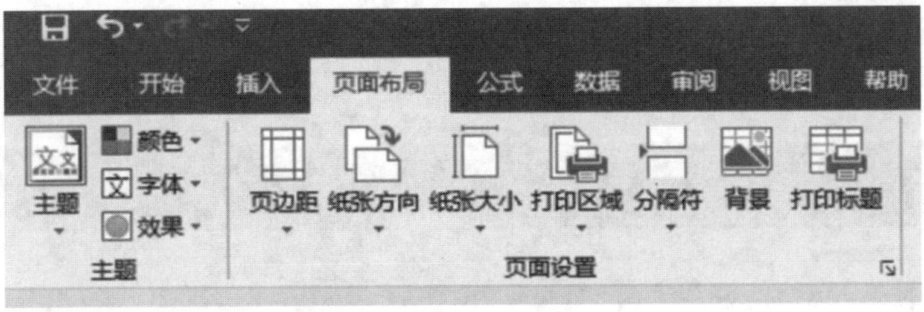

图 7-26　利用“页面布局”进行页面设置

三、打印

1. 打印预览

在实际打印页面之前，可以预先看一下打印的效果，对不合适的地方进行调整。Excel 提供了“打印预览”功能。

利用“打印预览”功能可以查看打印效果、缩放页面，以便调整页边距、页眉和页脚的位置、数据列的宽度等。

方法：单击“文件”→“打印”选项，在右侧的预览框中可以看见打印预览的内容，如图 7-27 所示。

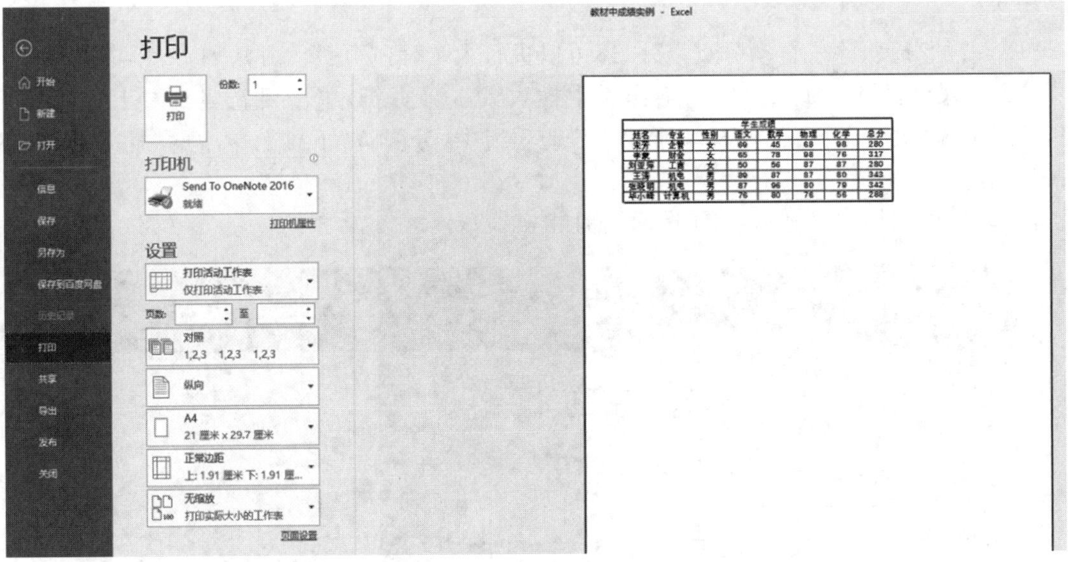

图 7-27　打印预览效果

打印预览后，如果不需要再修改了，就可以将工作表中的内容打印出来。

2. 分页设置

当工作表上要打印的内容多于一页时，Excel 会自动地对打印页面进行分页。用户可以通过“打印预览”查看分页情况。Excel 还可以在编辑工作表的状态下同时查看分页的情况，即分页预览功能。

分页预览的方法如下：

① 首先切换到要打印的工作表中，单击“视图”选项卡“工作簿视图”选项组中的“分页预览”按钮，如图 7-28 所示。

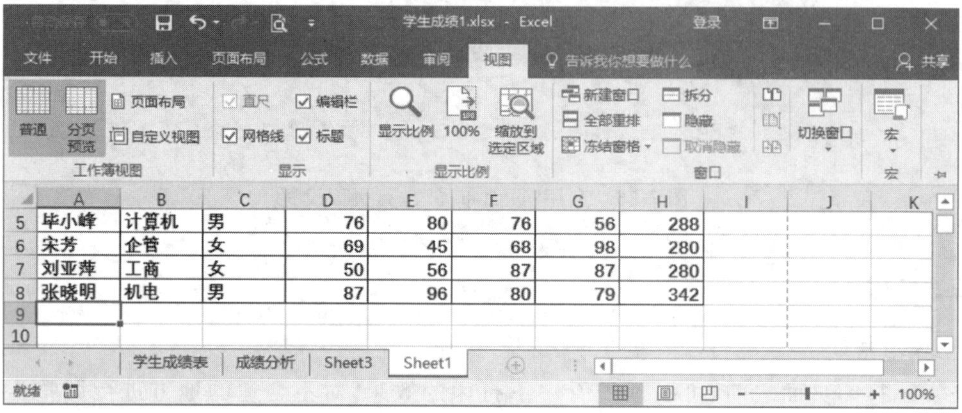

图 7-28　分页预览

② 滚动窗口，观察工作表中要打印的区域以白色显示，虚线是 Excel 插入的自动分页符。

③ 要从预览页面回到编辑页面，可以单击“视图”选项卡“工作簿视图”选项组中的“普通”按钮。

Excel 的分页，除了自动分页之外，还可以进行人工强制分页。方法如下：

① 插入分页符。如果需要在工作表中插入人工分页符，单击要新建页左上角的单元格，然后单击“页面布局”选项卡“页面设置”选项组中“分隔符”下拉菜单中的“插入分页符”按钮，如图 7-29 所示。

自动分页符是虚线显示，人工分页符是粗实线显示。

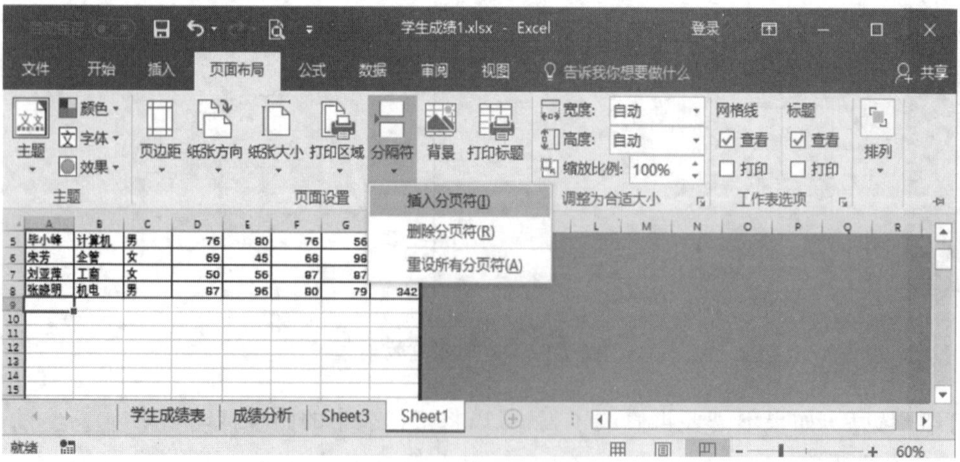

图 7-29　插入分页符

② 移动分页符。单击“视图”选项卡“工作簿视图”选项组中的“分页预览”按钮，可以将分页符拖动到新的位置。但是，如果移动 Excel 自动设置的分页符，那么将使其变成人工设置的分页符。

③ 删除分页符。在分页符下方单击选中一个单元格，然后单击“页面布局”选项卡“页面设置”选项组中“分隔符”下拉菜单中的“删除分页符”按钮，即可删除上面插入的分页符，如图 7-30 所示。

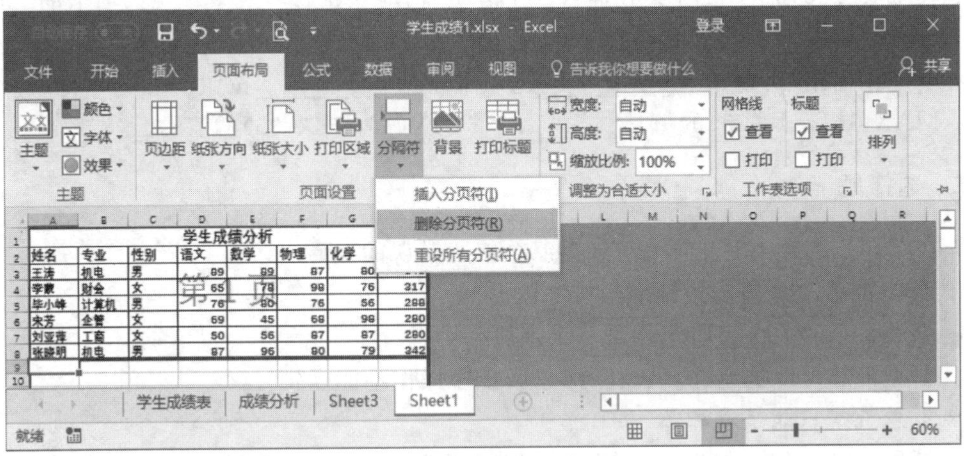

图 7-30　删除分页符

3. 打印

打印工作表，操作方法与打印预览相同。

方法：单击“文件”→“打印”选项，通过打印预览及页面设置后，单击“打印”按钮进行打印，如图 7-31 所示。

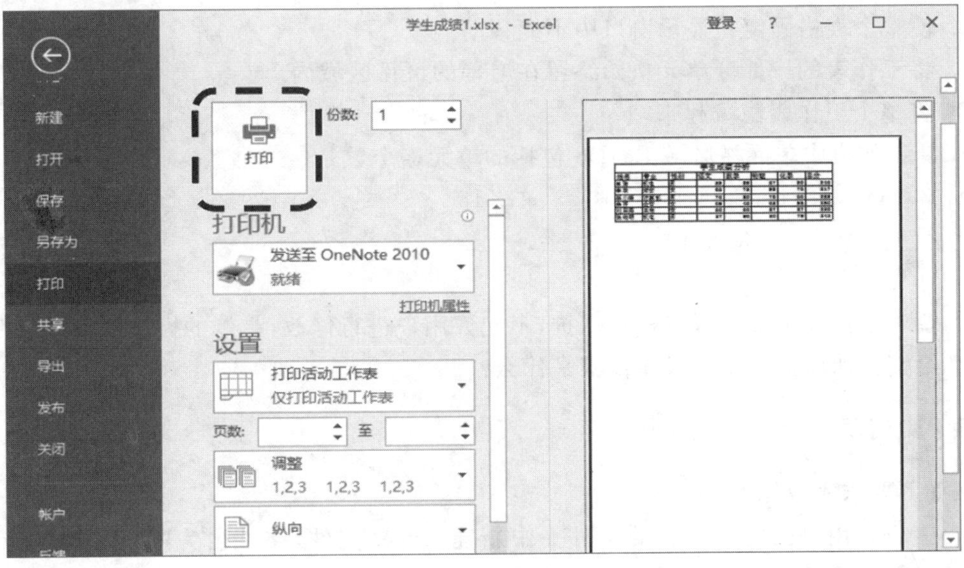

图 7-31　打印操作

思考与练习

一、填空题

1. 在 Excel 2016 中，在对数据进行分类汇总前，必须对数据进行__________操作。

2. 在 Excel 2016 中，要在某处插入一个分页符，应该选择__________选项卡的“页面设置”选项组中的__________按钮下拉菜单的“插入分页符”按钮。

3. 要冻结窗格，可以选择__________选项卡中的__________按钮。

4. MAX(16，−12，35)的值是__________；MIN(16，−12，35)的值是__________。

二、选择题

1. 在 Excel 2016 中，下面关于分类汇总叙述错误的是(　　)。

A. 分类汇总前必须按关键字段排序数据

B. 分类汇总的关键字段只能是一个字段

C. 分类汇总可以被删除，但删除汇总后排序操作不能撤销

D. 汇总方式只能是求和

2. 在 Excel 2016 中，如果 A1:A5 单元格的值依次为 100、200、300、400、500，则 MAX(A1:A5)=(　　)。

A. 300　　B. 500　　C. 1 200　　D. 1 500

3. 在 Excel 2016 中，若要统计一组数的个数，可选用的函数是(　　)。

A. COUNT　　B. MAX　　C. SUM　　D. AVERAGE

4. 在 Excel 2016 中，冻结是指(　　)。

A. 使一个工作表的某个部分数据不能被修改

B. 使整个表格固定在显示窗口中不能移动

C. 将工作表的一部分单元格始终留在屏幕的可见区域内

D. 将整个工作表隐藏起来

5. 在工作表中单元格区域 B6:D8 包括的单元格个数是(　　)。

A. 3　　B. 6　　D. 18　　C. 9

三、简答题

1. 要对工作表中某些区域进行保护，不允许用户进行修改，具体的操作步骤是什么？

2. 给文件加保护口令的操作步骤是什么？

四、实训题

按如下要求完成操作：

1. 在 D 盘用自己姓名命名的文件夹中新建 Excel 文件，文件名为“学生成绩”。按照表 7-3中的内容在 Sheet1 工作表中建立表格，并将 Sheet1 工作表重命名为“原数据”。

表 7-3

	A	B	C	D	E	F	G	H
1	学号	姓名	性别	成绩1	成绩2	成绩3	总成绩	平均成绩
2	2008001	张红	女	80	90	95		
3	2008002	李莉	女	90	69	82		
4	2008009	王安安	男	70	80	85		
5	2008004	丁小文	男	88	76	89		
6	2008008	杜飞	男	65	60	71		
7	2008005	李京	女	79	78	75		
8	2008003	孙可	女	82	80	86		

2. 利用 Excel 的公式和函数，计算出总成绩和平均成绩，结果分别放在相应的单元格中。

3. 在工作表“原数据”中，选定 D2 单元格，进行冻结拆分窗口操作。

4. 在 Sheet2 工作表中复制 Sheet1 工作表的所有数据，以“成绩 1”为关键字，按升序排序，并将 Sheet2 工作表重命名为“排序数据”。

5. 在 Sheet3 工作表中复制 Sheet1 工作表的所有数据，筛选出“成绩 1”大于 80 分且“成绩 3”大于 85 分的学生数据，并将 Sheet3 工作表重命名为“筛选数据”。

6. 用函数 COUNTIF 统计出“成绩 3”大于 80 小于等于 95 的学生人数。

7. 在“原数据”工作表中，按性别进行分类汇总，分别求男、女生的总成绩平均分。

8. 对当前的工作表进行打印设置，设置成 A4 纸、横向打印，打印当前文件所有内容。

项目 8　制作论文答辩、企业销售情况演示文稿

PowerPoint 2016 是专门用于制作演示文稿的应用软件，利用它能够制作图文并茂、感染力强的幻灯片，并能够达到最佳的演示效果。通过学习本项目，我们要掌握用 PowerPoint 2016 制作演示文稿的基本操作，并能够设置幻灯片的动画效果、超链接等，同时能够根据需要进行幻灯片的演示操作。

任务 1　毕业论文答辩演示文稿(一)

知识目标

1. 熟练掌握创建、编辑和保存演示文稿的操作。
2. 能根据需要选择合适的模板。
3. 掌握在幻灯片中插入各种对象的方法。

技能目标

能创建并编辑演示文稿；能向幻灯片中添加各种对象，使得幻灯片更加生动；能使用模板来统一演示文稿的外观。

素质目标

学生在学习幻灯片设计过程中，通过幻灯片的设计和制作来解决实际问题，完成毕业论文答辩演示文稿的同时，进行反思与评价，培养学生实践能力和创新精神以及与他人协作的能力，提高合作学习的能力。

任务描述

启动 PowerPoint，使用素材中提供的设计模板，将文件保存到 D 盘中用自己名字命名的文件夹内，将文件命名为"项目 81. PPT"。

1. 打开幻灯片模板，选择第一张幻灯片，效果如图 8-1 所示。

① 在幻灯片相应位置插入横排文本框，设置文本框的"填充颜色"为"无填充颜色"，"线条颜色"为"无线条颜色"；在其中输入论文标题"体育新闻网站的设计与实现"，字体为微软雅黑 48 号，加粗，文字阴影，颜色为白色。

② 在幻灯片下方插入横排文本框，输入文字"答辩人""专业""指导教师"等字样，字体

图 8-1　第一张幻灯片

为宋体 24 号，加粗。

2. 选择第二张幻灯片模板，设置后的效果如图 8-2 所示。

图 8-2　第二张幻灯片

① 在幻灯片左侧插入横排文本框，并设置文本框的“填充颜色”为“无填充颜色”，“线条颜色”为“无线条颜色”；在其中输入文字“目录”，字体为微软雅黑 88 号，加粗，文字阴影，颜色为白色。

② 在幻灯片右侧输入文字插入“研究背景”等如图 8-2 所示的文字。字体设置为微软雅黑 28 号，加粗，颜色为蓝色。

3. 选择第三张幻灯片，效果如图 8-3 所示。

① 在幻灯片中插入横排文本框，在其中输入文字“研究背景”，字体为微软雅黑 48 号，加粗，文字阴影，颜色为白色。

② 在幻灯片左侧插入素材中提供的“体育”图片，图片样式设置为映像棱台白色。

③ 在幻灯片右侧插入如图 8-3 所示的圆角矩形，其中形状填充颜色为无填充，线条颜色为蓝色，形状轮廓粗细为 3 磅。输入文字，字体为宋体 28 号。

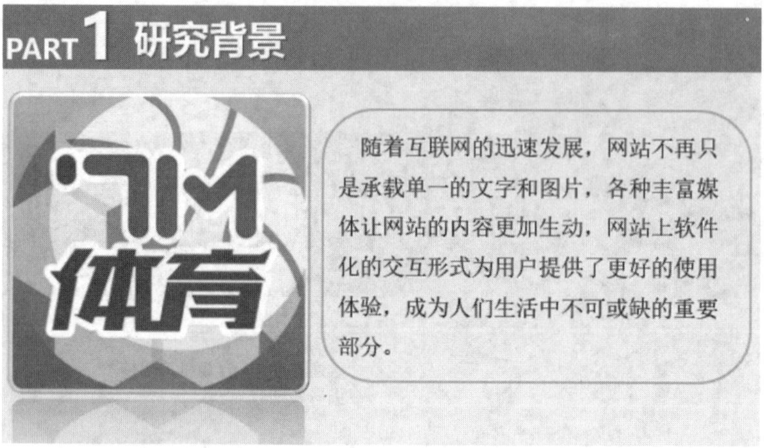

图 8-3　第三张幻灯片

4. 选择第四张幻灯片，效果如图 8-4 所示。

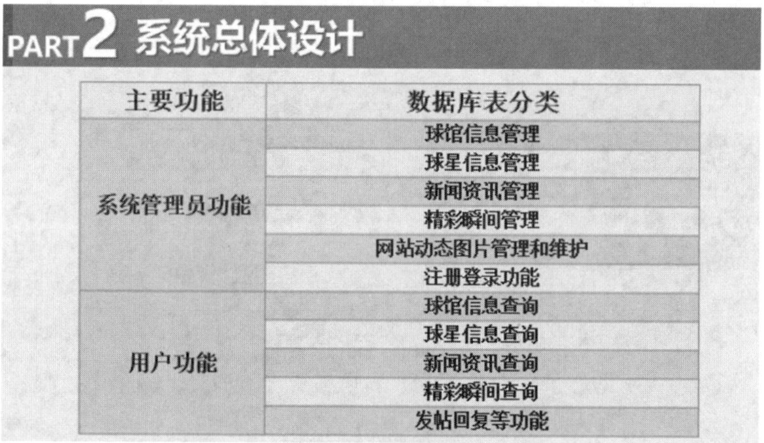

主要功能	数据库表分类
系统管理员功能	球馆信息管理
	球星信息管理
	新闻资讯管理
	精彩瞬间管理
	网站动态图片管理和维护
	注册登录功能
用户功能	球馆信息查询
	球星信息查询
	新闻资讯查询
	精彩瞬间查询
	发帖回复等功能

图 8-4　第四张幻灯片

① 在幻灯片中插入横排文本框，在其中输入文字“系统总体设计”，字体为微软雅黑 48 号，加粗，文字阴影，颜色为白色。

② 在幻灯片下方插入 12 行 2 列的表格，表格样式选择“中度样式 4，强调 2”，分别合并第 1 列第 2 行至第 7 行单元格、第 1 列第 8 行至第 12 行单元格。

③ 在表格中输入文字“主要功能”“数据库表分类”“系统管理员功能”“用户功能”，字体为宋体 32 号，加粗，其他文字字体为宋体 24 号，加粗。

5. 选择第五张幻灯片，设置后的效果如图 8-5 所示。

① 在幻灯片中插入横排文本框，在其中输入文字“系统总体设计”，字体为微软雅黑 48 号，加粗，文字阴影，颜色为白色。

② 在幻灯片左下方插入艺术字“概念模型设计”，选择艺术字，在“形状格式”选项卡中设置艺术字样式，选择第 2 行 5 列的“填充：青绿，主题色 3；锋利棱台”样式，在艺术字样式

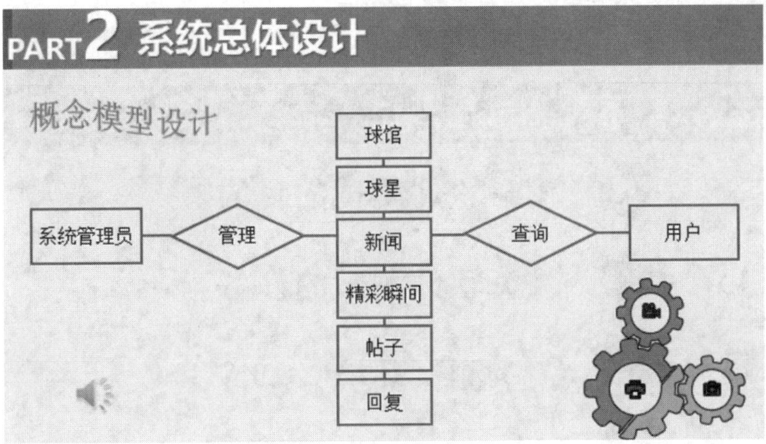

图 8-5　第五张幻灯片

组中，选择文本效果中“转换”，设置“弯曲波形：下”效果。

③ 在幻灯片中插入形状，绘制如图 8-5 所示的概念模型设计图，其中自选图形的填充颜色为无填充，线条颜色为蓝色，粗细 3 磅，自选图形内的文字为宋体 24 号，颜色为黑色，居中。

④ 插入声音素材“童年回忆”背景音乐，设置“音频工具”选项卡中的播放效果为“单击时”播放，将“音频选项”设置为“跨幻灯片播放”。

6. 选择第六张幻灯片，效果如图 8-6 所示。

图 8-6　第六张幻灯片

① 在幻灯片中插入横排文本框，在其中输入文字“系统功能设计”，字体为微软雅黑 48 号，加粗，文字阴影，颜色为白色。

② 在幻灯片中插入 SmartArt 图形，设置垂直图片列表，选择图形，进入 SmartArt 设计选项卡，在 SmartArt 样式组更改颜色为“彩色个性色”。

③ 在创建图形组中添加形状，增加一行图片列表，四行列表中分别插入已有的四张素

材图片，列表内的文字为宋体 48 号，颜色为白色。

7. 选择第七张幻灯片，效果如图 8-7 所示。

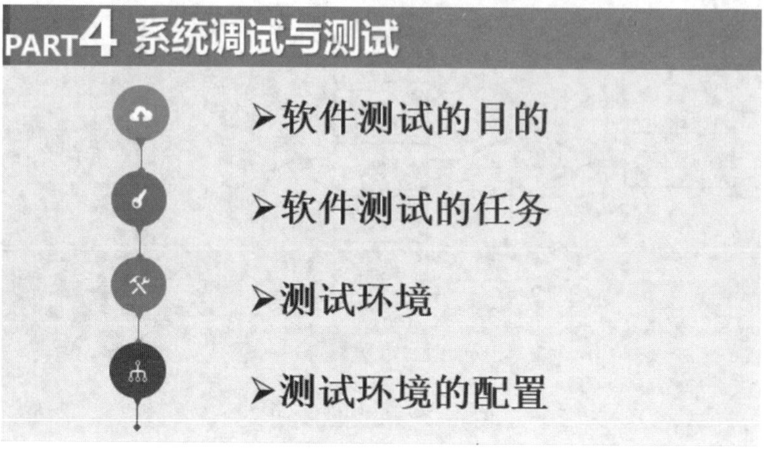

图 8-7 第七张幻灯片

① 在幻灯片中插入横排文本框，在其中输入文字“系统调试与测试”，字体为微软雅黑 48 号，加粗，文字阴影，颜色为白色。

② 在幻灯片左侧插入素材中提供的图片，调整大小，放到合适位置。

③ 在幻灯片右侧插入横排文本框，并设置文本框的“填充颜色”为“无填充颜色”，“线条颜色”为“无线条颜色”；在其中输入文字“软件测试的目的”等内容，字体为宋体 48 号，加粗，颜色为黑色，添加箭头项目符号，行间距设置为 2 倍行距。

8. 选择第八张幻灯片，效果如图 8-8 所示。

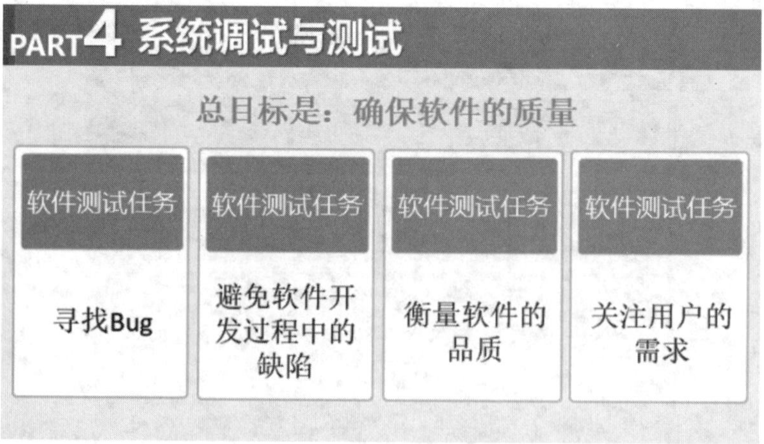

图 8-8 第八张幻灯片

① 在幻灯片中插入横排文本框，在其中输入与第七张幻灯片相同样式的标题文字“系统调试与测试”。接着在下方插入横排文本框，在其中输入“总目标是：确保软件的质量”等文字，字体为宋体 40 号，加粗，颜色为浅青绿，背景 2，深色 50%。

② 绘制圆角矩形，形状填充色为白色，形状轮廓颜色为白色，背景 1，深色 25%，绘制圆角矩形，形状填充色为浅青绿，背景 2，深色 50%，两个圆角矩形调整好大小，如图 8-8 所示层叠放置，再复制三个相同的图形。

③ 图形内依次输入相应文字，其中文字“软件测试任务”字体为微软雅黑 32 号，其他文字为宋体 36 号，单倍行距。

9. 选择第九张幻灯片，效果如图 8-9 所示。

图 8-9　第九张幻灯片

① 在幻灯片中插入横排文本框，在其中输入与第八张幻灯片相同样式的标题文字“结语”。

② 在幻灯片中插入素材中提供的“黑板”图片，调整大小，放到合适位置，在图片上插入横排文本框，输入如图 8-9 所示的文字。

10. 选择第十张幻灯片，效果如图 8-10 所示。

图 8-10　第十张幻灯片

在幻灯片的空白处插入艺术字“请各位评委老师批评指正！”，选择“艺术字库”中的第一行第四列“填充：白色；轮廓：绿色，主题色 5；阴影”样式，字体为黑体 66 号加粗，调整艺术字的大小和位置。

11. 将用自己姓名命名的文件夹进行压缩打包，发送电子邮件，发件人是自己的邮箱，收件人是教该课程的教师，主题是“姓名＋毕业论文答辩演示文稿1”。

相关知识

一、启动 PowerPoint 2016

单击“开始”→“所有程序”命令，在展开的应用列表中选择“PowerPoint 2016”或双击桌面上的 PowerPoint 2016 快捷方式图标，即可启动 PowerPoint 2016。

启动 PowerPoint 2016 后，可看到如图 8-11 所示的工作窗口，主要包括快速访问工具栏、标题栏、功能区、窗口控制按钮、幻灯片/大纲窗格、幻灯片编辑区、状态栏、视图切换按钮等。

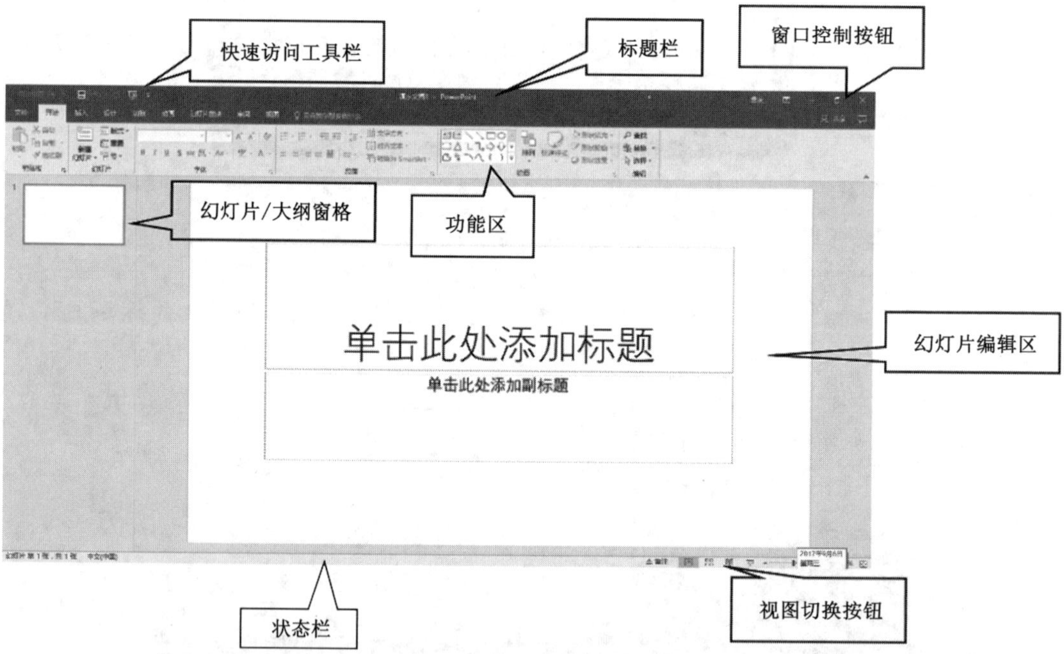

图 8-11 PowerPoint 2016 工作窗口

二、退出 PowerPoint 2016

用鼠标单击窗口右上角的“关闭”按钮 ×，或单击“文件”→“退出”命令，可退出 PowerPoint 2016。

三、PowerPoint 2016 的视图方式

视图模式是软件显示演示文稿的方式，应用于建立、编辑、浏览、放映幻灯片，PowerPoint 提供了 5 种常用的视图方式。

1. 普通视图

单击“视图”选项卡→“普通视图”按钮，普通视图是 PowerPoint 的默认视图方式，用于撰写或设计演示文稿，如图 8-12 所示。

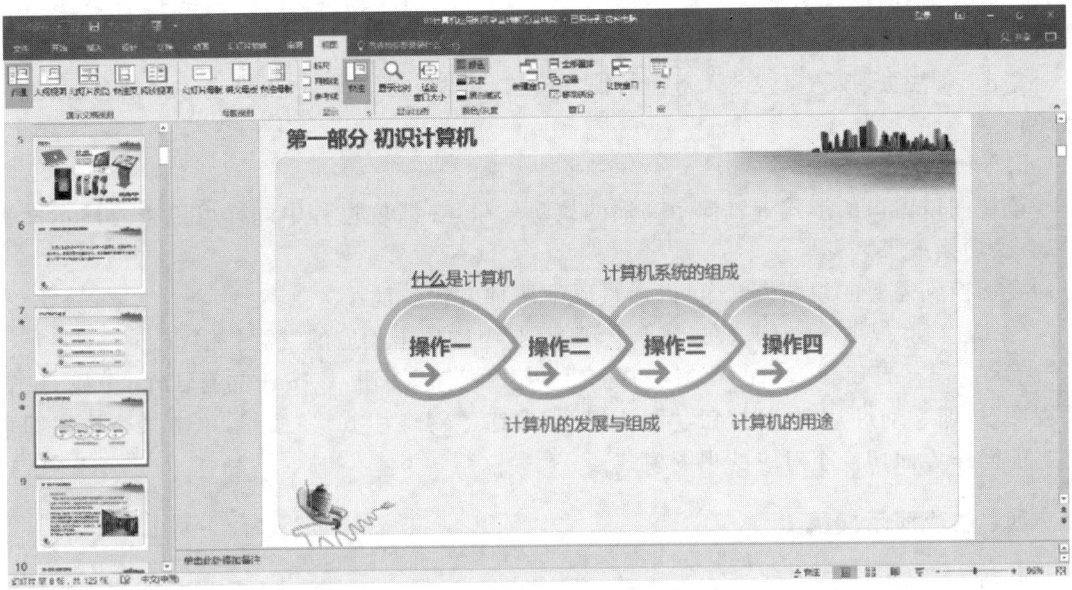

图 8-12　普通视图

2. 幻灯片浏览视图

单击“幻灯片浏览视图”按钮，可以切换到“幻灯片浏览视图”，如图 8-13 所示。在此视图模式下，可以在屏幕上同时看到演示文稿中的所有幻灯片，能够很容易地添加、删除和移动幻灯片，调整幻灯片排列顺序等，但不能编辑幻灯片中的具体内容。

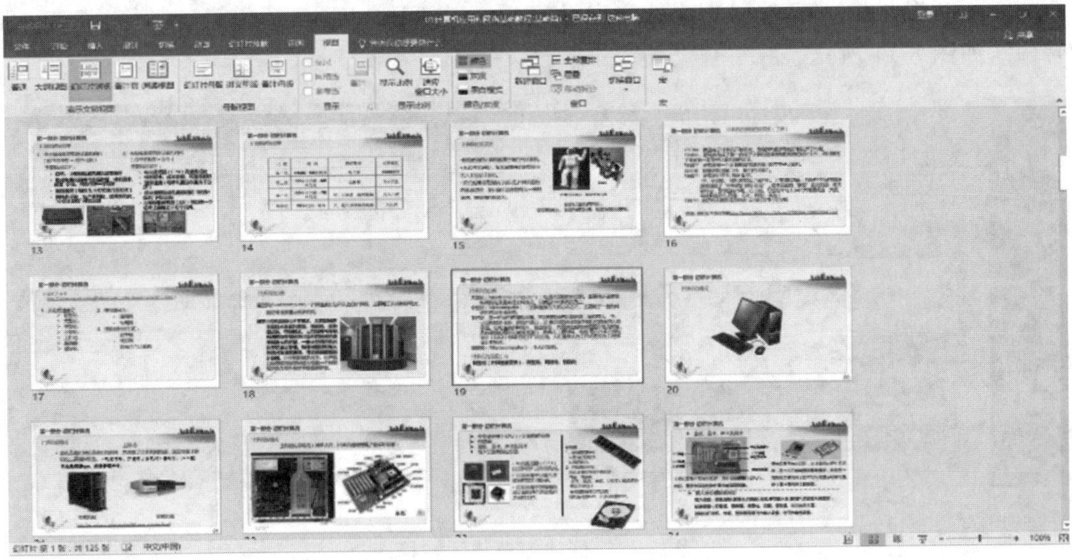

图 8-13　幻灯片浏览视图

3. 幻灯片放映视图

单击“幻灯片放映”按钮，将进行幻灯片的放映，主要用于播放演示文稿，在播放过程中可以查看演示文稿的动画、切换等效果。在幻灯片放映视图中，一张幻灯片占据整个屏幕，是演示文稿的最终效果。

4. 备注页视图

单击“备注页”按钮，进入备注页视图模式，可以方便地添加和更改备注信息、添加图形等信息。

5. 阅读视图

该视图以窗口的形式查看演示文稿的放映效果，在播放过程中同样可以查看演示文稿的动画、切换效果。

要切换到需要的视图模式，可以通过以下两种方式实现：

① 切换到“视图”选项卡，在“演示文稿视图”组中单击相应的“视图”按钮。

② 在 PowerPoint 窗口的状态栏右侧提供了“视图”按钮，该按钮共有 4 个，分别是“普通视图”按钮、“幻灯片浏览”按钮、“阅读视图”按钮、“幻灯片放映”按钮，单击某个按钮即可将当前操作界面切换至对应的视图模式。

四、创建演示文稿

启动 PowerPoint 程序，在右边的模板列表中选择要创建的演示文稿样式。演示文稿的创建常用的方式包括：创建空白演示文稿，利用设计模板进行创建，利用内容提示向导创建，以及根据现在演示文稿创建。

1. 新建空白演示文稿

如果想建立具有自己风格和特色的幻灯片，可从空白演示文稿开始设计。方法为：

① 启动 PowerPoint 程序，在右边的模板列表中“空白演示文稿”上单击。默认新建一个名为“演示文稿 1”的空白演示文稿。

② 直接单击占位符，输入相应的文字，修改文字的字体、字号、颜色等，就创建了第一张幻灯片，如图 8-14 所示。

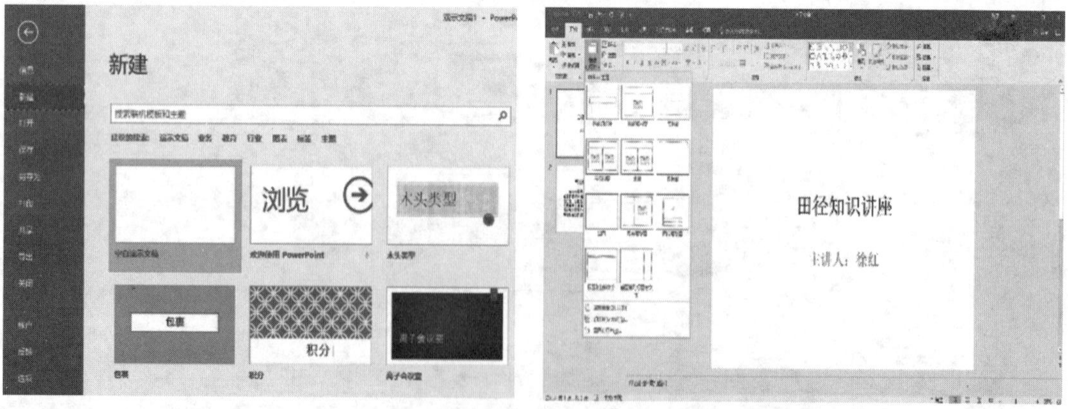

图 8-14　创建空白演示文稿

③ 单击“开始”选项卡→“新建幻灯片”命令，或者选中幻灯片→右击→新建幻灯片，还可以直接按键盘上的回车键，添加下一张幻灯片。

④ 单击需要的版式，可以将对应的版式应用到当前的幻灯片，输入文本内容，文本框将自动地调整字形大小和文字行距。

⑤ 重复上面的步骤，继续创建新幻灯片，直到演示文稿创建完成。

2. 利用模板

PowerPoint 除了创建最简单的空白演示文稿外，还可以根据自定义模板、现有内容和内置模板创建演示文稿。利用 PowerPoint 提供的模板可以快速、轻松地制作出具有专业水平的演示文稿。

演示文稿模板是由一种以特殊格式保存的演示文稿，一旦应用了一种模板后，幻灯片的背景图形、配色方案等就都已经确定，用户只要根据提示输入内容即可建立演示文稿。

(1) 利用系统现有模板创建

启动 PowerPoint 2016 应用程序，在合适的模板上单击，或者单击“文件”选项卡“新建”命令，单击列表右侧的模板，弹出选择主题的窗格，左边为主题色预览，右边为主题色库，选择合适的主题色，然后单击“创建”按钮，如图 8-15 所示。演示文稿创建完成后，将自动打开，用户根据需要进行设计。

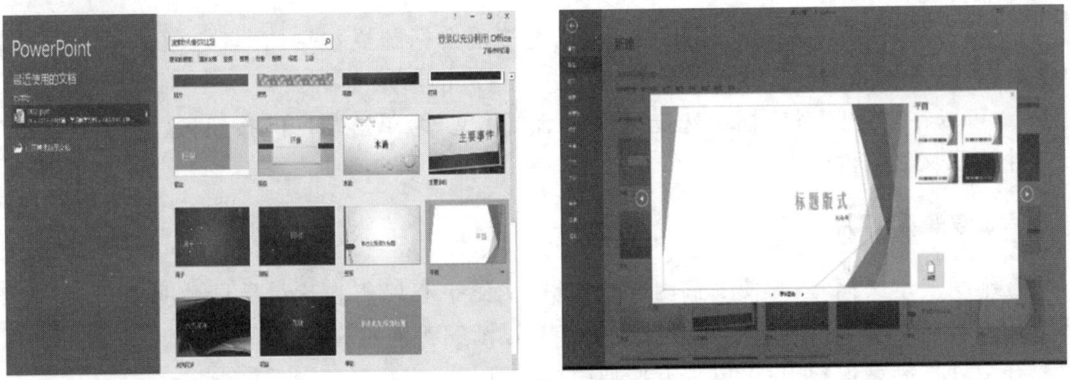

图 8-15　利用模板创建演示文稿

(2) 根据 Office.com 模板创建

启动 PowerPoint 2016 应用程序，在右侧的搜索栏输入想要搜索的内容，这里输入“商务”，然后单击右侧的“开始搜索”按钮，如图 8-16 所示。

在搜索到的联机模板中，选择需要的模板并单击。在出现的窗格中单击“创建”按钮，将弹出“正在下载您的模板”窗格，用户需要稍等片刻，模板下载完成后将自动打开，用户可根据需要进行设计。

五、保存和打开演示文稿

1. 保存演示文稿

① 单击“文件”选项卡→“保存”命令，确定演示文稿要保存的位置，输入文件名，然后单击“保存”按钮。

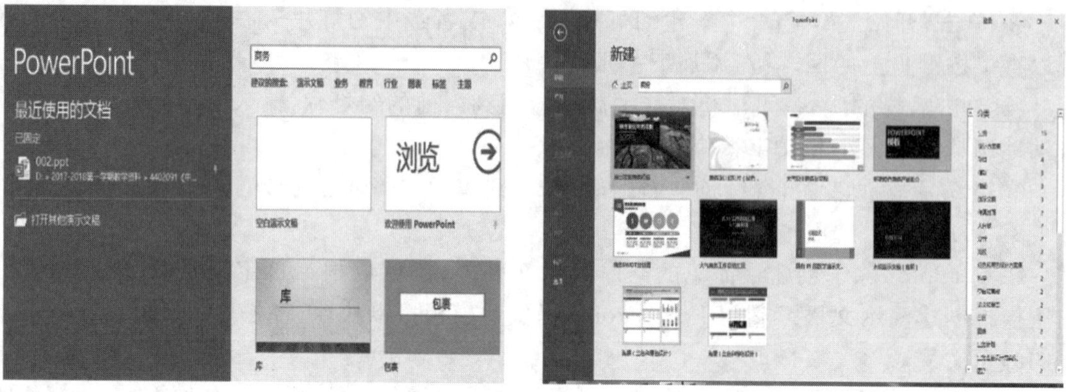

图 8-16　利用 Office.com 模板创建演示文稿

② 按 Ctrl＋S 组合键或单击标题栏左端的“保存”按钮，可以保存演示文稿。

③ 单击“文件”→“另存为”命令，可以用其他文件名保存，或保存到其他位置。

2. 打开演示文稿

要对已创建的演示文稿进行修改编辑，必须先打开此文稿。打开已存在的演示文稿通常有两种方法：

① 单击“文件”选项卡→“打开”命令，或直接单击标题栏左端的“自定义快速访问工具栏”按钮，会弹出“打开”按钮，单击可打开已有的演示文稿。

② 可以在“打开”对话框中选定多个演示文稿文件，单击“打开”按钮，这样可以一次打开多个演示文稿文件。

六、编辑幻灯片

在组织演示文稿时，为使文稿内容更连贯、文稿中心思想表达得更清楚明白，经常需要通过插入、删除、移动以及复制幻灯片等操作来逐渐完善演示文稿。

在幻灯片浏览视图中，可以很方便地组织幻灯片。

1. 选择幻灯片

(1) 选择单张幻灯片

在视图窗格中，单击要选择的幻灯片缩略图，即可选中该幻灯片，同时会在幻灯片编辑区中显示该幻灯片。

在视图窗格中单击某张幻灯片相应的标题或序列号，可选中该幻灯片，同时会在幻灯片编辑区中显示该幻灯片。

(2) 选择多张幻灯片

选择多张连续幻灯片：在视图窗格中单击第一张幻灯片后，按住键盘上的 Shift 键不放，同时单击要选择的最后一张幻灯片。即可选中第一张和最后一张幻灯片之间的所有幻灯片。

选择非连续幻灯片：在视图窗格中选中第一张幻灯片，按住键盘上的 Ctrl 键，依次单击其他要选择的幻灯片。

在视图窗格中按下 Ctrl＋A 组合键，可选中当前演示文稿中的全部幻灯片。

2. 删除幻灯片

选中要删除的幻灯片，按 Delete 键，可以删除幻灯片，其后面的幻灯片会自动向前排列。也可以选中幻灯片，右击，使用“删除幻灯片”命令来删除幻灯片。

3. 复制幻灯片

可以将已制作好的幻灯片复制到其他位置上，以便于直接使用和修改。复制的方法有三种：

(1) 功能区按钮复制法

选择要复制的幻灯片，单击“开始”选项卡中的“复制”按钮。在需要粘贴的位置插入光标，单击“粘贴”下拉按钮，从列表中选择“使用目标主题”选项。在选定幻灯片上单击鼠标右键，从弹出的快捷菜单中选择“复制幻灯片”命令，即可将选中的幻灯片复制到当前幻灯片之后，如图 8-17 所示。

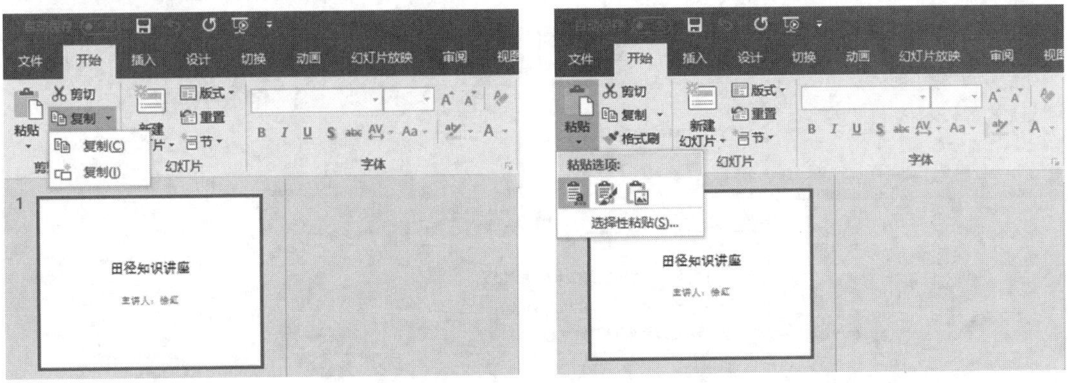

图 8-17　复制幻灯片

(2) 右键快捷菜单复制法

选择幻灯片后，单击鼠标右键，从弹出的快捷菜单中选择“复制幻灯片”命令，然后用鼠标右键单击目标位置，选择“粘贴”命令，即可将选中的幻灯片复制到目标位置。

(3) 鼠标键盘复制法

选择幻灯片，在键盘上按住 Ctrl 键不放，用鼠标将选定的幻灯片拖动到目标位置后松手，也可以实现幻灯片的复制。

4. 移动幻灯片

移动幻灯片最快捷的方法是：选择要移动的幻灯片，按下鼠标左键，拖动幻灯片到需要的位置。拖动时有一个长条的直线就是插入点。

也可以利用“剪切”和“粘贴”命令来移动幻灯片。

5. 添加幻灯片

添加幻灯片的方法为：在视图窗格中选择某张幻灯片后，在“开始”选项卡的“幻灯片”组中直接单击“新建幻灯片”按钮，可在该幻灯片的后面添加一张同样版式的幻灯片，如图 8-18 所示。

此外，还可以通过以下几种方法添加新幻灯片。

在视图窗格中使用鼠标右键单击某张幻灯片，在弹出的快捷菜单中单击“新建幻灯片”

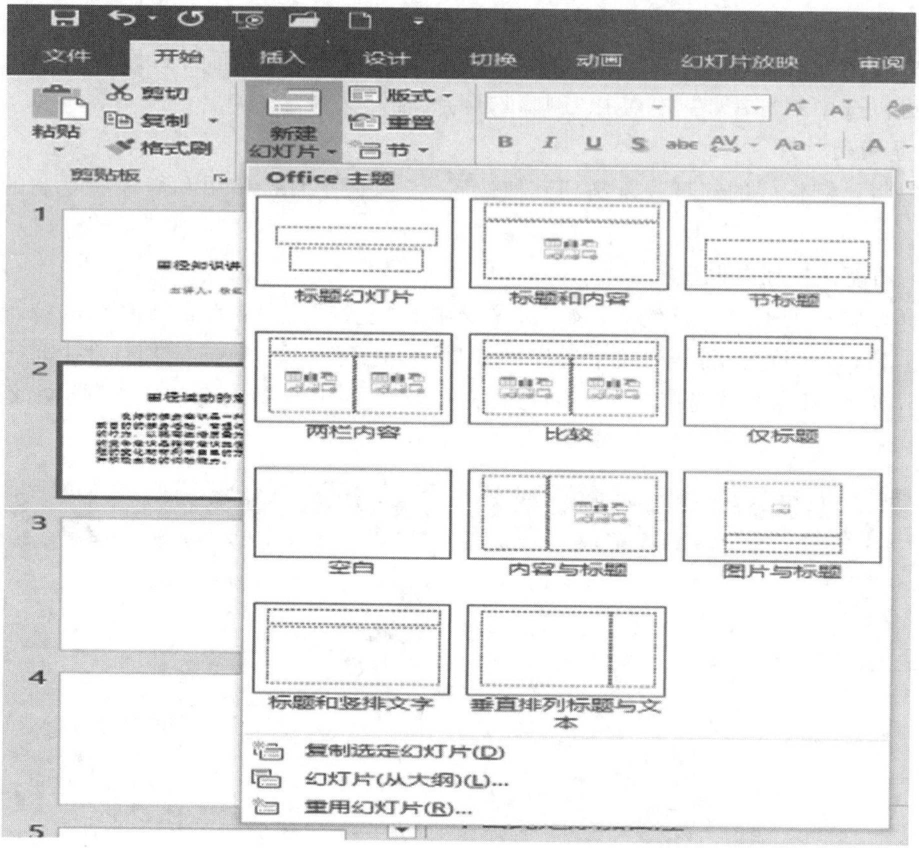

图 8-18　添加幻灯片

命令，可在当前幻灯片的后面添加一张同样版式的幻灯片。

在视图窗格中选择某张幻灯片后按下 Enter 键，可快速在该幻灯片的后面添加一张同样版式的幻灯片。

在“幻灯片浏览”视图模式下选中某张幻灯片，然后执行上面任意一种操作，也可在当前幻灯片的后面添加一张新幻灯片。

打开要进行编辑的演示文稿，在视图窗格中选择某张幻灯片，例如第 2 张，在“开始”选项卡的“幻灯片”组中单击“新建幻灯片”按钮下方的下拉按钮，在弹出的下拉列表中选择需要的幻灯片版式，例如选择“比较”，则第 2 张幻灯片的后面即可添加一张“比较”版式的新幻灯片。

七、向幻灯片中添加文本

文本是演示文稿的主体，在介绍向幻灯片中输入文本之前，首先介绍占位符的概念。占位符是指创建新幻灯片时出现的虚线框，占位符表示在此有待确定的对象，单击文字占位符可以添加文字，单击内容占位符中央的不同按钮可以插入表格、图表、剪贴画、图片、组织结构图和媒体剪辑。在占位符上右击，从弹出的快捷菜单中选择“设置形状格式”命令可以设置占位符的格式。

向幻灯片中输入文本有两种方法：

（1）使用占位符添加文本

对于有内容提示的空演示文稿，将文本添加到幻灯片的最简单的方法就是直接将文本输入到占位符中。具体方法为：打开演示文稿，可以看到“单击此处添加标题”“单击此处添加副标题”的虚线框，即为文本占位符。在虚线框内单击鼠标，然后键入文本，输入完成后，在虚线框外单击，即可完成输入，如图 8-19 所示。

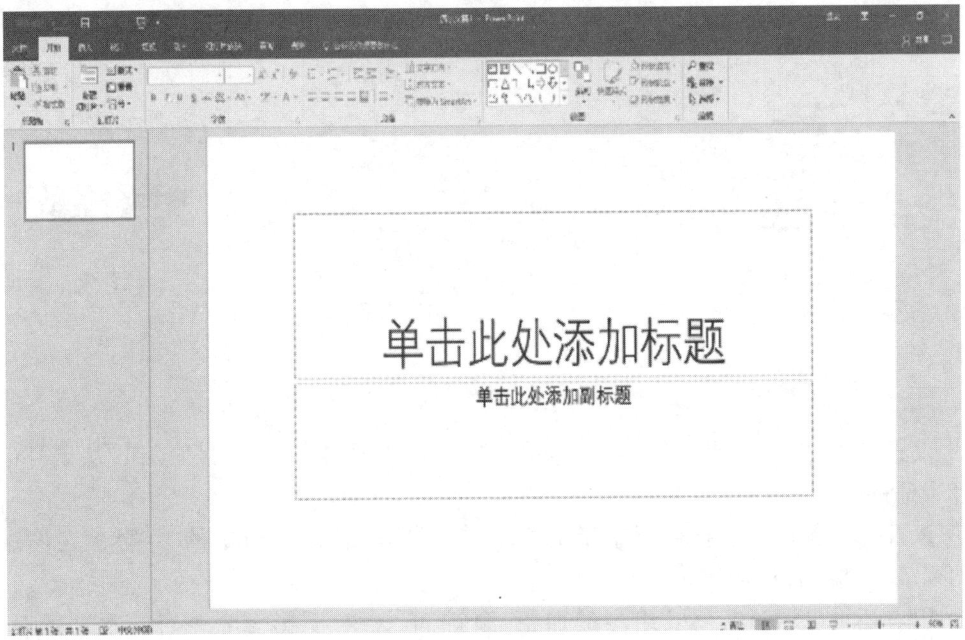

图 8-19　添加幻灯片

（2）使用文本框添加文本

若要在空白演示文稿或要在占位符之外添加文字（如在图形上添加标题），可以使用文本框在幻灯片页面的任何位置添加文本，打开演示文稿，切换至“插入”选项卡，单击“文本框”下拉按钮，从列表选择“横排文本框”命令，如图 8-20 所示。将光标移至幻灯片页面，按住鼠标左键不放，拖动绘制文本框，绘制完成后，释放鼠标左键，需要先插入文本框，在文本框内输入文本信息。

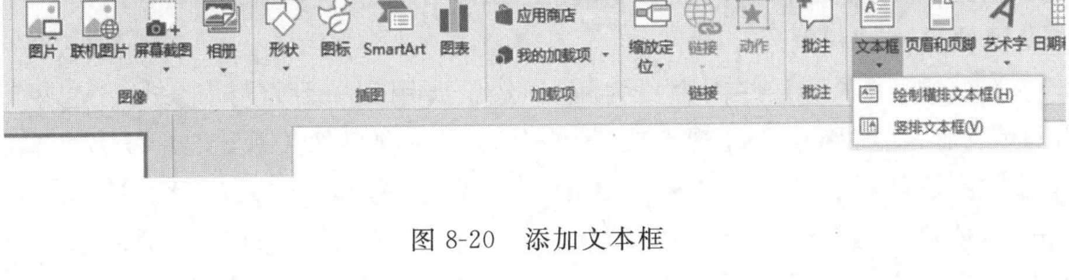

图 8-20　添加文本框

1. 设置文字格式

默认的字体格式不符合当前需求，可以对字体格式进行设置。

① 选取要更改格式的文本。

② 单击“开始”选项卡中的“字体”按钮，从展开的列表中选择合适的字体。如图 8-21 所示。

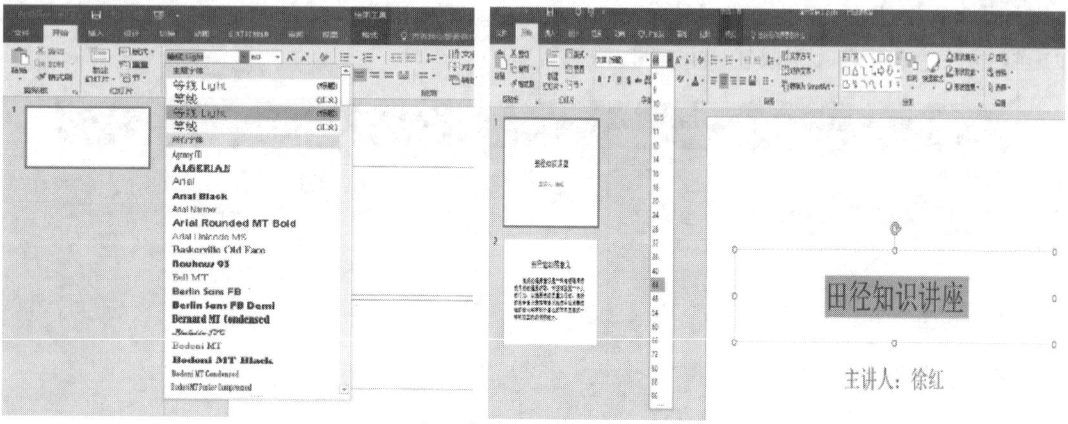

图 8-21 设置文字格式

③ 设置字号，选择需要编辑的文本，单击“开始”选项卡中的“字号”按钮，从展开的列表中选择合适的字号。

④ 设置字体颜色。选择需要编辑的文本，单击“开始”选项卡中的“字体颜色”按钮，从展开的列表中选择合适的字体颜色。

⑤ 用户还可以通过“字体”组中的加粗、倾斜、下划线、阴影等命令对文本进行设置，如果多次设置后对文本格式仍不满意，想恢复到无格式状态，可以单击“清除所有格式”按钮清除所选文本的所有格式。

2. 设置段落格式

为了使文本整齐、美观地排列，需要对这些文本的段落格式进行设置，如设置文本方向、对齐方式、项目符号和编号等。

(1) 设置段落对齐

演示文稿中输入的文字均有文本框，设置段落对齐是指调整文本在文本框中排列的方式。

方法：选中要设定的段落文本，在“开始”选项卡的“段落”组中“对齐方式”按钮进行设置。另外，还可以在“开始”选项卡中的“段落”组上，单击对话框启动器按钮 ，打开段落对话框，对段落格式进行更加详细的设置，如图 8-22 所示。

(2) 设置项目符号和编号

在演示文稿中，为了使某些内容更为醒目，经常要用到项目符号和编号。这些项目符号和编号用于强调一些特别重要的观点或条目，从而使主题更加美观、突出、分明。

首先选中要添加项目符号或编号的文本，在“开始”选项卡的“段落”组中，单击“项目符号”下拉按钮，从弹出的下拉菜单中选择“项目符号和编号”命令，如图 8-23 所示。

如果用户对列表中的项目样式不满意，还可以打开“项目符号和编号”对话框，在“项目

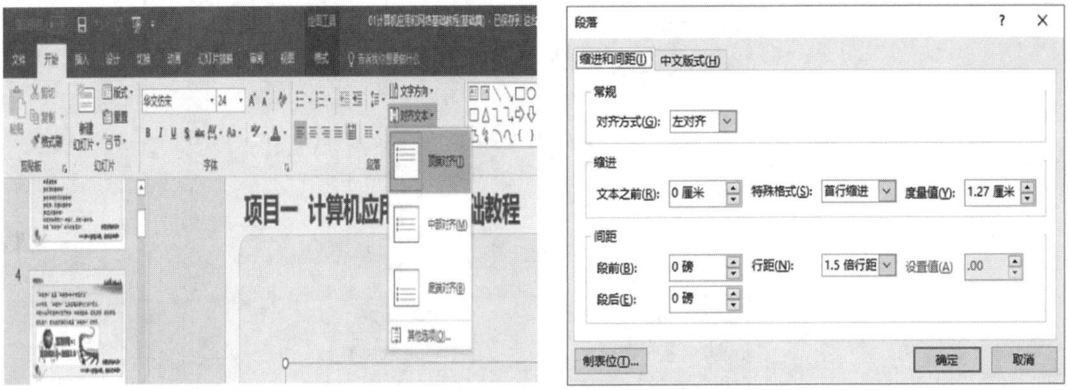

图 8-22 设置段落格式

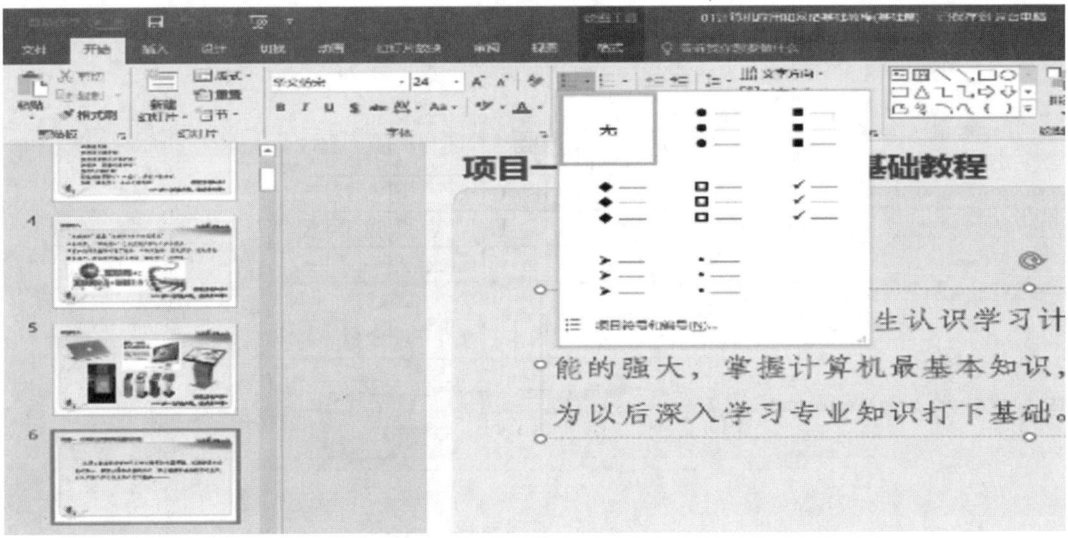

图 8-23 选择项目符号和编号

符号”选项卡中可设置项目符号，更改项目符号的大小、颜色，可以单击“自定义”按钮，如图 8-24 所示。打开“符号”对话框，选择一种合适的样式，然后单击“确定”按钮，如图 8-25 所示。返回“项目符号和编号”对话框，可以对符号的大小和颜色进行设置，设置完成后单击“确定”按钮，如图 8-26 所示。

也可以单击“项目符号和编号”对话框中的“图片”按钮，打开“插入图片”对话框，单击“来自文件”选项后的“浏览”按钮。打开“插入图片”对话框，选择合适的图片，单击“插入”按钮，返回对话框并确定后，可将所选图片设为项目符号使用，如图 8-27 所示。

在“项目符号和编号”对话框“编号”选项卡中可以选择合适的项目编号。如果对列表中的项目编号样式不满意，可以在“编号”选项卡下对其颜色、起始编号进行设置，如图 8-28 所示。

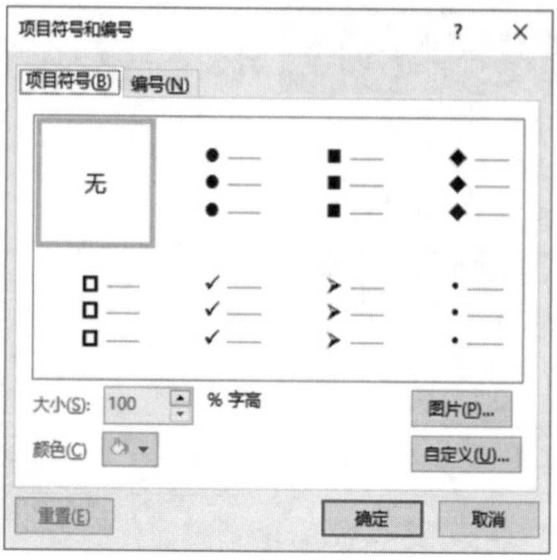

图 8-24　项目符号和编号对话框

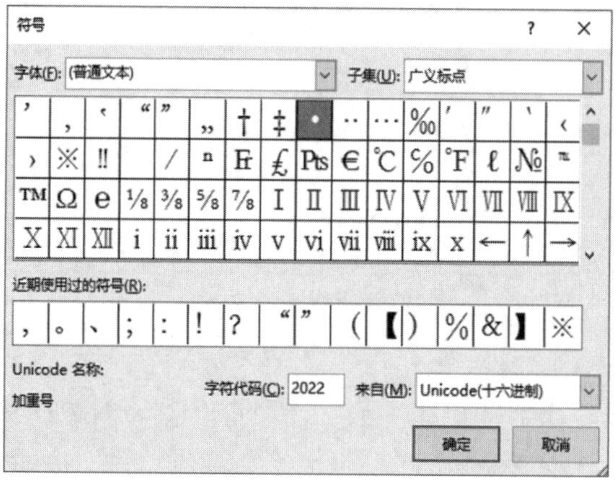

图 8-25　符号对话框

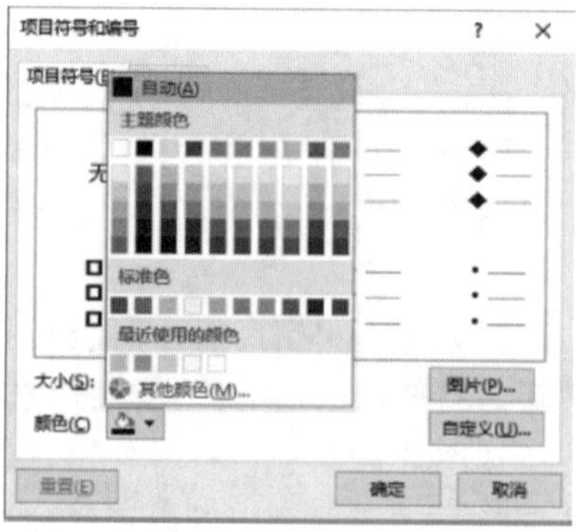

图 8-26　项目符号颜色设置

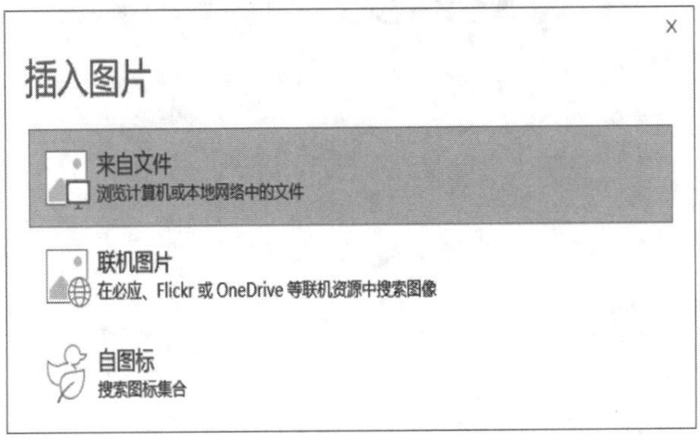

图 8-27　项目符号插入图片

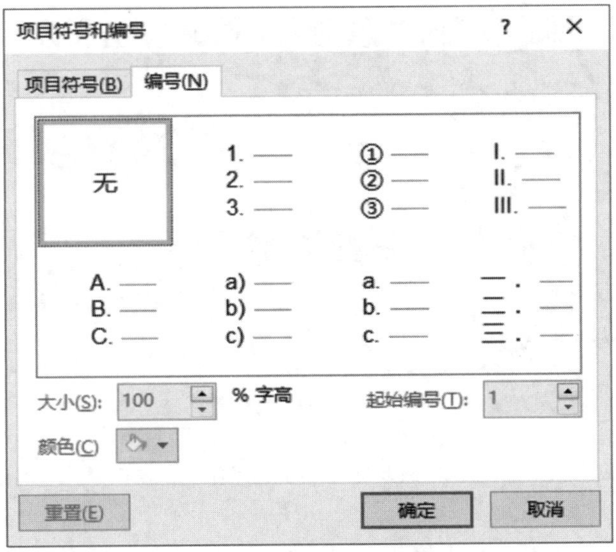

图 8-28　编号选项卡

八、插入艺术字和图片

1. 插入艺术字

艺术字是一种特殊的图形文字，为达到突出主题的目的，在幻灯片中通常用艺术字代替标题文本。可以像对普通文字一样设置其字号、加粗、倾斜等效果，也可以像图形对象那样设置它的边框、填充等属性，还可以对其进行大小调整、旋转或添加阴影、三维效果等。

选择幻灯片，单击“插入”选项卡中的“文本”组，单击“艺术字”按钮，打开艺术字样式列表，单击需要的样式，在页面中会出现一个带选择样式的文本框，输入文本，即可在幻灯片中插入艺术字，如图 8-29 所示。

在插入艺术字后，如果对艺术字的效果不满意，可以对其进行编辑修改，选中艺术字后，在“绘图工具”的“格式”选项卡中进行编辑，如图 8-30 所示。

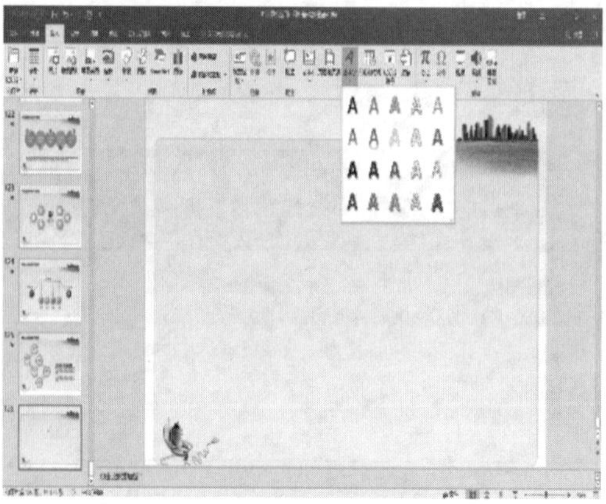

图 8-29　插入艺术字

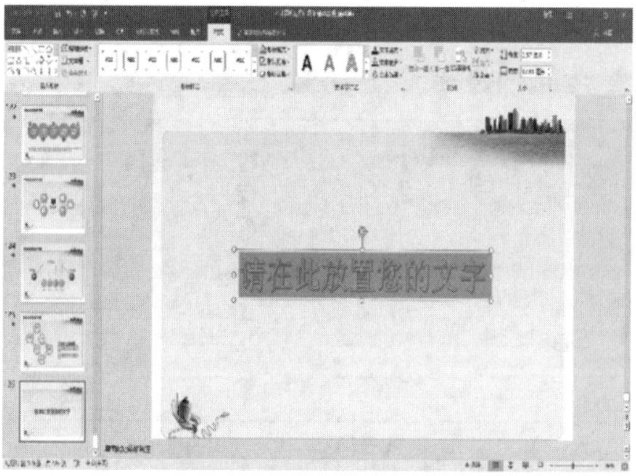

图 8-30　编辑艺术字

2. 插入图片

插入图片的方式包含插入本地图片、插入联机图片、插入屏幕截图。

(1) 插入本地图片

选择幻灯片,单击“插入”选项卡“图像”组,单击“图片”按钮,打开“插入图片”对话框,选择需要的图片,单击“插入”按钮,按住鼠标左键不放,将图片移至合适位置,如图 8-31 所示。

(2) 插入联机图片

选择幻灯片,单击“插入”选项卡中的“联机图片”按钮,打开“插入图片”提示框,在文本框中输入“图标”,单击“搜索”按钮。稍等片刻,可以看到搜索到的图片,选择需要的图片,单击“插入”按钮,可将选择的图片插入幻灯片页面,如图 8-32 所示。

(3) 插入屏幕截图

选择幻灯片,单击“插入”选项卡中的“屏幕截图”按钮,从展开的列表中选择一个可用的视窗,即可将该视窗截图插入当前幻灯片,如图 8-33 所示。如果想要插入部分屏幕截图,可以在上一步中选择“屏幕剪辑”选项,然后页面会自动定位至上一页面,当鼠标光标变为十字形,按住鼠标左键不放,截取合适的图片即可。

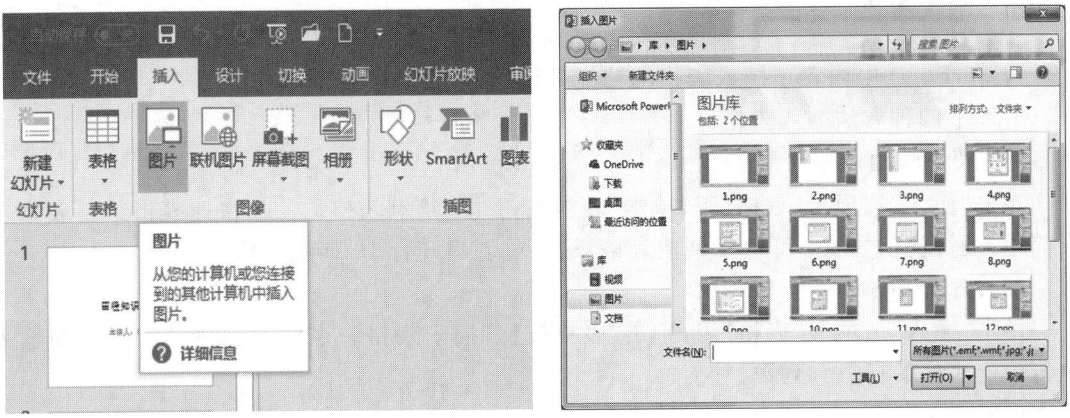

图 8-31　插入本地图片

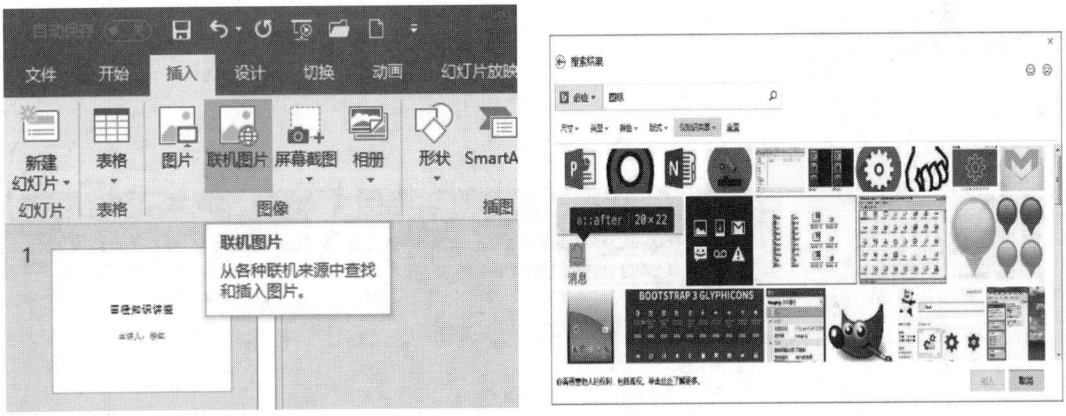

图 8-32　插入联机图片

图 8-33　插入联机图片

九、插入表格

PowerPoint 中内置了插入表格的功能，可以直接创建所需的表格。

有以下四种方法插入表格：

（1）使用快速表格绘制

单击“插入”选项卡“表格”组，单击“表格按钮”绘制表格。使用快速表格绘制表格是最简单、最快捷的方法，可自动创建表格，最多可创建 8 行 10 列的表格。

（2）插入表格

单击“插入”选项卡“表格”组，单击“表格按钮”插入表格。在“插入表格”对话框中输入数值确定表格的行数和列数。

（3）绘制表格

单击“插入”选项卡“表格”组，单击“表格按钮”选择“绘制表格”或者单击“表格工具”设计选项卡，选中“绘制边框”组中的“绘制表格”，如图 8-34 所示。

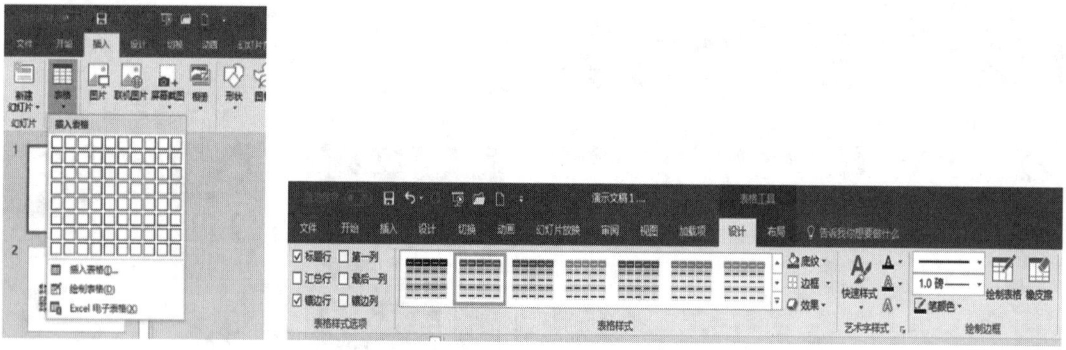

图 8-34　绘制表格

（4）插入 Excel 电子表格

在幻灯片中可以直接插入 Excel 电子表格，对插入的电子表格可以像在 Excel 里一样的操作。单击“插入”选项卡“表格”组，单击“表格按钮”选择“Excel 电子表格”，用鼠标拖动的方法可以改变 Excel 电子表格的大小。

十、插入图形对象

1. 插入形状对象

在幻灯片中插入形状对象的操作为：

① 选中绘制自选图形的幻灯片。

② 在“插入”选项卡中，单击 “插图”组“形状”下拉按钮，打开形状下拉列表，从中选择需要的图形，如图 8-35 所示。

2. 插入 SmartArt 图形

利用图形，可以轻松地绘制各种组织结构及流程图，将要点转变成图形，让抽象的事物更直观可见。具体操作为：

（1）创建 SmartArt 图形

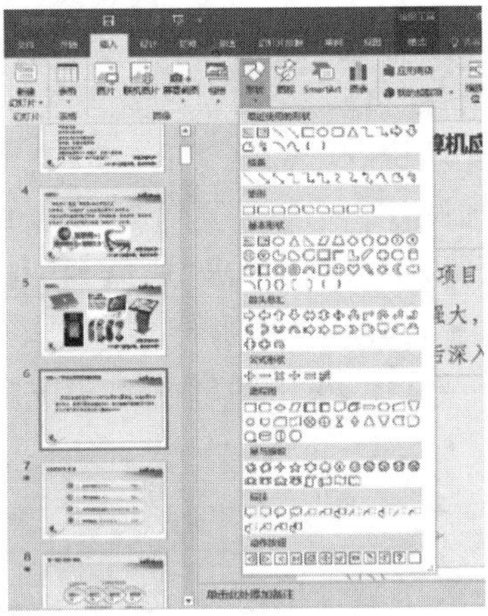

图 8-35　形状下拉列表

① 选中绘制自选图形的幻灯片。

② 在“插入”选项卡中，单击“插图”组“SmartArt”下拉按钮，打开“选择 SmartArt 图形”对话框，如图 8-36 所示。

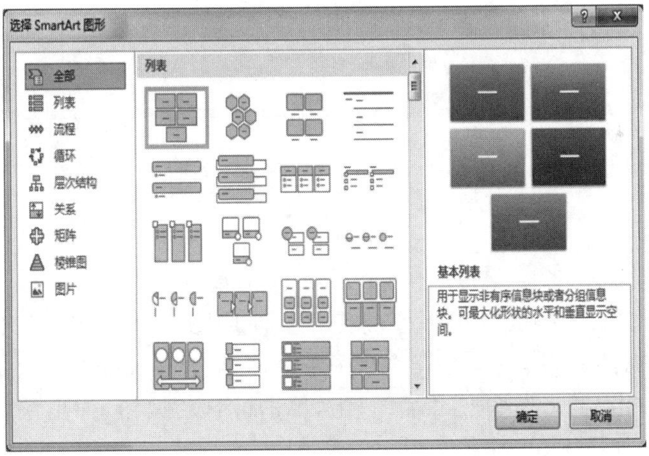

图 8-36　选择 SmartArt 图形对话框

③ 对话框左侧为 SmartArt 图形的组织方式，选择其中一个类型，对话框中间就列出了此种类型的所有 SmartArt 图形。单击其中一个图形，则对话框的最右侧显示出所选图形的特点。

④ 单击“确定”按钮，则相应的 SmartArt 图形就插入当前幻灯片中。

(2) 编辑 SmartArt 图形

① 为 SmartArt 图形添加文本。插入 SmartArt 图形后，将光标直接定位至需要添加文本处，输入文本即可。也可以选择 SmartArt 图形后，单击“SmartArt 工具”→“设计”选项卡中的“文本窗格”按钮，将光标定位至对应项输入该项文本。输入完成后，直接单击文本窗格上的关闭按钮，完成输入。

② 更改 SmartArt 图形版式。选择 SmartArt 图形，单击“SmartArt 工具”→“设计”选项卡中“版式”组的“其他”按钮。在打开的版式列表中选择需要的版式。SmartArt 图形中的形状还可以根据用户需求升级、降级、上移、下移、从左向右转换，通过“创建图形”组中的相应命令即可实现。

③ 在 SmartArt 图形中添加图片。选中需要插入 SmartArt 图形的幻灯片，在“插入”选项卡中单击“插图”组中的“SmartArt”按钮，弹出“选择 SmartArt 图形”对话框，在左侧列表中选择“图片”分类，在右侧列表中选择一种图形样式，如“螺旋图”图形，完成后单击“确定”按钮。此时，幻灯片将生成一个结构图，单击图形中的按钮，在打开的“插入图片”对话框中根据需要插入图片，如图 8-37 所示。

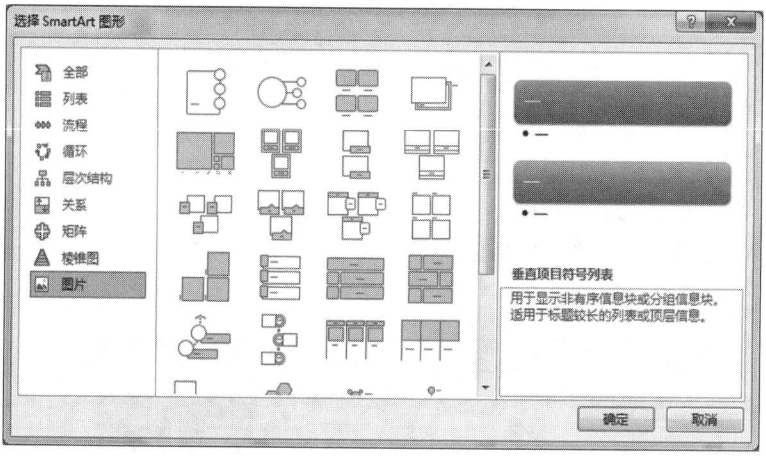

图 8-37 “SmartArt 图形”对话框

十一、插入图表

PowerPoint 中嵌入了强大的图表处理程序。使用图表处理程序可以快速地在幻灯片中创建一张反映数据间关系、包含有表格和图形两种表达方式的数据图表。在幻灯片中插入图表的方法为：单击“插入”选项卡“插图”组，单击“图表”按钮，弹出“插入图表”对话框，选择相应的图表类型，如图 8-38 所示。

十二、插入多媒体对象

可以在 PowerPoint 中插入声音、影片剪辑等多媒体对象使演示文稿更加生动形象。

1. 插入声音

可以将本地计算机、局域网络、Internet 或“剪辑管理器”中的声音文件、自己录制的声音文件添加到演示文稿中，还可以在放映幻灯片时播放 CD 中的音乐。

（1）插入音频

插入音频的方法为：

① 单击“插入”选项卡“媒体”组，单击“音频”下拉按钮，选择“PC 上的音频”选项，如图 8-39 所示。

插入音频视频

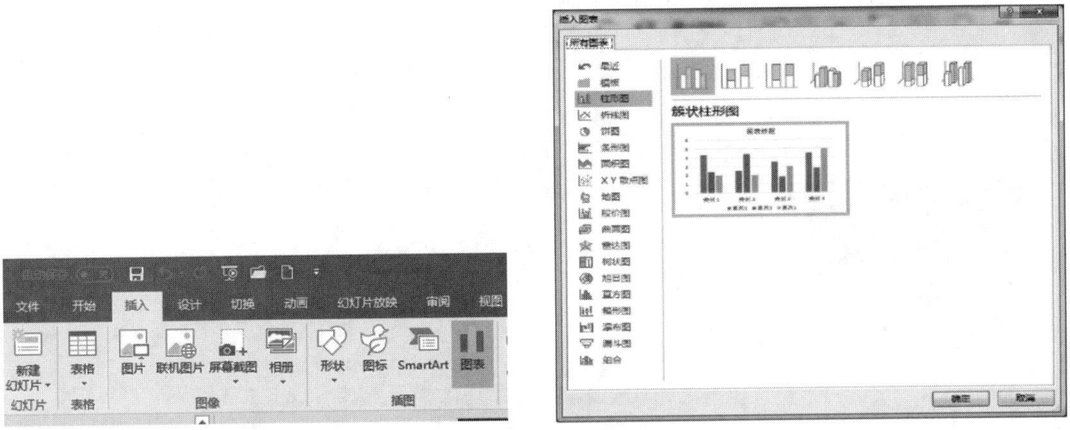

图 8-38　插入图表

② 打开“插入音频”对话框，选中需要插入的声音文件，单击“插入”按钮，插入音频文件。

③ 插入声音文件后，幻灯片中将显示声音控制图标，选中其中的声音图标，打开音频工具的“播放”选项卡，在该选项卡中可对音频的具体属性进行设置，如图 8-40 所示。

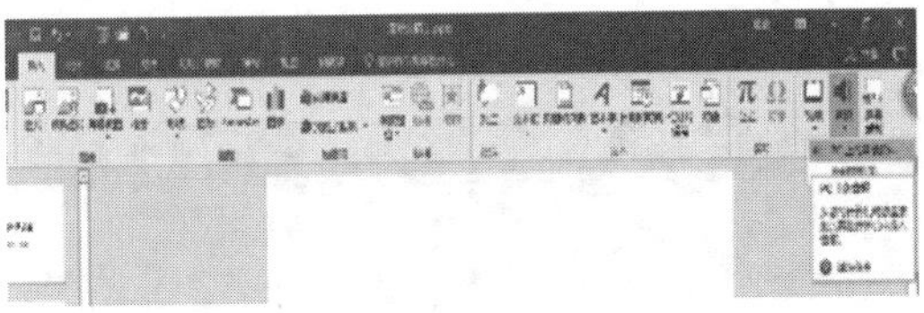

图 8-39　插入音频

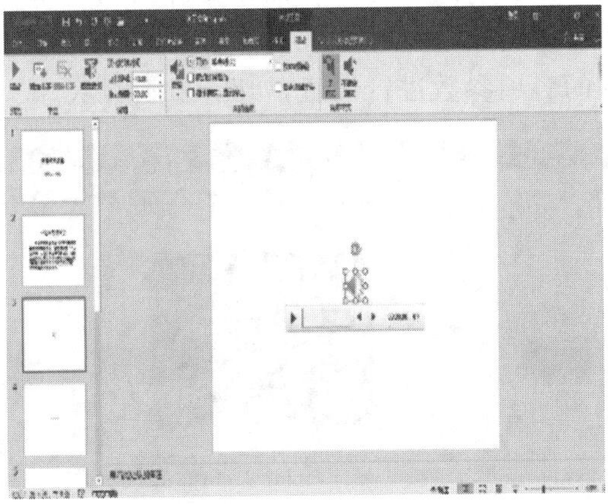

图 8-40　播放选项卡

如果用户需要插入自己录制的音频，则可以选择“插入”选项卡中“音频”按钮下的录制音频选项。

(2) 插入视频

PowerPoint 2016 支持的视频格式有：swf(flash 动画)、avi、mpg、wmv 等，其他格式的视频需要转化格式才能插入幻灯片。插入视频方法为：

① 单击“插入”选项卡“媒体”组，单击“视频”下拉按钮，从展开的列表中选择“联机”视频选项，打开“插入视频”窗格，如图 8-41 所示。然后根据提示搜索相关视频并插入即可，如图 8-42 所示。如果希望插入本地视频文件，可以在选择幻灯片后执行“插入”选项卡“视频”按钮“PC 上的视频”命令。

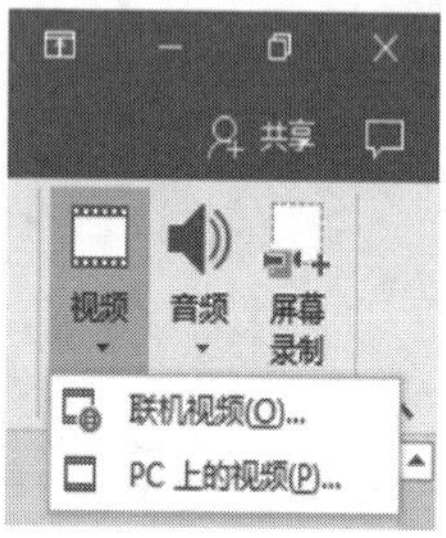

图 8-41　插入视频

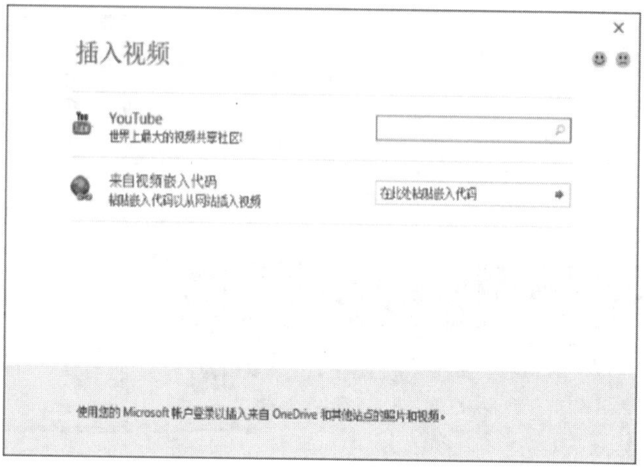

图 8-42　联机视频对话框

② 打开“插入视频文件”对话框，选中需要插入的视频文件，单击“插入”按钮，插入视频文件。

③ 如果希望对视频的播放进行一定的设置，可以在“视频工具”的“播放”选项卡中进行适当设置。用户可拖动视频文件四周的小圆点来调整视频播放窗口的大小，单击“播放”按钮可预览视频，如图 8-43 所示。选中幻灯片中的视频播放窗口，可在该选项卡中对视频文件的各项参数进行设置，如图 8-44 所示。

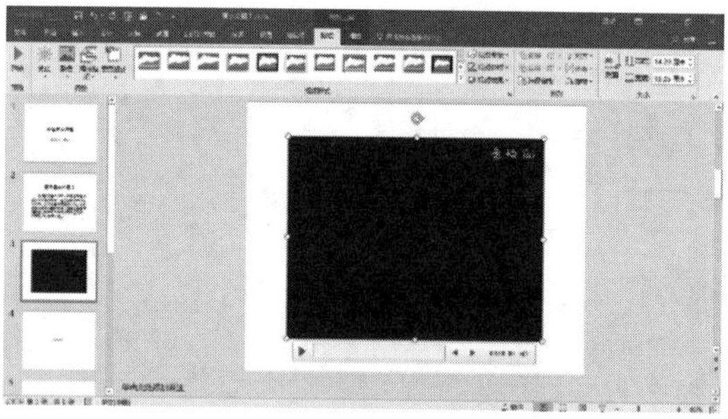

图 8-43　插入本地视频

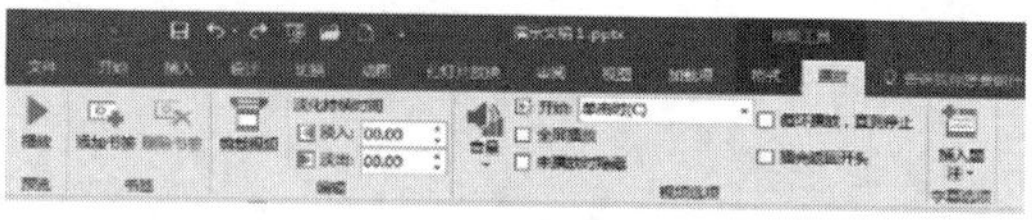

图 8-44　视频播放选项卡

任务 2　毕业论文答辩演示文稿(二)

知识目标

1. 掌握建立超链接的方法。
2. 掌握幻灯片的播放方法。

技能目标

能根据幻灯片的内容建立超链接，通过交流合作解决疑难问题，在相互借鉴的基础上完善自己的作品，能够按照放映要求播放幻灯片。

素质目标

通过学生自主探索、相互研讨，激发学生学习兴趣和团结互助精神，培养学生对幻灯片演示文稿的规划、设计能力以及对幻灯片作品的鉴赏评价能力和信息素养能力。

任务描述

1. 打开上节课所制作的演示文稿“项目 81. PPT”。

2. 设置超链接：

① 把第六张幻灯片 SmartArt 图形中第一行文字“SSH 框架”链接到第一张幻灯片；文字“hibernate 配置文件”链接到第九张幻灯片；文字“struts 配置文件”链接地址为 http://sports. sina. com. cn/新浪体育网站；文字“spring 配置文件”链接到提供素材中的图片 1.jpg，并为其添加屏幕提示文字“转到本地素材图片”。

② 在第十张幻灯片中的左下角插入形状中的“动作按钮：转到开头”，链接到第一张幻灯片。

3. 放映幻灯片：

① 放映所有幻灯片，观看演示效果。

② 放映时隐藏第十张幻灯片。

③ 放映时选择“荧光笔”为绘图笔，“墨迹颜色”为红色，对重点内容进行标注。

④ 把“放映类型”设置为“观众自行浏览”，然后观看放映效果。

4. 对十张幻灯片设置排练计时，每张幻灯片计时时间为 0:00:03，保留新的幻灯片计时。

5. 将用自己姓名命名的文件夹进行压缩打包，发送电子邮件，发件人是自己，收件人是教该课程的教师，主题是“姓名+毕业论文答辩演示文稿 2”。

相关知识

一、设置超链接

可以在演示文稿中添加超链接（也称为超级链接），然后利用它跳转到不同的位置。利用超链接，不仅可以快速地跳转到指定的位置，还可以改变幻灯片放映的顺序，增强演示文稿的灵活性。例如，跳转到演示文稿的某一张幻灯片、其他演示文稿、Word 文档、Excel 表格等。超链接只有在幻灯片放映时才能起作用，在其他视图下不起作用。

插入删除超链接

创建超链接的起点可以是任何对象，如文本、图形等，如果图形中有文本，可以为图形和文本分别设置超链接。设置了超链接后，代表超链接的文本会添加下划线，并且显示配色方案指定的颜色。

1. 链接到文件

用户可以直接为超链接对象链接到电脑中的文件，其具体操作过程如下：

① 选择需要添加超链接的对象，单击“插入”选项卡“链接”组中的“超链接”按钮。

② 打开“插入超链接”对话框，在“链接到”栏中选择链接位置，在“现有文件或网页”列表框中右侧选择“当前文件夹”，在列表中选择合适的文件，单击“确定”按钮，如图 8-45 所示。

③ 返回幻灯片，可看见所选文本的下方出现下划线，文本颜色也发生了变化。

④ 选择添加超链接的对象，右键单击，从打开的快捷菜单中选择“打开超链接”选项。或者在幻灯片放映时，将鼠标移到下划线显示处，出现超级链接标志（鼠标指针变成小手形状），单击鼠标（即激活超链接）就可跳转到超链接设置的相应位置。

2. 链接到网页

使用超链接可以直接链接到现在的文件，还可以将该对象链接到网页。

① 选择需要添加超链接的对象，单击“插入”选项卡“链接”组中的“超链接”按钮。

② 打开“插入超链接”对话框，在地址栏中直接粘贴复制的网址，然后单击“确定”按钮即可，如图 8-46 所示。

③ 选择添加超链接的对象，右键单击，从打开的快捷菜单中选择“打开超链接”选项，即可访问超链接的网页。

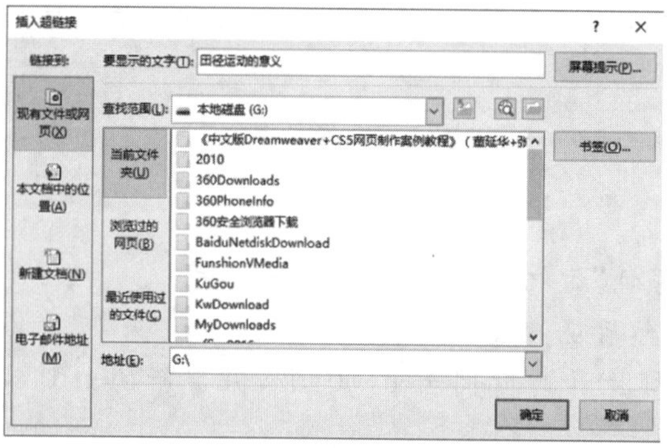

图 8-45 “链接到文件”对话框

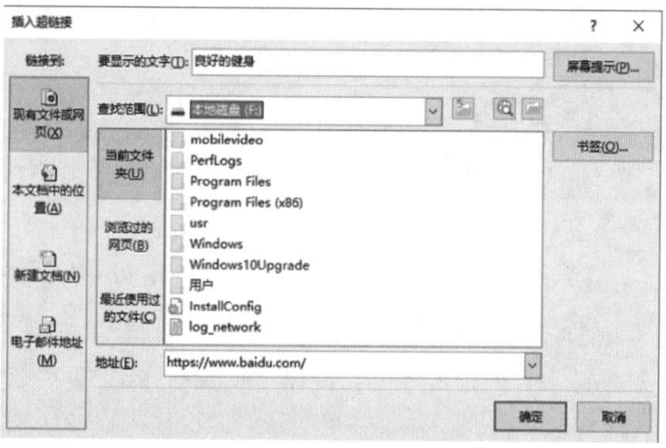

图 8-46 “链接到网页”对话框

3. 使用“动作”命令创建超链接

在播放幻灯片时，如果希望从当前幻灯片跳转到其他幻灯片，可以使用“动作”命令或者“动作”按钮来实现。

(1) “动作”命令创建超链接

具体方法为：

① 在普通视图中选中需要设置超链接的图像或文字。

② 单击“插入”选项卡“链接”组中的“动作”按钮，打开“操作设置”对话框，如图 8-47 所示。

③ 在“单击鼠标”选项卡中单击“超链接到”选项，然后单击该选项下拉按钮，在下拉列表中选择“幻灯片…”选项，如图 8-48 所示。

④ 打开“超链接到幻灯片”对话框，选择需要链接到的幻灯片，在右侧预览窗格中可预览，然后单击“确定”按钮，如图 8-49 所示。

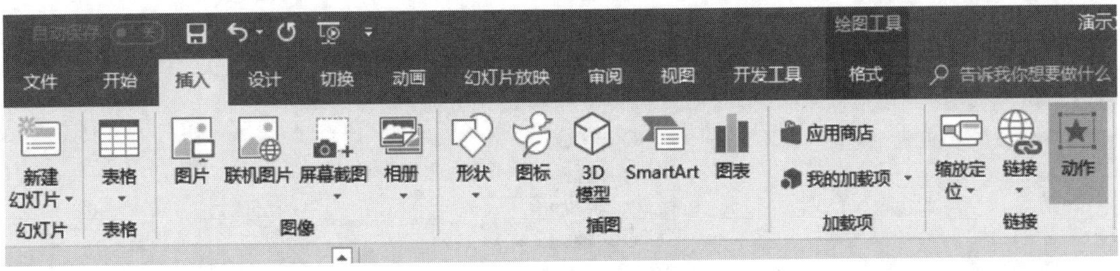

图 8-47　“动作”命令

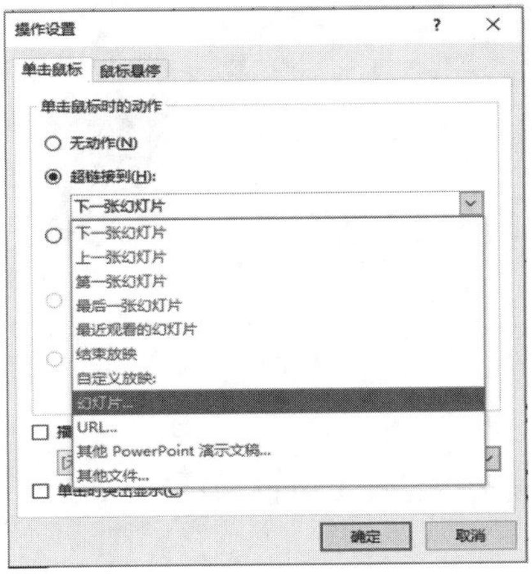

图 8-48　“操作设置”命令

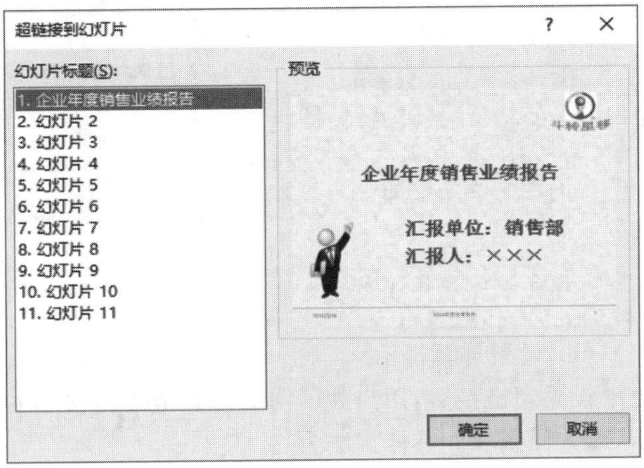

图 8-49　“超链接到幻灯片”对话框

⑤ 返回上一级“操作设置”对话框，选中“播放声音”选项，然后单击该选项下拉按钮，从列表中选择声音选项，然后选中“单击时突出显示”选项，单击“确定”按钮。

(2)“动作”按钮创建超链接

具体方法为：

Powerpoint 提供了一组动作按钮，用户可任意添加，以便在放映过程中跳转到其他幻灯片，或者激活声音文件、视频文件等。插入动作按钮的方法如下：

① 选择需要插入动作按钮的幻灯片，单击“插入”选项卡中的“形状”按钮，如图 8-50 所示。从列表中的“动作按钮”选项下选择需要的动作按钮。

② 鼠标光标变为十字形，按住鼠标左键不放，拖动鼠标绘制合适的动作按钮。

③ 释放鼠标后将自动弹出“操作设置”对话框，并定位在“单击鼠标”选项卡，如图 8-51 所示。根据需要设置动作按钮的相关参数，完成设置后单击“确定”按钮。也可以在“鼠标悬停”选项卡设置超链接，这样当鼠标移过按钮时就会激活超链接。

4. 编辑超链接

对已设置好的超链接进行修改，右键单击需要编辑超链接的对象，在快捷菜单中选择“编辑链接”命令，改变超链接的位置。插入超链接后，用户还可以为超链接设置屏幕提示或者设置书签。

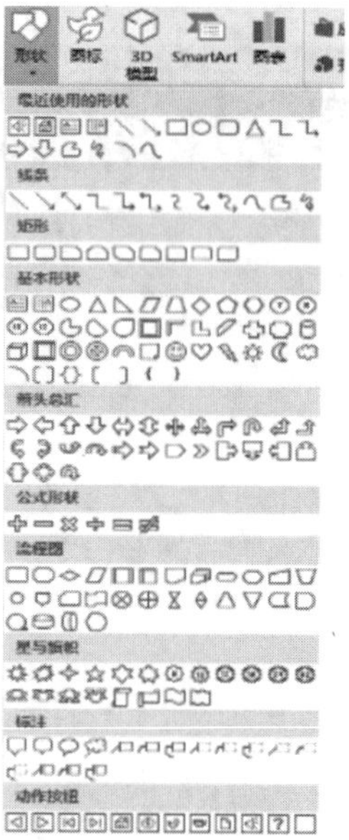

图 8-50 “动作”按钮

图 8-51 “操作设置”命令

(1) 设置屏幕提示

设置超链接后,用户为了明确该超链接链接到的主要内容是什么,可以设置一个屏幕提示,以方便查看。具体方法为:

① 在超链接对象上右击,选择右键菜单中的“编辑超链接”命令,如图 8-52 所示。

② 打开“编辑超链接”对话框,单击“屏幕提示”按钮。

③ 打开“设置超链接屏幕提示”对话框,输入屏幕提示文本,单击“确定”按钮,返回上一级对话框,单击“确定”按钮即可完成屏幕提示的设置,如图 8-53 所示。

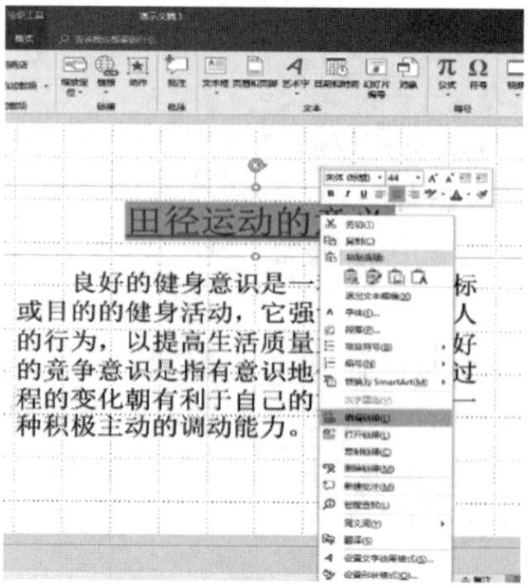

图 8-52 “编辑链接”命令

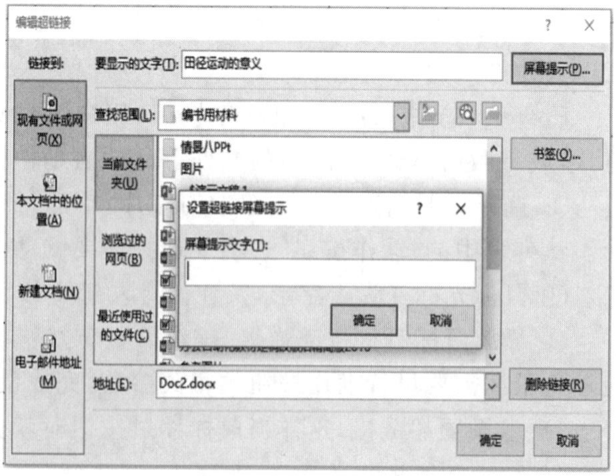

图 8-53 “设置超链接屏幕提示”对话框

④ 在放映幻灯片过程中，将光标移到设置了屏幕提示的超链接对象上方，将会出现屏幕提示。

(2) 设置书签

① 在超链接对象上右击，选择右键菜单中的“编辑链接”命令，打开“编辑超链接”对话框，选中要编辑的文件，单击“书签”按钮，如图 8-54 所示。

② 打开“在文档中选择位置”对话框，选择合适的位置后单击“确定”按钮，如图 8-55 所示。返回上一层对话框并单击“确定”按钮。

③ 播放幻灯片过程中，单击设置了书签的超链接对象即可跳转至书签所在位置。

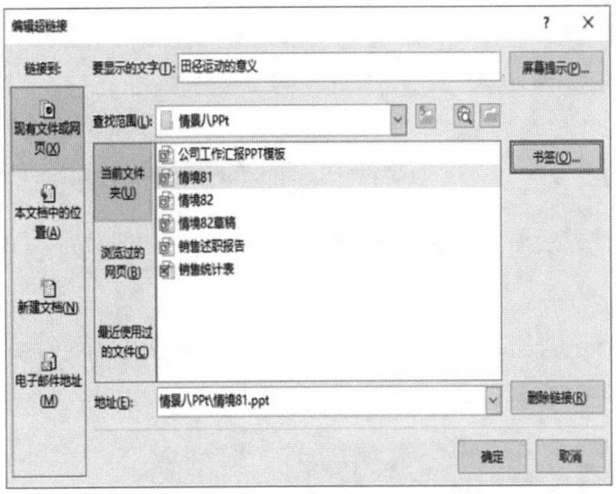

图 8-54 “编辑链接”对话框

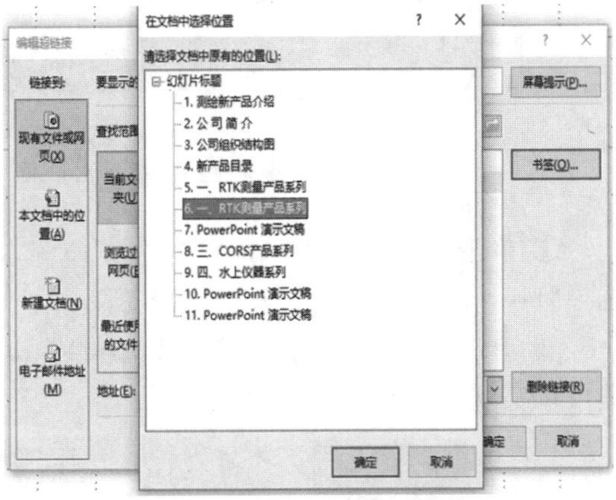

图 8-55 “在文档中选择位置”对话框

5. 删除超链接

不需要对象上的超链接，可以将其删除。删除超级链接的操作方法与编辑相似，只要在“编辑超链接”对话框中选择“删除链接”取消链接内容或在“动作设置”对话框中选择“无动作”，如图 8-56 所示。也可以右键单击已创建超链接的对象，在弹出的快捷菜单中选择“删除链接”，如图 8-57 所示。

二、幻灯片的电子演示

演示文稿创建后，可以根据需要设置不同的放映方式。PowerPoint 提供了多种方式进行演示，既可以有现场演讲者演示，也可以自动运行演示。

1. 从 PowerPoint 中启动幻灯片放映

PowerPoint 中有三种启动幻灯片放映的方法：

① 单击“幻灯片放映”选项卡“开始放映幻灯片”组中的“从当前幻灯片开始”按钮，或按键盘上的 Shift+F5 组合键，从当前幻灯片开始放映。

② 单击“幻灯片放映”选项卡“开始放映幻灯片”组中的“从头开始”按钮，或按 F5 键，从当前幻灯片开始放映。

③ 单击演示文稿窗口右下角的“幻灯片放映”按钮。

2. 将演示文稿保存为自动放映的类型

设置演示文稿在打开时自动放映，需将演示文稿保存为“PowerPoint 放映”的类型。

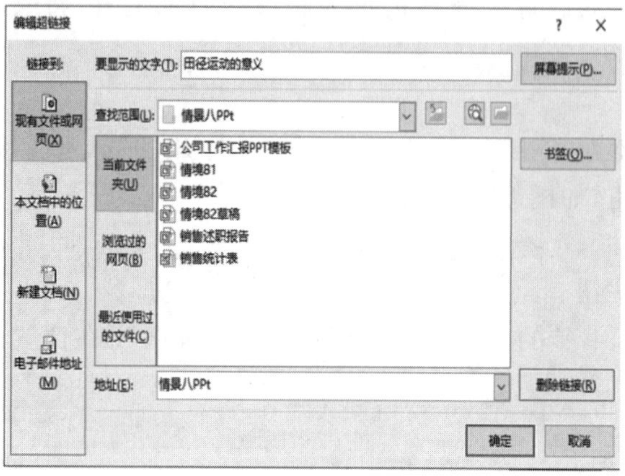

图 8-56 “删除超链接对”对话框

图 8-57 “删除超链接”快捷菜单

① 单击“文件”选项卡的“另存为”命令，在“另存为”对话框中的“保存类型”下拉列表中选择“PowerPoint 放映”，如图 8-58 所示。

② 单击“保存”按钮，无论从 PowerPoint 中还是从“我的电脑”等位置打开该演示文稿，都可以实现自动放映。

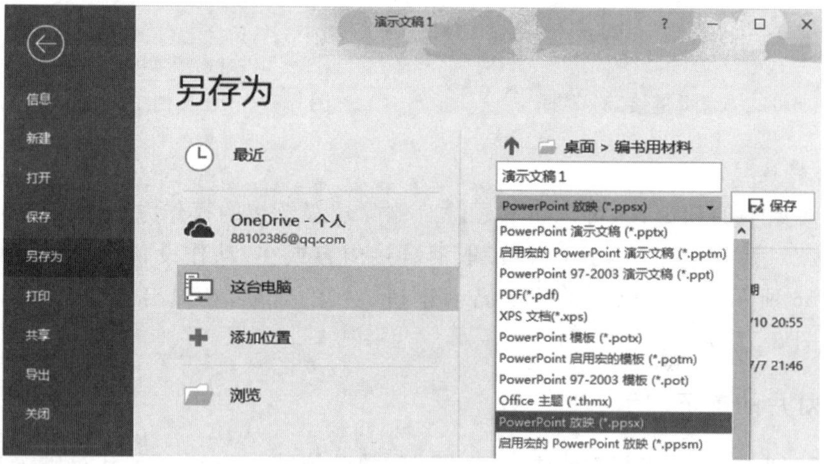

图 8-58 保存为“PowerPoint 放映”

3. 自定义放映

用户想要播放演示文稿内指定的几张幻灯片，可以自定义放映幻灯片，这些幻灯片可以是连续的，也可以是不连续的。

(1) 创建自定义放映

① 打开演示文稿，单击“幻灯片放映”选项卡中的“自定义幻灯片放映”按钮，从列表中选择“自定义放映”选项。

② 打开“自定义放映”对话框，单击“新建”按钮，如图 8-59 所示。

③ 打开“定义自定义放映”对话框，在“幻灯片放映名称”右侧文本框中输入新建的自定

义放映名称，“在演示文稿中的幻灯片”列表中选中要放映的幻灯片，单击“添加”按钮，单击“确定”按钮，返回上一级对话框，单击“放映”按钮，如图 8-60 所示。

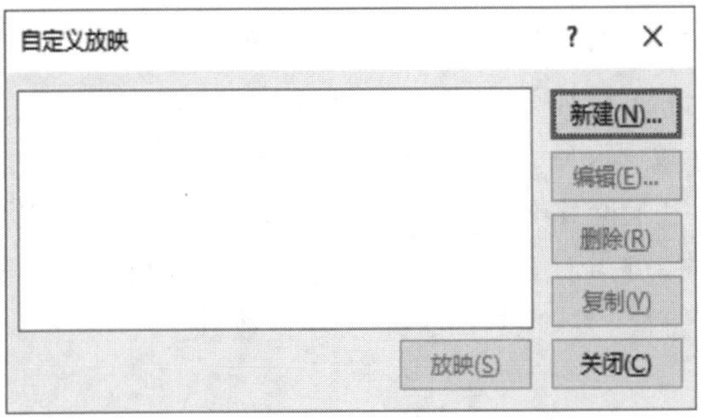

图 8-59　“自定义放映”对话框

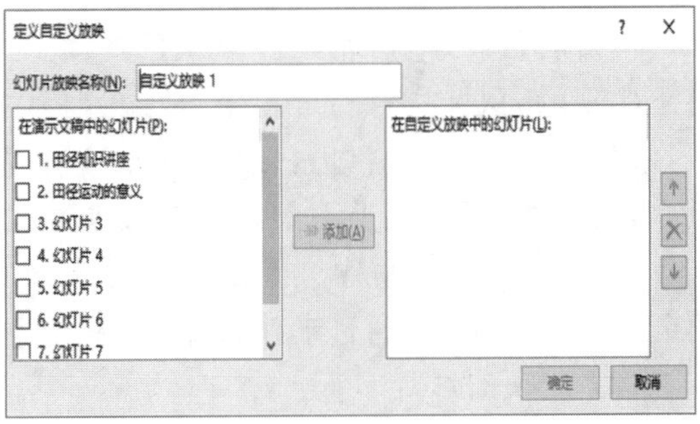

图 8-60　“定义自定义放映”对话框

④ 如果演示文稿中已经包含一个自定义放映，那么单击“自定义幻灯片放映”按钮，从弹出的列表中选择已有选项，可放映自定义的放映。幻灯片放映时，右键单击快捷菜单，在“自定义放映”子菜单中选择已经定义好的放映名称，演示文稿将按自定义的内容进行放映。

（2）操作控制幻灯片播放

① 单击当前幻灯片或快捷菜单中的“下一张”命令，或按空格键、Enter 键、PgDn 键，切换到下一张幻灯片。

② 按 Backspace 键、PgUp 键，或单击快捷菜单中的“上一张”命令，切换到上一张幻灯片。

③ 单击快捷菜单中的“结束放映”命令或按 Esc 键，退出放映。

4. 设置幻灯片放映

如果对放映的过程进行一些并不复杂的编辑，可以使幻灯片的放映更能满足个性化的需求，如进行人工控制放映、用鼠标控制放映以及设置幻灯片的定时自动放映等。

在“幻灯片放映”选项卡的“设置”组中单击“设置幻灯片放映”按钮，打开“设置放映方式”对话框，如图 8-61 所示。

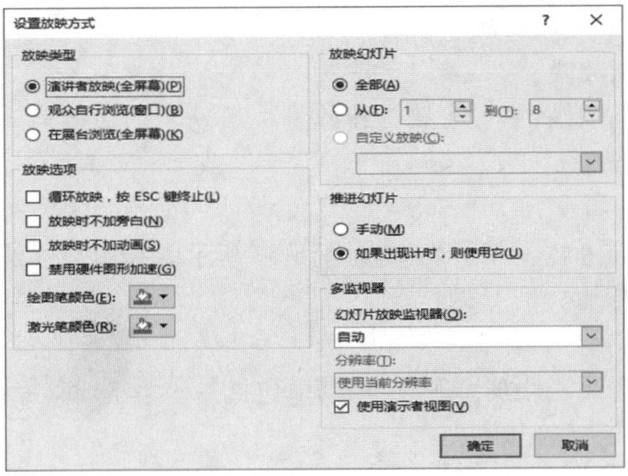

图 8-61　“设置放映方式”对话框

下面介绍“设置放映方式”对话框中的各项主要设置。

(1) 放映类型

在“设置放映方式”对话框中，可以在“放映类型”区中指定幻灯片的放映类型。

演讲者放映(全屏幕)：是默认选择项。由演讲者自己控制全部放映过程，放映是在全屏幕上实现的，鼠标指针在屏幕上，放映过程中允许激活控制菜单。

观众自行浏览(窗口)：以窗口形式运行演示文稿，只允许观众对演示文稿进行简单的控制，包括切换幻灯片、上下滚动。该放映方式适用于网络放映。

在展台浏览(全屏幕)：用这种放映类型放映，可以让幻灯片自动循环放映，这时鼠标不再起作用，但是可以通过动作按钮、超链接进行切换，直到按 Esc 键才终止放映。

(2) 放映幻灯片

该选项用于指定播放幻灯片的范围，缺省值为“全部”。

全部：从第一张幻灯片开始放映，直到最后一张。

从…到…：通过输入幻灯片的编号来指定幻灯片的放映范围。

自定义放映：允许用户从所有幻灯片中自行挑选需要放映的幻灯片(此项必须在已经定义放映方式的情况下有效。单击“幻灯片放映”→“自定义放映”命令可打开“自定义放映”对话框，在该对话框中单击“新建”按钮可以进行自定义放映的设置)。

(3) 放映选项

循环放映，按 Esc 键终止：选择该项可以在放映完最后一张幻灯片后，再次从第一张开始循环播放，只有按 Esc 键才可以终止放映。

放映时不加旁白：选择该项，在放映时不会附加旁白解释。

放映时不加动画：选择该项后，可以在放映幻灯片时，隐藏幻灯片上的对象所加的动画效果，但不删除动画效果。取消该项后，放映幻灯片时将重现动画效果。

(4) 推进幻灯片

在幻灯片放映过程中，片与片之间的切换方式有两种：

手动：在放映时需要通过按键或单击鼠标继续放映。

如果出现计时，则使用它：选择该项可以按在“幻灯片切换”任务窗格中设置的定时时间自动进行幻灯片的切换。

5. 用鼠标控制幻灯片的放映

(1) 快捷菜单控制放映

在放映过程中，单击鼠标右键可以打开如图 8-62 所示的快捷菜单。利用这个菜单可以对幻灯片的放映进行设置。

(2) 指针选项

选择“指针选项”命令打开其子菜单，如图 8-63 所示。利用它可以在幻灯片放映时进行临时性的简单绘画和标注。

(3) 屏幕命令

单击该命令可以弹出一个屏幕子菜单，其中包括一些关于屏幕操作的命令。

6. 设置幻灯片放映时间

(1) 排练计时

可以利用“排练计时”命令设置每张幻灯片的放映时间来实现演示文稿的自动放映。通

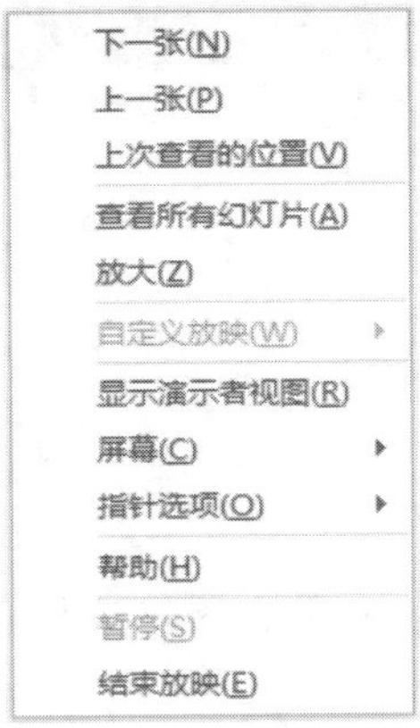

图 8-62　“幻灯片放映”快捷菜单

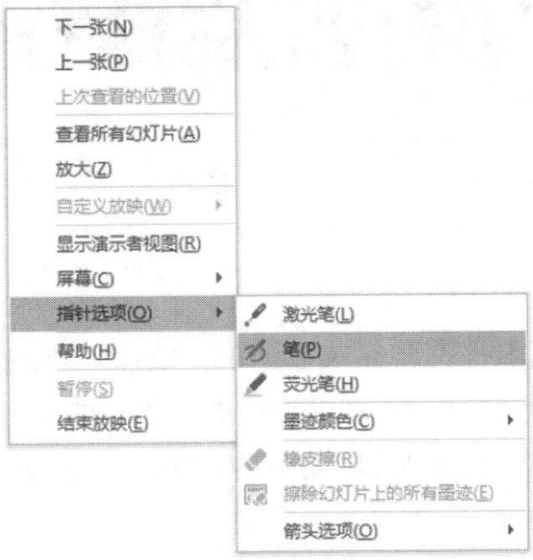

图 8-63　“指针选项”子菜单

过实际放映演示文稿，自动记录幻灯片之间切换的时间间隔，以便在放映时能够以最佳的时间间隔自动放映。进行排练计时的方法为：

① 单击“幻灯片放映”选项卡“设置”组中的“排练计时”按钮，计时开始，自动进入放映状态，屏幕左上角会出现“录制”工具栏，如图 8-64 所示。

② 演示过程中自动计时，显示当前幻灯片的放映时间，演示完毕，单击“下一项”按钮，开始放映下一张幻灯片并重新计时，若需终止排练计时，按 Esc 键结束，或者右键单击，从快捷菜单中选择“结束放映”命令。

③ 当放映结束时，屏幕上显示放映共需时间，来确定在以后放映时是否采用预演计时的时间控制，单击“是”按钮将接受本次各幻灯片的放映时间，单击“否”按钮取消本次排练计时，如图 8-65 所示。

图 8-64　“录制”工具栏

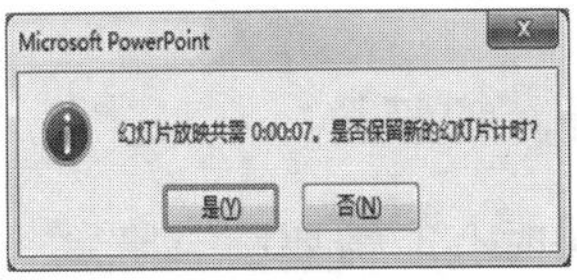

图 8-65　“排练计时”结束消息框

还可以手动设置排练时间，其方法为：在“切换”选项卡“计时”组中，选中“换片方式”区域中“设置自动换片时间”复选框，设置自动换片时间，单击“全部应用”按钮，将应用到所有的幻灯片，如图 8-66 所示。若每张幻灯片的放映时间不完全相同，可逐张设置自动换片时间。设置完成后，在“幻灯片浏览”视图中，每张幻灯片缩略图的下面都会出现设置的放映时间。

如需要对排练计时重新设置，可再次在“幻灯片放映”选项卡上按照上面步骤对排练计时重新设置。需要注意的是，无论设置多少次排练计时，只会保留最后一次的设置。

(2) 录制幻灯片

在放映幻灯片之前，为了更加全面了解幻灯片的主要内容和播放速度，可以通过录制幻灯片来实现。进行录制的方法为：

图 8-66 “切换”选项卡

① 打开演示文稿，单击“幻灯片放映”选项卡“设置”组中的“录制幻灯片演示”按钮，从下拉列表中选择“从头开始录制”选项。

② 打开“录制幻灯片演示”对话框，根据需要勾选相应选项前的复选框，单击“开始录制”按钮，如图 8-67 所示。

③ 自动进入放映状态，左上角会显示“录制”工具栏，开始录制旁白，单击“下一项”按钮，可切换至下一张幻灯片，单击“暂停”按钮可以暂停录制，如图 8-68 所示。

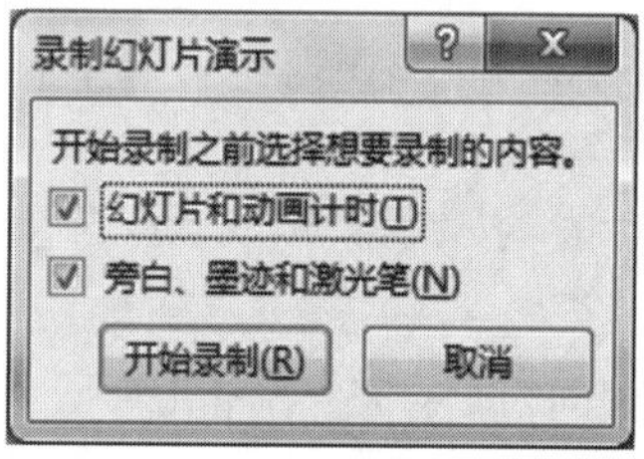

图 8-67 “录制幻灯片演示”对话框

图 8-68 “录制”对话框

④ 录制完成后，幻灯片的右下角都会有一个声音图标，声音为录制的旁白。

计算机必须安装声卡和麦克风才能够录音，录制旁白前还需要进行话筒检查，以保证能正常使用。

三、隐藏幻灯片

在放映时有时需要临时隐藏一些幻灯片，利用幻灯片隐藏可以方便地实现。方法为：

① 单击“幻灯片浏览视图”按钮 。

② 选中需要隐藏的幻灯片。

③ 单击“幻灯片浏览”工具栏上的“隐藏幻灯片”按钮，被选定的幻灯片即被隐藏。

被隐藏的幻灯片的左下方有一个隐藏标志 。如果再次单击“隐藏幻灯片”按钮，将恢复被隐藏的幻灯片。

任务 3　企业销售情况演示文稿制作

知识目标

1. 掌握设置幻灯片背景、添加页眉页脚的方法。

2. 能为幻灯片内的对象设置动画效果。

3. 能设置幻灯片的切换效果。

技能目标

能为幻灯片内的对象设置动画效果；能设置幻灯片切换时的动画效果；能为幻灯片设置背景，并能使用母版统一幻灯片的外观。

素质目标

通过使用幻灯片母版、设置页眉页脚改变幻灯片外观，提高学生的幻灯片设计能力与效率，从而提升学生的综合职业能力、团队协作能力、可持续发展的能力以及职业迁移能力。

任务描述

1. 启动 PowerPoint，新建一个演示文稿，将文件保存到 D 盘中用自己名字命名的文件夹内，将文件命名为“项目 82. PPT”。

2. 添加一张空白幻灯片，并切换到幻灯片母版视图，设置幻灯片母版，效果如图 8-69 所示。

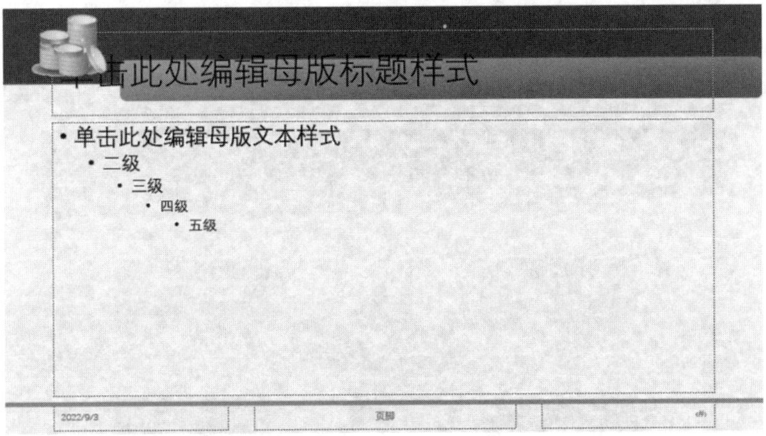

图 8-69　设置母版

① 选择第一个幻灯片 Office 主题幻灯片母版，在“背景样式”下拉列表中选择“设置背景格式”选项，母版的背景设置为“填充效果”中的“图片或纹理填充”，选择纹理中“羊皮纸”效果，透明度为 30%，设置完成后，下面所有幻灯片都有相同的背景。

② 在幻灯片上方插入素材中的“背景图片”，调整图片位置和大小；在图片左侧插入素材中的“钱币”图片，调整位置和大小。

③ 在幻灯片中页脚上方插入自选图形中的直线，线条颜色为绿色，粗细为 6 磅。

3. 关闭母版视图，对第一张幻灯片进行设计，效果如图 8-70 所示。

① 添加页眉和页脚，“日期和时间”设置为“自动更新”，选定“幻灯片编号”，“页脚”中输入“本年度销售报告”，然后选择“全部应用”。

② 在幻灯片的左下方插入素材中的“卡通人物”图片，调整大小和位置。

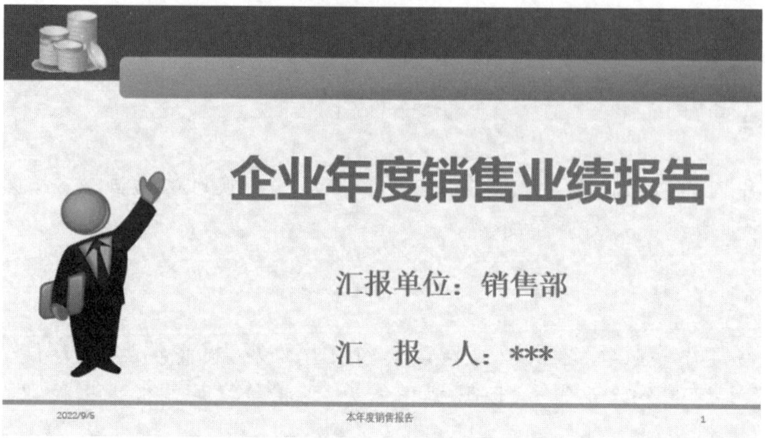

图 8-70　第一张幻灯片

③ 插入文本，按图中的位置插入文本“企业年度销售业绩报告”，微软雅黑，60 号加粗，颜色为“橙色，个性色 2，深色 25%”；其他文本设置为宋体 36 号加粗，颜色同上。

④ 设置动画：为卡通人物图片添加进入效果为“浮入”；文本“企业年度销售业绩报告”添加进入效果为“擦除”；文本“汇报单位：销售部 汇报人：×××”添加进入效果为“随机线条”。

4. 插入第二张幻灯片，效果如图 8-71 所示。

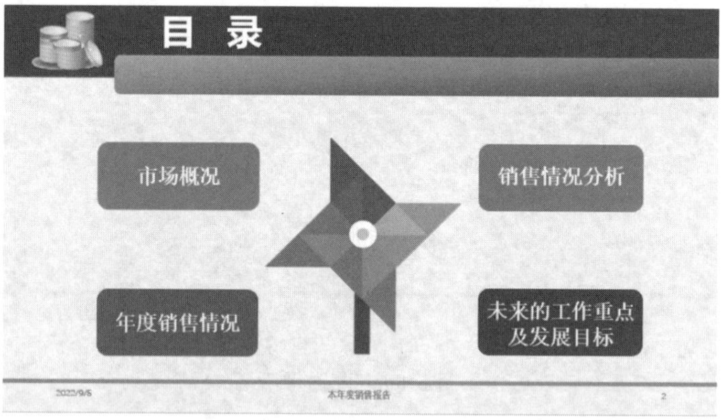

图 8-71　第二张幻灯片

① 在幻灯片左上方插入文本框并输入文字“目录”，微软雅黑，48 号，加粗，白色。

② 在页面中间插入素材中的风车图片，在旁边插入四个圆角矩形，无形状轮廓，填充颜色分别为：绿色、红色、橙色和深绿色，分别输入文本“市场概况”“年度销售情况”“销售情况分析”“未来的工作重点和发展目标”，宋体，28，加粗，白色；调整圆角矩形和文本的位置。

③ 设置动画：文字“目录”添加进入效果为“形状”；图片“风车”添加进入效果为“旋转”；圆角矩形和其中的文本都添加进入效果为“轮子”。

5. 插入第三张幻灯片，效果如图 8-72 所示。

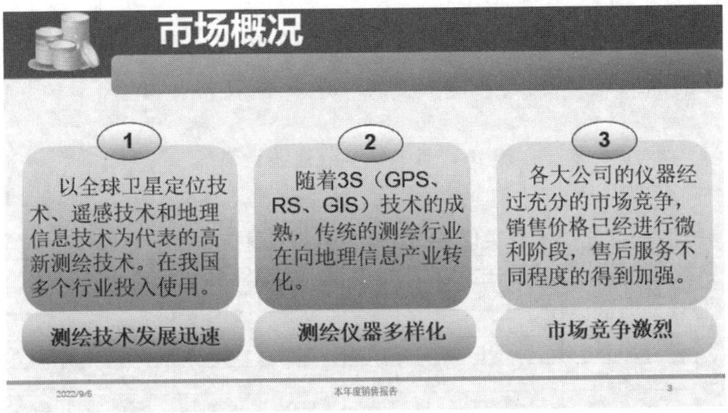

图 8-72　第三张幻灯片

① 在左上方插入文本框并输入文字“市场概况”，微软雅黑，48 号，加粗，白色。

② 在页面中间插入形状中的椭圆和圆角矩形。

a. 椭圆填充颜色为线性渐变，“白色，背景 1”和“灰色，个性 3”，轮廓线为黑色，0.75 磅，输入相应数字，宋体，28 号。

b. 左侧的两个大圆角矩形和小圆角矩形设置为无轮廓，填充颜色为线性渐变，“浅灰色，背景 2”和“青绿”。

c. 中间的大圆角矩形和小圆角矩形填充颜色为线性渐变，“浅灰色，背景 2”和“深绿色”。

d. 右侧的大圆角矩形和小圆角矩形填充颜色为线性渐变，“浅灰色，背景 2”和“金色”，调整好大小位置。

e. 在圆角矩形中输入文本内容，大圆角矩形中的文本设置为宋体 28 号，黑色；下方小圆角矩形的文本设置为宋体 28 号，黑色，加粗。

③ 设置动画：文本“市场概况”添加进入效果为“菱形”；选中幻灯片中所有绘制图形及文字都添加进入效果为“擦除”。

6. 插入第四张幻灯片，效果如图 8-73 所示。

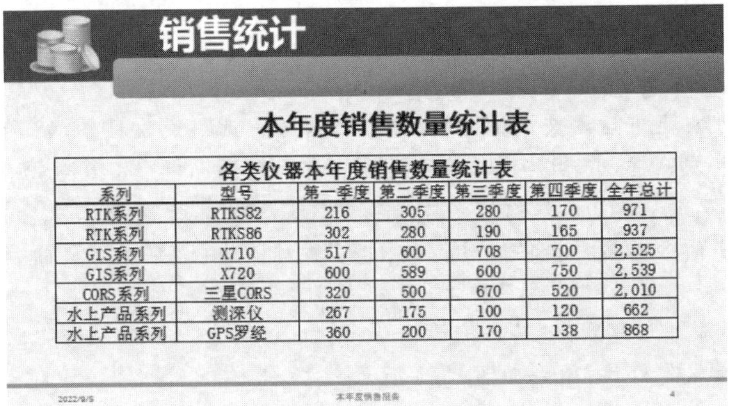

系列	型号	第一季度	第二季度	第三季度	第四季度	全年总计
RTK系列	RTKS82	216	305	280	170	971
RTK系列	RTKS86	302	280	190	165	937
GIS系列	X710	517	600	708	700	2,525
GIS系列	X720	600	589	600	750	2,539
CORS系列	三星CORS	320	500	670	520	2,010
水上产品系列	测深仪	267	175	100	120	662
水上产品系列	GPS罗经	360	200	170	138	868

图 8-73　第四张幻灯片

① 在幻灯片左上方插入文本框并输入文字“销售统计”，微软雅黑，48 号，加粗，白色。

② 在幻灯片中间插入文字“本年度销售数量统计表”，黑体，36 号，黑色，加粗。

③ 插入 Excel 表格，输入表 8-1 所列内容，并调整表格大小。

表 8-1　2018 年销售统计表

	A	B	C	D	E	F	G
1	各类仪器2018年度销售数量统计表						
2	系列	型号	第一季度	第二季度	第三季度	第四季度	全年总计
3	RTK系列	RTKS82	216	305	280	170	971
4	RTK系列	RTKS86	302	280	190	165	937
5	GIS系列	X710	517	600	708	700	2,525
6	GIS系列	X720	600	589	600	750	2,539
7	CORS系列	三星CORS	320	500	670	520	2,010
8	水上产品系列	测深仪	267	175	100	120	662
9	水上产品系列	GPS罗经	360	200	170	138	868

知识点：除了在幻灯片中的“插入”选项卡“表格”组中插入 Excel 表格，直接输入内容外，还可以通过“插入”选项卡“文本”组中“对象”，选择“由文件创建”单选框，浏览在文件中已经创建好的 Excel 表格，直接插入幻灯片中。

④ 设置动画：文字“销售统计”添加进入效果为“缩放”；文字“本年度销售数量统计表”设置强调效果为“画笔颜色”；Excel 表格添加进入效果为“翻转式由远及近”。

7. 插入第五幻灯片，效果如图 8-74 所示。

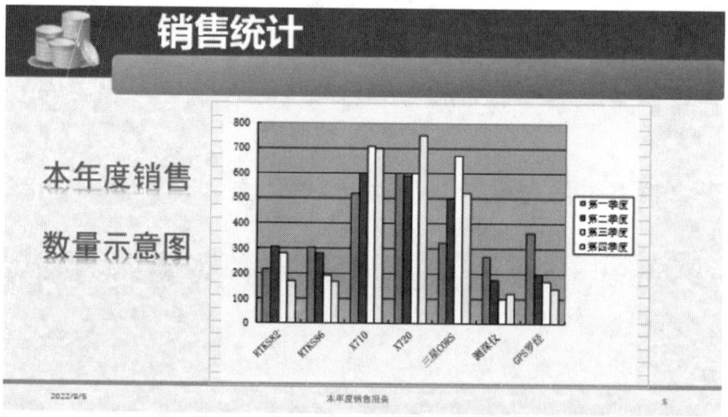

图 8-74　第五张幻灯片

① 在幻灯片左上方插入文本框并输入文字“销售统计”，微软雅黑，48 号，加粗，白色。

② 在幻灯片左侧插入艺术字“本年度销售数量示意图”，黑体，40 号，加粗，艺术字样式选择“渐变填充，蓝色，着色 1，反射”，字体颜色更改为“绿色，个性色 6，深色 25%”。

③ 在页面中间插入素材提供的“Excel 图表”素材图片，调整大小及位置。

④ 设置动画：文字“销售统计”添加进入效果为“随机线条”；艺术字添加进入效果为“向内溶解”；图表添加进入效果为“基本缩放”。

8. 插入第六张幻灯片，效果如图 8-75 所示。

① 在幻灯片左上方插入文本框并输入文字“销售情况分析”，微软雅黑，48 号，加粗，白色。

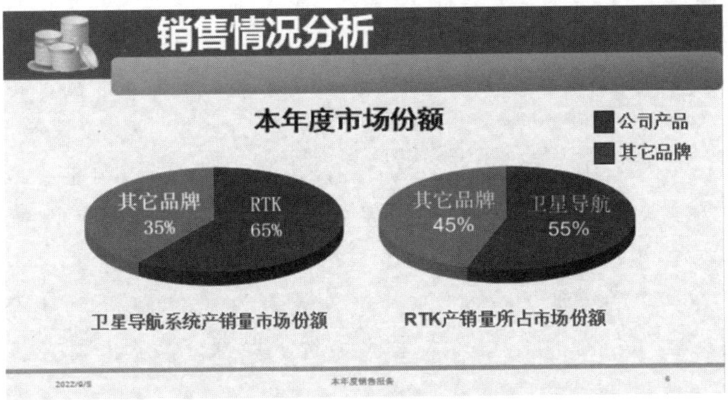

图 8-75　第六张幻灯片

② 在幻灯片中输入文字“本年度市场份额”,黑体,36 号,加粗,黑色。

③ 在幻灯片中插入素材提供的“市场份额饼图”素材图片,调整大小及位置。在两个素材图片下面分别插入横排文本框,在其中分别输入如图 8-75 所示的相应文字,将文字设置为宋体、24 号、加粗,颜色为“绿色,个性色 6,深色 25%”。

④ 在幻灯片右侧插入两个矩形,形状轮廓线为黑色,0.75 磅,形状填充色分别为“蓝色,个性色 6,深色 25%”和“绿色,个性色 6,深色 25%”。插入横排文本框,输入文字“公司产品”和“其他品牌”,将文字设置为宋体、24 号、加粗,颜色为“绿色,个性色 6,深色 25%”。

⑤ 设置动画:“销售情况分析”添加进入效果为“回旋”;“本年度市场份额”添加进入效果为“压缩”;饼形图片添加强调效果为“跷跷板”;图片下方的两个文本框都添加进入效果为“挥鞭式”;右侧矩形和文本框添加进入效果为“中心旋转”。

9. 插入第七张幻灯片,效果如图 8-76 所示。

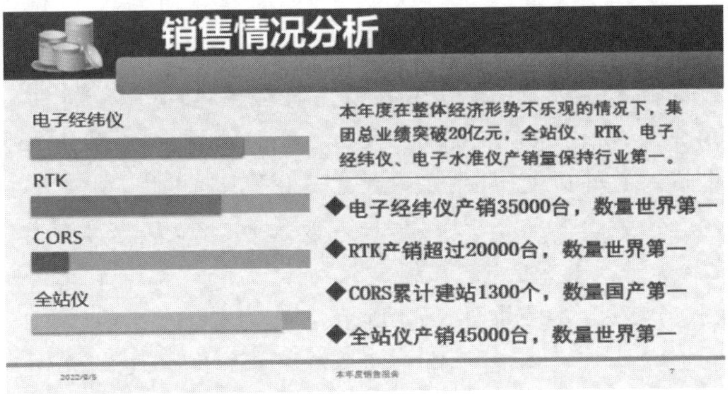

图 8-76　第七张幻灯片

① 在幻灯片左上方插入文本框并输入文字“销售情况分析”,微软雅黑,48 号,加粗,白色。

② 插入形状矩形,调整合适大小,设置无形状轮廓,显示进度的矩形自上向下分别填充颜色为“浅绿,个性 6”“橙色,个性 2”“黑色,文字 1,淡色 50%”“橙色”,底层矩形填充颜色为“灰色,25%”。

③ 插入文本框，输入文字“电子经纬仪”等，微软雅黑，24 号，黑色。将所有矩形和文本框组合成一个图形。

④ 在幻灯片右侧插入横排文本框，输入文字，宋体，24 号，加粗，“绿色，个性色 6，深色 50%”。

⑤ 在文本框下方插入直线，线条颜色为灰色，粗细为 1.5 磅，调整直线的长度和位置。

⑥ 在线条下方插入横排文本框，输入文字并插入项目符号，文字设置为宋体、28 号、加粗，颜色同上面文本框中的文字。

⑦ 设置动画：文字“销售情况分析”添加进入效果为“劈裂”；下面组合图形添加进入效果为“翻转式由远及近”；右侧的两个文本框添加进入效果为“淡化”；直线添加进入效果为“劈裂”。

10. 插入第八张幻灯片，效果如图 8-77 所示。

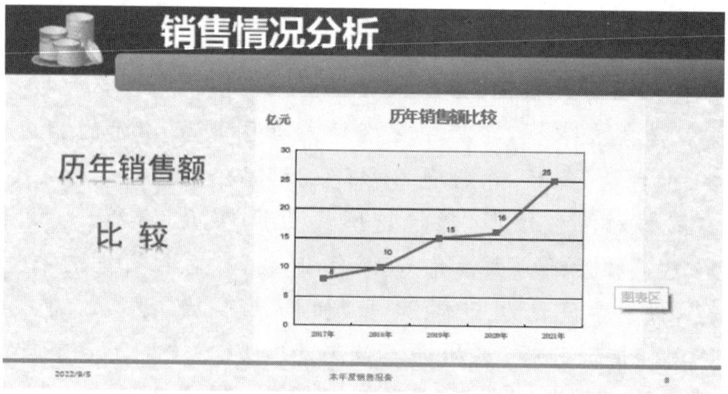

图 8-77　第八张幻灯片

① 在幻灯片左上方插入文本框并输入文字“销售情况分析”，微软雅黑，48 号，加粗，白色。

② 在幻灯片左侧插入艺术字“历年销售额比较”，黑体，40 号，加粗。艺术字样式选择“渐变填充，蓝色，着色 1，反射”，字体颜色更改为“绿色，个性色 6，深色 25%”。

③ 在幻灯片中插入素材提供的“销售数量示意图”素材图片，调整大小及位置。

④ 设置动画：文字“销售情况分析”添加进入效果为“形状”；艺术字添加进入效果为“向内溶解”；素材图片添加进入效果为“基本缩放”。

11. 插入第九张幻灯片，效果如图 8-78 所示。

① 在幻灯片左上方插入文本框并输入文字“未来工作重点”，微软雅黑，48 号，加粗，白色。

② 在幻灯片中插入素材提供的“未来工作重点”素材图片，调整大小及位置。

③ 在幻灯片中插入三个圆角矩形，设置无填充色，线条颜色为黑色，粗细为 0.75 磅，黑色，在其中输入文字，华文楷体，28 号，加粗，黑色。为形状内的文字添加如图 8-78 所示的项目符号。

④ 设置动画：文字“未来工作重点”添加进入效果为“擦除”；三个圆角矩形依次添加进入效果为“随机线条”。

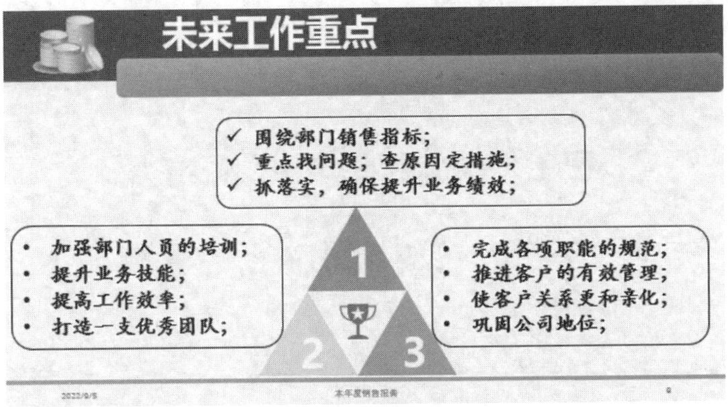

图 8-78　第九张幻灯片

12. 插入第十张幻灯片，效果如图 8-79 所示。

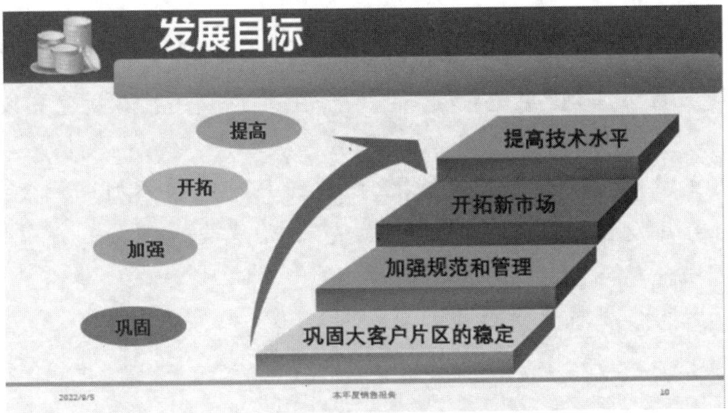

图 8-79　第十张幻灯片

① 在幻灯片左上方插入文本框并输入文字“发展目标”，微软雅黑，48 号，加粗，白色。

② 在幻灯片中插入素材提供的“梯形”素材图片，调整大小及位置。在图片上面依次插入四个文本框，并在其中输入文字，宋体，28 号，加粗，黑色。

③ 在幻灯片的左侧插入椭圆，调整合适大小，设置无形状轮廓，填充颜色为“浅绿”，在其中输入文字“提高”，宋体，24 号，加粗。复制相同的三个椭圆，自上向下分别填充颜色为“橙色”“蓝色，个性色 5，淡色 40%”“橙色，个性色 2”，椭圆内文字均设置为宋体、24 号、加粗。

④ 设置动画：文字“发展目标”设置为“擦除”；梯形素材图片添加进入效果为“形状”；最上方的椭圆添加进入效果为“劈裂”；梯形上方第一行文字添加进入效果为“劈裂”，并为其选择“计时”组的“开始”下拉列表中“上一动画之后”选项；梯形图片上文字不用单击，自动出现动画效果。

依次自上向下对第二、三、四行椭圆和梯形上的第二、三、四行文字设置相同的动画效果和计时效果。

13. 插入第十一张幻灯片，效果如图 8-80 所示。

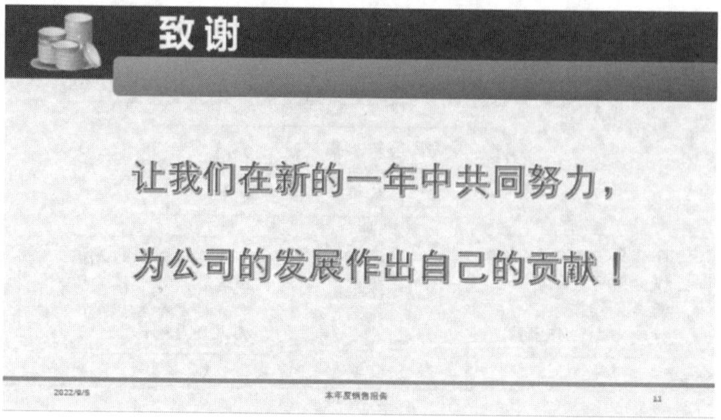

图 8-80 第十一张幻灯片

① 在幻灯片左上方插入文本框并输入文字“致谢”，微软雅黑，48 号，加粗，白色。添加强调效果为“放大/缩小”。

② 在幻灯片中插入艺术字，输入如图 8-80 所示的文字，文字设置为黑体、40 号、加粗，艺术字样式选择第三行第二列“黑色，文本色 1；… 主题色 5”；字体颜色更改为“绿色，个性色 6，深色 25%”。

③ 设置动画：文字“致谢”添加进入效果为“旋转”；艺术字添加进入效果为“弹跳”。

14. 为所有幻灯片设置幻灯片之间的切换效果，形式自选。

15. 放映幻灯片。

① 放映所有幻灯片，观看演示效果。

② 只放映第二张幻灯片。

③ 放映第三张至第十张幻灯片。

④ 把“放映选项”设置为“循环放映，按 Esc 键终止”。

16. 将用自己姓名命名的文件夹进行压缩打包，发送电子邮件，发件人是自己，收件人是教该课程的教师，主题是“姓名＋企业销售情况”。

相关知识

一、为幻灯片添加页眉和页脚

操作步骤如下：

① 打开幻灯片，单击“插入”选项卡中的文本组“页眉和页脚”按钮，打开“页眉和页脚”对话框，如图 8-81 所示。

② 选中“日期和时间”项，表示在“日期区”显示日期和时间。若选择“自动更新”，则时间会随着制作日期和时间的变化而变化；若选择“固定”，则需要用户自己输入一个日期和时间。

③ 选中“幻灯片编号”，则在数字区自动加上一个幻灯片编号。

④ 选中“页脚”，可为每页添加注释。

⑤ 单击“全部应用”按钮，这时在预览放映幻灯片时，底部就会显示页码和时间。

图 8-81　“页眉和页脚”对话框

二、设置幻灯片外观

PowerPoint 2016 为用户提供了大量的预设格式，如主题样式、主题颜色、字体设置以及幻灯片效果设置等。应用这些格式，制作出的幻灯片背景类型较多，包括多种颜色、过渡效果、纹理、图案、图片等。

1. 应用设计模板

PowerPoint 2016 有许多内置模板样式，应用模板样式可以快速统一幻灯片的外观。

单击“设计”选项卡，在“主题”组单击“其他”按钮，在打开的下拉列表框中选择一种模板，如图 8-82 所示。如想为单独的幻灯片设置不同的风格，可选择该幻灯片，右击需要的模板，从弹出的快捷菜单中选择“应用于选定幻灯片”命令，如图 8-83 所示。

图 8-82　选择设计模板

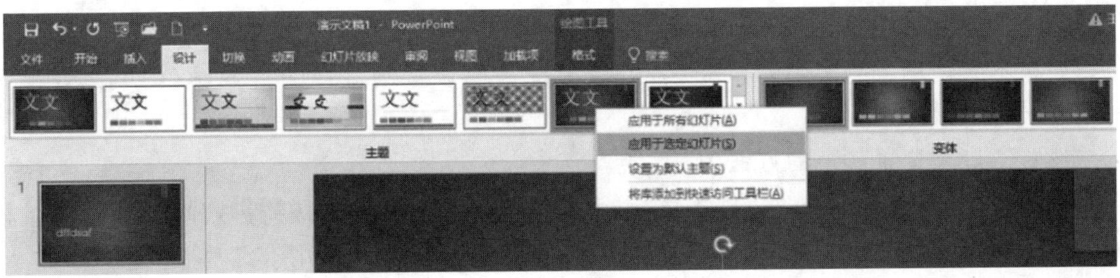

图 8-83　将设计模板应用于单张幻灯片中

在同一演示文稿中应用了多个模板后，在添加新幻灯片时，所添加的新幻灯片会自动应用与之相邻的前一张幻灯片所应用的模板。

2. 设置主题颜色和字体样式

所谓主题，就是指将一组设置好的颜色、字体和图形外观效果整合到一起，在 PowerPoint 2016 中，可以使用 PowerPoint 预置的主题样式或使用根据现有主题样式更改颜色、字体和效果后生成的新主题样式，快速统一演示文稿的外观。

应用设计模板后，打开“设计”选项卡，单击“变体”组中的“其他”按钮，打开主题颜色菜单，如图 8-84 所示。可以选择内置主题颜色，还可以自定义设置主题颜色，在打开的菜单中单击“新建主题颜色”命令，打开“新建主题颜色”对话框，可以为主题颜色进行自定义，如图 8-85 所示。

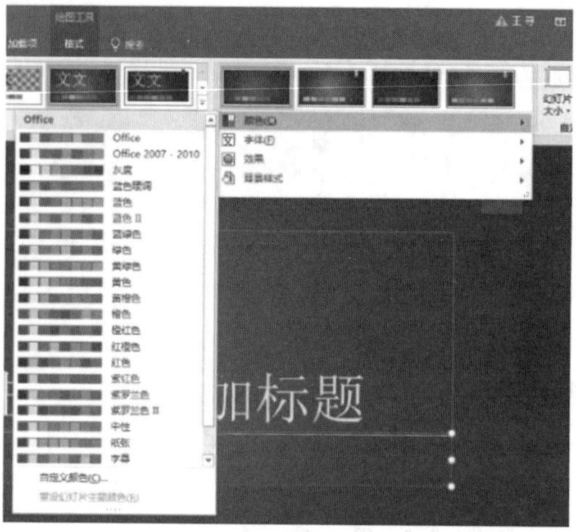

图 8-84　主题颜色菜单

图 8-85　“新建主题颜色”对话框

单击“变体”组中的“其他”按钮，在弹出的列表中选择“字体”命令，如图 8-86 所示。选择需要的字体类型，还可以在展开的字体样式组中选择“自定义字体”命令。打开“新建主题字体”对话框，在该对话框中自定义幻灯片中文字的字体，可将其应用到当前演示文稿中。如图 8-87 所示。

对不同的主题颜色或字体进行新建，将创建好的主题颜色和字体进行命名，单击“保存”按钮，该主题颜色会出现在列表的“自定义”区域。

3. 设置背景颜色

如果不想使用主题中的背景样式，可以根据需要设置幻灯片的背景颜色、填充效果等内容。

设置幻灯片背景颜色的方法为：

① 单击“设计”选项卡，在“自定义”组中单击“设置背景格式”按钮，弹出“设置背景格式”窗格，选择需要的填充样式，如图 8-88 所示。可将其应用到所用幻灯片。

② 在该窗格中可以设置背景的渐变填充、图片或纹理填充以及图案填充等，下面对其属性进行设置，完成后单击“全部应用”按钮。

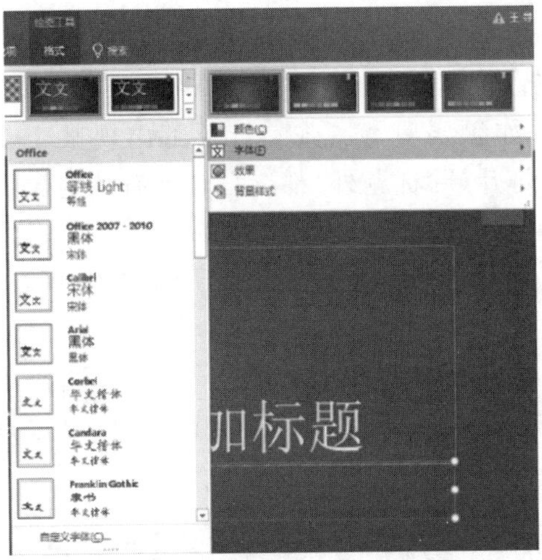

图 8-86　设置主题颜色

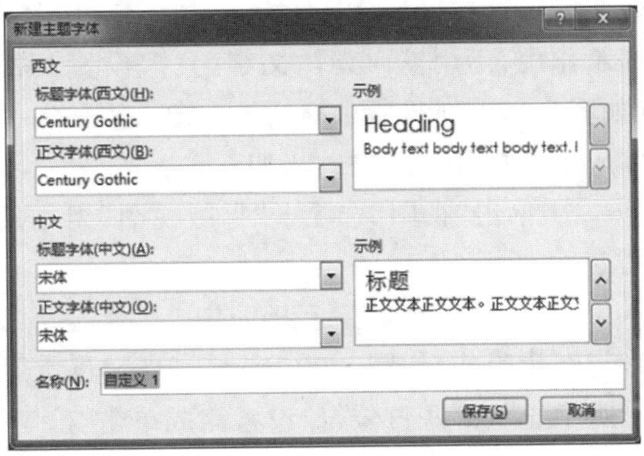

图 8-87　“新建主题颜色”对话框

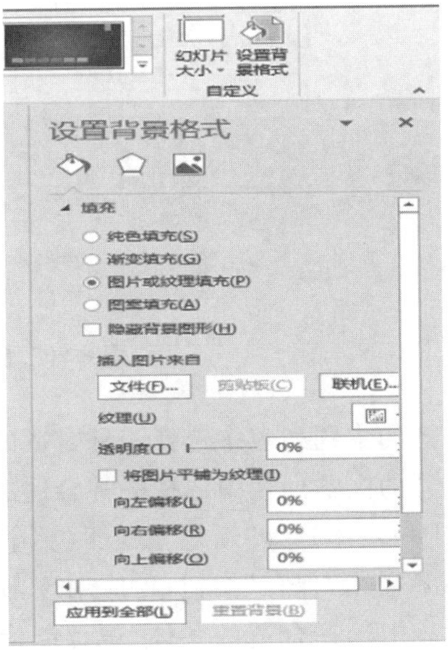

图 8-88　选择背景样式

若选择“图片或纹理填充”并想对图片进行设置，可以单击窗格下侧的“透明度”“偏移量”“刻度”选项，进而对图片进行设置。

4. 设置幻灯片母版

母版是演示文稿中很重要的一部分，使用它可以减少很多重复性的工作，提高工作效率。更重要的是，使用幻灯片母版可以统一设置幻灯片的主题颜色、字体、页面背景、版式等。

幻灯片母版

在 PowerPoint 2016 中一共有三种母版类型：幻灯片母版、讲义母版、备注母版。

(1) 幻灯片母版

幻灯片母版是最常用的母版,它包含五个区域:标题区、对象区、日期区、页眉页脚区和数字区。这些区域实际上就是占位符,其中的文字并不会真正显示在幻灯片中,只是起一种提示作用,不用输入具体文字,只需设置其格式。如果要使每一张幻灯片都出现某个对象(如图片),可在母版中插入该对象,这样每一张幻灯片(除标题外)都会自动拥有该对象。具体应用幻灯片母版的方法如下:

① 单击"视图"选项卡"母版视图"组中的"幻灯片母版",进入幻灯片母版编辑状态,如图 8-89 所示。

② 左上方有数字标识的幻灯片就是母版,下面是与母版相关的版式幻灯片,选择第一张幻灯片版式,如图 8-90 所示。单击"母版版式"按钮,打开"母版版式"对话框,可以选择在母版中显示哪些占位符,设置完成单击"确定"按钮。

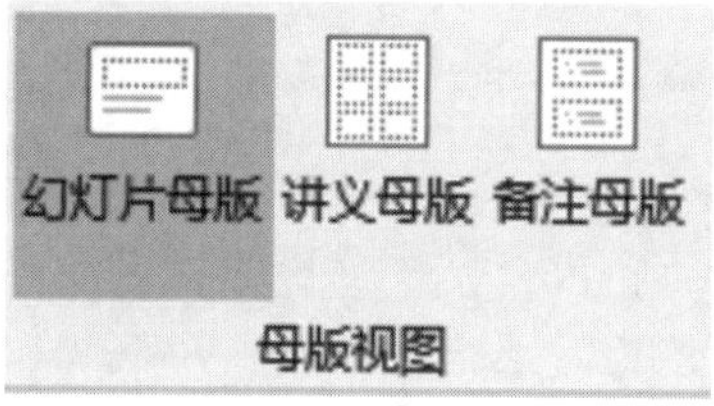

图 8-89　幻灯片母版

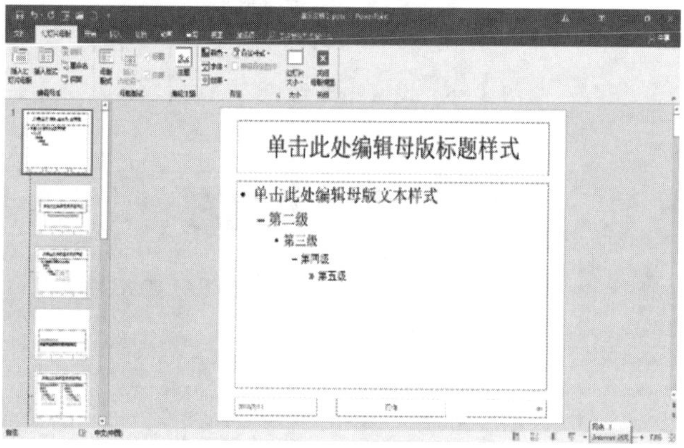

图 8-90　插入新幻灯片母版

③ 单击"主题"按钮,从展开的主题列表中选择一种合适的主题。

④ 单击"颜色"按钮,从展开的主题列表中选择一种合适的主题颜色。如果列表中的主题颜色不能满足要求,可以在上一步中选择"新建主题颜色"命令,打开"新建主题颜色"对话框,进行详细的设置,设置完成后单击"保存"按钮,可应用该自定义主题色。

⑤ 单击"字体"按钮,从列表中选择合适的字体,也可能像自定义主题颜色一样自定义字体。

⑥ 单击"效果"按钮,在展开的列表中选择合适的效果。

⑦ 单击"背景样式"按钮,在展开的列表中选择合适的样式,如果需要更加多元化的背景,可以选择"设置背景格式"命令。

⑧ 打开"设置背景格式"窗格,可以通过该窗格中相应的命令,设置漂亮的背景,可以是纯色、渐变色、图片等。

⑨ 单击"幻灯片大小"按钮,在展开的列表中选择合适的大小,也可以选择"自定义幻灯片大小"选项。

⑩ 打开"幻灯片大小"对话框,从中可以设置幻灯片的方向、大小、幻灯片编号起始值等,设置完成后单击"确定"按钮。

⑪ 弹出一个提示框，单击“确保适合”按钮。

⑫ 完成对幻灯片页面的设置后，单击“关闭母版视图”按钮，退出母版视图。

(2) 讲义母版

将它用于控制讲义的打印格式，用户可以将多张幻灯片制作在同一个页面中，以节省资源，讲义母版也包含五个区域：虚线占位符、页眉区、日期区、页脚区和数字区。如图 8-91 所示。具体应用讲义母版的方法如下：

① 单击“视图”选项卡“母版视图”组中的“讲义母版”按钮，进入讲义母版编辑状态。

② 在“讲义母版”选项卡中单击“讲义方向”按钮，设置讲义方向。

③ 单击“幻灯片大小”按钮，通过列表中的命令设置讲义的大小。

④ 单击“每页幻灯片数量”按钮，从展开的列表中选择“2 张幻灯片”选项。

⑤ 在“占位符”组中，可以自定义在讲义中显示哪些占位符，设置完成后，单击“关闭母版视图”按钮，退出母版视图模式。

(3) 备注母版

备注母版包含六个区域：幻灯片缩略图区、备注文本区、页眉区、日期区、页脚区和数字区。备注母版定义了演示文稿与备注一起打印时的外观，它用于设置备注的格式，对备注页的页面、占位符、主题和背景进行设置，如图 8-92 所示。具体应用备注母版的方法如下：

① 单击“视图”选项卡“母版视图”组中的“备注母版”按钮，

② 进入“备注母版”选项卡，通过该选项卡中的命令，可以自由设计备注母版的格式，设置完成后退出母版模式。

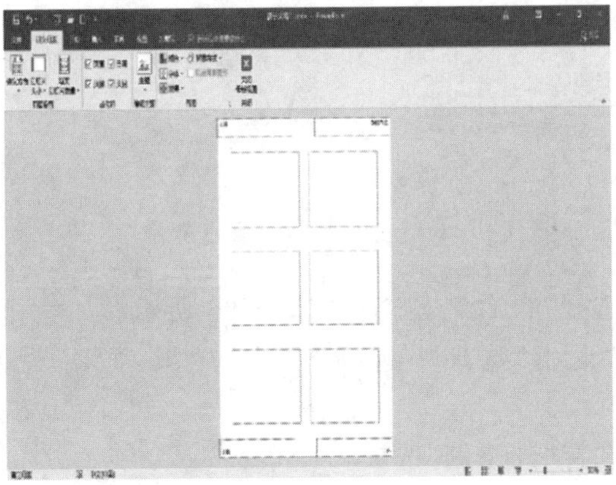

图 8-91 讲义母版

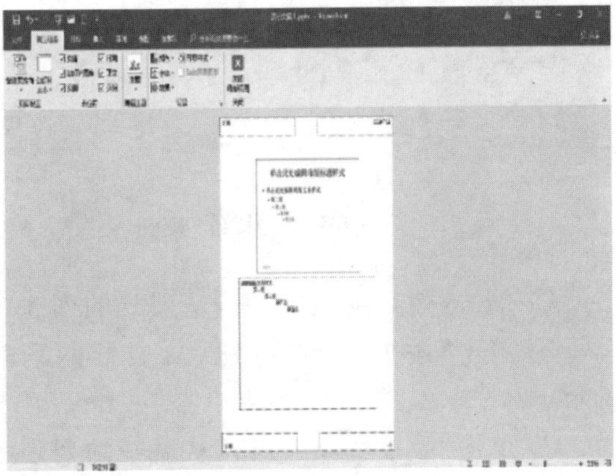

图 8-92 备注母版

三、设置动画效果

所谓动画，就是在幻灯片放映时，利用一种或多种动画方式让对象出现、强调及消失的一个过程，PowerPoint 中有两种不同的动画效果：一是片内动画，二是片间动画。

幻灯片动画

1. 片内动画

片内动画指的是演示一张幻灯片时，随着演示的进行，逐步显示幻灯片内不同层次、不同对象的内容，可以为幻灯片中的对象（图形、表格、图片、文本框等）添加合适的动画效果。如首先显示第一层次的内容标题，然后一条一条显示正文，这时可以用不同的切换方法（如飞入、轮子、旋转等）来显示下一层内容，这种方法称为片内动画。片内动画一般在“普通视图”窗口中进行。

选中幻灯片的对象后，打开“动画”选项卡，可以设置当前对象的动画效果。幻灯片中的动画可分为进入动画和退出动画、强调动画、路径动画、组合动画等。

（1）进入和退出动画

进入动画，指可以让对象从幻灯片页面外以特有的方式进入幻灯片，而退出动画则是以特有方式退出幻灯片，具体的应用方法如下：

① 选择需要添加动画效果的对象，单击“动画”选项卡中“动画”组中的“其他”按钮，如图 8-93 所示。

② 展开动画效果列表，在“进入”效果列表中选择合适的进入效果，如图 8-94 所示。

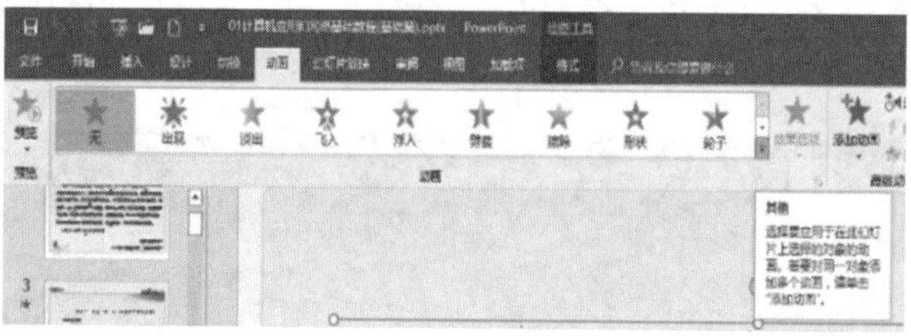

图 8-93 “其他”按钮

图 8-94 进入效果

③ 单击“效果选项”按钮，从展开的列表中选择“自右侧”选项，如图 8-95 所示。

④ 单击“添加动画”按钮，从展开的列表“退出”选项中选择“飞出”效果，如图 8-96 所示。

⑤ 单击“效果选项”按钮，从展开的列表中选择“到左侧”选项。

（2）强调动画

为了突出幻灯片中的某部分内容而设置的特殊动画效果，让对象重点显示，具体的应用方法如下：

① 选择需要添加动画效果的对象，单击“动画”选项卡“动画”组中的“其他”按钮，在展开的动画效果列表中，在“强调”效果区域中选择合适的强调效果，这里选择“脉冲”效果，如图 8-97 所示。

② 如果对列表中的效果不满意，可以在上一步中选择“更多强调效果”选项，打开“更改强调效果”窗格，选择“彩色延伸”强调效果，然后单击“确定”按钮，如图 8-98 所示。

③ 单击“效果选项”按钮，从列表中选择合适的颜色。

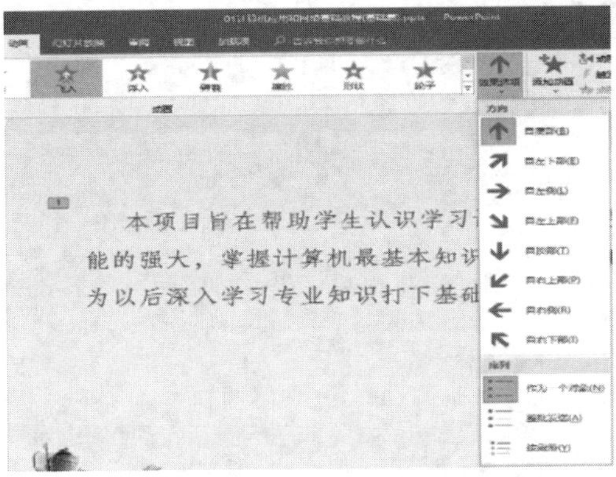

图 8-95　效果选项

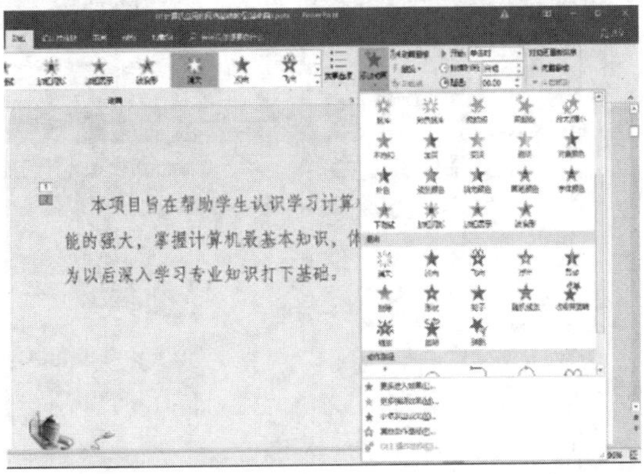

图 8-96　添加退出动画

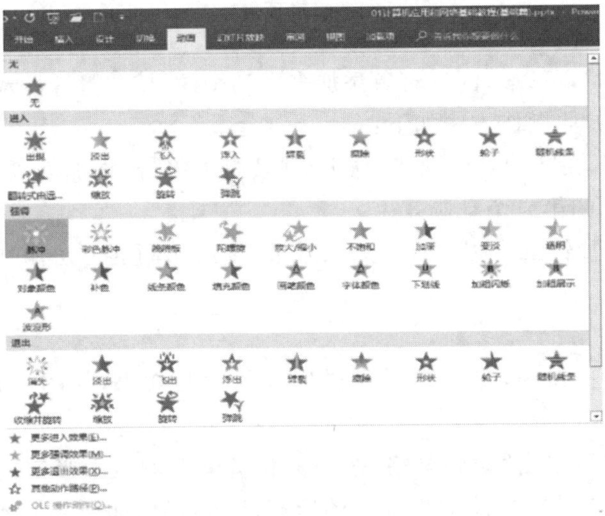

图 8-97　添加强调效果

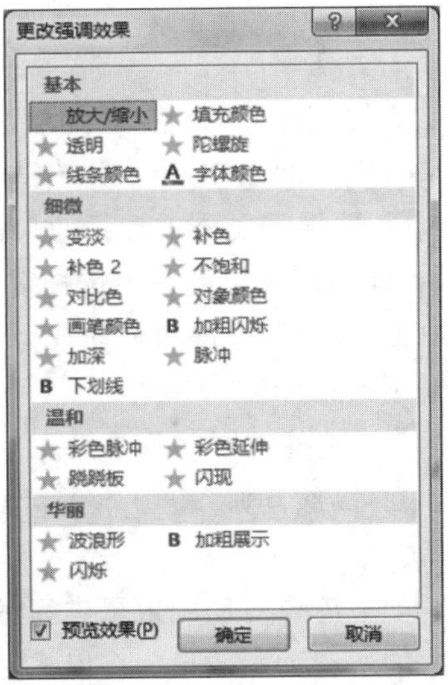

图 8-98　“更改强调效果”对话框

（3）路径动画

路径动画即指定对象沿设定好的路径进行运动，具体设置方法如下：

① 选择需要添加动画效果的对象，单击“动画”选项卡中“动画”组中的“其他”按钮，在展开的动画效果列表的“动作路径”效果区域中选择“弧形”效果，如图 8-99 所示。

② 单击“效果选项”按钮，从列表中选择“编辑顶点”选项。

③ 动作路线由虚线变为红线，上面出现黑色的顶点即为可编辑的顶点，将光标移至上方，按住鼠标左键不放，拖动鼠标，可对该顶点进行编辑，编辑完成后释放鼠标左键，如图 8-100 所示。设置好后可以单击“动画”选项卡左侧的“预览”按钮进行预览。

还可以在展开的动画效果列表中选择“动作路径”栏中的“自定义路径”选项，根据需要绘制出自定义路径。

（4）组合动画

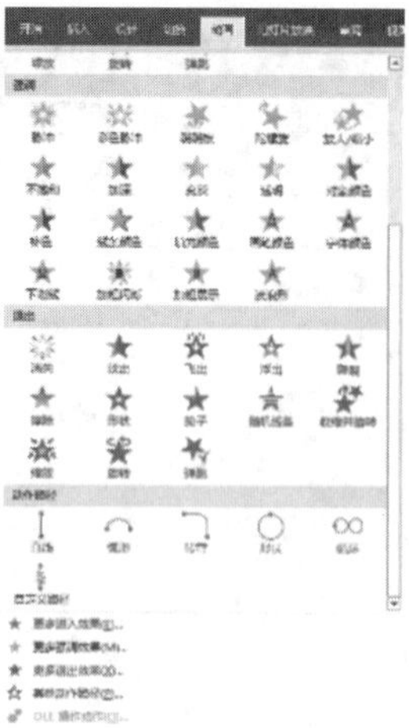

图 8-99　添加动作路径

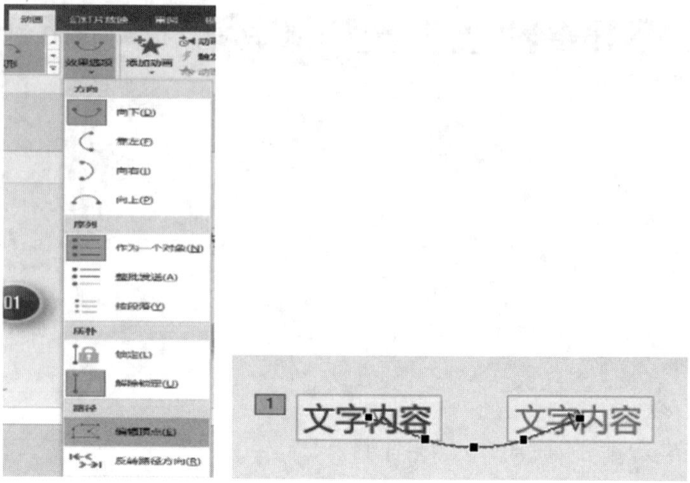

图 8-100　编辑顶点

为幻灯片中的对象添加动画效果时，可以为同一对象添加多个动画效果，并且这些动画效果可以一起出现，也可以有先有后，具体操作方法如下：

① 选择需要添加动画效果的对象，在“动画”选项卡“高级动画”组中单击“添加动画”按钮，在弹出的下拉列表中选择需要添加的第二个动画效果。

② 返回幻灯片即可查看为对象添加第二个强调动画后的效果，按照相同的方法添加更多动画效果即可。

（5）精确控制动画效果

在“高级动画”组中单击“添加动画”按钮，可以为对象添加其他动画效果，如图 8-101 所示。

如果需要对动画效果进行编辑，可以单击“动画窗格”按钮。在窗口右侧显示当前幻灯片中的所有动画效果。可以一目了然地看到当前幻灯片中的所有动画效果，如图 8-102 所示。在打开的“动画窗格”中选择需要编辑的对象，对其进行设置。其中，在动画窗格中右击某个动画，打开快捷菜单，选择“效果选项”命令，在打开的对话框中可为该动画设置更多参数。“向前”按钮▲功能等同于功能区中的“向前移动”按钮 ▲ 向前移动，可以将选择对象向前移动；“向后”按钮▼功能等同于功能区中的“向后移动”按钮 ▼ 向后移动，可以将选择对象向后移动。

为对象添加了动画效果后，该对象就应用了默认的动画参数，这些动画参数主要包括动画开始运行的方式、持续时间、延时方案、变化方向、重复次数等。可以根据需要对这些参数进行设置。

选中具有动画效果的对象，在“动画”选项卡的“计时”组中可以设置动画开始的方式、持续时间以及延迟时间等参数。

（6）复制动画效果

PowerPoint 2016 中的“动画刷”功能与设置格式的“格式刷”功能类似，“格式刷”是复制文字格式，而“动画刷”则是复制设置好的动画效果。

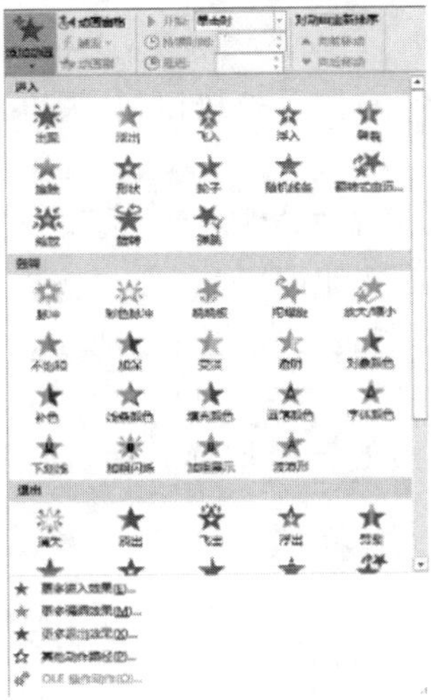

图 8-101　“添加动画”按钮

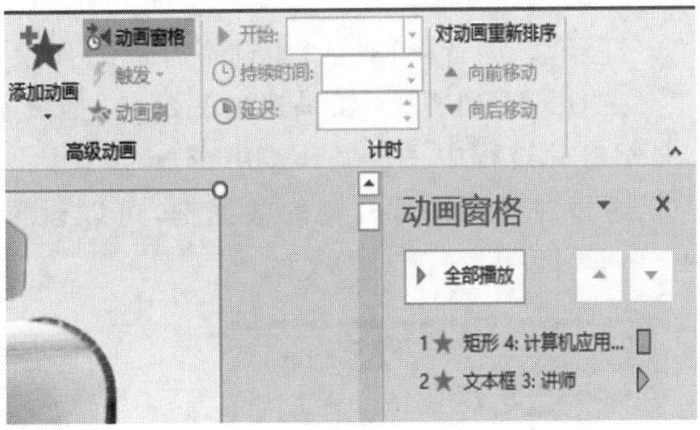

图 8-102　动画窗格

选中已设置动画效果的对象，在“动画”选项卡的“高级动画”组中单击“动画刷”按钮，鼠标将会显示为一个带刷子的指针，单击需要应用相同动画的对象。

2. 片间动画

片间动画是在幻灯片之间相互切换时使用的，它决定了后张幻灯片是如何代替前一张幻灯片的。片间动画的设置一般在幻灯片浏览视图中进行。

(1) 设置片间动画的方法

① 选定要设置切换效果的一张或多张幻灯片，打开“切换”选项卡，单击“切换到此幻灯片”组中的“其他”按钮进行设置，如图 8-103 所示。

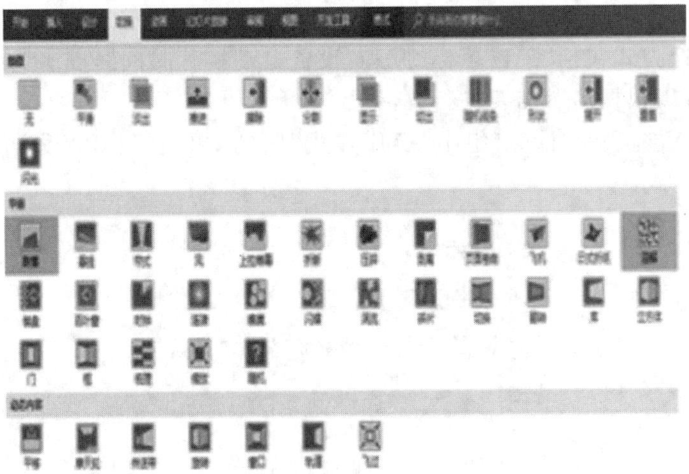

图 8-103　切换幻灯片

② 选择需要的切换动画效果(如“飞机”)，预览该切换效果。

(2) 编辑切换声音和速度

为幻灯片应用切换效果后，可以为幻灯片添加适合场景的切换声音，以及设置切换速度，下面对其具体进行介绍：

① 为幻灯片应用切换效果后，单击"计时"组中的"声音"右侧下拉按钮，从展开的列表中选择"微风"选项，如图 8-104 所示。

② 如果列表中提供的声音不能够满足用户需求，还可以选择"其他声音"选项。

③ 打开"添加音频"对话框，选择合适的音频，单击"确定"按钮即可。

④ 在"声音"列表中，如果选中底部的"播放下一段声音之前一直循环"选项，则可以切换本张幻灯片过程中一直循环该声音。

⑤ 通过"持续时间"右侧的数据框，可以设置幻灯片切换效果的持续时间，如图 8-105 所示。

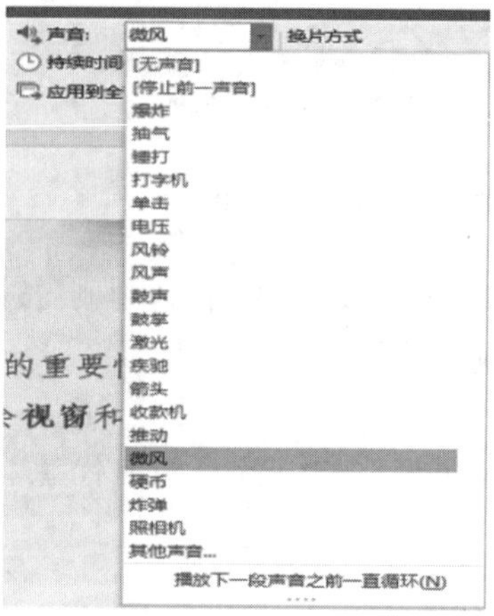

图 8-104 切换幻灯片

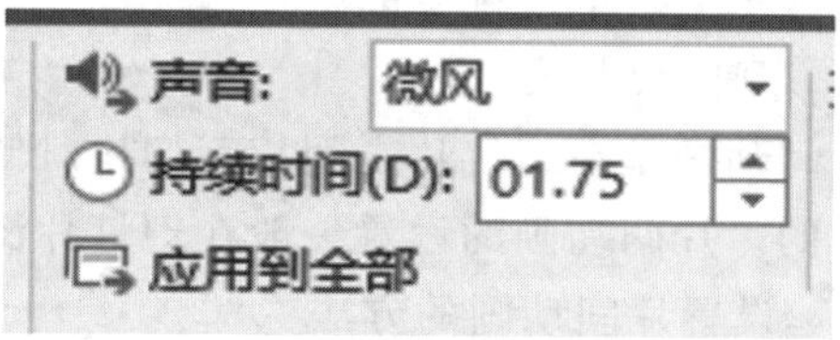

图 8-105 切换幻灯片

(3) 设置幻灯片切换方式

幻灯片的切换方式包括"单击鼠标时"和"设置自动换片时间"，前者为手动换片，后者为自动换片，用户可以根据演示需要进行灵活设定。

① 选中"切换"选项卡"计时"组中"换片方式"区的"单击鼠标时"即可设置为手动换片方式，如图 8-106 所示。

图 8-106 设置切换方式

② 选中"设置自动换片时间"选项后，需要通过右侧的数值框进行时间设定，表示经过指定秒数后自动移至下一张幻灯片。

四、幻灯片的输出

在制作完成演示文稿后，可以将演示文稿打包，在任何电脑上都能查看，或者发布在其他位置，便于其他同事访问。

1. 打包演示文稿

演示文稿制作完成后，如果想在没有安装 PowerPoint 2016 的电脑上阅读，该怎么办呢？可以将演示文稿及链接的各种媒体文件进行打包，这样就能轻松查看了，具体操作方法如下：

① 打开演示文稿，切换到“文件”菜单，选择“导出”命令。

② 选择“将演示文稿打包成 CD”选项，然后单击右侧的“打包成 CD”按钮，如图 8-107 所示。

③ 弹出“打包成 CD”对话框，单击“添加”按钮。

④ 弹出“添加文件”对话框，选择需要添加一起进行打包的演示文稿，单击“添加”按钮，如图 8-108 所示。

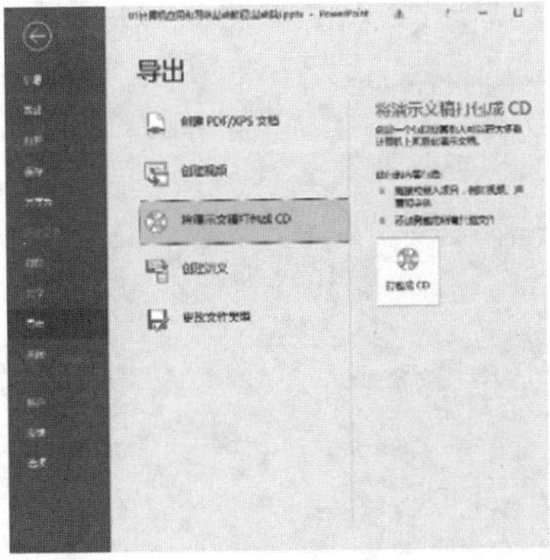

图 8-107　“打包成 CD”按钮

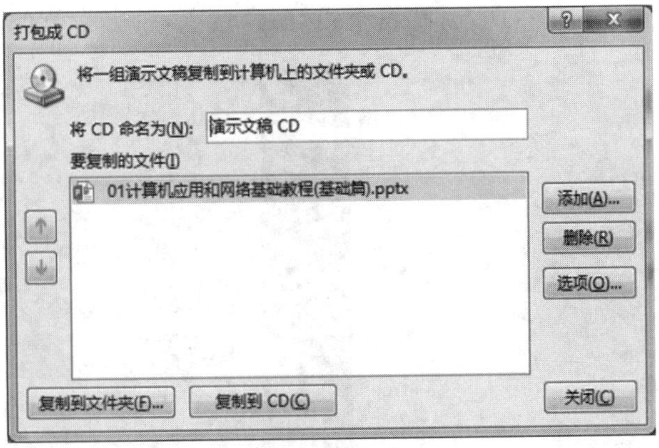

图 8-108　“打包成 CD”对话框

⑤ 返回至“打包成 CD”对话框，单击“选项”按钮，打开“选项”对话框，从中对演示文稿的打包进行设置，单击“确定”按钮，这里使用默认设置。

⑥ 再次返回至“打包成 CD”对话框，单击“复制到文件夹”按钮。

⑦ 弹出“复制到文件夹”对话框，输入文件夹名称“教程”，单击“浏览”按钮，如图 8-109 所示。

⑧ 打开“选择位置”对话框，选择合适的位置，单击“选择”按钮。

⑨ 单击“复制到文件夹”对话框的“确定”按钮，弹出提示对话框，单击“是”按钮，系统开始复制文件，并弹出“正将文件复制到文件夹”对话框。

⑩ 复制完成后，自动弹出“教程”文件夹，在该文件夹中可以看到系统保存了所有与演示文稿相关的内容，如图 8-110 所示。

2. 发布幻灯片

为了达到资源共享，可以将演示文稿中的幻灯片存储到一个共享位置中，以方便调用各

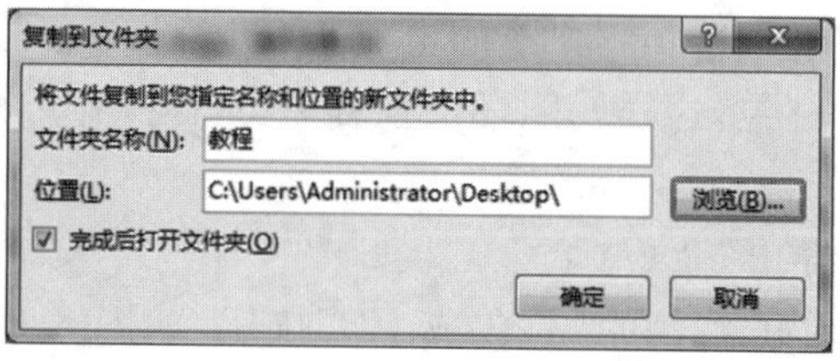

图 8-109 “复制到文件夹”对话框

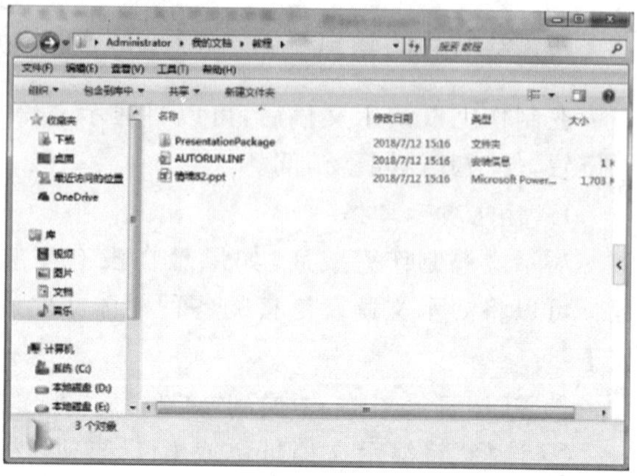

图 8-110 “教程”文件夹

幻灯片。

① 打开演示文稿，打开“文件”选项卡，选择“共享”命令。

② 在右侧选择“发布幻灯片”选项，单击右侧的“发布幻灯片”按钮，如图 8-111 所示。

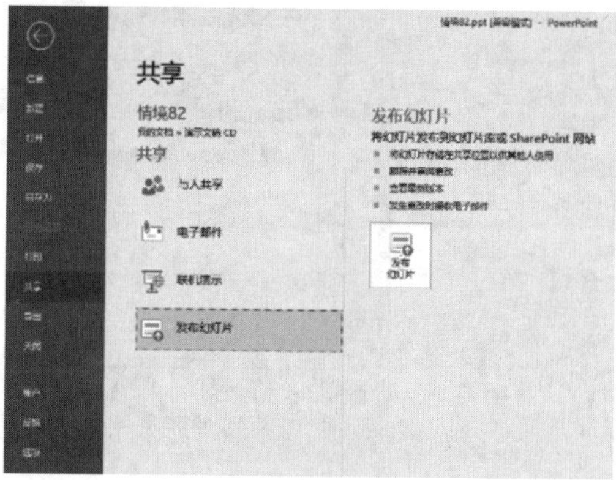

图 8-111 “发布幻灯片”按钮

③ 弹出“发布幻灯片”对话框，单击“全选”按钮，然后单击“浏览”按钮，如图 8-112 所示。

④ 弹出“选择幻灯片库”对话框，选择合适的存储位置，单击“选择”按钮，返回至上一级对话框，单击“发布”按钮。

3. 打印幻灯片

制作完演示文稿后，还可以将演示文稿打印出来，下面介绍如何设置并打印幻灯片：

① 打开演示文稿，打开“文件”选项卡，选择“打印”命令，如图 8-113 所示。

② 设置打印份数，通过“份数”数值可以设置需要打印的份数。

③ 选择打印机，单击“打印机”按钮，可以从列表中选择打印时使用的打印机。

④ 设置打印范围，单击“设置”按钮，通过列表中的命令可以设置打印当前演示文稿中的哪些幻灯片。

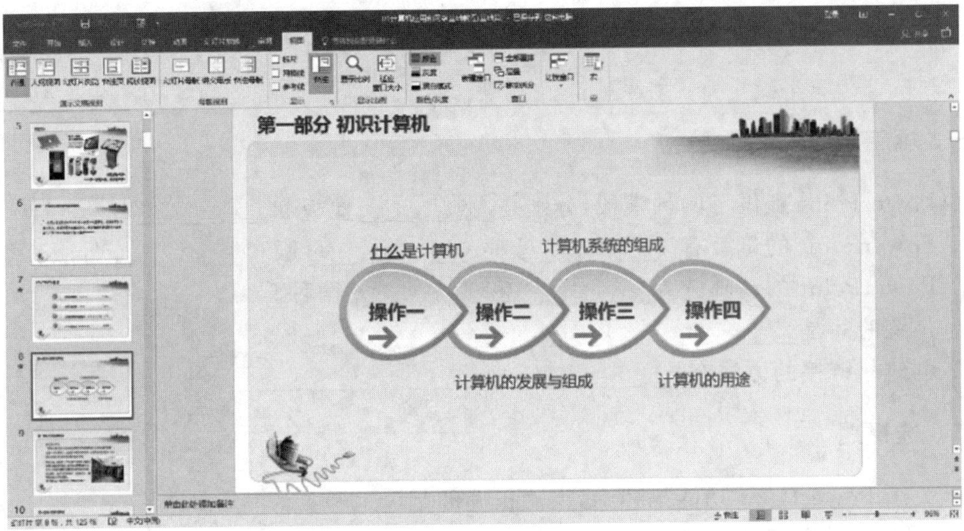

图 8-112　“发布幻灯片”对话框

⑤ 如果选择了“自定义范围”命令，则需要在下方的“幻灯片”右侧文本框中输入幻灯片编号或者幻灯片范围。

⑥ 设置打印排版方式，单击“整页幻灯片”按钮，通过展开的列表中的命令可以设置幻灯片的打印版式、每页包含几张幻灯片、幻灯片是否添加边框等。

⑦ 设置打印色彩，单击“颜色”按钮，从列表中选择合适的命令，对打印时的色彩方式进行设置。

⑧ 单击“编辑页眉页脚”按钮，设置打印时的页眉页脚。

⑨ 打开“页眉页脚”对话框，可以对幻灯片或备注和讲义的页眉和页脚进行设置，设置完成后单击“应用”按钮，为当前幻灯片应用该效果，单击“全部应用”按钮，为所有幻灯片应用该效果，如图 8-114 所示。

⑩ 打印幻灯片，设置完成后，单击“打印”按钮即可。

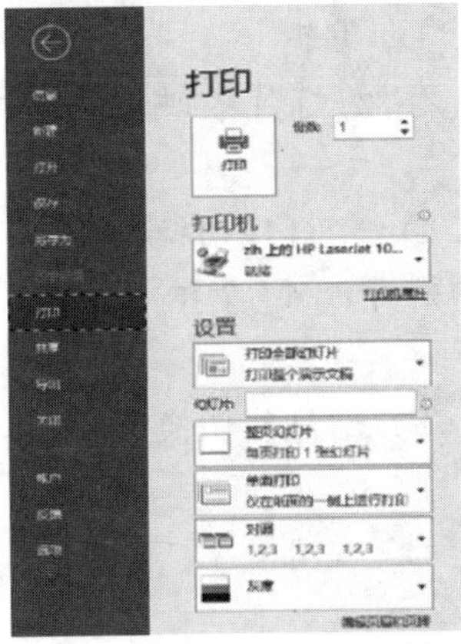

图 8-113　“打印”命令

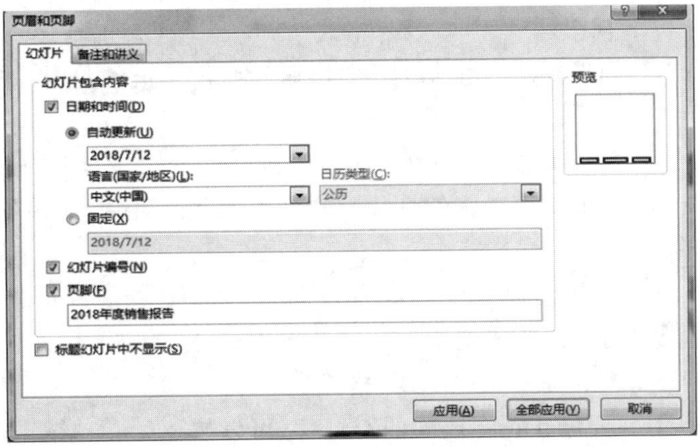

图 8-114　编辑页眉页脚

思考与练习

一、填空题

1. PowerPoint 提供了两种模板，分别是__________模板和__________模板。
2. PowerPoint 的母版有__________母版、__________母版和__________母版三类。
3. PowerPoint 的动画分为__________和__________两种。
4. 排练时间是______________________________。
5. 创建超链接的方法有__________、__________、__________三种。

二、选择题

1. 关于 PowerPoint 功能描述中，说法正确的是(　　)。

A. 用来进行文档处理　　B. 用来制作电子表格

C. 一种关系数据库管理系统　　D. 用来制作演示文稿

2. 演示文稿文件的默认扩展名是(　　)。

A. PPT　　B. EXE　　C. BAT　　D. BMP

3. 幻灯片中占位符的作用是(　　)。

A. 表示文本长度　　B. 限制插入对象的数量

C. 表示图形大小　　D. 为文本、图形预留位置

4. PowerPoint 的“超级链接”命令可实现(　　)。

A. 实现幻灯片之间的跳转　　B. 实现演示文稿幻灯片的移动

C. 中断幻灯片的放映　　D. 在演示文稿中插入幻灯片

5. 如果将演示文稿置于另一台不带 PowerPoint 系统的计算机上放映，那么应该对演示文稿进行(　　)。

A. 复制　　B. 打包　　C. 移动　　D. 打印

6. 设计制作幻灯片母版的命令位于(　　)菜单中。

A. 视图　　B. 格式　　C. 工具　　D. 编辑

7. 如果要从一张幻灯片“溶解”到下一张幻灯片，应该使用“幻灯片放映”菜单中的(　　)命令。

A. 动作设置　　B. 预设动画　　C. 幻灯片放映　　D. 幻灯片切换

8. 如果从第二张幻灯片跳转到第八张幻灯片，应该使用“幻灯片放映”菜单中的(　　)命令。

A. 动作设置　　B. 预设动画　　C. 幻灯片放映　　D. 幻灯片切换

9. 幻灯片版式位于(　　)菜单中。

A. 视图　　B. 格式　　C. 工具　　D. 编辑

10. 要停止正在放映的幻灯片，可以按下(　　)键。

A. Ctrl+Q　　B. Ctrl+X　　C. Alt+X　　D. Esc

11. 下列不能退出 PowerPoint 2016 的操作是(　　)。

A. 单击程序窗口右上方的关闭按钮

B. 按 Alt+F4 组合键

C. 双击窗口左上方的控制菜单图标

D. 选择“文件”菜单中的“关闭”命令

12. 在 PowerPoint 2016 中,以下操作中不能创建新演示文稿的操作是(　　)。

A. 使用“内容提示向导”

B. 使用“幻灯片母板”

C. 在“新建演示文稿”窗格选择“空演示文稿”

D. 使用设计模板

13. PowerPoint 2016 中,设置“在展台浏览(全屏幕)”放映方式后,将导致(　　)。

A. 不能用鼠标控制,可以用 Esc 退出

B. 自动循环播放,可以看到菜单

C. 不能用鼠标键盘控制,无法退出

D. 鼠标右击无效,但双击可以退出

14. 在 PowerPoint 2016 中,在放映演示文稿幻灯片时,欲使用绘图笔在幻灯片上现场勾画,应设置(　　)放映方式。

A. 演讲者放映(全屏幕)　　B. 在展台浏览(全屏幕)

C. 观众自行浏览(窗口)　　D. 使用母版

15. 在 PowerPoint 2016 中,使用(　　)下拉菜单中的“背景”命令可以改变幻灯片的背景。

A. 格式　　B. 幻灯片放映　　C. 工具　　D. 视图

16. 在 PowerPoint 2016 的演示文稿中,要将除标题幻灯片外的所有幻灯片都添加上某公司的徽标图案,应使用(　　)。

A. 幻灯片母板　　B. 标题母版　　C. 讲义母版　　D. 备注母版

17. 在 PowerPoint 2016 中,不能设置动画效果的操作是(　　)。

A. 选择“幻灯片放映”菜单中的“自定义放映”命令

B. 选择“幻灯片放映”菜单中的“动作按钮”命令

C. 选择“幻灯片放映”菜单中的“动画方案”命令

D. 选择“幻灯片放映”菜单中的“自定义动画”命令

三、简答题

1. 建立演示文稿的方法有哪几种?

2. PowerPoint 中提供了哪两种模板?它们有什么区别?

3. 简述向幻灯片中插入 Flash 动画的方法?

4. 怎样隐藏幻灯片?在幻灯片放映中,如果想放映已隐藏的幻灯片该如何操作?

5. 什么是母版?有什么作用?

6. 放映幻灯片有哪几种方法?

7. 放映时如何隐藏幻灯片?

8. 设置超级链接有哪几种方法?

四、实训题

实训一：

1. 启动 PowerPoint。

2. 在“文件”选项卡中“新建”命令，在右侧的搜索栏输入“教育”，单击“开始搜索”按钮，选择“中小学演示文稿设计”模板。此模板共有 14 张幻灯片，每一张幻灯片的格式、背景都已确定，只要把相应的文字改为自己需要的文字即可。如图 8-115 所示。

图 8-115　实训一例图

实训二：

1. 启动 PowerPoint，新建空演示文稿。
2. 在“幻灯片版式”中选择“只有标题”版式，在标题占位符中输入“登鹳雀楼”，黑体，字号 60；“王之涣”，黑体，字号 28。
3. 在标题下面的空白处插入形状，选择“星与旗帜”中的“水平卷形”。
4. 在水平卷形上插入文本框，在文本框中输入样文文字，华文新魏，字号 48。
5. 插入图片：联机图片，搜索建筑图片。
6. 设置背景颜色、文本框格式、标题和文字字体、字号、字形。效果如图 8-116 所示。

实训三：

1. 新建演示文稿“世博会. ppt”。
2. 使用“木头类型”模板渲染演示文稿。
3. 插入第一张幻灯片，将主标题“中国世博会”格式设置为：黑体 96，颜色为“红色 0，绿 204，蓝 153”；副标题“不出国门，走遍世界！”格式设置为：楷体 60，颜色为“红色 205，绿 205，蓝 0”。效果如图 8-117 所示。

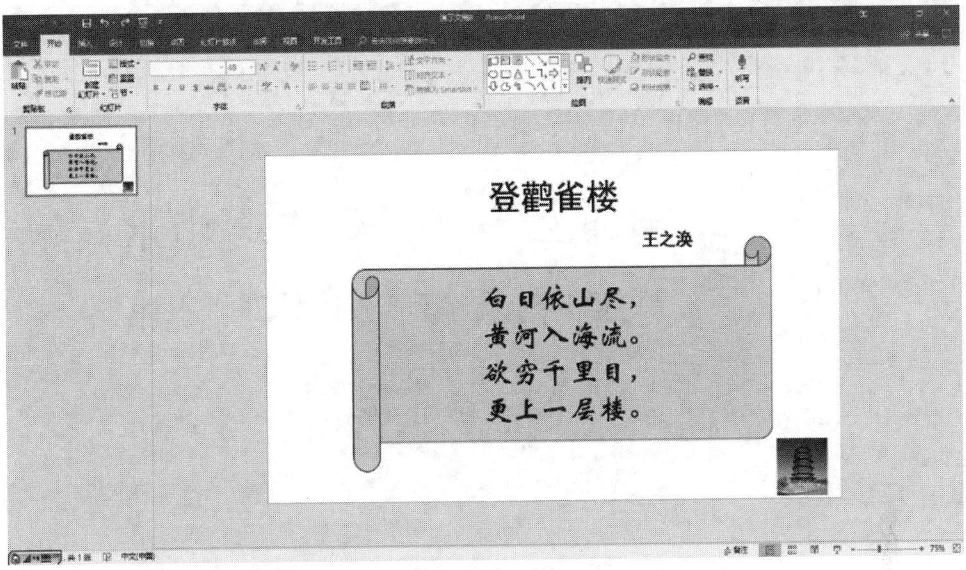

图 8-116　实训二例图

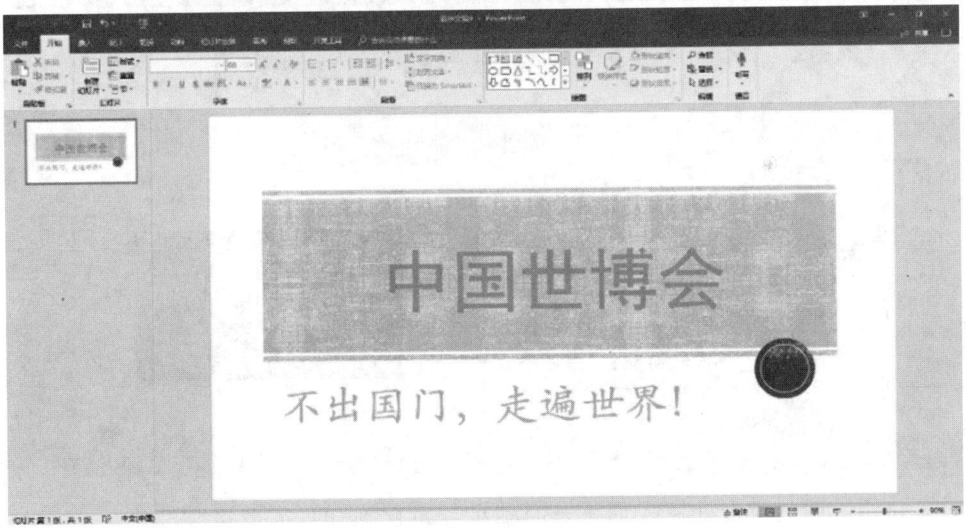

图 8-117　实训三例图(一)

4. 插入第二张新幻灯片，并使用“节标题”版式，在主标题处输入“展馆介绍”，格式设置为：方正姚体 96，颜色为“黑色”。在副标题处输入：“城市生命馆 城市地球馆 城市未来馆 城市足迹馆”，格式设置为：方正姚体 72，颜色为“红色”。如图 8-118 所示。

5. 插入第三张幻灯片，幻灯片版式为“两栏内容”；在标题处插入艺术字标题“城市生命馆”，样式为第三行第四列，填充效果为“新闻纸”纹理；在左侧文本框中输入“场馆主题：城市如同一个生命活体，城市生命健康需要人类共同善待和保护；吉祥物：活力海宝；展馆面积：1.3 万平方米；展馆位置：B 片区”；格式设置为：华文新魏 34，颜色为“深蓝”。在右侧文本框中插入相应的图片。如图 8-119 所示。

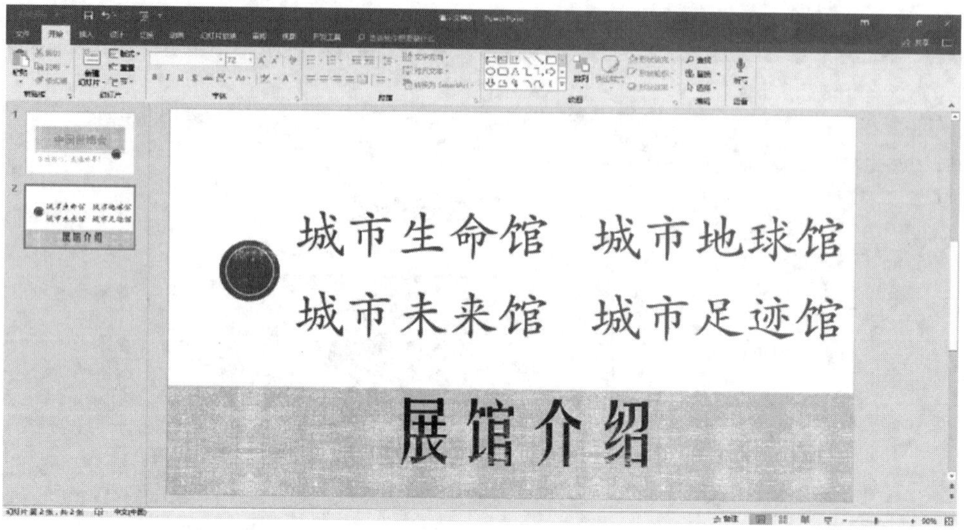

图 8-118 实训三例图(二)

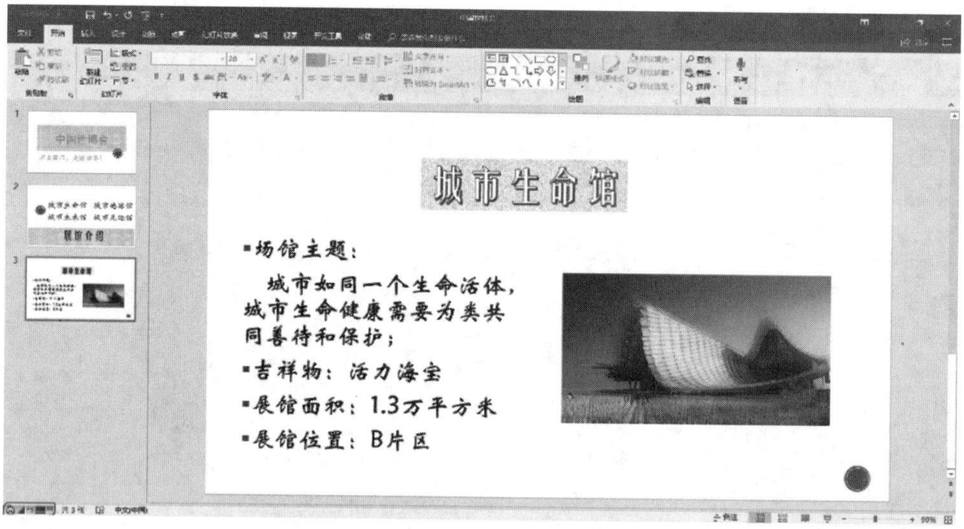

图 8-119 实训三例图(三)

6. 插入第四张幻灯片,版式同 5,艺术字标题为“城市地球馆”,样式同 4;在左侧文本框中输入“场馆主题:人类、城市、地球是共赢、共生的关系;吉祥物:护林海宝;展馆面积:1.3 万平方米;展馆位置:B 片区”;在右侧文本框中插入自选的相应图片。

7. 插入第五张幻灯片,版式同上,艺术字标题为“城市未来馆”,样式同上;在左侧文本框中输入“场馆主题:梦想引领人类城市的未来;吉祥物:太空海宝;展馆面积:1.3 万平方米;展馆位置:E 片区”;在右侧文本框中插入自选的相应图片。

8. 插入第六张幻灯片,版式同上,艺术字标题为“城市足迹馆”,样式同上;在左侧文本框中输入“场馆主题:展示世界城市从起源走向现代文明的历程中,人与城市与环境之间互动发展的历史足迹;吉祥物:海宝教授;展馆面积:1.2 万平方米;展馆位置:D 片区”;在右侧文本框中插入自选的相应图片。

9. 为第二张幻灯片设置超链接，链接到最后一张幻灯片。

10. 放映幻灯片，观看演示效果。

实训四：

1. 启动 PowerPoint，新建一张空白演示文稿，将页面上的虚框占位符去掉，只留下白色背景。

2. 插入一个自选图形“矩形”，设置填充颜色为“黄色”；调整矩形大小，作为背景图片，置于底层。效果如图 8-120 所示。

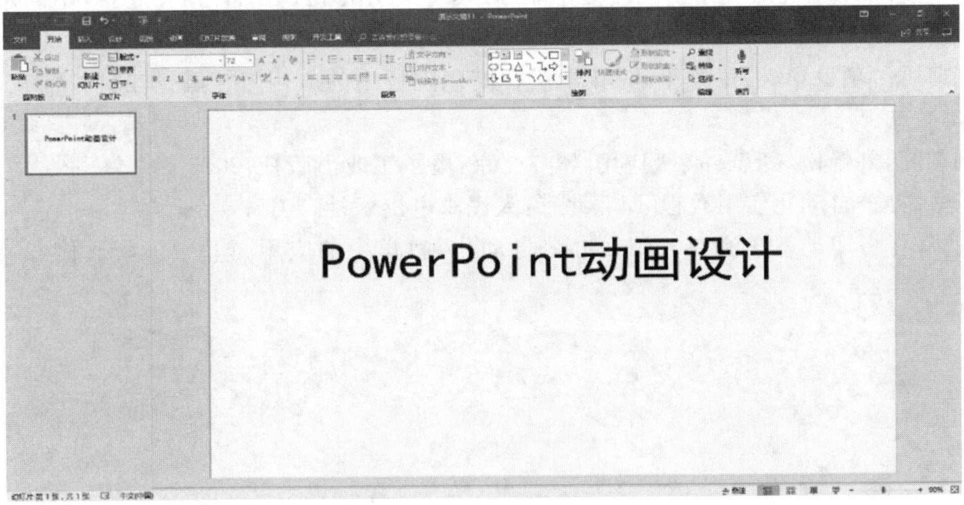

图 8-120　实训四例图

3. 插入文字“PowerPoint 动画设计”，格式设置为：黑体，72 磅，黑色。

4. 选择文字，添加动画效果“进入，挥舞”。

5. 选择文字，添加动画效果“强调”，更改字体颜色为黄色。

6. 选择背景图片，添加动画效果“强调”，更改填充颜色为红色。

7. 选择文字，添加动画效果“退出，挥舞”。

8. 放映幻灯片，观看动画效果。

实训五：

1. 设计一个自我介绍的幻灯片，内容包括个人简历、兴趣爱好、专业情况介绍等。

2. 在主要内容上使用超链接进行跳转。

3. 使用图片、表格、图示等表现幻灯片。

4. 设计定时自动放映。

5. 为每一张幻灯片设计切换动画。

6. 为突出的内容设计对象动画。

7. 为幻灯片设置从头到尾循环播放的背景音乐。

参考文献

[1] 陈阳. 素质教育在高职办公自动化教学中的应用[J]. 课程教育研究，2013(36)：172.

[2] 蒋加伏，沈岳. 大学计算机基础实践教程[M]. 3 版. 北京：北京邮电大学出版社，2014.

[3] 雷运发. Office 高级应用实践教程：Windows 7＋Office 2010 版[M]. 北京：中国水利水电出版社，2015.

[4] 刘珂君. "项目导入、任务驱动"教学法在高职院校中的应用[J]. 黑龙江科技信息，2011(34)：209.

[5] 刘相滨，刘艳松. Office 高级应用[M]. 北京：电子工业出版社，2016.

[6] 杨威. 办公自动化实用教程[M]. 北京：人民邮电出版社，2015.

[7] 周娟. 任务驱动教学法在《office 办公自动化》教学中的应用[J]. 中国新通信，2017，19(11)：142.